MANHATTAN
by Goldmann

Buch

Der letzte Kick ist wie Nick Hornbys Roman *Ballfieber* weit mehr als ein Buch über Fußball. Es ist die Geschichte einer englischen Jugend am Rand der Gesellschaft, die Geschichte einer Flucht aus der Realität Londons in eine aufregendere Welt und zugleich den Alptraum des Bürgertums. Als militante Chelsea-Fans pendeln Tom und seine Freunde zwischen Pubs, Fußballarenen und billigen Bars, treiben von Auseinandersetzung zu Auseinandersetzung mit den feindlichen Lagern und der Staatsgewalt in Form der Polizei. Inmitten einer aus den Fugen geratenen Gesellschaft dient ihnen verbale Brutalität als Ventil – und handgreifliche Aggression als Ausdruck unbändiger Selbstbehauptung.

Autor

John King, geboren 1960, lebt in London. Er liebt Chelsea, Punk und Reisen in ferne Länder. Seinen Lebensunterhalt verdiente er lange Zeit als Gelegenheitsarbeiter, etwa in Londoner Lagerhäusern. *Der letzte Kick* ist sein erster Roman, weitere sind in Vorbereitung.

JOHN KING

DER LETZTE KICK

Roman

Aus dem Englischen
von Gunnar Kwisinski

MANHATTAN
by Goldmann

Die englische Originalausgabe erschien 1996 unter dem Titel
»The Football Factory«
bei Jonathan Cape Ltd., London

Umwelthinweis:
Alle bedruckten Materialien dieses Buches
sind chlorfrei und umweltschonend.

Manhattan Bücher erscheinen im Goldmann Verlag

Deutsche Erstausgabe 1/99

Die Nutzung des Labels Manhattan
erfolgt mit freundlicher Genehmigung
des Hans-im-Glück-Verlags, München
Umschlaggestaltung: Design Team München
Umschlagfoto: Henrichs und Pflanz
Satz: Uhl + Massopust, Aalen
Druck: Graphischer Großbetrieb Pößneck
Verlagsnummer: 54057
Redaktion: Alexander Groß
V. B. · Herstellung: Katharina Storz/Str
Made in Germany
ISBN 3-442-54057-7

1 3 5 7 9 10 8 6 4 2

Für Mom und Dad

Dank an:
Anita Nowakowski für den Kickstart,
Kevin Williamson und Irvine Welsh für den Ansporn,
Robin Robertson für die Unterstützung.

Coventry zu Hause

Coventry sind fürn Arsch. Die haben ne Scheißmannschaft und Scheißfans. Hitler hat schon gewußt, was er tat, als er das Kaff plattgemacht hat. Das einzig Gute, was je aus Coventry gekommen ist, waren die Specials, und das ist Jahre her. Jetzt ist da nur noch tote Hose, und wir hatten noch nie ne anständige Keilerei mit Coventry. Am besten war's noch vor zwei Jahren in Hammersmith mit ein paar Mißgeburten aus den Midlands, die in der Hauptstraße in einen Pub wollten. Ungefähr fünfzehn Mann. Kurzgeratene Scheißer mit Bauernhaarschnitten und Schnauzbärten. Dicke Beine und Bierbäuche. Sahen aus, als würden sie ihren Lebensunterhalt auf der Emmerdale Farm mit Ziegenficken verdienen. Die haben gesehen, wie wir auf der anderen Seite auf sie zukommen, und ne Fliege gemacht. Die vollgeschissenen Hosen konnte man bis auf die andere Straßenseite riechen, und bei den ganzen Abgasen in Hammersmith will das was heißen.

Das war blöde von ihnen. Sie hätten in den nächsten Pub gehen und das aussitzen sollen. Wir wollten doch gar nichts von ihnen. Von Coventry erwarten wir nicht, daß die uns was bieten. Wir waren auf dem Weg nach King's Cross, wo Tottenham aus Leeds zurückkommen sollte. Samstag abends Judenärsche verprügeln. Aber die Idioten flüchten in die Fußgängerzone, und wenn jemand abhaut, rennt man halt hinterher. Reiner Reflex. Die sind so schnell gelaufen, wie sie mit ihren kurzen Beinen konnten. Die knallroten Gesichter haben sich in Schaufenstern mit Hi-Fi-Geräten und Baked-Beans-Sonderangeboten gespiegelt. Wir waren direkt hinter ihnen, als der Typ, der vorneweg ist, sie auf einen Parkplatz geführt hat. Wie die Schafe sind sie alle dem Leithammel ins Schlachthaus nachgelaufen. Eigentlich sollte man glauben, daß die das Blut riechen und das Wetzen der Messer hören. Aber nicht diese Herde. Sind direkt auf den Parkplatz, wo die letzten Kunden vom Samstageinkauf zur Seite gesprungen sind, damit wir gut vorbeikommen. Wir hatten sie in der Falle, haben ihnen Keile verpaßt – mußten uns beeilen, weil garantiert irgend jemand die Bullerei gerufen hatte. Wir waren in der Überzahl und haben Kleinholz aus ihnen gemacht.

Harris war auch da und hat mit seinem Jagdmesser einem der Arschlöcher das Gesicht aufgeschlitzt. Hinterher meinte er, er hätte seinen Namen reinritzen sollen. Falls der Wichser seinen Schwanz mal an der richtigen Stelle unterbringt, sollen seine Kinder wissen, daß ihr Alter schon mal in London war. Daß er nicht bloß ein einfacher Ziegenficker war. Aber das war nur ein Witz. Das ist Harris' Art von Humor. Er ist keiner von diesen Sadisten, von denen man in der Zeitung liest, der Kids quält und ihnen Drogen gibt, damit der Schließmuskel nicht im Weg ist. Hat nicht lange gedauert, da waren wir auch schon wieder raus aus der Fußgängerzone. Sind direkt in den U-Bahnhof Hammersmith, bevor jemand Harry Roberts sagen konnte. Das werden die Jungs aus Coventry nicht so schnell vergessen. Man läuft nicht einfach so in der Stadt rum. Wenn man nach dem Spiel noch einen trinken will, macht man das auf keinen Fall im Londoner Westen.

Es ist ein Uhr, und wir treffen uns auf das übliche Bier vor dem Spiel. Ich hab ne harte Woche im Lagerhaus hinter mir, und das Lager bringt mich in Schwung. Fünf Tage hintereinander Kartons stapeln macht einen ganz schön fertig. Da scheuert dir jeden Tag acht Stunden lang die Scheißpappe an den Händen, bis du am Ende in den Fingern überhaupt kein Gefühl mehr hast. Da wirst du absolut blöde im Kopf und stumpfst völlig ab. Am schlimmsten sind die 18-Tonner mit Schnellkochtöpfen. Viertausend von diesen Scheißdingern, und du schwitzt dir drei Stunden lang den Arsch ab, wenn du die Dinger für Glasgow Steve, den Rangers-Fan, der den Gabelstapler fährt, auf Paletten stapelst. Ein langer, dürrer Schweinehund, der jedesmal »Fuck the Pope« schreit, wenn er ne Palette ins Regal schiebt. Er ist einer von diesen katholikenfressenden Ian-Paisley-Ranger-Fans, die den ganzen Tag über Politik labern und sich wünschen, sie wären bei der Schlacht von Boyne dabeigewesen. Denkt, er wär King Billy. Er hat Sinn für Humor und geht jetzt, wo er im Exil ist und nicht ins Ibrox-Stadion kann, ab und an zu Chelsea. Meint, Chelsea sei ein gutes, protestantisches Team. Kennt zwar die Spieler nicht, geht aber trotzdem hin. Aber nicht mit mir.

Wir hier am Tisch sind allerdings ne geschlossene Gesellschaft, weil man schließlich auf sich aufpassen muß, seit die Bullerei Ernst macht mit diesen ganzen Undercover-Aktionen. Ist nicht mehr wie früher. Nicht wie damals, als ich als Kind vor der Kiste saß und mir die Schlägereien in den Stadien angekuckt hab – mit Zeitlupenaufnahmen und nem Kommentar von Jimmy Hill oder irgend so nem anderen öden Arsch. Heute wird alles überwacht, und man muß dauernd auf die Kameras aufpassen. Aber das ist alles ein Witz, weil das Stürmen des Spielfelds und die Schlägereien vor den Kameras nie mit dem Zoff vergleichbar waren, der außerhalb des Stadions stattfindet. Die echt Durchgeknallten schlagen zu, wenn sie ein paar Kilometer vom Stadion weg sind, in nem U-Bahnhof oder ner Nebenstraße, und nicht in der Fankurve mit nem Teleobjektiv unter der Nase. Da kann man auch nix gegen machen. Man kann die Natur des Menschen nicht verändern. Männer werden sich immer halb totschlagen, dann abhauen und ne Braut vögeln. So ist das

Leben. Mark findet immer noch n Loch, wo er seinen reinschieben kann.

– Die Braut gestern nacht war vielleicht ne Sau, sagt er und verleiht seiner Aussage Nachdruck, indem er sich die Eier kratzt. Als ich in ihre Wohnung in Wandsworth rein bin, gibt sie mir ne Dose Heineken und sagt, ich soll im Wohnzimmer warten. Ich setz mich vor die Kiste und spiel mit der Fernbedienung rum, und sie kommt völlig nuttig mit Strapsen und mösenfreiem Slip wieder zurück. Sie hat sich schnell noch rasiert, kommt direkt auf mich los und holt meinen Schwanz raus.

Er sieht zu ein paar Jungs rüber, die gerade in den Pub gekommen sind. Jim Barnes aus Slough und jemand, den ich nicht kenne. Ziemlicher Brocken mit silbernem Ohrring; sieht ganz schön geschlaucht aus, hat ein Veilchen auf dem rechten Auge und zerschnittene Fingerknöchel. Muß Freitag abend mächtig einen draufgemacht haben.

– Sie fängt an, mir einen zu blasen, und in der Glotze ist grad dieser glatzköpfige Showmaster und interviewt eine Sexberaterin. Eine von diesen verklemmten Fotzen, die wahrscheinlich noch nie richtig rangenommen worden sind. Labern über Safer Sex und daß alle den Schwulen die Schuld an Aids in die Schuhe schieben.

Barnes geht zum Tresen und bestellt. Ein paar von seinen Kumpeln ziehen sich gerade die Rübe dicht, also muß er ne ganze Runde anschleppen. Kommt gut damit klar. Slough ist zwar voller Drogen, steht aber absolut hinter Chelsea. Eigentlich n ziemliches Dreckskaff, aber immerhin ein Chelsea-Dreckskaff. Croydon ist auch so'n Sozialwohnungsstadtteil, der auf unserer Seite steht. West Ham hat Dagenham, und die Spurs haben Stevenage. Das können sie auch gern behalten.

– Der Kahlkopf in der Glotze nickt also weise vor sich hin, während er der Frau zuhört, und der Kopf von dieser Braut geht beim Blasen immer hoch und runter. 'n kahler Kopf und ne kahle

Fotze, und ich stütz mein Heineken auf ihrer Schulter ab. Dieser Fernsehtyp macht garantiert ein paar tausend Pfund im Monat, aber mir wird's im Londoner Süden von ner scharfen Schlampe besorgt.

Mark ist ein Großmaul, und wer will schon einen geblasen kriegen, während ne Sexberaterin aus dem Fernseher dabei zukuckt? Diese Expertinnen sind häßliche Fotzen, und wenn man auf Rods Beschreibung von der Frau, mit der Mark gestern abgezogen ist, irgendwas geben kann, war das auch nicht grad ne strahlende Schönheit. Rod mußte sich mit Handarbeit und einem großen Döner vom Kebabwagen am Hammersmith-Kreisel begnügen. Gleich neben dem Palais, wo die Freaks und die Nigger rumhängen. Die ganzen aufsässigen kleinen Scheißer, die sich in diesen gestylten Pubs aufspielen, wo ein Pint nur sein Geld wert ist, weil man schnell mal einen wegstecken kann, und wenn's nicht klappt, schlägt man halt ein paar Kids zusammen. Marks Braut hat Rod nicht umgehauen. Er meinte, sie wär etwas schräg. Ziemlich durch'n Wind, sagt er. Er ist mit ihrer Freundin um die Ecke gegangen.

– Sie war doch bloß geil, oder was? meint Rod gereizt. Wir gehen zu ihr, und sie wohnt bei ihrer Alten in den Häusern am Flyover. Wir sitzen rum und warten, daß die Alte ins Bett geht, und als sie sich endlich vom Acker macht, denk ich mir, prima, jetzt geht's ab, aber sie hatte n Stöpsel drin, und da hat sie's mir nur aufm Sofa mit der Hand gemacht. Wurde wütend, als ich dann auf so ne Kissen mit Fasanen drauf abgespritzt hab, indisches Muster, meinte sie. Hat sie auf dem Markt in Wembley gekauft. Ich hatte keinen Bock auf den ganzen Scheiß, und außerdem stank sie nach Blut.

Ich hab dann gesagt, daß sie mich in Ruhe lassen soll, und bin abgehauen. Ich mein, was willste noch bei ner Braut, wenn du schon abgespritzt hast? Ich bin wieder zurück zum Kebabwagen und wär fast in ne Keilerei mit diesen Shepherds Bush Ragamuffins geraten. So mit Ketten, Lederjacken und Mustern in die Haare rasiert. Die waren noch ziemlich jung, aber ich hab gedacht, nächstes Mal, ihr beschissenen schwarzen Ärsche. Wenn du alleine bist, mußte schon aufpassen. Jeder von denen hätte doch ne Knarre oder so dabeihaben können, dann wär ich hinüber gewesen. Und ihr würdet Mark zuhören und ihm glauben, daß er mit nem scharfen Hasen abgezogen ist.

– Scheiße, bin ich doch, Junge. Warum soll man seine Zeit mit nem Fleischklops wie deiner Puppe letzte Nacht verschwenden, wenn man ne Frau haben kann, die scharfe Sachen anzieht und auch noch die Gummis kauft. Die hatte so'n Spiegel im Schlafzimmer und n riesiges Präsersortiment. Ich steh da ja sonst nicht so drauf, aber die Schachteln waren alle offen, und sie holt noch dieses Gel raus, und die Tube ist halb leer, sie muß also n fleißiges Mädchen gewesen sein.

– Wenn wir heute abend n scharfes Spiel hätten, wär ich nach dem Blasen gegangen und hätt mir ne ordentliche Mütze Schlaf gegönnt. Ist aber bloß Coventry, also hab ich mich voll in die Mangel nehmen lassen. Das war ne scharfe Sau. Hat geschluckt, was kam. Keinen Moment gezögert. Bloß daß sie mich dauernd gebissen hat, war n bißchen Scheiße. Hab Bißspuren an Armen und am Rücken. Hat echt weh getan. Die Frau muß mal auf Diät.

Ich geh zum Tresen, noch ne Runde holen. Die sind immer verdammt langsam beim Zapfen, und man sollte meinen, daß sie ein paar Leute mehr einstellen, wenn Chelsea ein Heimspiel hat. Aber das wird sich nie ändern. Wir können nirgends anders hin, also lassen sie uns warten. Das Lager ist dünn und wird in Plastikbechern ausgeschenkt, damit niemand ein Glas an den Kopf kriegt. Ist wohl auch besser so, aber in den Plastikbechern riecht das Lager nach Pisse. Ist auch n Edelpub, der renoviert worden ist, nachdem West Ham ihn vor ein paar Jahren in Schutt und Asche gelegt haben.

Elf Uhr morgens, und die ICF hauen die Chelsea-Pubs kurz

und klein. Das war ne tolle Zeit damals. West Ham hassen Chelsea wie wir Tottenham. Die halten uns für reine Großmäuler. Denken, daß der Londoner Osten das wahre London ist. Daß Chelseas Mob nur aus Gaunern und Asis aus den Neubaugebieten besteht. Die kommen hier rein und hauen alles zu Klump, und danach setzen sie uns ne Spielhalle vor die Nase. Die meinen, sie wären alle mit den Krays verwandt. Bill Gardner, mit diesen Cornflakes und der Sun. In ein paar Wochen sind sie wieder hier. Erst Tottenham und die Woche drauf West Ham. Mehr kann man echt nicht verlangen.

Dave Harris steht am Tresen und jammert darüber, daß sie einen Kumpel von ihm zu sechs Monaten verknackt haben, weil er unten in Camberwell einem Bullen den Wangenknochen gebrochen hat. Sagt, der hätte nicht gewußt, daß der Typ bei der Bullerei ist, weil er nicht im Dienst war und vor nem Club stand. Als er n bißchen vorlaut wurde, hat sein Freund ihm die Stirn ins Gesicht gehauen. Hielt sich wohl für ne Cockney-Ausgabe von Yosser Hughes. Die Nase hat er dem Typen auch noch eingedrückt, und die Bullerei hat nicht aufgehört zu suchen, bis sie ihn hatten. Normalerweise machen die sich nicht die Mühe. Aber wenn's um ihresgleichen geht, ist das was anderes. Sechs Monate sind zwar nicht direkt die Todesstrafe, aber schon verdammt lang. Harris sagt, der Typ ist Millwall und daß er okay ist. Millwall wird viel Respekt entgegengebracht, und auch Chelsea hat sich in der Vergangenheit den einen oder anderen üblen Beinamen verdient, aber wenn wir gegen sie spielen, herrscht Krieg.

Das ist schon komisch. Wie bei den Schwarzen. Die Leute sagen, sie hassen Nigger, aber wenn sie einen kennen, ist der in Ordnung. Oder, wenn er mit zu den Spielen geht, ist er ein Chelsea-Nigger. Und wenn man mit der Nationalmannschaft zum Auswärtsspiel fährt, kommen die Engländer alle miteinander klar, auch wenn's zwischendurch mal etwas knistert, zum Beispiel zwischen Chelsea und West Ham, weil's da doch ganz schön tiefe Gräben gibt. Aber da geht's normalerweise nicht um den Mob, sondern um einzelne Leute, also läuft das. Nur mit Tottenham kommt keiner klar, weil das Judenärsche sind, und die Scouser sind sowieso diebische Arschlöcher. Da brauchste nur n Man-U-Fan fragen, der erzählt dir alles über Scouser.

Während ich auf mein Bier warte, dreht Harris sich zu mir um. Der ist n bißchen irre, aber sonst ganz nett. Er kommt noch ganz gut klar, was man über ein paar andere Typen hier im Pub nicht sagen kann. Er hat Köpfchen und macht was damit. Ihm gehört ne Dachdeckerfirma oder so was in der Art. Muß so Mitte Dreißig sein und ist viel rumgekommen.

– Um halb zwölf kommen Tottenham in King's Cross an, sagt er. Letztes Jahr hatte es ein Mob großkotziger jüdischer Arschlöcher auf unsere Pubs hier abgesehen. Am nächsten Samstag wird's heftiger als normal. So was können die sich hier nicht erlauben. Ihr kommt doch, oder? Außerdem hab ich nen Bus nach Liverpool organisiert, ihr braucht bloß Bescheid zu sagen, wenn ihr mitfahren wollt. Auf dem Rückweg machen wir in Northampton halt. Ist ne gute Stadt für ne Sauftour, und es ist nur noch ne Stunde bis nach London. Der Bus hat n Lokus und Video und der Fahrer ist n original Skinhead, der schon auf der Shed-Tribüne dabei war, der wartet also auf uns, bis in Northampton Schicht ist. 1A-Reiseprogramm, und die Tickets werden besorgt. Sag Bescheid. Fünfzehn Pfund für den Bus, die Tickets extra, wenn du eins willst.

Der Typ hinterm Tresen ist völlig lahmarschig, und ein paar Jungs haben die Schnauze voll und erzählen ihm, daß er beim Arbeiten die Hände aus den Taschen nehmen soll. Zu Coventry sind noch nie viele Leute gekommen, und der Pub ist halb leer, aber sie lassen sich trotzdem Zeit. Laß die Kundschaft ruhig warten. Schließlich sind wir bloß Fußballfans, aber wenn wir uns entschließen, den Pub umzudekorieren, werden sie schnell wissen, wo's langgeht. Aber man pißt nicht in den eigenen Fahrstuhl. Und wenn doch, ist man n bißchen schwer von Kapee. Endlich werd ich von ner Braut mit schwarzem Pferdeschwanz bedient. Sie kuckt die ganze Zeit das Glas oder die gegenüberliegende Wand an, als wäre ich Luft, also starre ich ihr auf die Titten, damit sie merkt, daß ich noch da bin. Sie wird puterrot, die verschnarchte Kuh. Ich trage die drei Pints zum Tisch rüber, und Mark spricht grad übers Liverpool-Spiel.

Sein Cousin Steve wohnt in Manchester, und Mark meint, wir können nach dem Spiel bei ihm unterkommen. Manchester klingt besser als Northampton, besonders wenn man sich aufs Ohr hauen kann und nicht um die Rückfahrt kümmern muß. Old Trafford und die Maine Road haben wir schon oft gesehen, aber bis ins Zentrum sind wir nie vorgedrungen. So ist das beim Fußball. Wenn man das nicht haarklein plant und früh genug ankommt, sieht man nur den Bahnhof oder den Busbahnhof, die Bullerei, die einen zum Stadion eskortiert, und die Slums. Die Einheimischen wollen unbedingt an euch rankommen und euch welche verpassen, und mit n bißchen Glück und List kommt man aus dem Begleitzug raus und stöbert sie auf. Aber das ist dann auch schon alles. Du fährst hin, kuckst dir das Spiel an, wenn du Glück hast, gibt's noch ne Schlägerei, und dann geht's wieder nach Hause.

Old Trafford ist ein prächtiges Stadion, und wenn sie schreiben, daß Man U ein großer Verein ist, weißt du tief im Herzen, daß sie recht haben. Orte wie Old Trafford und Anfield geben dem Ganzen einen extra Kick. Beim Fußball geht es um die Atmosphäre, und wenn es im Stadion leer und ruhig wäre, würde sich das Hingehen nicht lohnen. Chelsea hatten ein paar nette Raufereien in Manchester. Sind in die Maine Road eingefallen, als die Bullerei nicht richtig im Bild war. Haben Keilereien ums Stadion herum angezettelt. Letztes Jahr hat ein Haufen Nigger aus der Moss Side angefangen, Backsteine auf uns zu werfen, und wir nix wie hinterher. Sie sind einfach ein Stück die Straße entlanggelaufen, haben sich umgedreht und dann weiter mit Steinen geschmissen. Wir wieder hinterher – und sie wieder weg. Wir mußten dann aufgeben, weil wir außer Atem waren. Da waren wir nur zwanzig Mann, und sie hätten uns in ne Falle locken können. Es gibt ne Menge Todesarten, aber in Moss Side von Man-City-Fans zerhackt zu werden ist nicht gerade erste Wahl. Die Nigger lassen nichts anbrennen. Können sie sich nicht erlauben, und wenn du einen in nem weißen Mob siehst, weißt du, daß es ans Eingemachte geht.

– Wenn wir mit dem Bus von Harris hochfahren, können wir nach dem Spiel von Liverpool mit m Zug nach Manchester fahren, sagt Mark. Oder, wenn mein Cousin zum Spiel kommt, kann er uns mitnehmen, dann können wir uns frisch machen, ne Portion Erbsenbrei essen und in die Stadt gehen. Steve sagt, daß es mehr gibt als bloß die Coronation Street. Ein paar Ecken sind völlig verrückt. Das Bier ist billig, und die Bräute im Norden sind nett. Wobei die Braut gestern allerdings auch nett war, mit dem Spiegel, der gewackelt hat, als ich's ihr von hinten besorgt hab. Ist mit dem Kopf gegen die Wand geknallt und hat die Nachbarn geweckt. Nach ner Weile mußte ich die Augen zumachen und an England denken, weil das Licht von der Straßenlaterne so komisch auf den Spiegel gefallen ist, daß es aussah, als hätte ich meinen Schwanz in die Wand geklemmt. Irgendwann fällt der Spiegel mal runter, und dann werden in Wandsworth zwei unbekannte zerstückelte Leichen gefunden.

Ein Heimspiel gegen Coventry ist immer ein bißchen schlapp, verglichen mit Man U oder Leeds. Es gibt ne Menge langweiliger Heimspiele, aber du kommst halt; was sollste sonst auch machen? Wir sitzen rum, noch ein bißchen verkatert von gestern, und um halb drei trinken wir aus und gehen los. Die Fulham Road ist voller Leute auf dem Weg zum Stadion. Wir bleiben vor roten Ampeln stehen und warten, daß es grün wird, und gehen der Polizei aus dem Weg, die draußen am Fulham Broadway steht. Es riecht nach Pferdescheiße und Hamburgern; berittene Bullen machen den Menschenmassen klar, daß sie auf getrennten Wegen zu ihren Eingangstoren gehen sollen.

Ein Mannschaftswagen voll Bullen fährt langsam vorbei, jeder unter Vierzig wird eingehend angeglotzt. Vor dem Gemeindehaus werden Fan-Magazine und Souvenirs verkauft. Kinder mit blauweißen Schals gehen an der Hand von ihrem Alten. Noch mehr Mannschaftswagen werden an den Eingängen zur Nord- und Westtribüne postiert, obwohl kein Arsch weiß, was da denn passieren soll. Ein besoffener Opa stolpert vom Gehsteig, und drei Bullen fallen über ihn her. Jung und arrogant, und wenn ne anständige Menge Leute da wären und nicht überall auf den Häusern diese Scheißkameras, würden sie vielleicht die Keile kriegen, die ihnen zusteht. Aber sie tragen ne Uniform, machen Überstunden und lochen nen harmlosen Besoffenen ein. Schubsen ihn voll arrogant hinten in den Mannschaftswagen.

– Ich hab heut morgen bei Andy Marshall vorbeigeschaut, sagt Mark und gibt dem alten Knacker hinterm Gitter am Drehkreuz sein Ticket. Hatte ihn seit über zwei Jahren nicht mehr gesehn, aber er wohnt in der Nähe von dieser Braut in Wandsworth und ich dachte, ich seh mal nach, ob er noch am Leben ist. Er hat n Bart und lange Haare. Richtig hippiemäßig. Hockt vor der Glotze und kuckt sich alte Schwarzenegger-Videos an. Glaubt, er ist halb Mensch, halb Maschine. Er hat kürzlich angefangen, Gewichte zu stemmen. Sagt, damit kann man die Zeit totschlagen, während er auf n Job wartet. Er will in n Schießclub eintreten und zwanzig Schlitzaugen mit einem Schuß abknalln.

– Sie sollen ihn rekrutieren und möglichst weit wegschicken, sagt Rod, der sich als erster zwischen den Geländern die Stufen hinaufschlängelt. Marshall war Aushilfspolizist. Wollte Cop werden, aber die haben ihn nicht genommen. Sogar bei der Bullerei haben sie Mindestanforderungen. Er gehört zu denen, die den ganzen Tag vor der Kiste sitzen und dann losziehen und Amok laufen wie dieser Typ damals in Hungerford. Stellt euch mal vor, daß der Kerl mit nem Schießeisen durchs Einkaufszentrum in Wandsworth streift. Marschiert durch die Menge und hält sich für Arnie auf Dschungelpatrouille.

– Wir sind oben am Aufgang zur Westtribüne. Es ist ein klarer Tag, ich drehe mich um und werfe einen Blick auf die Umgebung. Ist ein schöner Ausblick von hier oben, und ich erinnere mich an einen klaren Abend mit goldenem Sonnenuntergang und West Ham draußen vor der Nordtribüne. Wir waren schon im Stadion, als es an der Fulham Road abging. Ich höre die Polizeimegaphone. Gehen Sie bitte weiter. Zur Nordtribüne rechts herum. Bleiben Sie auf dem Gehweg. Um die Ecke kommen zusätzliche Mannschaftswagen, und die Bullen gehen aufs Ganze.

Die Kameras nehmen eifrig alles auf. Videobänder und Gesichter werden für zukünftige Untersuchungen aufbewahrt. Wir gehen schnell noch schiffen und stellen uns in die Schlange. Im Lokus steht die Pisse knöcheltief, und an so nem Samstag zieht man sich ein paar Bierchen rein und macht keinen Ärger. Zeigen einem beknackt aussehenden Ordner unsere Tickets und sind auf der Westtribüne. Im Stadion sehen wir mal nach, wie viele Zuschauer gekommen sind. Ein paar hundert Coventry stehen in kleinen Gruppen rum. Im ganzen Stadion sind noch Plätze frei, aber bis zum Anstoß ist es auch noch eine Weile. Aber was zum Teufel erwarten die auch, bei den Preisen, die die inzwischen nehmen?

Wir gehen zu unseren Sitzen, und die üblichen Nasen sind da. Harris sitzt zwei Reihen vor mir zwischen ein paar finsteren Gestalten, die ich nur vom Sehen kenne, und trinkt eine Tasse Tee. Er ist nicht groß, stellt aber was auf die Beine und versucht immer, Ärger zu machen. Mehr braucht's auch gar nicht. Mit nem bißchen gesundem Menschenverstand und genug Selbstbewußtsein, den Leuten klarzumachen, daß man weiß, wo's langgeht, kann man ganz gut Eindruck schinden. Die Bullerei kennt sein Gesicht, und sie haben ihn auch schon ein paarmal eingelocht, aber er schafft es, solchen Urteilen zu entgehen, die sie den Leuten aufgedrückt haben, die an der Operation Own Goal beteiligt waren. Er hält die Augen offen und lernt aus seinen Fehlern.

Die Kamera unterm Dach zeichnet unsere Sünden auf, und nur die Kids und Saufsäcke fangen irgendwelchen Scheiß an. Man muß völlig bekloppt sein, hier was anzufangen, auch wenn der Laden zwischendurch mal zu kochen anfängt, und dann sind am nächsten Tag Großaufnahmen von den Leuten in den Zeitungen, die dann zum Abschuß freigegeben werden. Schwer, sich vorzustellen, daß man die Randale früher Woche für Woche im Stadion anzetteln und ungeschoren davonkommen konnte. Wie auf der Nordtribüne in Chelsea, als ich noch klein war. Die haben jede Möglichkeit genutzt. Sind so regelmäßig wie ein Uhrwerk Amok gelaufen. Wenn Millwall oder West Ham auf die Shed-Tribüne gekommen sind, ist die ganze Bude hochgegangen. Gegenüber ist die Osttribüne. Ein Battersea-Heizkraftwerk des Fußballs. So häßlich, daß es schon wieder schön ist.

– Die Braut gestern nacht, sagt Mark, ihr Kopf knallt immer wieder gegen die Wand, und sie erzählt mir, daß ich tiefer rein soll. Für wen hält die mich? 'ne Art Marathon-Mann? Für nen Tiefseetaucher? Ich bin doch kein beschissener Olympiakandidat. Wenn sie so was will, soll sie mit Marshall reden. Der braucht dringend mal ordentlichen Sex. Wenn der nicht bald mal einen wegsteckt, fängt der an, Leute platt zu machen.

– Früher hat er ne riesige Pornosammlung gehabt, denkt Rod laut. Mehr als hundert Filme. Nachts, wenn die Pubs schon dicht waren, hat er stundenlang davorgesessen, immer mit dem Finger auf der Pausentaste, damit er auf Standbild stellen kann. Ich mein, ich kuck mir ja auch gern mal n Porno an, aber nach ner

Zeit hat man doch keinen Bock mehr, anderen Leuten bei was zuzusehen, das man lieber selbst machen sollte. Je mehr Filme er gekuckt hat, desto mehr hat er gekauft. Alles holländischer und deutscher Kram. Hardcore, für den sie dich einbuchten können, wenn du das Zeug über Dover reinbringst. Die Zöllner wollen sich die harten Sachen selbst ankucken.

Das war, als er noch im Hammersmith gewohnt hat. Wir kennen ihn aus der Schule. War n ordentlicher Bursche. Hat ausgesehen wie n Bankangestellter im Miniaturformat. Ich war mal mit ein paar Freunden bei ihm, da legt er so nen Film ein, wo eine Frau von einer Gruppe Soldaten vergewaltigt wird. Ohne Ton, nur klassische Musik, Mozart oder Beethoven oder so was. Irgend so'n toter deutscher Penner. Die Frau hat versucht sich zu wehren. Vier oder fünf Typen haben sie reihum rangenommen, während die anderen sie festgehalten haben. Ich hab mein Chow Mein vom Chinesen gefuttert und konnte mit dieserArt Sex absolut nichts anfangen, aber Marshall hat gelacht. Die Schauspielerei war Scheiße, aber die Frau war in Ordnung. Mir ist allerdings n bißchen übel geworden, als ich zusehen mußte, wie jemand ne Braut so behandelt.

Als es vorbei war, hat Marshall gesagt, daß es echt war. Hat n paar hundert Pfund für das Video bezahlt. Haben sie in Aldershot gedreht. Echte Vergewaltigung. Echte Soldaten. Die anderen haben gelacht, aber man hat gemerkt, daß es ihnen nicht gefallen hat. Man muß n verdammter Perverser sein, wenn man darauf abfährt, bei ner Vergewaltigung zuzusehen. Sitzt da mit deiner Kamera und deiner beschissenen Ausbildung bei der Scheißarmee und wartest darauf, daß die ihr Ding durchziehen. Du bringst die Sache zum Laufen, schiebst die Kohle rüber und schickst die Jungs für zehn Jahre in den Knast. Ich hab mich entschuldigt und bin abgehauen. Als ich weg war, hat John Nicholson ihn mit nem Küchenmesser bedroht. Er hat ihm in die Schnauze getreten und ihm gesagt, daß er ein Wichser ist. Dann hat er mit nem Stuhl den Fernseher zerlegt. Das war der einzige anständige Kerl da.

Aus den Lautsprechern kommt *Liquidator,* die Chelsea-Hymne der Sechziger von Harry J And The All Stars. Ein Ska-Klassiker aus besten Skinhead-Tagen. Danach *Blue Is The Colour* mit Peter Osgood und Alan Hudson in den Top Of The Pops-Studios. Die Mannschaften laufen aufs Feld, und wir stehen auf und klatschen. Die Spieler winken ins Publikum, und das Warmspielen geht los. Es wird langsam etwas voller. Die Männer kommen aus den Pubs. Die Westtribüne fängt an, »Zicke-zacke«-Gesänge zu brüllen, und die Videokameras nehmen alles auf. Werden von Bullen gesteuert. Der Platz ist ein leuchtender grüner Fleck im Sonnenschein. Harris lacht mit Billy Bright. Mark liest die Stadionzeitung und beklagt sich über den Preis, während Rod sich einen Joint bastelt und ein bißchen Dope reinstreut. Ich lehne mich zurück und warte darauf, daß die Mannschaftskapitäne die Münze werfen und das Spiel anfängt. Coventry kriegen ein paar Sprechchöre in Gang, und die halbe Westtribüne kuckt in ihre Richtung. Wir heben die rechte Hand und zeigen ihnen den Stinkefinger.

Fliege machen

Nach zehn Halben Lager bist du so richtig schön breit, ne prima Jukebox, und wenn dazu noch n paar scharfe Pfläumchen rumhüpfen, meistens Tussis in schwarzen Miniröcken, den Stoff grad so über den Arsch gespannt, genau was man nach ein paar Gerstenkaltschalen so braucht, Ganoven und Schnittchen, die belegt werden wollen, und du erzählst ihnen, daß sie noch warten müssen, weil du grad mit deinen Kumpels am Saufen bist, und kippst das billigste Lager in dich rein wie nix. Acht, dann neun Uhr, der Abend kommt immer besser in Fahrt, so richtig das freie Wochenende einläuten, und das Bier schmeckt einfach göttlich. Ätzt sich kühl die Kehle hinunter. Hastig gebrauter Chemieschaum für Lager trinkende Ignoranten. Die Saufkumpane labern Scheiße, morgen erinnerst du dich nicht mehr dran, und die Musik ist so laut, daß man sich anbrüllen muß, aber das wichtigste ist der harte Elektrobeat, bringt ein bißchen Rhythmus in den Laden, und du mußt nicht mehr darüber nachdenken, was du erzählst, und das braucht auch keinen Sinn ergeben, sondern man kann einfach weiterreden, die Zunge bewegen, und je besoffener du wirst, desto größer wird der Unterschied zwischen den Wörtern im Hirn und dem, was aus deinem Mund kommt. Könntest alles erzählen. Scheiß drauf. Steck dein Geld in den Schlitz, drück n Knopf, blätter durch die Seiten, und such dir die Titel aus. Kinderleicht. Kann jeder Idiot, ohne drüber nachzudenken. Ist aber schwierig, zum Tresen durchzukommen, wenigstens solange du noch halbwegs nüchtern bist, verdammt kompliziert, aber jetzt ist es leichter, weil du breit bist und dir die Feinheiten scheißegal sind, weil du einfach mittendurch drängelst und stolperst, bis du bei der Bedienung bist, die mit den dicken Titten, die fast aus der Bluse platzen, die ziemlich pampige Tante mit dem grell bemalten Schmollmund, die genau weiß, daß sie sich benehmen kann, als wär sie was Besonderes, weil genug besoffene Typen n Auge auf sie haben, findet das verdammt klasse, amüsiert sich prima, und du sagst ihr, du nimmst zwei von denen, Schatz, du, mit der prallen Bluse, bei der die Titten anklopfen, mit der Auslage, die die Hormone auf Trab bringt, und wenn irgendwelchen Arschlöchern das nicht gefällt, wie du dich da durchtankst, halten die trotzdem das Maul, weil du besoffen bist, aber vor allem, weil du mit nem netten Mob Typen da bist, der jeden durchs Fenster wirft, der dich oder einen deiner Kumpel schräg von der Seite ankuckt. Um zehn ist alles paletti, der Abend fliegt nur so dahin, die Gesichter im Lampenschein verschmelzen ineinander, die Farbe der Gesichter ändert sich mit jedem Bier, sie glänzen wie Wachsfiguren, und plötzlich wird Letzte Bestellung ausgerufen, nach zehn geht das immer viel zu schnell, blasse Gesichter verschwimmen im Zigarettenqualm, Parfumgeruch liegt in der Luft, ein angenehmer Duft, aber du willst noch was zu trinken, bestellst noch zwei Runden, zwei Halbe zum Nachspülen, und der Wichser hinterm Tresen drängelt, will euch jetzt schnell loswerden, er hat euer Geld, die Kasse ist voll, er will nach oben abziehen und sich vor seine neue Glotze mit Dolbysurround-Sound hängen, die Kasse voller Kohle, eure Kohle, man müßte den Scheißladen ausnehmen, ein paar Fenster einschlagen und die Thekenschlampe, wie sie sich auf allen vieren vom Hund des Besitzers pimpern läßt. Die Jungs lachen sich kaputt bei der Vorstellung, auf so was muß man erst mal kommen. Und der Wirt hat hinten im Hof einen Rottweiler, drum heißt es austrinken Leute, austrinken Gentlemen, BITTE. Sonst hetzt er den Hund auf euch, will er eigentlich sagen, nette kleine Aufwärmübung für den Köter, bevor er der Frau seinen Hundeschwanz bis zum Anschlag reinschiebt. Und auf der Straße ist es kalt, und du hast Hunger, bist schon fast am Verhungern, weil das Bier immer Appetit macht, und nur die armen Ärsche gehen runter zum Imbißwagen und stellen sich in den Nieselregen, das ist verdammt weit für nen Katzenfutter-Burger, und ihr einigt euch, daß ihr gleich zum Inder geht. Es zergeht dir schon fast auf der Zunge, rote Samttapeten, und Ravi Shankar macht im Hintergrund auf seiner Sitar rum, und auch wenn du es nie zugeben würdest, weißt du doch genau, daß es ein verdammt guter Sound ist, verdammt großartige Musik, wenn du besoffen in deinen Pilaw-Reis starrst, wie er im Schleudergang vor dir rotiert, tief im Teller vergraben, im Buntwaschgang mit Schleudern, original Bangra-Sound, ohne den ganzen Elektronik-Scheiß, nur der alte Rishi, der oben auf dem einsamen Berggipfel hockt und die Tiger streichelt, die vorbeikommen. Arschgeil. Aber erst mal müßt ihr in den Laden reinkommen, da ist ein paar Minuten Konzentration gefordert, nüchtern spielen, und obwohl ihr den Kellner, der euch an den Tisch führt, nicht überzeugt habt, alle Beteiligten wissen, was Sache ist, der Arsch muß das doch riechen, den verdammten Hopfen oder was die heutzutage sonst noch alles fürn Scheiß ins Bier panschen, muß man sich mal vorstellen, nicht den geringsten Schimmer zu haben, was man da eigentlich trinkt, gilt natürlich auch für Fressalien aus m Supermarkt, darf man gar nicht drüber nachdenken, aber darauf ist auch geschissen. Geld stinkt nicht, und der Kellner kennt euch vom Sehen. Die Entscheidung fällt ihm nicht schwer. Wieso soll er jetzt Streit anfangen, wenn's was zu verdienen gibt. Die Currys können gar nicht verlieren. Ihr quetscht euch an den Tisch und bestellt einen Stapel Papadams und sechs Halbe, und ihr wißt genau, daß ihr Carlsberg kriegt, daß man beim Inder immer Carlsberg kriegt, daß indisches Essen irgendwie falsch schmeckt, wenn's nicht was Dänischhhhhhhhes dazu gibt. Hat vielleicht was mit dem Großeinkauf zu tun oder so was. Dänische Braukunst für Inder. Arschklar. Ganz anders als das Commonwealth, das sie heimlich kleingemacht haben; lieber jeden Tag n Teller Curry als diesen französischen Dreck, den die reichen Arschlöcher in sich reinstopfen, Scheißwichser, wenn sie sich wie Franzosen benehmen wollen, solln sie sich nach Frankreich verpissen. Was haben die Froschfresser denn je für die Engländer getan? Die Ärsche kommen 1066 rüber, schießen jemand n Pfeil durch n Kopf und bauen nen Haufen Kirchen aus Stein. Dann müssen die reichen Arschlöcher ihre Sprache sprechen, und uns armen Idioten wird erzählt, daß wir unanständige Wörter benutzen. Leck mich am Arsch. Und im Krieg haben sie sich mit den verdammten Deutschen verbündet, als die in Frankreich einmarschiert sind. Die Ärsche haben einfach keinen Mumm. Keinen Stolz. Hält man sich doch lieber an die Currys und die Jah-Soundsystems. Aber der Laden ist rappelvoll, und ihr habt Schwein, daß ihr noch reinkommt, direkt nach euch werden nämlich schon Leute weggeschickt, lauter alte Herren, machen n ziemlichen Aufstand, die affigen Alten sehn doch, daß nix mehr frei ist, dumm gelaufen, Kumpel, und am Nebentisch sitzen vier Bräute, n paar alte Schlampen, wie's aussieht, von der Figur her sind sie noch ganz fit, aber die Gesichter sind ziemlich im Arsch, völlig fertig, wahrscheinlich sind ihre Fotzen so groß wie der Mersey-Tunnel, wie war das in dem Stranglers-Song, irgendwas mit »making love to the Mersey Tunnel« oder so, fällt dir nicht mehr ein, warst noch ein Kid, scheiß drauf. Sie sind besoffen und glotzen zu euch rüber, und ihr fangt das klassische Gespräch an, während ihr auf die Papadams wartet, und das sind blöde Fotzen, haben nicht die Bohne Ahnung von Currys, sind einfach nur schwanzgeil, dann kommen ihre Kormas, aber was soll der Scheiß, wenn man schon essen geht, dann ein Korma bestellen? Ein komplettes Tandoori-Menü würde sie in Verlegenheit bringen, aber so sind die Frauen halt, und dann labern sie die ganze Zeit darüber, wie scharf das ist, aber wie zum Teufel soll das denn angehen, mit dem ganzen Yoghurt oder was die Schweinekerle da rein tun, wahrscheinlich Ficksahne, ihr müßt lachen, erzählt ihnen, daß das ganze Korma voll damit ist, daß die Kellner der Reihe nach in die Soße wichsen. Die Bräute kucken etwas angeekelt, aber nur n bißchen, und dann kommt das Bier, und ihr macht euch gleich über die Papadams her und bestellt die Hauptgerichte, Bhajees für alle, tunkt in die Chutneys, eingelegte Limonen, Gurken und Mango, gehackte Zwiebel, verdammt klasse die ganze Aktion, und mit vollem Mund reden, dann die Vindaloo- und Madras-Gerichte, Bombay-Kartoffeln und Bhindi Bargee als Beilage, und Ladyfinger-Kekse umklammern deinen Schwanz, aber die Tussis von nebenan sind keine Ladys, nie gewesen, und ihr bestellt einen Stapel Nan-Brot, ein paar natur und ein paar Peshwari, dann verpißt sich der Kellner, und du verstummst. Peshwari Nan, verdammt klasse, und du erzählst deinen Freunden von dem irischen Kumpel, der auf dem Landweg durch den Iran und den Irak gefahren ist, schwierige Strecke durch die Wüste, aber nette Leute, anständige Menschen, und wie er dann in Peshwar hängengeblieben ist, mitten im Krieg gegen die Russen, und daß die Stadt ein Mudschaheddin-Stützpunkt war, verdammt harte Jungs, ne echt verratzte Stadt an der Nordwestgrenze, der Goldene Halbmond, und dann ist er da ein paar Wochen lang völlig abgedreht. Die haben ihm mehrmals erzählt, daß er aufpassen muß, weil die Muslime es auf ihn abgesehen hätten, besonders die Wüstenkrieger, die hätten keine Skrupel, einen Typen in den Arsch zu ficken, und dein Kumpel sagt, das waren nette Leute, gab keine Probleme. Du willst es aber trotzdem nicht drauf ankommen lassen. In Pakistan auf jeden Fall nicht. Und die Schlampen nebenan reißen die Mäuler auf, eine großkotzige Kuh legt's immer wieder drauf an, so ne Bodybuildertante, der das Wasser im Schritt zusammenläuft, die Bräute mit der dicksten

Beinmuskulatur tragen auch immer am dicksten auf, macht euch ein eindeutiges Angebot und sagt, eßt brav euer Curry, Jungs, und kommt noch mit auf n Drink, Scheiße, auf n Bums, meinst du, aber du hast Hunger, bist echt verdammt hungrig, und willst nur, daß sie die Schnauze halten, damit du in Ruhe essen kannst. Und sonst verpißt euch, Mädels, sucht euch nen anderen Stecher. Scheißegal wen, aber das Essen ist wichtig, und Servierwagen werden rausgeschoben, zischende Tandoori-Hähnchen für den Verein ein paar Tische weiter hinten, sehen aus wie Soldaten auf Ausgang, kurzgeschorene Haare und ordentliche Klamotten, ziemlich elegant in ihren Blazern, nicht diese forschen Fred-Perry-Klamotten, müssen Soldaten sein, du kannst den Schriftzug auf ihren Blazern nicht erkennen, weißt aber, daß irgendein Emblem dabei ist, scheiß drauf, ihr haltet Abstand, weil die von der Army immer auf der Suche nach Ärger sind, wenn die mal ein paar Stunden aus der Garnison kommen, müssen die sich einfach prügeln, wichtiger Teil ihrer Scheiß-Ausbildung, die Queen und das Vaterland und armen Schweinen den Schädel einschlagen, in der Grundausbildung zeigt sich, wer ein wahrer Soldat ist. Gehirn abschalten und Gehorchen lernen, weil die Arschlöcher aus Eton wissen, wo's langgeht, mach einfach das, was man dir sagt, Befehle ausführen, und einer von den Jungs sagt, sein Urgroßvater war Soldat an der Nordwestgrenze, oben am Khaiberpaß, das muß der völlige Irrsinn gewesen sein, und du fragst dich, wie das wohl so war als Soldat im Empire, der das Commonwealth zusammenhält, und der alte Knacker hat mal nen Esel gesehen, der völlig überladen war, mit Ziegeln oder so was, und das arme Vieh stand kurz vorm Herzinfarkt, ist beinah geplatzt, und der Soldat ruft den Kerl zu sich rüber, das Arschloch, dem der Esel gehörte, und schneidet das Seil durch, mit dem die Ladung befestigt ist, und erzählt dem Typen, daß er seinen Esel nicht überlasten soll, die Engländer sind doch so tierlieb. Da gibt's solche Scheißquälereien nicht, Kumpel. Oder wenigstens nicht so oft, mal abgesehen von einigen kranken Gestalten, solchem Abschaum, der Katzen verbrennt oder Hunde von Hochhäusern wirft. Arschlöcher, über die was in der Zeitung steht, denen man aber nie begegnet, weil du sonst sofort dazwischengehen und ihnen das Scheißgenick brechen würdest. Ärsche. Wenn dein Curry kommt, haust du einfach rein, und das ist ne wahre Wohltat, wie das Bier durch die Kehle läuft, zu den Bhajees gibt's ne süßliche Minzsauce und Salatgarnitur – Tomatenscheibe, bißchen Gurke und Kopfsalat. Du machst dich über die Bhajees her, bestellst beim Kellner noch Bier, nennst ihn Abdul, er ist Abdul, und du bist Mustafa-Curry, der Typ lacht bloß, weil er das alles schon kennt, jedes Mal die gleiche Scheiße. Du bist am Verhungern, und auf der anderen Seite sitzen vier Idioten, zwei Pärchen, die ihr Essen schon vor sich stehen haben, ihr kuckt alle neidisch, als euer fettes Arschloch sich rüberbeugt, es ist immer derselbe großgewachsene Typ, hundertprozentiges Biermonster, der Bauch hängt über die Jeans, die Haare sind biergetränkt, die Sorte, die nie heiraten oder Kinder haben wird, ihr kennt den, ist echt berühmt, und man trifft ihn überall, egal wohin man kommt, ob im Stadtzentrum oder in der Einkaufstraße von irgendeinem Kaff, ob's regnet oder schneit, sobald die Pubs dicht haben, hängt er da rum, also, das große Arschloch beugt sich rüber, grabscht mit der Hand in den nächsten Teller, Pilaw-Reis mit Dhansak, und du lachst und hast Mitleid mit dem Typen, der das Curry essen wollte, weil der Typ nicht gerade ein Henry Cooper ist, verteilt den Reis über den ganzen Tisch, auch kein Frank Bruno, der erste aus einer neuen Generation schwarzer Box-Helden, und der Idiot kann nichts dagegen machen, nur hoffen, daß seine Frau nicht zu denen gehört, die meinen, daß die Ehre verteidigt werden muß, eine von den Fotzen, die sich für das schönere Geschlecht halten und glauben, man muß um sie kämpfen, verdammte Schlampen, und er macht gute Miene, als der fette Arsch sich lächelnd rüberbeugt, die Hand immer noch auf dem Teller des Typen, und sagt Du HAST DOCH NICHTS DAGEGEN, KUMPEL? als wäre er besorgt, echt besorgt, daß er vielleicht doch zu weit gegangen ist, und das kann wohl auch sein, die Nachrichten vom Hirn kommen an der Zunge nämlich mit ziemlicher Verspätung an, aber du weißt, daß er noch viel weiter gehen kann, verdammter Psycho, der Typ, wenn er zuviel intus hat, aber er ist n Kumpel von dir, und nem Kumpel verzeihst du fast alles. Der arme Kerl vom Nebentisch lacht bloß verlegen und schüttelt den Kopf, und der fette Drecksack nimmt die Handvoll Persia vom Teller und stopft sie sich ins Maul. Du bist so besoffen, daß du's fast nicht mehr aushältst, bepißt dich fast, kriegst deine Blase aber doch noch unter Kontrolle, während deine Gedanken rotieren und die Soldaten anfangen, mit ein paar langhaarigen Arschlöchern an einem anderen Tisch zu streiten, modisch aufgetakelte Wichser oder so was, du hast ja auch nichts gegen ein bißchen dubmäßiges Getrommel mit geilem Synthie-Background, aber du würdst dich doch dafür niemals so zum Affen machen, und die Schlampen auf der einen Seite stöhnen, daß das Korma zu scharf ist, blöde Kühe, und du vergißt die glückliche Viersamkeit mit dem versauten Dhansak. Die Zwiebeln in den Bhajees sind sauscharf, du spülst sie mit Bier runter, und in dir fängt es an zu glühen, du stehst auf, machst dich auf den Weg zum Pott, stolperst zwischen den Tischen rum, es muß inzwischen ziemlich laut sein, aber das kriegst du nicht mit, weil du ziemlich hackevoll bist. Die Tür fällt zu, und Ravi Shankar ist weg, keine Boxen im Klo, muß mal einer was gegen tun, aber was soll man tun, Toon Army, Scheiß-Geordies, Scheiß-Newcastlefans, und du machst den Reißverschluß auf und läßt dich langsam nach vorne fallen, lehnst dich mit dem Kopf beim Pissen an die Marmorwand, echter Marmor, wie das Tadsch Mahal, das Bild über eurem Tisch geht dir nicht aus dem Kopf, das ist fast schon ne richtige Liebesgeschichte, die der Kellner dir mal erzählt hat, vor ein paar Monaten, als du nicht so besoffen warst, und der Marmor wird durch die Luftverschmutzung zerstört, und die Regierung will die Fabriken in der Gegend schließen, rettet das Tadsch Mahal, verdammt schönes Gebäude, aber vor allem, weil die Touristen so viel Geld dalassen, und die Fabrikbesitzer sagen, sie bombardieren das Scheißding, Arbeitsplätze sind schließlich Arbeitsplätze, haben sie auch verdammt recht, und du denkst an deinen Kopf, der so an der Wand lehnt, und daß einige perverse Arschlöcher beim Pissen da ihren Rotz abwischen und außerdem hast du dir gerade erst die Haare gewaschen, du zuckst zu hastig zurück, und es haut dich fast um. Toller Tod. Den Hinterkopf am Waschbecken zerschmettert. Traurig. Du machst den Hosenstall zu, wäscht dir die Hände und wischst den Kopf ab, ein Soldat kommt rein, sieht dich nicht, bewegt sich wie n Preisbulle, ein richtiges Vieh, Steinzeitmensch in Blazer und langer Hose, harter Bursche, mit dem du keinen Scheiß anfangen würdest, wenn ihr nicht deutlich in der Überzahl wärt, so was bei zehn zu eins. Du bist in der Gegend um Slough-Windsor groß geworden und hast mitgekriegt, wieviel Ärger es dauernd mit der Army gibt, Scheißwichser, und dieser Typ ist nicht gerade ein Anfänger bei dem Verein, sondern einer, der da Karriere gemacht hat, Mitte Dreißig, und du nimmst an, daß er sich rund um die Welt gemordet hat, war auf den Falklandinseln Kehlen durchschneiden und hat sich seinen Weg durch Nordirland freigeschossen, ist überall gewesen, wo was zu erledigen war, und du siehst zu, daß du ausm Lokus rauskommst, weil's da nach Tod riecht und du den Typen nicht aufm falschen Fuß erwischen willst, indem du vielleicht zu nah an ihn rankommst, niesen mußt oder zu schwer atmest, der braucht doch nur nen Vorwand. Du bist wieder an eurem Tisch, und der Kellner hat inzwischen die Teller abgeräumt, die Teelichte in den Warmhalteplatten ausgemacht, und du kippst ein halbes Glas Bier runter und unterhältst dich mit den Nutten vom Nebentisch, die ihr Korma aufgegessen und sich Eis bestellt haben, das ist jetzt gefrorene Ficksahne, haha, Scheiße, sie sagen, ihr sollt euch mit dem Essen beeilen, sie warten, und ihr antwortet, sie können warten, solange sie wollen, und sie lachen bloß, macht wohl auf schwer flachzulegen, was, Jungs, die großmäulige Schlampe, so'n richtiger Fleischberg, aber die Braut neben ihr ist ganz okay, rabenschwarze Haare und riesige Augen, aber wenn sie das Maul aufmacht, sieht man ihre schlechten Zähne, verdammt scheußlich, so was will man ja nun echt nicht um die alte Panzerabwehrrakete gewickelt haben oder wie, und dann kommt der Hauptgang, und von dir aus können sie sich nach Hause verpissen. Jetzt zählt nur das Essen, und ihr haut rein, alle werden schnell wieder nüchtern, teilen ordentlich und gerecht, und die beiden Pärchen neben euch kriegen die Rechnung und machen sich auf den Weg, und du stopfst dir die ersten paar Gabeln in den Mund, himmlisch, große Klasse, der Sinn des Lebens, Ravi Shankar legt sich im Hintergrund ins Zeug, die Saiten vibrieren, als wollten sie gleich reißen, hört euch die verdammte Musik an, ihr blöden Ärsche, richtige Musik, kein elektronischer Scheißdreck, ihr langhaarigen Wichser, hast du das gesagt, die Soldaten lachen, und die Langhaarigen drehen sich um, haben keine Ahnung, wo das herkam, die Bräute lachen auch, eine beugt sich rüber und streichelt dein Bein. Du sagst ihr, daß sie damit aufhören soll, Schlampen sind wie Teebeutel, man muß sie ziehen lassen, aber das gefällt ihnen absolut nicht, wofür haltet ihr uns, gewöhnlich oder was, verdammt gut getroffen, Süße, aufm Rükken am Truppenübungsplatz, und die Soldaten stehen Schlange, wie in dem Video, von dem ihr gehört habt, das ist nicht nett, Jungs, aber wen kratzt das schon, die können euch mal, und die Pärchen sind gegangen und haben das Geld auf den Teller mit der Rechnung gelegt, und einer von deinen Kumpeln beugt sich rüber und steckt es ein. Du kriegst das mit, redest weiter, als wär nix passiert, reißt n Witz, worauf die Schlampe auf genervt macht, die haben nichts mitgekriegt, genau wie der Kellner, der zum Nebentisch geht, sich umsieht, seinen Kumpel fragt, dann geht einer von ihnen an die Theke, sie sind verwirrt, beraten sich, streiten, Abdul geht raus und blickt rechts und links die Straße entlang. Da muß irgendwas falsch gelaufen sein, anständige Bürger machen nicht die Fliege, respektable kleine Männer und Frauen in ihren besten Klamotten, die ins Theater gehen und ordentliche Jobs in ordentlichen Büros haben. Solche Arschlöcher machen so was nicht. Und du mußt dir das Lachen verkneifen, weil es genau darum geht, dieser Scheiß mit der Umverteilung des Wohlstands, das hält das Land in Bewegung, Kleinkriminalität und Kostenausgleich, sicher verstautes Geld, schwarzfahren und das gesparte Geld einsacken. Ihr bestellt noch ein Carlsberg, und da steht es schon vor dir, hübsche weiße Blume, die Dänen wissen, wo's langgeht, meistens jedenfalls, wie damals, als sie die Fußball-EM gewonnen und gegen Europa gestimmt haben, aber dann sind sie mittendrin eingebrochen und wurden gezwungen, noch mal abzustimmen, und haben ja gesagt, die dämlichen Idioten. Haben dem politischen Druck einfach nicht standgehalten und die Geschäftsmänner machen lassen. Du spülst dein Essen runter, die Kehle brennt, irres Gefühl, und drüben entsteht ein kleinerer Tumult, als die Soldaten Streit mit den Acidleichen und ein paar anderen Burschen anfangen. Das ist zum Schreien komisch, weil alles in Zeitlupe abläuft und der Preisbullen-Soldat dem einen aufs Maul hauen will, aber viel zu besoffen ist, und der andere Hippie springt aufn Stuhl und tritt ihm gegen die Brust, schubst ihn eigentlich mehr mit der Sohle von seinem Turnschuh, und das Schwein fällt rückwärts übern Tisch, läßt seine Leute im Stich, aber dann kommen ein paar andere, nicht so besoffene Soldaten in Zivil rüber, und es geht richtig los, die Kellner gehen hinterm Tresen in Deckung, du winkst Abdul zu, und er lächelt halbherzig, diesmal ist er sich nicht so sicher, auch ne beschissene Art, sich seinen Lebensunterhalt zu verdienen, und sicher ruft gerade jemand die Bullerei.

Ihr sitzt da und glotzt die Show an, alles bewegt sich völlig unrhythmisch, Schläge gehen ins Leere, eine Prügelei von Besoffenen, wie aus einem *Carry-On*-Film, *Carry On Steaming*, irgend so was, so ein Western, *Carry On Cowboy*, was in der Art, mit Sid James, dem großen britischen Helden, ein verdammter Aussie oder Südafrikaner, irgend so ein Commonwealth-Staat, wie einer von den Kumpels meint, Nachfahr von einem Haufen Verurteilten, die sie damals wegen irgendwelchem Scheißdreck in die Verbannung geschickt haben, wurden auf dem Schiff vergewaltigt und so, nicht übel für die Matrosen, aber absolut nicht komisch für Frauen und Kinder. Und dein Teller ist fast leer, und du hast auch nur noch ein halbes Bier, hebst das Glas, und im ganzen Raum werden die Tische abgeräumt, die Kellner sind jetzt wieder da, und vorne an der Theke ist nur noch ein großes Knäuel zu sehen, Schulhofkeilerei, bis jetzt noch ohne echte Härte, keine Brutaloszenen oder so was, weil einfach alle so verdammt besoffen sind, aber es dauert bestimmt nicht mehr lange, bis sich jemand ernsthaft verletzt, und immer mehr Leute steigen ein, ein kleiner Arsch, der sich wohl für nen Karate-Crack oder so was hält, haut einen runtergekommenen, besoffenen Sack um, und seine Braut springt dem Typen voll auf den Rücken, hat ne Skihose an und schlingt die Beine um ihn rum, verkeilt ihre Fotze direkt auf seiner Wirbelsäule, sieht aus wie auf so nem Kamasutra-Bildchen, trommelt ihm mit den Fäusten aufm Kopf rum, sieht prima aus, ne echte Lachnummer, und es dauert nicht mehr lange, dann ist die Bullerei da, und vielleicht kriegt sie ne Zelle ganz für sich alleine. Hinterhältiges Miststück. Kratzt dem Typ mit den Fingernägeln über die Backen. Gibt lange rote Ritzen. Du wischst dir den Mund ab, und der ganze Tisch steht auf und macht sich auf den Weg, ne echte Lachnummer, und der Arsch, der das Geld eingesackt hat, meint, beim nächsten Mal, Jungs, beim nächsten Mal zahlen wir nicht, obwohl ihr jetzt schon nicht zahlt, aber es ist immer gut, wenn man sich auf was freuen kann, was fürs nächste Mal in petto hat, aber man muß auch zugreifen, wenn sich was ergibt, die Gelegenheiten beim Schopf packen, weil es nicht allzu viele sind, auch das kleinste bißchen hilft, die kleinen Siege sind wichtig, weil mehr sowieso nicht zu holen ist, und die Hälfte von denen, die nicht an der Schlägerei beteiligt sind, machen die Fliege, oder auch achtzig Prozent, die Lahmärsche sind zu ehrlich oder zu blöde, kein großer Unterschied, und die bleiben, wo sie sind, aber ihr seid draußen, spart euer sauer verdientes Geld für die Zukunft, raus in die Nachtluft und ab um die nächste Ecke, außer Sichtweite. Du bist besoffen und rennst, und nach kurzer Zeit bist du am Ende und lehnst dich keuchend an eine Wand, außer Atem, am Lachen und Keuchen gleichzeitig, und als du langsam wieder Luft kriegst, weißt du, daß die Aktion n bißchen dämlich war, daß ihr n bißchen leisetreten müßt, wenn ihr das nächste Mal zu diesem Inder geht, vielleicht ein paar Monate wegbleibt, aber dann mal wieder hingeht, wenn ihr besoffen seid und denkt, daß euch schon keiner erkennt, aber darauf ist auch geschissen, und irgend jemand rutscht immer das Hirn in den Schwanz, und der will die Mädels vom Nebentisch ficken. Hat jemand gesehen, wo die hin sind, haben die auch die Fliege gemacht, wer weiß das schon, wen interessiert's, und ein paar Jungs verpissen sich nach Hause, als die Sirenen näher kommen und ein paar Bullenwagen vorbeirasen, und du schreist, daß da hinten ne Riesenschlägerei ist, um die sie sich mal kümmern sollen. Denen ist es scheißegal, ob ein paar Wichser die Zeche geprellt haben, die müssen sich um den Mob kümmern, der dabei ist, das indische Restaurant auseinanderzunehmen. Scheiße ist bloß, daß ihr vom Laufen wieder klarer im Kopf geworden seid, und das Essen den Alkohol aufgesaugt hat, ihr kriegt wieder Luft, und deshalb entschließt ihr euch, nen kleinen Spaziergang zu machen, hättet euch an die Schlampen vom Nebentisch halten sollen, also geht ihr grob in die Richtung zurück, wo ihr hergekommen seid, kommt wieder in die Nähe des Restaurants und seht die Mannschaftswagen davor, pulsierende Blaulichter, das reinste Chaos, die Dinger lösen epileptische Anfälle aus, verdammte Videoautomaten, spielen Räuber und Gendarm, nehmen ne Ladung Typen mit, ein kurzhaariger Bursche, kein Soldat, dafür ist er nicht kräftig genug, schlägt einen Bullen, und die Schweine holen ihn von den Beinen und treten wie wild auf ihn ein. Vorm Tandoori-Restaurant von der Bullerei zu Klump geprügelt. Die Kellner sehen durchs Fenster zu. Engländer sind eine barbarische Rasse, und die Inder kriegen ihre Rache, so wie damals bei dem Inder am Meer, mächtig angesäuselt, und die Drecksäcke haben euch was ins verdammte Essen getan, und ihr habt damals zwar noch gedacht, daß es n bißchen komisch schmeckt, habt es aber auf das kräftige Ale im Norden geschoben. Kannst dich noch gut dran erinnern, mußt lachen, verdient hattet ihr's, weil ihr einen Tisch voller Essen durch den Raum schmeißen wolltet, und am nächsten Morgen im Frühzug habt ihr die ganze Zeit die Scheißerei gehabt. Wenn ihr da je wieder hinkommt, nehmen die Jungs den Laden auseinander, werfen ne Brandbombe durchs Fenster, weil euch den ganzen Weg bis London die Ärsche gebrannt haben, soweit zum großen Feuer, dann die U-Bahnfahrt nach Hause, aber Ehre wem Ehre gebührt, diese Kellner im Norden waren clever. Und ihr seid auch nicht blöd, sagt euch, das reicht, dreht ab und geht einen anderen Weg, hat keinen Wert, sich erwischen zu lassen, der Bullerei den Job leichtzumachen, noch mehr Wagen rasen vorbei, sieht aus, als wär der Dritte Weltkrieg ausgebrochen, islamische Fundamentalisten aufm Rachefeldzug oder eher noch wie ne christliche Bürgerwehr. Ihr geht am Bahnhof vorbei, und am Taxistand stehen zwei von den Perlen aus dem Restaurant, versuchen, ein paar von den Soldaten an Land zu ziehen, drei Typen aus dem Tandoori, einer ist der weiße Soldatenbüffel aus dem Scheißhaus, müssen auch die Fliege gemacht haben, gerade noch rechtzeitig dahintergekommen sein, daß sie in der Scheiße stecken, als sie dabei waren, irgendein Arschloch weichzuklopfen, und sich vom Acker gemacht haben, bevor die Bullerei ankam. Und die vorlaute Schlampe macht sie an, aber die Typen sind zu besoffen, das sieht man an ihren Gesichtern, sabbern mit hängenden Unterkiefern auf ihre Klamotten, keine Chance, sind harte Burschen, die es den Mädels so richtig besorgen würden, aber nach dem ganzen Bier hat der Fisch auch keine Gräten mehr, und das einzige Harte an ihnen sind ihre Fäuste, wenn die Mädels zu lachen anfangen, besoffen, zuviel Wodka, zuviel irgendwas, aber die beiden Mädels merken das und sehen euch, vergessen das mit den Soldaten und lassen sie am Taxistand stehen, kommen rüber, und langsam wird's spät und kühl, und sie laden euch zu sich auf einen Drink ein, einen Bums, wonach euch gerade der Sinn steht, Jungs, n bißchen Musik hören, aber nur Scheißplatten, nichts, was sich lohnt, aber wen kratzt das schon, ist ein Ziel, was zu tun, besser als nichts, bloß nicht einfach nur so rumstehen. Aber die Soldaten kommen auf euch zu, und es gibt ein wenig Streit um nichts Bestimmtes, eine Polizeisirene heult in der Nähe, sie sagen, ihr könnt die Frauen haben, Jungs, viel Spaß dabei, und sie stellen sich wieder in die Schlange, springen in ein Taxi und verpissen sich in die Kaserne, oder aus welchem Loch sie auch gekrochen sind, und ihr steht mit dem Rücken zur Wand, hört, wie die Sirene abgestellt wird, wißt, daß ihr noch mal Glück gehabt habt. Die Bräute erzählen euch, daß ihr euch keine Sorgen machen braucht, diese Soldaten, Kumpel, diese Scheißsoldaten sind aufs Töten dressiert, dazu ausgebildet, einem Hirnschäden und andere schwere Verstümmelungen zuzufügen, und die schamlose Schlampe sieht jetzt etwas menschlicher aus, ihr kräftiges Parfum läßt sie nicht im Stich, macht sie warmherzig und feminin, aber du weißt genau, daß sie eine Sau ist, eine Sau im Schlüpfer, na ja ihre Freundin ist nicht übel, bloß diese gammligen Zähne, beide verdammt herbe Schönheiten, wenn man ehrlich ist, du bist scheißbesoffen, und dein bester Kumpel hat grad angewidert die Fliege gemacht, und jetzt bist du auf dich allein gestellt, unglaublich so was, der Parfumgeruch und der heiße Atem, die nasse Hose und die Bierwampe, gammlige Zähne und ne Ladung Sackratten, du mußt hart bleiben, Format beweisen, brauchst bloß nein zu sagen, aber du weißt genau, daß du dich morgen früh hassen wirst.

Tottenham auswärts

Punkt halb zwölf sind wir in King's Cross, am Tresen in unserem Stammlokal im Londoner Norden. In der Stadt tobt das pralle Leben, und der Pub ist ziemlich voll. Ich nippe an meinem Bier. Laß mir Zeit. Soll ne Weile reichen. Mark hält sich an einem Orangensaft fest, und Rod hat ne Pulle Light in der Hand. Harris steht an der Tür und beobachtet die reinkommenden Leute. Hält die Augen offen. Die übliche Belegschaft steht bereit und dazu noch ein paar Aushilfsmobs aus dem ganzen Londoner Westen und Süden. Wir sind eine exklusive Gesellschaft. Für Teilzeitkräfte ist bei uns kein Platz. Der Wirt muß denken, es ist Weihnachten, weil er zur richtigen Zeit am richtigen Ort ist.

In diesem Pub treffen wir uns meistens vor Spielen im Londoner Norden oder wenn wir auf dem Rückweg von Spielen in Nordengland in King's Cross am Bahnhof ankommen. Es ist immer das gleiche. Man sucht sich ein günstig gelegenes Lokal, in dem man sich treffen kann, bis das jemand spitzkriegt. Wenn ein Polizeiwagen auf der anderen Straßenseite steht, weiß man, daß es Zeit ist, sich was Neues zu suchen. Wir wollen nur in Ruhe gelassen werden. Zieht euch anständig an, und überlaßt die Kriegsneurosen und die komischen Frisuren den Klippschülern und Idioten. Du mußt unauffällig und leger gekleidet sein.

Tottenham auswärts ist ein Knaller. Die Spurs waren schon immer ziemlich verhaßt. Das sind Judenärsche, und sie tragen Käppchen. Sie winken mit Davidsternen, um uns auf die Palme zu bringen. Wir sind Chelsea-Boys aus den angelsächsischen Gebieten im Londoner Westen. Der durchschnittliche Chelsea-Fan, der aus Hayes oder Hounslow nach Tottenham hochfährt, ist Pakis und Nigger gewöhnt, aber auf der ganzen Seven Sisters Road gibt's nichts als Bagels und Dönerläden. Griechen, Türken, Judenärsche, Araber. Die Mobs der Spurs legen sich gern mit uns an, insofern sind wir uns also einig. Tottenham hatte schon immer den Ruf, protzig zu sein. Stinkreiche Judenärsche. Hier gibt's betuchte Gauner, wo West Ham bloß arme Hafenarbeiter hat. Heißt es zumindest. Wenn man durch Stamford Hill oder Tottenham geht, würde man nicht glauben, daß Hammersmith und Acton in der gleichen Stadt sind. Im Westen haben wir unsere irischen Paddys, aber nicht diese Judengettos. Ich bin zwar nicht christlich, aber trotzdem noch in der beschissenen Church of England.

In den Mittsiebzigern hat Tottenham uns in die zweite Liga geschickt, und der größte Teil der Chelsea-Fans wurde vor dem Anstoß aus dem White-Hart-Lane-Stadion rausgeschmissen. Drinnen ging's dann ab, und auf dem ganzen Feld gab's Schlägereien. Die Spurs waren in der Überzahl, und obwohl Chelsea sich gut gehalten haben, sind wir nach Strich und Faden verdroschen worden. Tottenham hat 2 : 0 gewonnen. Chelsea ist abgestiegen. Dafür büßen sie heute noch. Wenn man mit Fans von anderen Vereinen spricht, egal ob die aus dem Norden oder aus London sind, die hassen alle Tottenham. Aber wir sind Chelsea und stolz darauf. Harris Denkmaschine arbeitet seit letztem Samstag auf Hochtouren, und wir gehen genau nach Plan vor. Wir wissen, wo wir Tottenham vor dem Spiel finden. Wird gut besucht sein, weil Chelsea zu den Tottenham-Auswärtsspielen immer zahlreich anrücken.

Neben uns am Tresen steht Black Paul. Ein Chelsea-Nigger aus Battersea. Er hat eine Wohnung im zehnten Stock mit Blick über den Fluß und sieht jeden Morgen beim Aufstehen die Flutlichtmasten von Stamford Bridge. Wenn man David Mellor zukucken könnte, wie er ein Mädel in Chelsea-Outfit bumst, wär das nix dagegen. Mit seiner Aussicht auf das ganze verdammte Stadion schlägt Paul den locker. Viel besser kann man's kaum treffen. Black Paul ist nicht doof. Körperbau wie ein Betonbunker und arbeitet aufm Bau. Keiner von den Jungs trägt Vereinsfarben, weil Fanartikel einen als Wichser brandmarken, aber Black Paul hat immer ein Trikot unter seinem Sweatshirt. Kommt damit durch, weil er ein harter Bursche ist und ihm keiner dumm kommt. Er muß über einsneunzig groß sein, ohne Schuhe, und seine Hände sind völlig vernarbt. Vom Mauern für den weißen Mann.

Er macht das wieder wett, indem er die Frau des weißen Mannes bumst, zieht uns ständig auf mit Geschichten über blonde Bräute, die sich um seinen riesigen schwarzen Schwanz reißen. Ist immer der gleiche Frauentyp. Hochgesteckte blonde Haare, und ne Vorliebe für digitale Drum-Beats. Typische Ecstasy-Bräute aus den Hochhaussiedlungen in der Stadtmitte. Diese Mädels würden nie was mit nem Weißen anfangen. Die sehen uns an, als könnten wir niemals mit Black Paul oder den Niggern aus Shepherd's Bush oder Brixton mithalten. Als wären wir völlig fürn Arsch, und so was kann böses Blut machen. Sie kriegen ihre Ladung Dschungelsperma von Paul, aber in erster Linie ist er ein Chelsea-Nigger. Wenn man's für Chelsea macht, ist das das einzige, was wirklich zählt.

Ich hab Lust auf nen anständigen Drink, halt mich aber zurück. Gestern abend war nicht viel los. Anstrengende Woche im Lagerhaus. Die Arbeit ist langweilig, aber irgendwas muß man ja tun. Ich wollt mich für Tottenham schonen, also hab ich mir bei ein paar Dosen Bier n Film über diesen aalglatten Burschen angekuckt, der n Vermögen mit Kauf und Verkauf von Grundstücken macht. Vögelt alles, was sich bewegt, pfeift sich Heroin rein, um besser mit seinen Millionen klarzukommen, wird aber n bißchen unvorsichtig, teilt mit jemandem die Spritze und stellt dann fest, daß er Aids hat. Deswegen schaut er bei seinem Alten vorbei, den er fünf Jahre lang links liegengelassen hat, und die beiden werden dicke Freunde. Der Typ stirbt, und der alte Knacker kriegt die Kohle. Vom armen Schlucker zum Millionär. Eigentlich ne Scheißstory, aber es lief nichts anderes.

Das Lager schmeckt prima, aber es bringt nichts, sich jetzt zu besaufen und nachher dann einbuchten zu lassen, weil man auf der Tottenham High Road das Maul zu weit aufgerissen hat. Du mußt auf Draht sein, wenn du auf ne Keilerei aus bist. Wenn du dich besäufst, kriegst du hinterher was aufs Maul, und ne Anzeige wegen Erregung öffentlichen Ärgernisses hängen sie dir auch noch an. Wenn die Bullen dich in Aktion sehen, wird's sogar versuchte Körperverletzung. Die Creme jedes Vereins weiß, wo's langgeht, und läßt die Saufköppe den Lärm schlagen, auf und ab hüpfen und alles in allem nen ziemlichen Aufstand für die Fernsehkameras machen. Das ist Idiotenkram. Genau wie die Älteren, die sich zum Randalieren aufgemotzt haben. Stiefel und Armeeklamotten, als ob sie in ner Parade mitlaufen wollten.

Für uns sind das die Beschränkten, weil es das Wichtigste ist, in der Masse unterzutauchen. Ohne die ganze Show kann man doppelt so energisch zur Sache gehen. Man zieht sein Ding durch und verpißt sich, bevor man entdeckt wird. Da geht's um Strategie. Nachdenken, bevor man sich in die Schlacht stürzt. Den Verstand nutzen. Nicht fluchen und toben bis zum Herzinfarkt. Paß auf dich auf und bleib gesund. Such den Gegner und hau ihn zu Klump. Man muß nicht mit ner Blaskapelle einmarschieren. Wenn du's still und heimlich machst, bringt das dieselben Ergebnisse ohne die unangenehmen Nebenwirkungen. Das ist die Grundidee. Ist aber auch großartig, weil die Zeitungen und das Fernsehen immer voll danebenliegen. Auf der Kensington High Street sind keine Reporter, wenn wir Scouser aus dem Zug zerren und sie niedermachen. Die Arschgeigen treiben sich auf der Osttribüne rum, mischen sich unter die Geschäftsleute und hoffen, daß irgendwelche Politiker auf sie aufmerksam werden. Und wenn wir in King's Cross Geordies aufmischen, sitzen auch keine Kommentatoren in den Wohnblöcken und das Kamerateam zoomt rein. Die montieren doch nur die Höhepunkte aus dem Spiel und sacken ihre Kohle ein. Uns paßt das gut. So sparen wir jede Menge Ärger.

Um eins ziehen wir los. Ganz schöne Strecke, die Euston Road lang. Erst sind wir auf offenem Gelände, dann überfluten wir im sicheren Untergrund den Bahnsteig der Piccadilly Line, Aufziehsoldaten marschieren. Wind strömt durch den Tunnel, und ein Zug nach Walthamstow fährt ein. Er ist voller Chelsea auf dem Weg nach Norden. Es ist alles da, kleine Mobs, Jugendliche und anständige Bürger. Alte Knacker mit Löwentätowierungen und Opas, die sich noch an Bobby Tambling und Jimmy Greaves erinnern, als hätten die gestern gespielt. Typen wie wir sind aber sonst nicht im Zug, und wir werden etwas nervös gemustert. Keine Vereinsfarben. Keine Gesänge. Unter den Überwachungskameras der London Underground warten wir auf den nächsten Zug, der ein paar Minuten später ankommt.

Videokameras sehen alles. Man muß schon auf Draht sein, wenn man was erreichen will, schließlich herrscht große Nachfrage nach Spannern. Wie in dieser Fahndungssendung in der Glotze, wo sie n Serienmörder jagen, der schwule Sadomasochisten plattmacht. Sie sind mit den Kameras in eine schmuddelige Wohnung im Londoner Osten. Ins Schlafzimmer, wo ne zugedeckte Leiche auf dem Bett liegt. Die haben alles gezeigt. Sind sogar nach oben gegangen, wo sie ne Oma interviewt haben, die sagte, daß sie gesehen hat, wie das Opfer in der Mordnacht mit nem anderen Typen nach Hause gekommen ist. Sie hat gesagt, daß sie nicht so gut sieht, aber wenn der Typ verrückt ist, und das muß er ja wohl sein, kann's doch sein, daß er die Alte auch noch beiseite schafft.

Die im Studio waren völlig begeistert. Das ganze Land holt sich einen runter, während das kriminaltechnische Team die Wohnung filzt. Halten alte Kondomschachteln und eine leere Tube Gleitcreme in die Kamera. Dann zeigt eine Überwachungskamera in Waterloo Station den Killer mit nem anderen Arschficker auf dem Weg zum nächsten Mord nach Putney. Kameras haben viel Macht, aber verhindern können sie nichts. Wenn man den Drang verspürt, etwas zu machen, braucht man eine besondere Kraft, um dem Wunsch zu widerstehen. Man muß sich nicht erwischen lassen, nur weil London zu nem vollständig überwachten Einkaufszentrum geworden ist. Wenigstens nicht, wenn man clever ist.

Der zweite Zug ist ziemlich voll, und wir verteilen uns und haben alles unter Kontrolle. Im Wagen ist es wie in einer Sauna, Mark und Rod werden gegen das Glas gedrückt, und Jim Barnes schwitzt das Curry von gestern abend aus und jammert über die Sau, die er gebumst hat. Harris ist im nächsten Wagen. Ich seh seinen Hinterkopf durch die Tür. Black Paul lehnt an der Wand und starrt die Decke an. Der Zug beschleunigt. Kurvt durch Tunnel. Ein paar Frauen sind wohl im falschen Zug und haben offensichtlich Angst. Aber wir sind Chelsea, nicht Scheiß-Tottenham. Wir belästigen keine Frauen. Schon wahr, daß Wichser rumlaufen, die sich vollaufen lassen und ihnen das Leben schwer machen, aber das sind Perverse, die sich den ganzen Tag lang einen nach dem anderen runterholen und am Abend allen erzählen, was für tolle Kerle sie sind.

Wir halten in Highbury & Islington und in Finsbury Park. Auf den Bahnsteigen kucken wir nach Tottenham. Wenn sie uns suchen und wir sie in der U-Bahn erwischen, sind sie selbst schuld. Aber die Bahnsteige sind leer. Finsbury Park ist Gunner-Territorium, aber Arsenal spielt heute auswärts. Wir haben aber ein paar gute Erinnerungen an diese Gegend. Die Türen schließen sich, und wir sehen unsere Spiegelbilder in den Fenstern. Im nächsten Wagen fangen sie zu singen an »Die Spurs sind auf dem Weg nach Auschwitz«, und wir stimmen ein. Ein paar Kids, alle knapp unter zwanzig, riechen, als hätten sie zuviel getrunken. Sie fangen an, eine Sitzbank auseinanderzunehmen. Haben ein Messer dabei. Einer legt die Hand an die Notbremse. Rod sagt ihm, daß er das lassen soll, wir wollen nicht, daß die Bullen uns den Samstag versaun. Daß ein paar junge Hooligans sich aufspielen, ist in Ordnung, aber nicht, wenn wir in der Nähe sind. Wir können das nicht brauchen. Man muß ein gewisses Niveau wahren. In ihrem Alter hätt ich's auch nicht anders gemacht, aber ich bin nicht mehr in ihrem Alter. Das ist vorbei. Für Nostalgie ist kein Platz. Der Kleine ist vernünftig. Steckt das Messer weg. Mit Rod fängt man keinen Ärger an.

Als wir in Seven Sisters ankommen, ist der Bahnsteig voller Chelsea. Es werden Witze gerissen, was denn als erstes auf dem Plan steht. Ein Waschsalon oder ein Döner-Imbiß. Harris geht jetzt voran, und wir anderen schlängeln uns langsam durch die Menschenmassen und versuchen, keine Aufmerksamkeit zu erregen. Tottenham hat noch ein Extra zu bieten, weil die Haltestelle so weit vom Stadion entfernt ist. Es ist ziemlich weit die Tottenham High Road entlang zum Stadion, und die Bullen können nicht alle Streckenvarianten richtig überwachen. Dadurch ergeben sich Möglichkeiten. Die Menschenmassen strömen durch die Schranken aus dem U-Bahnhof auf die Straße. Am Döner-Imbiß gegenüber wird Schlange gestanden. Anständige Bürger werden an der Schranke gefilzt, während wir auf die Hauptstraße gelangen. Die Bullen sind also beschäftigt. Gibt ihnen das Gefühl, daß sie gebraucht werden.

Die Straße ist verstopft, und einige rennen den Bussen hinterher, damit sie den langen Weg nicht laufen müssen. Harris ist auf der anderen Straßenseite, Black Paul und ein paar von den Battersea-Burschen sind hinter ihm. Hammerhead ist auch da, ein fetter Arsch aus Isleworth, der nie rennt, weil er so scheißschwer ist. Letztes Jahr in Leeds haben sie ihn heftig zusammengetreten, und er meint, er hat nur wegen seines Gewichts keine dauerhaften Schäden abbekommen. Hundert Kilo Speck. Er ist eher Maskottchen als sonst irgendwas, macht sich auf den Weg zum Döner-Imbiß und sagt, daß er unbedingt was zu essen braucht. Ist ein komischer Knabe. Hat jede Menge Humor. Absolut nicht der Typ, der es verdient hat, daß man ihn zusammentritt. Leeds sind Abschaum, ihn so fertigzumachen. Zehn gegen einen. Dabei geht's gar nicht um die Übermacht, aber Hammerhead will mit Randale nichts zu tun haben, und das ist auch in Ordnung so.

Tottenham ist ne Drecksgegend. Löcher im Asphalt und noch mehr Abgase als in Hammersmith. Überall hocken Rentner auf Bänken und starren ins Nichts, und eine alte Schwarze schiebt einen Einkaufswagen vor sich her. Es stinkt nach Döner, und sogar die Nigger sehen anders aus. Die Straßen sind breiter. Verfallene Häuser sind mit Brettern vernagelt, damit keine Hausbesetzer reinkommen. Die Kids aus dem Norden versuchen hier ihr Glück, wenn sie nach London kommen. Billige Übernachtungsmöglichkeit. Aber es gibt jede Menge Bauunternehmer, die die Häuser renovieren und sich so ein paar Pfund verdienen wollen. Und ne Menge Durchgeknallte, die die Neuankömmlinge wieder aus den leerstehenden Häusern rausschmeißen. Man muß sehen, wo man bleibt. Schließlich kriegt keiner was geschenkt, und du mußt den anderen allemachen, bevor er dich allemacht. Das ist genau das, was die Rentner auf den Bänken nicht kapieren. Vielleicht sind wir ihnen ja was schuldig, aber es ist keiner mehr da, der was ausspucken will. Das ist jetzt ne andere Welt. Der Sportsgeist der Kriegsjahre ist nicht mehr, den haben sie eingepackt und meistbietend verkauft.

Wir überqueren die Straße und folgen Harris, und die Menschenmenge aus der U-Bahn verteilt sich auf der High Road. Wir gehen unsere Mission entschlossen an. Bleiben direkt hinter unserem Anführer. Black Paul sagt, daß er sich nen Tottenham-Nigger schnappen wird. Die Jungs lachen. Sein Kumpel Black John ist bei ihm. Ein kleinerer Typ mit spiegelnder Platte, der einen völlig fickrig macht. Seine Augen sind ständig in Bewegung, und du weißt, daß sein Brägen Überstunden macht. Er kommt nur zu den wichtigen Spielen. Meistens auswärts. Paul hat mir in ner ruhigen Minute mal erzählt, daß John nen Haufen Geld macht, indem er im Londoner Süden Crack vertickt. Fünfhundert Pfund für ein paar Nächte Arbeit in Camberwell und Brixton. Ist gut, ihn in der Nähe zu haben, weil du weißt, daß er immer n Messer dabei hat. Es sind reichlich hauptberufliche Pseudo-Rastas unterwegs, denen es nicht gefällt, daß er mit dem Weißen Mann rumhängt. Muß aufpassen, wo er hingeht. Er kommt immer gern nach Tottenham und Arsenal mit. Da kriegt er seine Konkurrenten aus dem Londoner Norden mal zu Gesicht – oder wenigstens deren kleine Brüder.

Ein Stückchen die Straße runter hängen ein paar Judenärsche rum. Sind halb schwarz, halb weiß angezogen, was bedeutet, daß sie Spurs sind. Das sind Kundschafter, und sie ziehen sich großspurig zurück. Ein Blick zurück zeigt, daß wir jetzt alle zusammen sind und schon über den Gehweg auf die Straße schwappen. Sie gehen um eine Ecke, und der Wichser am Ende verschwindet eilig, so als würde er rennen. Sie versuchen einen auf cool zu machen, wenigstens solange wir sie sehen können, aber wir sind hinter ihrem Mob her, und sie sind abgehauen, um denen Bescheid zu sagen. Harris hat das Tempo etwas angezogen und sagt ein paar von den jüngeren Burschen, daß sie sich ein bißchen zurückhalten, Ruhe bewahren und die Party nicht verderben sollen. Wir kommen an die Ecke, und die Judenärsche sind weg, müssen wohl im Pub an der nächsten Straßenecke sein. Wir biegen ab und verteilen uns über die ganze Straße. Man spürt die Spannung, und ich bin ganz kribbelig. Darauf hab ich mich die ganze Woche gefreut. Mit einem Mal fällt da die ganze Langeweile und die Schufterei mit den Scheißpappkartons von einem ab.

Ein paar von den Jungs fangen an, gegen eine baufällige Wand zu treten, brechen sich Ziegel und Mauerwerk raus. Harris versucht, alles unter Kontrolle zu halten. Black Paul teilt halbe Backsteine aus. Ein Profi, der sein Handwerk versteht. Ich muß lachen. Rod und Mark bekommen leuchtende Augen. In meiner Hand liegt ein Stück Beton, wo ein Draht raussteht, und dann rennen wir die Straße entlang und machen diesen Lärm, der irgendwo tief aus deinem Innersten kommt; wenn es zum Angriff geht, übertönt der alles andere. Keine Worte, nur so ein Grollen, als wären wir wieder im verdammten Dschungel oder so was, und die Steine fliegen durch die Fenster in den Pub, und drinnen siehst du Schemen auf dem Weg zur Tür, mit ihrer Unentschlossenheit haben sie entscheidende Sekunden verplempert, als die Kundschafter Bericht erstattet haben. Die geizigen Ärsche müssen dringend in ein paar Handys investieren.

Meine Hand zischt durch die Luft, und ich seh meinen Betonklumpen zusammen mit diversen Backsteinen durch ein Fenster fliegen, höre Glas splittern, ein leises Klirren in dem mächtigen Gebrüll, und Tottenham stürzen aus den Türen, aber wir stehen bereit und nehmen sie in Empfang. Harris ist mit Black Paul und ein paar anderen Jungs an der Spitze und leitet die Aktion, zerrt die ersten Judenärsche auf die Straße raus, dann strömen sie in Massen aus dem Pub, sind uns zahlenmäßig überlegen, also verteilen wir uns. Harris nimmt sich ein Beispiel an seinem Kumpel aus Camberwell und haut einem ziemlich großen Arsch die Stirn ins Gesicht, aber der hier ist kein Bulle, und Black Paul tritt ihm in die Eier, und als er weiterstolpert, treten ihm ein paar Jungs in den Bauch und an den Kopf, bis er sich unter einem geparkten Auto verkriecht.

Rod geht auf einen Typen im Tottenham-Trikot los, dämlicher Idiot, und wir stehen Schulter an Schulter, ich hau einem Nigger was aufs Maul, spüre den Schmerz in meiner Hand, als ich ihn nicht richtig erwische, versuche ihm in die Eier zu treten, aber Mark kommt mir zuvor, und wir stehen direkt an der Tür vom Pub, und da sind noch mehr Judenärsche drin, die versuchen auf die Straße zu drängen, aber wir haben die bessere Strategie, und jetzt erwische ich den Kerl, und der knallt rückwärts gegen die Wand, Chelsea stürmen auf ihn ein, er geht zu Boden, Füße treffen ihn am Kopf, und ich sehe, wie seine Augen für den Bruchteil einer Sekunde glasig werden, dann kämpft er ums Überleben, gerät in Panik in dem Gewühl, aber jetzt drücken Tottenham mit Macht auf die Straße, weil jemand eine Tränengasgranate in den Pub geworfen hat, und wir ziehen uns zurück, weil man davon husten muß und sich fühlt, als würde man gleich ersticken.

Auf der Straße tut sich eine Lücke auf, und wir weichen noch ein Stück zurück, die weiter vorne reiben sich die Augen, alle Fenster sind eingeschlagen, bloß noch große Scherben übrig, ein Bierglas fliegt durch die Luft und trifft Mark von der Seite am Kopf, Blut läuft ihm übers Hemd und die Jeans, und die Judenärsche organisieren sich langsam, ein paar von den Arschlöchern liegen benommen auf dem Gehsteig, andere schaffen die aus dem Weg, die noch halbwegs laufen oder krabbeln können, und wir bereiten uns auf unsere nächste Attacke vor, der Lärmpegel steigt, Autofenster werden eingetreten, weil die Energie ja irgendwo raus muß, die man wegen dem Tränengas nicht ablassen kann, und dann tritt ein scheißgroßer, irisch aussehender Typ mit roten Haaren und teigig-weißem Gesicht vor, neben ihm ein Nigger mit ner Machete, mit dem Arsch legt sich keiner an, unsere einzigen Waffen sind Backsteine, die auf ihn einprasseln, und dann tritt Paul zu unserer Ehrenrettung an und macht ihn platt, und der Mob strömt hinterher und tritt das Arschloch zu Brei, sie zahlen es ihm heim, daß er ihnen Angst eingejagt hat, den Kopf auf einer Stange, hat ja jeder in der Zeitung gelesen, und ich koste den Spaß aus, zwischen den zerstörten Autos in diesem runtergekommenen Slum im Londoner Norden einem Drecksack, der's verdient hat, in die Eier zu treten, an den Kopf, in den Bauch, wo immer wir den Arsch erwischen.

Die beiden Mobs prallen wieder aufeinander, und diesmal ist es weniger hektisch, es kracht überall auf der Straße, in der Hauptsache wird geschlagen und getreten, dann tauchen ein paar Messer auf, blitzen in der Nachmittagssonne, das Funkeln silbriger Angst. Ihr zieht euch zurück, sammelt euch und geht gemeinsam auf den Spielverderber los. Martin Howe ist auch dabei, ist erst vor zwei Wochen wieder rausgekommen, hat vier Monate gesessen, weil er einem Typen eine gelangt hat, der ihn an der Ampel geschnitten hat, und er blutet am Bein, von den Spurs aufgespießt, und jetzt läßt das Tempo ein bißchen nach, wir nehmen uns die Reste vor, und ich bin hinter einem großmäuligen Arschloch her, der mich beschimpft, und er schlägt nach meinem Kopf, trifft nicht, und ich zieh meine Kung-Fu-Nummer ab, weil er klein genug ist, und treff ihn direkt in die Schnauze, Mark zieht nach und versucht sein Knie wie ein Kickboxer zu erwischen, Rod, der weiß, wo's langgeht, verpaßt ihm einen Karateschlag auf die Kehle und treibt ihn damit zurück in die Menschenmenge, wo er würgt und sich an seinen Worten verschluckt.

Die Schlacht wogt die Straße entlang, der Pub ist leer, verängstigte Gesichter sehen durch geschlossene Stores zu. Eine schäbige Straße mit bröckelnden Mauern und kleinen, heruntergekommenen Gärten. Gammelnde Müllberge, die nicht abgeholt werden. Rostige Fahrradrahmen auf den Gehwegen. Alles riecht nach Curry und modernden Schwänzen. Blasse Kinder sitzen auf Türschwellen und machen sich in die Hose, und sie tun dir ein bißchen leid, weil das einfach nicht sein muß, wenn man noch jung ist, nicht wenn dein Dad und deine Mom bis spät in die Nacht aufeinander rumhacken, aber an irgendwas liegt es ja immer, und wir haben diese Scheiße schließlich auch durchgemacht.

In der Ferne heulen Sirenen, und einer nach dem anderen werden wir aufmerksam und wissen, wo sie hinwollen. Dieses Geräusch läutet unseren Rückzug zur Hauptstraße ein, und da steht ein mordlustig blau blinkender Mannschaftswagen, aber nur ein einziges von diesen Scheißteilen, und schon fliegt ein Backstein durch die Windschutzscheibe, die Hintertür springt auf, und die Bullen suchen Streit. Sie sind in voller Montur, und Tottenham haben sich in die Nebenstraßen verdrückt. Ich dreh mich um, und Mark hat die Wunde an seinem Kopf ganz gut im Griff. Rod steht neben ihm, und ich bin bei Harris und seiner Truppe, und wir checken die Straße ab. Hier ist nur dieser eine Mannschaftswagen, und die Bullen sind sich noch nicht ganz über die Lage im klaren, während sie schon auf einen jungen Burschen in der Nähe losgehen und ihm mit den Schlagstöcken den Schädel spalten, eines von den Arschlöchern mit Streifen knallt ihm den Kopf gegen den Mannschaftswagen, ein anderer tritt ihn, schlägt ihm mit dem Schlagstock ins Gesicht, so daß seine Lippe aufplatzt, beschimpft ihn lauthals, ne Menge Krach zusammen mit der Sirene, verdammtes Chelsea-Gesindel. Irgendwie weiß er, daß wir Chelsea sind.

Die anderen Bullen schlagen um sich und versuchen ein paar von den Jüngeren festzunehmen, aber sie wissen, daß sie Scheiße gebaut haben, und wir rotten uns zusammen, und auf die Arschlöcher wartet ne Abreibung. Ich möchte vor Freude lachen und schreien, weil dies Tottenham ist. Ein beschissenes Dreckloch, und die Bullerei installiert keine Kameras in miesen Slums, in denen nur arme Leute wohnen. Die beschützen bloß den Wohlstand in der City und die reichen Arschlöcher in Hampstead und Kensington. Scheiß auf das Gesindel hier unten. So weit weg vom Stadion haben die auch keine Kameras. Keine Chance. Die Bullen wissen, daß sie zu wenig sind und keine videotechnischen

Abschreckungsmaßnahmen zu ihrer Unterstützung haben. Die Straßen sind dicht, und wir sehen, daß ziemlich weit weg Fahrzeuge mit Blaulicht von Bussen blockiert werden. Was will man mehr?

Ein paar Sekunden ist es ruhig, und alle wissen, was jetzt kommt. Wir stürzen auf den Mannschaftswagen zu, und die Bullen scheißen sich in die Hose. Der Sergeant läßt sogar den Jungen in Ruhe. Er liegt auf dem Asphalt und murmelt irgendwas vor sich hin. Alle haben ihre Personalnummern abgedeckt, damit man sie nicht identifizieren kann, und ihr wißt, daß eine Beschwerde über brutale Polizeieinsätze zu nichts führt. Sie lieben Fußballfans, weil sie mit ihnen machen können, was sie wollen. Wir stehen noch unter den Niggern, weil man keinen Politiker findet, der für die Rechte von weißen Hooligans wie uns eintritt. Und deren Hilfe wollen wir auch gar nicht. Wir können auf eigenen Füßen stehen. Es ist nicht leicht, sich zu verstecken. Wir werden nicht von irgendeinem Stadtrat mit Labour-Mehrheit geschützt, weil wir eine ethnische Minderheit sind, die vom System ins Knie gefickt wird. Kein Tory-Minister ist auf unserer Seite, wenn's um das Töten und Tötenlassen in der freien Marktwirtschaft geht. Die Bullerei ist der unterste Abschaum der Welt. Sie ist der Auswurf der Schöpfung. Noch unter Niggern, Pakis, Judenärschen, sonstwas, weil die sich wenigstens nicht hinter Uniformen verstecken. Auch wenn man die manchmal hart rannimmt, hat man denen gegenüber irgendwo tief im Innersten ein klein wenig Respekt.

Aber die Bullerei? Vergiß es. Wir haben die Ärsche direkt vor uns. Wir stürzen uns auf sie, und die Schweine haben keine Chance. Der Sergeant kriegt am meisten ab, weil er der Vorgesetzte und ein Großmaul ist und weil wir gesehen haben, wie er den Jungen verprügelt hat. Irgendwie ist das schlimmer als bei anderen, weil er ne Uniform trägt und uns der Respekt vor Uniformen und der Glaube an die Gerechtigkeit beigebracht worden ist. Er brüllt, sackt auf den Asphalt, wird von Black Paul wieder auf die Beine gestellt, und ein paar vom Battersea-Mob treten abwechselnd auf ihn ein. Seine Augen sind geschlossen und zugeschwollen. Blut spritzt aus seiner Nase. Sein Kopf fliegt nach hinten gegen zersplittertes Glas und fängt an zu bluten. Er kriegt, was ihm zusteht, und wir sind so in Rage, daß es uns scheißegal ist, ob er dabei draufgeht.

Die Sirenen werden lauter, und Mannschaftswagen fahren auf die Gehwege. Wir ziehen ab. In Seven Sisters ist der nächste Zug angekommen, und weitere Menschen strömen auf die Straße, die große Mehrheit der Fußballfans, die Gewalt haßt. Die damit zufrieden ist, Lieder zu grölen und Bier zu saufen. In den Augen dieser Leute sind wir ganz miese Schweine, also was Besonderes. Wir verteilen uns, lassen die ramponierten Cops liegen, die Türen der Mannschaftswagen springen auf, und die Bullen blockieren die Straße, ein paar kommen rüber und sehen nach ihren Kumpeln, der Rest stürzt sich an der U-Bahnstation auf die Masse der Neuankömmlinge. Sie gehen auf die erstbesten Typen los. Wir werfen einen Blick zurück und sehen, wie sie ein paar Jugendliche grün und blau schlagen, die unter einem Bus in Deckung gegangen sind, und eine schwarze Frau schreit sie an, daß sie damit aufhören sollen, daß die Jungs nichts getan haben. Ein Bulle dreht sich um und setzt sie mit einem kräftigen Schlag außer Gefecht. Er nennt sie blöde Fotze.

Die Bullerei dreht ab, und inzwischen stehen ein paar tausend Leute an der Straße, und die verlieren die Nerven, fangen an, sich zu wehren, sich zu verteidigen, und so fängt ein Aufruhr an. Man braucht nur ein paar Leute, um das in Gang zu setzen, und so scheißblöd wie die Bullen nun mal sind, gehen sie auf alle los. Über uns kreist ein Hubschrauber, und weitere Cops stürmen die Straße. Sie haben ihre Schilde dabei und versuchen eine Straßensperre zu bilden, während Chelsea vorrücken, das Gelände voll unter Kontrolle haben und Jugendliche und ältere Typen dazustoßen. Es ist einfach paradiesisch. Prima Art, den Samstagnachmittag zu verbringen. Ein paar Flaschen prallen von Schilden ab, und Stoßtrupps versuchen, junge Burschen rauszugreifen, die aussehen, als würden sie dazugehören, aber in Wirklichkeit nur von dem Schauspiel gefesselt sind. Wir sind jetzt vor dem Hauptmob, nähern uns dem Stadion, versuchen Judenärsche zwischen den Zuschauern zu entdecken, aber mehr so aus Gewohnheit, nicht daß wir noch was Größeres vorhätten.

Die Straßen sind voller Menschen, die sich die Schlacht ansehen. Das Ganze ist zu einer Art Stehempfang geworden, die Leute singen und schlagen das eine oder andere Autofenster ein. Den unappetitlichen Teil haben sie verpaßt, und jetzt ist es nur noch eine Show. Können sich die Spurs in den Arsch stecken. Mark und Rod holen mich ein, und wir gehen zu dritt zum Stadion. Ich fühle mich fantastisch. Wie im Rausch, und mein ganzer Körper kribbelt. Klingt komisch, ist aber wahr. Ist besser als ne Braut bumsen. Besser als mit dem Wagen durch die Stadt rasen. Marks Kopf sieht übel aus, blutet aber nicht mehr. Meine Hand tut weh, und Rod hat einen etwas irren Blick. Wir drängeln uns durchs Gewühl und versuchen ins Stadion zu kommen. Drinnen ist schon prächtige Stimmung, und wir hören, wie immer wieder CHELSEA gegrölt wird. Das ist das wahre Leben. Tottenham auswärts. Ich find's echt klasse.

Arbeiterträume

Sid sah auf die Uhr, wischte sich den Schweiß von der Stirn und ärgerte sich darüber, daß seine Muskeln schmerzten. Er roch salzig, und in der dicken Luft des LKW, den er entlud, fühlte er sich, als würde er mit einer Operationsmaske arbeiten. Neben der Tür stapelte Tom Pappkartons für Steve, der den Gabelstapler fuhr. Die Arbeit war anstrengend und langweilig, sehr langweilig sogar, und so vertrieb Sid sich die Zeit mit Tagträumereien, stellte sich vor, er wäre Mittelstürmer der Queens Park Rangers, einer der besten Fußballmannschaften aller Zeiten.

Er spielte hervorragend. Es war das Pokalfinale in Wembley, und er arbeitete an einem Hattrick. Das erste Tor war ihm direkt vor der Halbzeitpause gelungen, als er nach einem Spurt über das ganze Feld den Keeper von Man United umspielt und den Ball ins leere Tor geschoben hatte. Das zweite war mitten in der zweiten Halbzeit gefallen, ein Hechtkopfball nach einer punktgenauen Flanke von der linken Seite, bei dem Sid ein Musterbeispiel für Mut und Einsatz im Sport ablieferte, indem er mit dem Kopf zwischen die fliegenden Fußballschuhe der Verteidiger hinabstieß.

Jetzt überlegte er, wie er den Torreigen beenden könnte. Er lehnte an der kalten Metallwand des LKW, zog die ausgeblichene Jeans über seinen schweißnassen Bierbauch und entschied sich für einen weiteren Alleingang über das ganze Feld mit einem knallharten Schuß von der Strafraumgrenze, der das Netz ausbeulte und die Kommentatoren zu einem leidenschaftlichen

Ausbruch altbekannter Fußballklischees hinriß. Die Stimmen von Brian Moore und John Motson hallten durch die Wohnzimmer der zuschauenden Nation, Alan Hansen und Gary Lineker priesen den jungen Westlondoner als den größten Fußballer seit den Tagen des argentinischen Vertreters der Hand Gottes, Diego Maradonna. Sid war der George Best des modernen Fußballs. Würdig, in der Ruhmeshalle von QPR an der Seite von Rodney Marsh und Stan Bowles zu stehen. Er schloß die Augen, damit ihm der Schweiß nicht die Sicht nahm, während er seinen eigenen begeisterten Spurt zur königlichen Loge beobachtete, aus der Prinzessin Di ihrem Lieblingsspieler mit einem Gesichtsausdruck zujubelte, der nur eines bedeuten konnte. Liebe.

– Willst du Kaffee, Sidney? fragte Tom.

– Kein Zucker, keine Milch. Ich versuch n bißchen auf mein Gewicht zu achten. Ich bin schon wieder auf fünfundneunzig Kilo hoch.

– Okay.

Der Chelsea-Mistkerl verzog sich zum Getränkeautomaten, und Sid blieb allein mit dem Bild der schönen Prinzessin zurück, die sich in einem Seidennegligé auf seinem Bett räkelte und ihn verführerisch ansah. An ihren eleganten Fingern trug sie Ringe mit Diamanten und Saphiren, auf dem Kopf ein funkelndes Diadem. Sid hatte aber anderes im Sinn. Er lief im Zimmer herum und sah nach, ob sich auch keine Journalisten im Kleiderschrank versteckten oder ihre Objektive aus dem Haufen dreckiger Wäsche in der Ecke steckten. Nachdem er für das Schlafzimmer Entwarnung gegeben hatte, versuchte er sich wieder auf die erwartungsvolle Prinzessin zu konzentrieren, die seiner proletarischen Berührungen harrte, aber er war nicht besonders gut darin, so etwas ausschließlich in der Fantasie durchzuspielen. Er brauchte ein klein wenig Realität, damit der Tagtraum funktionierte. Er hatte zuviel Respekt vor Lady Di. Außerdem hatte er irgendwo gelesen, daß sie diese Krankheit hatte, die die Mädels manchmal haben, wo sie sich die Finger in den Hals stecken, um sich zu übergeben, damit sie dünn bleiben. Das war doch ekelhaft. Nur Haut und Knochen. Ihn würde man nie dabei erwischen, sich zu übergeben, nur um ein paar Pfund abzunehmen.

Sid schaltete wieder aufs Pokalfinale und fragte sich, ob er es nicht etwas zu weit trieb, als er in der Nachspielzeit das vierte Tor schoß, nur um Man U so richtig eins reinzuwürgen. Aber warum nicht? Man lebt nur einmal, und nach dem Hattrick hatte er die zweite Luft bekommen. Steve war mit der letzten Palette beschäftigt, die sie beladen hatten, versuchte die Gabel in die Lücken zu bekommen, das Knarren von Holz und Nägeln hallte durch den Anhänger. Sid konzentrierte sich auf das Pokalfinale, eine abgespeckte Version seines früheren Ich, vor zehn Jahren, im Alter von zwanzig, setzte unverzüglich zu einem komplizierten Dribbling an, drehte und schlängelte sich hier und dort entlang, täuschte den Vorstopper und überwand den Torwart mit einem Heber. Er lief in die Kurve zu den QPR-Fans, sank auf die Knie, genoß die Hysterie. Erwachsene Männer stürmten den Rasen und umarmten ihn. Sid war ein Held.

– Da hast du ihn, sagte Tom. Du siehst ziemlich beschissen aus. Gestern nacht auf Tour gewesen, oder was?

– Sieben Halbe London Pride und ein paar Dosen Tennants, als ich wieder zu Haus war. Ich wollte nur auf die Schnelle ein Bier trinken, aber Kevin, der Wirt, hatte Geburtstag, und er hat die Gäste mehr oder weniger eingesperrt, und da will man ja auch nicht unhöflich sein.

– Ich dachte, du wolltest abnehmen?

– Will ich auch. Ab heute. Die Gelegenheit ist günstig.

Steve hatte die widerspenstige Palette endlich oben und schob sie zügig ins Hochregal. Tom zerrte eine neue in den Anhänger, schob sie so nah wie möglich an den Stapel mit verpackten Schnellkochtöpfen heran, und das Ganze ging von vorne los. Sid nahm Kartons vom Stapel, warf sie Tom zu, der sie in exakten Reihen auf die Palette stellte. Bei der nächsten Palette würden sie die Plätze tauschen. Diese schweren Dinger zu entladen war ein Scheißjob, aber zumindest ging die Zeit schnell rum, wenn es einem gelang, sich abzulenken, und damit hatte Sid keine Probleme.

Er hatte im Lotto gewonnen und unterschrieb auf der gepunkteten Linie. Es war der höchste Gewinn, der je in der Lotterie erzielt worden war, saubere vierzig Millionen Pfund wurden auf sein Sparbuch überwiesen, das momentan nur magere siebzehn Pfund und sechsundfünfzig Pence aufwies. Er hatte sich entschlossen, den Queens Park Rangers Football Club aufzukaufen und sich damit einen Kindheitstraum zu erfüllen, der für ihn auch als Erwachsener nie an Reiz verloren hatte. Er würde in ein paar neue Spieler investieren und den Trainerposten übernehmen. Es stimmte zwar, daß er nie selbst als Profi gespielt hatte, obwohl er als Jugendlicher bei Watfort und Orient zum Probetraining eingeladen worden war, aber wen kümmerte das? Er war ein Neuerer, der bereit war, die Regeln zu brechen. Er war reich. Wenn man Geld hat, interessieren einen die Regeln nicht.

– Kannst du mal n bißchen langsamer machen, Sid, sagte Tom grinsend. Kein Grund zur Eile. Du übertreibst es ein bißchen da oben. Stellst dir vor, wie du's hinten in der LKW-Kabine mit dieser Französin treibst, oder was?

– Ich hab ein Vermögen gewonnen, die Rangers gekauft und wollte gerade die ersten Spielerkäufe tätigen, sagte er und verlangsamte sein Arbeitstempo. Er mochte Tom.

– Hast du das gehört, Steve, rief Tom dem Gabelstaplerfahrer zu. Sid hat grad deinen Verein gekauft und verpflichtet einen Katholiken nach dem anderen. Der kauft hinter deinem Rücken Iren.

– Macht er nicht, verdammt noch eins.

– Queens Park Rangers, Kumpel, QPR. Kein Interesse an deinem Schottengekicke. Lauter Haggis und Kilts im Anstoßkreis von Ibrox.

Sid hatte gesagt, was zu sagen war, und wartete nicht auf eine Antwort. Er saß zwischen Rodney Marsh und Stan Bowles in der Ehrenloge im Stadion an der Loftus Road. Chelsea wurde 5 : 0 niedergemacht, und er gab den Bullen einen Tip. Er lachte, als Tom und seine durchgeknallten Freunde in den Tunnel geführt wurden, wo sie eine ordentliche Abreibung erwartete. Er mochte die harten Polizeieinsätze nicht, besonders in Fußballstadien, aber die Unruhestifter, die allen anderen den Spaß verdarben, mochte er genausowenig. Er war Fußballfan. Er sammelte Stadionmagazine. Gar nicht so weit weg vom Trainspotter. Er stellte gerade eine Mannschaft zusammen, die die Fans gerne spielen sahen, und zuvor hatte er schon die Eintrittspreise halbiert. Als nächstes würde er das Stadion ausbauen lassen, so daß regelmäßig fünfzigtausend Zuschauer kamen. Ganz White City und Umgebung würden in Scharen ins Stadion strömen, um sein Dream-Team zu sehen. Rodney, Stan und Sid würden den Leutchen zuwinken und nach dem Spiel ein oder drei Bierchen mit Gerry Francis und Ray Wilkins trinken.

– Die neue Perle im Büro ist ganz schnuckelig, sagte Tom, und beobachtete Janet auf dem Weg ins Büro des Vorarbeiters.

Er hatte recht. Auf jeden Fall. Dagegen konnte Sid nichts sagen. Aber er war viel zu beschäftigt mit Rodney, Stan, Gerry und Ray in der VIP-Bar, als daß er sich Gedanken über irgendwelche Weiber machen konnte. Die nächste Runde ging auf Gerry, und er war gerade auf dem Weg zur Theke, als Tom dazwischenquatschte. Rodney und Gerry waren prima Kumpel geworden, und es schien ein netter Abend zu werden. Gerry kam mit fünf Pints von dem Dave Sexton Best Bitter zurück, das Sid auf dem Vereinsgelände brauen ließ. Sie waren etwas angetrunken und erörterten, ob sie nicht, wenn die Bar schloß, beim Inder essen gehen sollten. Terry Venables würde nachkommen, sobald er die Spieler für die Nationalmannschaft zusammen hatte, an diesem Abend liefen noch wichtige Spiele, und mindestens fünf oder sechs Spieler würden verletzt ausfallen.

– Mach hin, Gerry, du grauer alter Sack, rief Rodney.

– Oh, Rodney, Rodney... Rodney, Rodney, Rodney, Rodney, Rodney Marsh, skandierte Ray, dem das Dave Sexton Best offensichtlich zu Kopf gestiegen war.

– Halt's Maul, du kahlköpfige Sau, murmelte Stan. Die schmeißen uns raus, und wir müssen runter in den Springbok.

– Ich muß euch mitteilen, daß Kahlköpfigkeit ein Zeichen für Manneskraft ist, sagte Ray. Denk dran, wenn du das nächste Mal dabei bist. Und überhaupt, wie viele Länderspiele hast du schon gemacht?

– Und du Blödmann hast deshalb eine Glatze, weil du jeden Abend in der Wanne darüber grübelst, lachte Stan, der den früheren Mittelfeld-Maestro insgeheim verfluchte, der ihm seinen Mangel an internationaler Anerkennung bewußt machte, wobei er sich aber gleichzeitig mit dem Gedanken tröstete, daß er einfach zu talentiert war für den stark eingeschränkten Blickwinkel der Verantwortlichen, in deren Händen seinerzeit das Geschick der Nationalmannschaft lag.

Sid überlegte kurz, ob er den Jungs sagen sollte, daß sie sich über einen Rausschmiß keine Sorgen machen müßten, weil die Bar, das Stadion und das ganze Drumherum ihm gehörte, aber er wollte nicht, daß sie ihn für einen Wichtigtuer hielten. Er sagte nichts. Gerry trank sein Bier in einem Zug aus, und Stan grinste in sich hinein, während er dem ehemaligen Kapitän der englischen Nationalmannschaft zusah, und versuchte dabei eine Packung Erdnüsse zu öffnen, die er sich aufgespart hatte, seit Sid die erste Runde geholt hatte. Der gute alte Stan. Ein großartiger Fußballer. Einzigartige Begabung. Sid fühlte sich fantastisch. Ein reicher Mann im Kreise der besten Fußballspieler, die er je gesehen hatte. Und alle von QPR. Er hoffte, die Nacht würde nie zu

Ende gehen, wußte aber, daß die Zeit verflog und sie schnell zum Inder kommen mußten, bevor die Besitzer, in der vergeblichen Hoffnung, die unerträglich Besoffenen auszusperren, die jedes Tandoori House wie einen Trimmpfad für die Soldatenausbildung behandelten, die Türen verriegelten. Sid hatte sich längst daran gewöhnt, sein Garnelen-Vindaloo im Kreis lallender Männern zu sich zu nehmen, aber heute abend würde er eine ruhige Ecke vorziehen, in der er den Jungs noch mal in allen Einzelheiten die vier Tore schildern konnte, die er in Wembley erzielt hatte, um ihnen dann zu erzählen, wie er sich gefühlt hatte, als er den Pokal in der Hand hielt, und wie Lady Di ihm einen Zettel mit ihrer Telefonnummer aus ihrem Autogrammheft zugeschoben hatte.

– Ich hab das über dich und die Prinzessin gehört, flüsterte Stan, als sie vor dem Stadion auf ihr Taxi warteten. Sie sieht gut aus, aber man sagt, daß sie sich den Finger in den Hals steckt und kotzt.

– Das ist Jahre her, sagte Sid leise, denn auch wenn er Ray, Gerry und Rodney respektierte, war er doch ein taktvoller Mensch. Niemand würde erleben, wie Sid Parkinson eine Frau küßte und dann alles öffentlich ausplauderte.

– Hübsche Prinzessin, flüsterte Stan noch einmal und nickte nachdenklich mit dem Kopf. Ich kann mich noch an die königliche Hochzeit erinnern. Ein schönes Ereignis. Ein Feiertag für die ganze Nation.

Sid dachte daran, wie sie sich zum ersten Mal begegnet waren. Das war bei McDonald's in Shepherd's Bush gewesen, gegen eins, und sie hatten den Nachmittag mit einem Schaufensterbummel verbracht, bevor Diana mit dem Bus zurück auf ihren eigenen Landsitz gefahren war. Sie hatte zwei Hamburger und eine kleine Portion Pommes gegessen und einen großen Erdbeermilchshake dazu getrunken. Er hatte auf die Uhr gesehen, als sie zur Toilette ging, aber sie war schnell gewesen, zu schnell, als daß sie sich hätte übergeben können. Sie war wirklich geheilt. Er hatte die Entscheidung getroffen, daß ihre Beziehung rein platonischer Natur bleiben würde. Er war auf dem Höhepunkt seiner Fußballerkarriere und in bester körperlicher Verfassung. Er konnte sich keine wilden, ungezügelten Sexabenteuer mit einem Mitglied der königlichen Familie leisten. Er wußte, daß Lady Di mehr wollte, blieb aber standhaft, und er war sicher, daß seine moralische Haltung auf Verständnis traf. Sie war einfach eine Klassefrau.

– Ich will ehrlich sein, Jungs, sagte Rodney, als sie im Taxi saßen und in Richtung White City Balti rasten, ich steh nicht besonders auf diese Ethno-Läden. Laßt uns zu Tels Club fahren und da ein paar Biere reinziehen.

Im ersten Augenblick war Sid etwas enttäuscht, aber dann kam er zu dem Schluß, daß Rodney zu lange in den Staaten gewesen war und sein Verständnis für die britische Kultur etwas gelitten hatte. Jedenfalls würde das die Begegnung der fünf großen Denker des Fußballs verlängern, und Tel würde zwangsweise früher oder später auch noch reinschneien. Sid beugte sich vor und nannte dem Fahrer das neue Fahrziel, und mit quietschenden Reifen und ein paar erlesenen Worten war der Wagen auf dem Weg zum El Tel Palace in Camden Town. Mit über hundert Sachen rasten sie über den West Way, an der Baker-Street-U-Bahnstation und Euston vorbei nach Camden. Als sie sicher im El Tel's angekommen waren, schob sich die Rangers-Truppe durch die Horden blonder Seite-3-Girls, die sich um sie scharten, zu einem Privattisch in einer mahagoniverkleideten Nische. Ein davor stehender Rausschmeißer hielt die hübschen Frauen davon ab, Sid und seine Kumpel weiter zu belästigen, während El Tel's ausgesuchteste Hardcore-Beats aus den Boxen dröhnten. Sid glaubte Mixmaster Incie zu erkennen, der die CD-Sammlung des englischen Nationaltrainers spielte, aber er wußte, daß er sich irren mußte.

– Es ist fünf nach elf, rief Tom, der offenbar sauer war.

El Tel verschwand in einem Meer aus Pappkartons, und Sid stand schwitzend hinten in einem Vierachser. Er hatte fünf Minuten seiner wertvollen Teepause verschenkt und war darüber nicht besonders glücklich. Wortlos ließ er Rodney, Stan, Gerry und Ray stehen und machte sich auf den Weg ins Lagerhaus, fluchte, als er umkehren mußte, weil er seinen Kaffee vergessen hatte, und ging dann in die Teeküche. Die anderen Lagerarbeiter spielten Karten, lasen Zeitung oder starrten durch die großen Fenster in Richtung Laderampe und warteten darauf, daß etwas passierte.

– Der Fahrer ist die ganze Zeit, seit wir am Abladen sind, mit der französischen Braut in der Kabine, sagte Tom.

Keiner antwortete. Ein paar der Kartenspieler warfen einen kurzen Blick auf den LKW, wandten sich aber dann wieder ihrem Blatt zu; in der Tischmitte wartete ein kleiner Münzstapel auf den Gewinner.

– Es müßte ein Gesetz dagegen geben, daß wir uns den Arsch aufreißen und er sich dabei gesund- und munterstößt, fügte er hinzu.

Wieder antwortete niemand. Warum sollte man sich auch mit Vorstellungen von weiblicher Schönheit und den Freuden der Sexualität quälen, wenn man den Rest des Tages bestenfalls stundenlange inhaltsleere Lagerhauslangeweile vor sich hatte?

Sid stand auf und ging mit Sandwiches zur Rampe; er verzog sich um die Ecke, so daß ihn seine Kollegen nicht mehr sehen konnten. Er mußte mit diesen Männern fünf Tage in der Woche gemeinsam schuften und war nicht in der Stimmung, auch noch seine Teepause mit ihnen zu verbringen. Der Fahrer hatte halt Schwein gehabt, wenn er mal einen wegstecken konnte. Er beobachtete die Leute und die Autos, die auf dem Parkplatz ankamen und wegfuhren. Er sah, wie Janet in ihren Dienstwagen stieg. Sie winkte ihm lächelnd zu. Dann war sie verschwunden.

Vielleicht zu einem stimmungsvollen Mittagessen im El Tel's. Traurig schüttelte er den Kopf. Was würde er wirklich mit einem Lottogewinn anfangen? Die Idee, QPR zu einem Team aufzubauen, mit dem man rechnen mußte, gefiel ihm schon, aber würde er das tatsächlich machen?

Zuerst würde er sich eine Wohnung kaufen und aus dem Dreckloch ausziehen, das er derzeit gemietet hatte. Er würde dem Vermieter, diesem arroganten Arschloch, erzählen, was er von ihm hielt. Er würde etwas von dem Geld an Freunde und Verwandte verteilen, vielleicht sogar ein oder zwei Typen aus dem Lagerhaus ein wenig abgeben, aber da war er nicht sicher. Er würde Urlaub nehmen und irgendwohin fahren, wo es interessant war. Brasilien konnte er sich vorstellen. Eine Fahrt den Amazonas hinauf und den Karneval in Rio. Vielleicht könnte er sich mit Ronnie Biggs treffen und sich mit ihm über die jungen Talente unterhalten, die massenhaft am Strand rumliefen. Er würde seine Millionen investieren, aber was dann? Geld für Fußballspieler? Löhne von zwanzigtausend Pfund pro Woche? Er glaubte nicht, daß er solche Ausgaben rechtfertigen könnte. Profifußballer waren jetzt schon überbezahlt, und wollte er Rodney, Stan und die anderen wirklich treffen? Er war bei der Rodney-Marsh-George-Best-Show im Beck Theatre in Hayes gewesen, und sosehr er Rodney und seine Kindheitserinnerungen an das Genie am Ball auch mochte, hatte ihn der Typ mit seinen Kommentaren über britische Pässe und die Inder in Southall doch etwas enttäuscht. Die meisten Zuschauer hatten gelacht, aber Sid fand es ziemlich fade. Er hatte mehr erwartet. Fußballspieler waren halt doch bloß Fußballspieler.

Wenn er seine Millionen investiert hatte, würde er vielleicht versuchen, die Obdachlosen zu unterstützen. Oder eine Hilfsorganisation für Menschen mit psychischen Problemen gründen. Ein paar alte Häuser kaufen und sie zu Heimen für Kinder umbauen, die in London auf der Straße lebten und gezwungen waren, ihre Körper an Päderasten zu verkaufen. Wenn er diese Millionen auf dem Konto hätte, würde er Ärzten und Krankenschwestern im Kampf gegen die von der Regierung angeordneten Kürzungen helfen oder die Proteste gegen Tierversuche und die Kalbfleischindustrie unterstützen. Er würde Mittel für ein parteiunabhängiges progressives Programm bereitstellen, in dem Gefängnisinsassen resozialisiert anstatt zu einer noch abgebrühteren Weltsicht gebracht oder in den Selbstmord getrieben wurden. Sid hätte mit dem Geld eine Menge anfangen können, und als er den Vorarbeiter rufen hörte, daß es Zeit war, wieder an die Arbeit zu gehen, von der noch reichlich vorhanden wäre, wußte er, daß ihn dieser Gedankengang bis zum Mittagessen beschäftigen würde. Dann würde er einen kurzen Spaziergang zum Buchmacher machen und fünf Pfund auf Sir Rodney im vierten Rennen in Cheltenham setzen. Sid war glücklich.

Rochedale zu Hause

Ich bin spät zum Treffen mit den anderen. Mußte den LKW aus Frankreich fertigmachen, mit dem wir morgens angefangen hatten. Um zwei ist dann noch ne verspätete Lieferung eingegangen, die dringend dazwischengeschoben werden mußte, und dann ging's weiter mit der französischen Ladung. Jede Menge Schnellkochtöpfe, und der Fahrer ist ein angeberisches Arschloch mit ner scharfen Blondine, und er nimmt sie mit in seine Kabine und bumst sie ordentlich durch, während wir uns im Anhänger halb totschuften. Wir haben zwar nicht direkt gehört, wie er's mit ihr getrieben hat, war aber nicht schwer, sich das vorzustellen. Besonders wenn du geschlaucht bist und langsam mal los willst, und Glasgow Steve trödelt mit dem Gabelstapler rum, weil der Vorarbeiter ihn nervt.

Sechs Uhr, und auf dem Bahnsteig in Earl's Court, wo die Züge Richtung Wimbledon abfahren, wird's langsam voll. Die eine Hälfte sind Chelsea auf dem Weg zum Pokalspiel nach Rochedale, die andere sind Schickimicki-Wichser aus Fulham und Parsons Green. Ich muß immer lachen, wenn ich die reichen Ärsche in Stamford Bridge sehe. Die müssen echten Haß auf uns haben, wenn wir herkommen und ihnen den Samstagnachmittag versauen. Die Typen benehmen sich wie Gutsherren, und die Bräute halten sich für die Scheiß-Queen. Sie sehen auf alles herab, kriegen aber voll die Muffe, wenn man sie bloß mal scharf ankuckt. Dann sehen sie weg und machen sich dabei fast in die Hose.

An der Anzeigetafel wird ein Zug angekündigt, und die Bullen an der Treppe schauen auf ihre Uhren. Heute kommen nicht viele Zuschauer, und das bedeutet leicht verdientes Geld für die Bullerei. Der Himmel ist grau, und es hat den ganzen Tag geregnet. Ein Ligapokalspiel an einem Wochentag gegen Rochedale wird die Gemüter nicht sehr erhitzen, und ich brauche ein Bier, um meine Lebensgeister zu wecken. Ich bin gereizt. Es kotzt mich an, wenn die Arbeit Chelsea in die Quere kommt. Das Leben ist kein Wunschkonzert, aber ich tu meine Arbeit und will vor Spielen pünktlich Feierabend machen. Von mir aus kann Steve soviel über die Glasgow Rangers erzählen, wie er will, aber der Scheißschotte soll zusehen, daß er hinmacht, wenn Chelsea zu Hause spielt.

Der Zug fährt fast leer ein, und über West Brompton nach Fulham Broadway ist es nur eine kurze Fahrt. Ich zeige meine Karte und schmeiß den *Standard*, in dem ich seit Hammersmith gelesen habe, in einen Papierkorb. Ich habe Druckerschwärze an den Fingern, muß ich mir im Pub noch abwaschen. In der Zeitung behaupten sie, daß Chelsea einen Torwart sucht. Ich warte an der Ampel, bis es grün wird. Der Döner-Imbiß an der Ecke stinkt. Erinnert mich an Tottenham. Mark und Rod stehen an der Tür mit FA Henry, einem komisch aussehenden Typen mit dicker Brille und Ohren wie die Henkel am FA-Pokal. Er kommt nur zu den Spielen in der Woche, weil er am Samstag arbeiten muß.

– Okay, Tom, Lager? sagt Mark, als ich reinkomme, und trinkt sein Bier aus. Perfektes Timing. Henry heiratet nächste Woche, stimmt's, Henry? Der hat's gut getroffen.

– Glückwunsch, Henry. Ich meine es ernst. Er hat ne Braut in nem weißen Kleid verdient, auch wenn das alles n riesiger Schwindel ist. Er ist n echter Romantiker. Kann keiner Fliege was zuleide tun. Wir kennen uns alle aus dem Sandkasten.

– Wer ist die Glückliche?

– Lisa Wellington. Henry schwillt die Brust – vor Stolz, wie ich annehme. Du kennst sie doch bestimmt noch aus der Schule, oder?

– Klar erinner ich mich an sie. Hab gedacht, sie ist weggezogen. Nach Irland oder Schottland. Irgend so was. Irgendwohin, wo sie anders reden und die Pubs andere Öffnungszeiten haben.

– War sie auch. War mit nem Iren verheiratet, aber das lief nicht. Hat's n paar Jahre versucht, dann die Koffer gepackt und ist wieder zurückgekommen. Meine Mutter ist mit ihrer Mutter befreundet. Deshalb haben wir uns getroffen. Eigentlich rein zufällig, vielleicht war's aber auch Schicksal. Eins von beidem.

Ich kann mich aus meinen Teenagerzeiten an Lisa erinnern. Sie sah gut aus, und ich frage mich, wie sie jetzt wohl so ist. Muß Mitte Zwanzig sein. Schwarze Hände und slawische Gesichtszüge. Ihre alte Dame stammt aus Bukarest und ist im Krieg rübergekommen. Haßte Kommunisten, wenn ich mich recht erinnere. Na ja, wer tut das nicht? Aber die Frau hat jedesmal drüber hergezogen, wenn ich sie gesehen hab. Die Judenärsche hat sie auch gehaßt. Die und die Zigeuner. Völlig durchgeknallt, was das angeht. Lisa war in Ordnung, auch wenn sie n bißchen lahm war und Hippiedrogen genommen hat, als alle anderen sich aufgeputscht haben. Paßt schon, daß sie FA Henry heiratet. Er ist n anständiger Bursche und bei den Bräuten nie so recht zum Zug gekommen. Außer den FA-Pokal-Ohren hat er wenig Pokale vorzuweisen. Frauen finden ihn ganz nett, aber die meisten wollen ne schnelle Nummer schieben und sich nicht Henrys Überlegungen zur Schöpfung anhören.

– Und wann gibst du deinen Junggesellenabschied, Henry? Sag Bescheid, dann kommen wir vorbei. Machen noch mal ordentlich einen drauf, bevor du in der gruseligen Welt von Schweiß, Tränen und Einkaufswagen verschwindest.

Ich mach keine Party, sagt er etwas nervös. Da halt ich nichts von. Das war nie so richtig mein Ding. Die von Rod hat mir gereicht.

Rod hat genug Anstand zu erröten, und er hat auch allen Grund dazu, der Schweinepriester. Hatte mehr Speed drauf als Raumschiff Enterprise, mindestens Warp-Faktor 700. Das war in einem Saal an der Fulham Palace Road, und sie hatten diese Stripperin auf der Bühne. Sah scharf aus, die Tante, durchtrainierter Körper und alles, und ich hab nicht verstanden, wozu die strippen mußte, hätte das Zeug zu was Besserem gehabt. Echter Knaller. Sie hat Rod zu sich auf die Bühne geholt, und der ist völlig abgedreht. Hat sich's gefallen lassen, daß sie ihn splitternackt auszieht, auf dem Tisch zurechtlegt und ihn fickt, bis er nur noch Matsch in der Birne hatte. Mark hatte einen Camcorder dabei, und Rod hatte noch die Hosen voll, als die Hochzeit schon lange vorbei war. Das Überraschendste daran war, daß er überhaupt noch einen hochgekriegt hat, besoffen, wie er war, aber er meinte, das wär von den ganzen Drogen gekommen.

– Rod hat's auch gereicht, stimmt's, Kumpel, sag ich, geb ihm einen Klaps auf den Rücken, und er macht ein sorgenvolles Gesicht. Auf Drogen tut man manchmal Sachen, an die man sich lieber nicht erinnert.

– Laß mal gut sein. Ich kann mich noch bestens erinnern, aber das war, als hätte da jemand anders auf dem Tisch gelegen. Als wäre ich im OP, und sie würden mir die Eier langziehen oder so was. Die Braut beugt sich über mich und erzählt mir, daß sie's ne Woche vorher in Cardiff auf der Bühne mit fünf Walisern getrieben hat. Fünf von diesen Wichsern für hundert Pfund. Sind schon fast Großhandelspreise. Erzählt mir, daß ich es mit fünf Cardiff-City-Pimmeln aufnehmen muß. Daß sie vollgepumpt ist mit Walisersaft und jetzt mal sehen will, was ein Cockney zu bieten hat. Das hat mich damals tierisch angemacht, aber im nachhinein ist das völlig verrückt, daß ich meinen Pinsel in die alte Schlampe gesteckt hab.

– Ich will nicht, daß mir so was passiert. Henrys Gesicht ist leuchtend rot, seine Ohren sind violett. Sieht aus, als würde er gleich explodieren. Der verdächtige Gegenstand wird in zwei Minuten gesprengt.

– Du hast recht, Henry. Soviel zur Tradition. Aber was ist mit Lisa? Die Frauen treiben's noch schlimmer vor der Hochzeit auf ihren Abschiedsfeten. Die Bräute versammeln sich und drehen völlig durch.

– Lisas Ding ist das auch nicht. Die ist nicht so eine.

Wer's glaubt, Kumpel, aber wenn man weiß, wie Henry lebt, kann man ihm daraus keinen Vorwurf machen. Was Rod da gemacht hat, war schon weit unter seinem Niveau, und ein Kumpel beim Ficken ist kein schöner Anblick. Am meisten hat mir Mandy leid getan. Andererseits hat die auf ihrer Abschiedsfeier wahrscheinlich auch ganz schön die Sau rausgelassen, also was soll's. Irgendwie gleicht sich das alles wieder aus. Man kann niemandem trauen. Und Weibern schon gar nicht. Die treiben's wie die Karnickel, und dann machen sie auf tugendhaft, wenn man in ihrer Gegenwart flucht oder mit nem Veilchen auftaucht. Das ist alles ein Haufen Scheiße, aber wenn man Leuten wie Henry nicht ein bißchen Hoffnung lassen würde, wär man auch das letzte Arschloch. Soll er seine Träume von Liebe und Romantik haben. Wenn wir ganz ehrlich wären, müßten wir doch zugeben, daß wir irgendwo ganz tief im Innersten alle darauf hoffen.

– Nimm hin, Tom. Runter damit, und dann mach ein fröhliches Gesicht, du trübe Tasse.

Mark gibt mir ein Bier. Ich rieche den altbekannten Fußballduft von Lager und Plastikbecher. Fließt angenehm durch die Kehle, obwohl es draußen so kalt ist. Es ist ein deprimierender Abend, und der Pub ist ziemlich tot. Kein Vergleich zu Tottenham. Solche Tage hat man nicht oft. Man muß es trotzdem versuchen. Genau wie der Rochedale-Fan, der gerade in den Pub kommt. Muß weit über Fünfzig sein, und hat nen Schal um den

Hals. Ein paar von den Jungs sehen ihn scharf an, aber er ist ein harmloser alter Knacker. Warum soll man sich mit Zivilisten anlegen? Man macht sich nur zum Arsch, wenn man auf alte Männer und Jugendliche losgeht. Das soll man den Judenärschen und den Scousern überlassen. Jetzt wenden sich die Leute wieder ihren Getränken zu und reden weiter. Der Typ aus Rochedale bestellt sich ein Bier und bleibt in der Nähe stehen. Ich frage mich, ob er ne Holzratsche dabei hat. Wahrscheinlich Bahnangestellter oder Maschinenführer. Sieht aus wie aus den Fünfzigern. Hat kräftige Hände und Dreck unter den Fingernägeln. Diese Nordlichter sind alle gleich. Alles Schlafmützen. Ich sag zu ihm, jetzt, wo er in London ist, kann er ja endlich mal n anständiges Bier trinken.

– Sieht nicht gut aus, mein Junge. Er hat den Witz verstanden.

Die Nordlichter sind immer am Jammern über das Londoner Bier. Für die ist das Pisse. Teure Pisse noch dazu. Für die Ärsche aus dem Norden ist ein Bier kein Bier, wenn da nicht mindestens ein Fingerbreit Schaum drauf ist. Ich kann so ne Blume ja nicht ausstehen. Was den Preis angeht, haben sie allerdings recht. Ein Skandal, was die einem hier für ein Bier abnehmen. Man wird von allen Seiten nach Strich und Faden beschissen, aber machen kann man nichts dagegen. Davon darfst du dich aber nicht einschüchtern lassen, weil du sonst am Ende überhaupt nichts mehr machst und die ganze Zeit nur Preisschilder anstarrst. Das ist nicht fair, nichts ist fair, aber so läuft's nun mal im Leben. Du machst deine Arbeit, und je mehr du verdienst, desto mehr nichtsnutzige Arschlöcher sind hinter dir her, um sich eine Scheibe von deinem Lohn abzuschneiden. Großmäulige Wichser in feinen Anzügen, die sich aufspielen, aber wenn's drauf ankommt, kneifen sie den Schwanz ein. Wenn du ihnen den Anzug wegnimmst und sie vor die Wahl stellst, dann verkriechen sie sich in ihren eigenen hypothekenbelasteten Arschlöchern.

– Wir haben ne gute Mannschaft zusammen, Jungs. Wir können euch schlagen. Was haltet ihr von nem Ausflug nach Rochedale, falls es ein Unentschieden wird? Chelsea würde ein Rückspiel gar nicht in den Kram passen.

– Mir wär'n Auswärtsspiel gegen euch lieber gewesen, sagt Rod. Wären wir hier wenigstens mal wieder rausgekommen. Macht mehr Spaß. So'n Kaff wie Rochedale käme Chelsea gerade recht.

– Geht mir genauso. Ich fahr gern zu Auswärtsspielen. Ich würd auch mit der Nationalmannschaft ins Ausland fahren, wenn da nicht diese ganzen jungen Hooligans wären.

– Du mußt nicht alles glauben, was in der Zeitung steht. Die Typen, die das schreiben, haben doch keine Ahnung. Die sind so damit beschäftigt, sich an der Hotelbar zu besaufen, daß sie gar nicht mitkriegen, was eigentlich Sache ist. Haben viel zuviel Schiß. Wenn man da nicht reingeraten will, kann man sich auch raushalten.

– Das stimmt schon, aber den Froschfressern oder den Kanaken, oder wo das Spiel ist, denen kann man nicht übern Weg trauen. Da büßt man für Sünden der anderen.

Mein Glas ist leer. Die anderen haben kaum angetrunken. Ich geh zum Tresen und hol mir ein neues, mir fällt wieder ein, daß ich mir die Hände waschen wollte, und ich geh zum Lokus. Das Wasser ist zwar eiskalt, aber ich krieg den Scheiß trotzdem ab. Handtücher gibt's nicht, aber wenigstens ist die Druckerschwärze runter. Ich hab noch nie eine ordentliche Kneipentoilette gesehen. Die sind immer vollgeschissen, vollgepißt und mit Graffitis vollgeschmiert. Na ja, wen wundert's. Die Pinkelbecken sind übergelaufen, also stell ich mich in die Kabine und knöpf mir die Hose auf. Mir brennt's in der Blase, als ich pisse und dabei die Klobrille vollspritze. Ich sau sie so richtig voll, für das nächste Arschloch, das reinkommt. Neben dem Thron steht eine Bürste mit weißen Borsten. Jemand hat mit Filzstift *Ken*

Bates auf den Griff geschrieben und ein Gesicht draufgemalt. Ich knöpf mich wieder zu und geh zurück zur Theke. Der Rochedale-Fan hat sich schon ins Stadion verpißt. Hätte noch auf ein Bier bleiben sollen. Ich wollte dem alten Penner sogar einen ausgeben. Und großes Gedränge am Eingang wird's eh nicht geben.

– Tom ist am Samstag nach Tottenham noch was aufreißen gegangen, stimmt's, Alter? Rod erzählt Henry haarklein, was los war. Versucht, von seinem Polterabend abzulenken. Soll der Arsch doch machen, was er will. Schließlich war er derjenige, der den Jungs ne Bühnenshow geliefert hat, nicht ich.

– Erst haben wir uns im Unity vollaufen lassen, und dann sind wir zu dieser Party in Hounslow gefahren. Wir haben uns zu dritt ein Taxi geteilt, und dieser Nigger hat die ganze Zeit so'n Dschungelscheiß gespielt. Tom hat mit'm Kopf aus dem Fenster gehangen und die Wagenseite vollgekotzt, und der Typ konnte nix sagen, sonst hätt's was aufs Maul gegeben.

– Das von Tom weiß ich gar nicht mehr, sagt Mark, der versucht, sich unsere Fahrt auf der Great West Road wieder ins Gedächtnis zu rufen. An die Scheiß-Negermusik kann ich mich aber noch erinnern.

Als Rod das erzählt, fallen mir ein paar Einzelheiten wieder ein. Erst ein paar Biere zuviel, dann fängt man an, Kurze zu kippen, als gebe es kein Morgen, und am Ende hängst du in den Seilen. Ich hatte mich aus dem Fenster gehängt, auf die Straße gestarrt und gedacht, wir wären wohl irgendwo beim Griffin Park, da hat sich mein Magen umgedreht. Ich brauchte mich nicht zurückzuhalten, schließlich war mein Kopf sowieso grad draußen, weil ich die süßen Düfte Brentfords voll auskosten wollte. Hab den hinteren Kotflügel vollgekotzt. Die ganze Zeit läuft ne Kassette, und ich muß aus irgendeinem seltsamen Grund an Nelson Mandela mit nem Joint im Mundwinkel denken und daran, daß ich jetzt auf keinen Fall Gift in der Lunge und Dope im Hirn haben will. Aber wenn man sich erst mal ausgekotzt hat, dann paßt's auch schon wieder, und das Leben geht weiter. Der Fahrer war nicht so begeistert, aber scheiß drauf. Gehört alles zum Service. Oder was erwartet der?

– Wir kommen zur Party, und da steht dieser Typ an der Tür, der meint, wir dürfen nur rein, wenn wir was zu trinken dabeihaben, aber wir kümmern uns nicht ums Kleingedruckte, und Tom tritt an und will dem Arsch den Zahn ziehen, ist aber schon ziemlich weggetreten und kriegt's nicht mehr ganz auf die Reihe, und das wird alles langsam n bißchen unangenehm. Fast hätten wir uns mit dem Typen und seinen Kumpels angelegt, da taucht die Braut auf, die die Party gibt, und wir können ohne Probleme rein.

Zu trinken gab's nichts mehr, aber irgendwo hab ich dann doch ein paar Dosen Bier aufgetrieben, und wenigstens liefen da ein paar scharfe Hasen rum. Mal was anderes. Manchmal gerät man wo rein, wo lauter besoffene coole Typen rumspringen, was meistens auch okay ist, man macht halt einen an und verpaßt ihm ne ordentliche Abreibung, aber wenn man sich schon den ganzen Tag mit Judenärschen rumgeprügelt hat, bringt's das nicht. Es geht beides. Entweder du reißt ne Braut auf und bumst sie bis zum Umfallen, oder du trittst nem arroganten Sack in die Eier. Einfacher ist es, sich irgend ne Fotze zu suchen und die mal ordentlich ranzunehmen, besonders nach so nem gelungenen Ausflug wie dem nach Tottenham. Wenn man in nem fremden Haus mit besoffenem Kopp ne Prügelei anfängt, kann's leicht passieren, daß man viel zu viele gegen sich hat oder irgend so ein Wichser die Bullen ruft. Versuch mal morgens um zwei ne Fliege zu machen, wenn du hackedicht bist. Grober Fehler. Wie wir das mal in diesem Haus in Acton vorhatten. Rod verpaßt nem Typen, der das Maul zu weit aufgerissen hat, ne Kopfnuß, und der ganze Laden mischt sich ein. Erst haben wir mächtig Prügel bezogen, dann haben die Bullen die Tür eingetreten, und alle sind raus durch die Hintertür. Wir sind über den Zaun und dann durch ne kleine Gasse weg. Haben n Rover-Oldtimer geklaut, und ich bin völlig abgedreht nach Hammersmith zurückgefahren. Mark hat hinten gesessen und auf nem kleinen Piece mit Kaugummi rumgekaut und wie ein Irrer gelacht. Das ist durch die Bank beschissen gelaufen.

Wenn man mit fünfzehn oder so n Wagen für ne Spritztour klaut, meinetwegen, da denkt sich keiner was bei, aber wenn man arbeitet, dann mußt du n bißchen mehr Format haben. Wenn du dich schon erwischen läßt, soll es sich wenigstens gelohnt haben, nicht weil du für drei Kilometer n Wagen geklaut hast. Noch besser läßt man sich gar nicht erst erwischen. Ich meine, wir haben alle unsere Vorstrafen, aber nicht wegen Kleinkriminalität, wenigstens nicht mehr, seit wir aus der Schule raus sind. Du mußt dich hocharbeiten. Da geht es um Respekt.

– Wir hängen da also so rum und hören diesen beschissenen Greatest-Hits-Dreck, sagt Rod, der immer noch von der Party erzählt, und Mark versucht sich mit diesem riesengroßen Arschloch anzulegen, und wir sagen ihm, daß er das lassen soll, weil massenhaft Miezen rumlaufen, die bloß auf drei Chelsea-Boys warten, die's ihnen mal richtig besorgen.

– Und das war auch so, verdammt noch mal, sagt Mark, der aus seinem Tran aufwacht. Waren alle n bißchen jung, aber wenn sie zum Bluten alt genug sind, sind sie auch alt genug zum Ficken.

– Tom hat sofort eine am Hals, sagt Rod, und die Braut fährt voll auf ihn ab. Gar nicht übel, wenn man bedenkt, wie voll er war, und sie war besoffen oder stoned oder beides, wer weiß, und sie baggert ihn so heftig an, daß wir's alle im Dunkeln und bei dieser ohrenbetäubenden Zombiemusik noch mitgekriegt haben.

– Die beiden haben höchstens ein paar Minuten miteinander

geredet, da sind sie schon weg. Der Arsch hat sich nicht mal verabschiedet.

Die Braut kommt ganz dreist auf mich zu und fragt, ob ich der romantische Typ bin. Ich nicke und sag nix. Am besten hält man sich zurück. Legt sich nicht fest. Streitet alles ab, was nicht dem persönlichen Gemeinwohl dient. Sie sieht ziemlich gut aus, und ich seh, wie sich ihre Titten unter dem lila gemusterten T-Shirt wölben. Sie sollte so was nicht anziehen, wenn sie die für sich behalten will. Es sitzt so eng, daß sich die Brustwarzen durchdrücken. Sie ist geschminkt wie eine Scheiß-Barbiepuppe, und ihre Haare sind rot und braun gefärbt, aber das ist schon okay, da kann man sich nicht beschweren. Sie ist gut in Schuß und trägt Jeans, die an der Hüfte weit sind, ihren Arsch aber gut zur Geltung bringen. Hat sie wahrscheinlich ein paar Nummern zu groß gekauft, damit sie schlanker wirkt. Sagt, ich seh aus wie n Romantiker, und dabei stinkt ihr Atem nach Kippen und Gin. Ich geb ihr recht, besonders wenn ich mich an die romantischen Stunden erinnere, wo wir Tottenham aufgemischt und die Bullen was auf die Mütze gekriegt haben. Die reinste Romanze, nach den Gesetzen der Natur, und schon sind wir auf dem Weg zu ihr. Sie teilt sich mit vier anderen Bräuten eins von diesen großen Westlondoner Häusern, ziemlich runtergekommen, mit Erkerfenstern, damit viel Licht reinkommt, und überwuchertem Vorgarten, und an der Eingangstür blättert die Farbe ab.

Im Wohnzimmer läuft die Glotze, und wir müssen schnell und leise die Treppen hochschleichen. Ihre Mitbewohnerin zieht sich n Video rein und kriegt in ein paar Monaten n Balg. Ihr Typ hat die Fliege gemacht. Auf See oder hinter Gittern. Die Details weiß ich nicht mehr. Was man so hört, muß es eine dieser Liebesgeschichten sein, auf die die Frauen so abfahren. 'ne Braut mit dickem Bauch und ner Pralinenschachtel, die hofft, daß es im Leben wie im Video läuft. Keine Abtreibungen, kein Sitzenlassen. Wir kommen ins Schlafzimmer von der Braut, und sie stellt ne Nachttischlampe an. Im Zimmer herrscht das totale Chaos, und das Bett ist nicht gemacht. Hat mich n bißchen angekotzt, aber wenn sie so leben will, ist das ihr Bier. Ich kann solche Unordnung und den Dreck absolut nicht ausstehen.

Ich geh pinkeln, weil es noch schlimmer ist, mit ner Braut zu bumsen, wenn man pissen muß, als mit prallen Eiern nach Hause zu gehen. Das Badezimmer sieht echt fürchterlich aus, alles voll mit BHs und Schlüpfern, einem Jahresvorrat Tampons, ein paar hundert Zahnbürsten und fast genauso viele leere Packungen. Als ich wieder ins Schlafzimmer komme, liegt die Braut schlafend im Bett. Hat nicht lange gedauert, bis sie vergessen hat, was sie eigentlich vorhatte. Totaler Reinfall. Ich überleg noch kurz, ob ich sie wecken soll, bin aber selber ziemlich am Ende, also greif ich mir ne Decke vom Boden und mach's mir im Sessel bequem. Das Bett ist nicht groß genug für zwei Personen, wenn die nicht übereinanderliegen, und Tottenham hat mich völlig ausgepowert. Insgesamt ein gelungener Tag, und am nächsten Morgen kuck ich mir die Frau noch mal an, und sie sieht aus wie eine, die reden will, und ich bin nicht in Stimmung für dummes Rumgelaber.

Ich bestell mir n Taxi und hau ab. Es ist noch früh, die Straßen sind leer, und mir ist kalt. Ich fühl mich dreckig, und mein Hals ist so steif, als hätten sie mich wegen Mord aufgehängt. Das Taxi kommt, und auf dem Heimweg muß ich mir noch so nen fröhlichen Arsch im Radio anhören, der was vor sich hinfaselt, wie schön doch das Leben ist und wie dankbar wir für die Zeit sein sollten, die wir hier verbringen dürfen, bis Gott uns alle zu sich in den Himmel ruft. Der muß sich n paar echt harte Sachen eingepfiffen haben. Was weiß der schon?

– Der Arsch verschwindet, wir kriegen ihn erst Sonntag abend wieder zu sehen, und da ist er absolut hinüber, sagt Rod. Die Frau muß ihn halb totgevögelt haben. Er hat ihre Handtasche durchwühlt und zwanzig Pfund eingesteckt. Sagt, sie war so besoffen, daß sie meint, sie hätte es ausgegeben, und er hätte es schließlich fürs Taxi gebraucht. Aber im Prinzip ist er bloß ein kleiner gemeiner Dieb.

Rod und Mark verarschen mich gern. Henry sieht ein bißchen empört aus. Blöder Trottel. Wir sind nicht bei Alice im Wunderland. Am Sonntag morgen um acht gibt's keinen Magic Bus, der dich nach Hammersmith zurückbringt. Von Hounslow, das ist ne lange Wanderung, und mir war nicht danach. Die Braut sieht aus, als hätte sie n bißchen Geld, also wird sie den Zwanziger nicht groß vermissen. Hat reichlich was für ihr Scheiß-Make-up springen lassen. Henry soll endlich zusehen, daß er erwachsen wird. Was sagt er denn in ein paar Jahren, wenn er erfährt, daß seine Frau es mit dem Klempner getrieben hat, mit dem Müllmann, mit dem Typ von der Freiwilligen Feuerwehr? Da muß man aufpassen. Sehen, wo man bleibt. Die anderen bescheißen, bevor sie dich bescheißen.

Henry trinkt sein Bier aus und macht sich auf den Weg. Ich frag ihn, warum er's so eilig hat. Er soll doch noch einen trinken. Aber er will ins Stadion. Rod geht zum Tresen. Ich sag zu Mark, daß Rod es nicht mag, wenn man ihn an seinen Polterabend erinnert. Mark ist dabei. Wir müssen den Arsch noch mehr auf die Palme bringen. Das Bild geht einem einfach nicht aus dem Kopf. Er flach aufm Tisch, und die Schlampe kniet über ihm und läßt ihm die Titten in den Mund hängen. Die Braut war schon ne scharfe Nummer, aber verdammt heftig. Mark sagt, daß er Rod schließlich das Videoband gegeben hat, weil der sich deshalb solche Sorgen gemacht hat. Mandy wäre völlig durchgedreht, wenn sie das mitgekriegt hätte. Natürlich hätte Mark ihr das nie gezeigt, aber Rod war besorgt, und das kann man ihm nicht verdenken.

Ich kann mir gut vorstellen, wie die Hochzeitsgesellschaft ausgesehen hat. Mark hat Fotos gemacht, und als alle besoffen waren, zeigt er sie rum, und Rods alter Herr hält ne Rede, wie aus

Rod schließlich doch noch ein anständiger Kerl geworden ist. Trinkt noch einen und sagt, daß er's nicht leicht gehabt hat, als sein Sohn ein Teenager war, aber daß das auch okay ist, weil ein junger Bursche sich ja auf der Welt umkucken muß, die Hörner abstoßen, ist nicht böse gemeint, Mandy, sich dann zum Mann entwickelt und den ganzen Scheiß, den jeder schon tausendmal gehört hat. Die verschämte Braut, die Rod damals in dieser Nacht getroffen hat, wo er so breit war, daß er keinen mehr hochgekriegt hat, als er sie im Bett hatte. Das hat's wahrscheinlich besiegelt, der fehlende Ständer. Das Besondere an dieser Nacht, würden sie im Film sagen. Da schleppt einer ne Braut ab und pimpert sie nicht sofort.

Der alte Herr kommt groß in Fahrt, als er über den gewandelten Hooligan spricht, der einen anständigen Job als Elektriker hat, der n bißchen was verdient, sich seine eigene Wohnung gekauft hat und immer noch auf Fußball steht. Rod, der gute Sohn, der Judenärsche platt macht und freilaufende Inderinnen vögelt. Rod, der ehrenwerte Verlobte, wird auf der Bühne von einer Hure halb totgefickt, die noch den Saft von fünf Cardiff-City-Fans in der Möse hat; die Chelsea-Tätowierung kommt im Video prima zur Geltung, und sein Gesicht wirkt im Kunstlicht ziemlich verzerrt und benommen. Jeder braucht was im Leben, auf das er zurückblicken kann. Diese Phase, in der man ein bißchen rebelliert hat, aus der man dann rauswächst und zum netten, langweiligen Bürger wird. Und nicht diese alberne Scheiß-Soldatenspielerei. Wenn man mit den Wichsern spricht, haben die absolut nichts gemacht. Die hätten nur gerne mal. Typen und Bräute. Nimmt sich nix. Arschlöcher, wo man hinkuckt.

– Weißt du, Rod, wahrscheinlich fliegt bei mir irgendwo noch ne Kopie von dem Band rum. Erinner mich dran, daß ich dir das noch gebe. Mark macht den Anfang.

– Du hast mir alles gegeben, was du hattest. Das Bierglas verharrt auf halbem Weg zu Rods Mund. Hast du mir erzählt. Ich hab's gleich entsorgt. Obszöner Film. Nur ein Scheißperverser nimmt so was auf. Du bist nicht zufällig schwul? So im geheimen, weil du weißt, daß eher ne saftige Abreibung für dich rausspringen würde als n Ritt auf dem Prügel von nem Homo.

– Dann hab ich wohl bloß vergessen, dir die Kopie zu geben, aber irgendwann muß die ja wieder auftauchen. Ich buddel sie aus und geb sie dir.

– Bist du sicher? Rod wirkt nervös. Dann fängt er an zu lachen. Du willst mich verarschen. Das weiß ich, du alte Sau. Warum solltest du ne Kopie davon machen? War keine Profiarbeit. Die meiste Zeit war das Bild völlig unscharf. Ist ja nicht so, daß du's für nen Batzen Geld an Marshall verkaufen könntest.

– Hab's einfach nur vergessen. In Marks Stimme liegt eine gewisse Schärfe. Wenn du's nicht willst, kümmer ich mich nicht weiter drum.

– Ich war breit und hab's gemacht, als ich's besser hätte lassen sollen. Wen interessiert das schon. Rod versucht zu bluffen, aber es sieht nicht gut für ihn aus. Armes Schwein. Warum quält man so jemand auch noch, der sich schon selbst zum Affen gemacht hat?

Dann hat er eben vor den Augen seiner Kumpel auf der Bühne ne Hure gebumst. Er war ziemlich weggetreten, und jeder macht mal n Fehler. Besser als losziehen und ne Frau vergewaltigen. Oder zusehen, wie Soldaten das auf nem Video für dich machen. Wir haben alle schon mal an Stellen gekratzt, an denen es gar nicht gejuckt hat. Warum soll man das groß bedauern? Für Rührseligkeiten ist hier kein Platz, auch wenn Rod sich bloß Sorgen macht, weil er Schiß hat, daß Mandy irgendwie davon erfährt. Wen interessiert das? Von uns steht keiner aufs Zuschauen. Das überlassen wir den Experten im Fernsehn. Die ganzen beknackten Talkshows. Die versuchen mit ihren Kameras ein paar Gewaltszenen beim Fußball zu erwischen, denen geht doch einer ab, wenn die Jungs loslegen. Aber das ist doch alles ein einziger Beschiß. Wenn du das willst, mußt du losziehen und es selber machen. Zu Hause im Sessel sitzen, durch die Programme zappen und hoffen, daß irgend jemand dein Leben für dich lebt, ist voll daneben. Wir sind vielleicht Arschlöcher, aber wenigstens machen wir kein Geheimnis draus. Im Gegensatz zur unterwürfig schweigenden Mehrheit. Die ist so ruhig, daß man ihre Gedanken vor Entrüstung zittern hört. Ich sag Rod, daß wir ihn nur verarscht haben, und er behauptet, das hätte er die ganze Zeit gewußt. Wir lachen. Es sind nur noch zwanzig Minuten bis zum Anstoß, aber scheiß drauf, wir nehmen noch ein schnelles Bier. Draußen ist es kalt. Wir brauchen die Wärme.

Schade, daß es heute nicht was in der Art von West Ham ist. 'ne kleine Keilerei wäre echt nett. Wir sind niemandem eine Erklärung schuldig. Wie diese Wichser, die die Armee befehligen, oder die, die Omas abmurksen, weil sie ihnen nicht genug Geld geben, um ihre Heizkostenabrechnungen zu bezahlen. Jemand zusammenzuschlagen ist erregend. Bringt einen echt in Stimmung. Gewalt kann man anmalen, wie man will, weg kriegt man sie nicht. Warum soll man Spielchen spielen und sich für das, was man macht, rechtfertigen? Die ganzen Blödmänner mit ihrer Politik und der moralischen Entrüstung machen sich was vor. So nen richtigen Kick kriegt man, wenn man seine erste Massenschlägerei sieht, so wie ich als Kind, als ein Cardiff-Mob von Chelsea den Fulham Broadway runtergejagt und zusammengeschlagen wurde. Schlicht und ergreifend. Ohne Worte. Ich frage Rod, ob er sich daran erinnern kann, wie Chelsea Cardiff gehetzt hat. Kann er. Sagt, das war ausgleichende Gerechtigkeit. Hat's den fünf Walisern Jahre vorher heimgezahlt. War damals schon weise Voraussicht.

Hooligans

Mächtige Winde erschüttern die viele Millionen Pfund teure Konstruktion, aber für die Spieler, Funktionäre und Medienvertreter, die sich in den Räumen unter der Osttribüne drängelten, hätte es ebensogut ein lauer Sommerabend sein können. Die letzten Zuschauer hatten im strömenden Regen mit hochgezogenen Schultern, in ihre Jacken und Mäntel eingepackt, das Stadion verlassen, und die Fans der Gastmannschaft hatten noch eine lange, anstrengende Reise nach Norden vor sich, wobei die nasse Kleidung und die hohe Niederlage kaum zur Verbesserung ihrer Laune beitragen würden. Das Flutlicht war erloschen, strahlendes Weiß hatte dunklen Schatten Platz gemacht. Stamford Bridge stemmte sich gegen die anrollenden Wolkenberge, der schwache Schein des fast vollen Mondes erhellte einen kleinen Bereich der Osttribüne.

In einer Nische der Bar klärte Will Dobson die ziemlich hübsche und vielversprechende junge Journalistin Jennifer Simpson über die Hinterhältigkeit der Presse auf. Will war ein guter Lehrer. Er wußte bestens Bescheid über Fußball und alles, was damit zu tun hatte, er kannte jedes Gerücht und sogar ein paar Fakten. Er schüttete sich flaschenweise Ale und einen doppelten Wodka nach dem anderen in den Hals. In der Bar war es schwül, er hatte Schweißflecken auf seinem weißen Hemd, und von Zeit zu Zeit schweifte sein Blick Jennifers schlanke Beine hinauf.

– Ich hatte mir das ganz anders vorgestellt, gestand Jennifer, die sich ein Beispiel nahm und ihr halbvolles Weinglas in einem

Zug austrank. Auf den Tribünen war nichts los, und das Spiel war wahnsinnig langweilig, finden Sie nicht? Und wo waren die Hooligans, von denen man so viel hört und liest?

– Hier drin, lachte Will und tippte sich an die Schläfe. Ein Hirngespinst. Feuchte Träume von Redakteuren. Bedauerlicherweise sind unsere Hooliganfreunde ein Relikt aus vergangenen Tagen.

Damit Will die Verlegenheit überspielen konnte, in die ihn seine sexuelle Anspielung womöglich gebracht hatte, sah Jennifer zur Theke, wo die lässig gekleideten jungen Sportler auf Tuchfühlung mit den älteren, beleibteren Funktionären und Sponsoren in eleganten Anzügen gingen. Will zeigte allerdings kein Interesse für diese Feinheiten. Er hielt den neuen Mann wahrscheinlich für eine Art Service-Roboter, und in gewisser Weise hatte er damit sogar recht. Jennifer beglückwünschte sich zu diesem Scherz und beschloß, ihn bald einmal anzubringen.

In der Bar verband sich Athletik mit Neureichen-Ästhetik. Der kleine Raum mit seiner einzigartigen Aura aus hohen Gehaltsschecks und der außerordentlichen Zufriedenheit der Arbeitnehmer mit ihren Jobs ging in dem riesigen Betonbau fast unter. Sie wußte, daß Dobson gelegentlich einen Blick unter den Tisch warf, hatte aber nichts dagegen, daß sich der alte Knabe an ihren Beinen ergötzte. Sie sah schließlich gut aus und war kein Freund von falscher Bescheidenheit. Er war kein schlechter Kerl, und es schadete niemandem. Wenn sie als Journalistin Karriere machen wollte, brauchte sie jede Unterstützung, die sie kriegen konnte. Beziehungen waren in allen Lebensbereichen wichtig, in ihrem Arbeitsgebiet aber wahrscheinlich unerläßlich, und selbst jemand wie Dobson konnte sich noch mal als nützlich erweisen. Sie fragte sich, was er mit Hirngespinst gemeint hatte.

– Nach dem Vorfall im Heysel-Stadion sind die Hooligans langsam weniger geworden, vertraute Dobson ihr mit leiser

Stimme an, um mit diesem Tabuthema nicht die Sponsoren zu verschrecken. Vorher waren sie eine echte Landplage, aber sie haben Umsatz gebracht, und beim Journalismus dreht sich schließlich alles um die Auflagenhöhe. Nach meiner Theorie sind die alle auf Drogen wie Ecstasy, und das hat ihre Gewaltbereitschaft zerstört, und/oder sie sind ins organisierte Verbrechen abgewandert, oder sie haben geheiratet. Und die Jugend von heute kann es sich nicht mehr leisten, häufiger mal ins Stadion zu gehen, wodurch nur wenige nachkommen, die in ihre Fußstapfen oder, wenn Sie so wollen, in ihre Doc Martens treten, worauf die Hooligans es wie die Dinosaurier gemacht haben und ausgestorben sind. Die Polizei hat sich zu Experten in der Steuerung von Großveranstaltungen entwickelt und überall Videokameras installiert, und die Rowdys haben beschlossen, daß es ihnen reicht. Dazu noch ein paar harte Gerichtsurteile, dann haben sie ihre Stanley-Messer abgegeben und Familien gegründet. Ab und zu wird noch mal ein Platz gestürmt, aber das sind nur ein paar Ewiggestrige, die gegen den Wind pissen, wenn sie meine Ausdrucksweise bitte entschuldigen wollen. Fußball und Gewalt sind schon lange zwei Paar Stiefel. Die Gesellschaft ist jetzt viel ausgeglichener. Die Torys haben die Klassengesellschaft beseitigt. Die wütenden jungen Männer von gestern sitzen entweder im Bett und rauchen Hasch, oder sie wandern durch den nächsten Baumarkt und überlegen, in welchem Farbton sie das Kinderzimmer streichen sollen.

– Und was war mit den Unruhen beim Länderspiel, fragte Jennifer, der die endlos wiederholten Aufnahmen der angstvoll aufgerissenen Kinderaugen nicht aus dem Kopf gingen – die Mediennummer mit dem unschuldigen Opfer wirkte bei ihr bestens. Und wenn die Nationalmannschaft auf dem Kontinent spielt, gibt es doch auch immer einen Riesenkrawall.

– Ich behaupte keineswegs, daß da nicht der eine oder andere böse Junge rumläuft, aber die reißen sich inzwischen zusammen.

Leider. In der Hooligan-Ära hatte ich meine besten Artikel. Wenn man ein halbwegs vernünftiges Foto hatte, konnte man schreiben, was man wollte. Ruhm und Ehre galt es sich zu verdienen. Man konnte gar nichts falsch machen. Aber das ist wohl der Fortschritt. Damals ist auch der Taylor-Report über die Sicherheit in Fußballstadien erschienen, und die Vereine sind ja schließlich auch nicht blöd, die haben die Eintrittspreise erhöht und damit jede Menge Leute rausgeboxt, die Rowdys über die Preisgestaltung aus den Stadien gedrängt. Wenn sie auf dem Kontinent spielen, sind die Sicherheitsmaßnahmen nicht so gut, also nutzen Rowdys ihre Chance und machen Randale.

– Na ja, aber irgendwo müssen die ja herkommen, oder?

Will hatte aufgehört, die Beine der Frau anzustarren, und konzentrierte sich jetzt ganz auf die Alkoholsituation. Was war nur los mit diesen verdammten Weibern? Nie holten sie ihre Runde, wenn sie an der Reihe waren, weil sie andauernd unsinnige Fragen stellten. Die Welt veränderte sich, und er stand voll hinter dem Fortschritt, mit klugen Investitionen und all dem Kram, und viele Leute verdienten sich an dem schönen Spiel inzwischen eine goldene Nase, seit ein ordentliches Geschäftsgebaren Einzug gehalten hatte. Die Spieltage waren für ihn deutlich angenehmer geworden, aber Frauen sollten ebenfalls mit der Zeit gehen und eine Runde holen, wenn sie an der Reihe waren. Jennifers Beine gefielen ihm durchaus, beim Rest war er sich nicht so sicher, und daß sie an einer Universität studierte, war schon ziemlich abstoßend. Diese Studierten dachte immer, sie wüßten über alles Bescheid, und mit ihrer sanften Art konnte sie ihn nicht täuschen. Sie war eines der arrogantesten Luder, die ihm je unter die Augen gekommen waren. Er hatte sie nur mitgenommen, um dem Chefredakteur einen Gefallen zu tun, der ein alter Bekannter ihres Vaters war. Dann fiel ihm ein, daß er auf Kosten der Zeitung trank, sich also über die Durchsetzung der Gleichberechtigung keine Sorgen zu machen brauchte, aber da war es schon zu spät.

– Wollen Sie noch was zu trinken? fragte Jennifer, und nachdem der erfahrene Profi seine Bestellung aufgegeben hatte, stand sie auf und schlängelte sich durch die Menschenmasse zur Theke.

Will wurde langsam müde, schließlich hatte er seinen Bericht geschrieben, den Weg zur Bar zurückgelegt und sein übliches Pensum getrunken. Chelsea war sein Zuständigkeitsbereich, und die alten Tage, in denen es von Hooligans nur so wimmelte, gehörten auch der Vergangenheit an. Und das war *wirklich* schade, weil damit nicht nur die Gelegenheit verschwunden war, moralische Empörung in schöne Worte zu kleiden und so den hübschen Redaktionsassistentinnen eine Freude zu machen, sondern weil eine Prügelei auch eine spannende Abwechslung zu den vielen langweiligen Spielen war, die er sich im Lauf der Jahre hatte ansehen müssen. Sosehr er Fußball auch mochte, und er schätzte ihn wirklich sehr, er hätte nicht mehr als fünf oder sechs Spiele im Jahr Eintritt bezahlt, und jetzt, wo so viel davon im Fernsehen übertragen wurde, wäre er wahrscheinlich ganz zu Hause geblieben. Die Stimmung war auch nicht mehr wie früher, auch wenn die jeweiligen Interessenvertreter das Gegenteil behaupteten, und wenn die großen Clubs weiter die normalen Fans vergraulten und sich beim sogenannten wohlsituierten Publikum anbiederten, würden sie schließlich pleite gehen. Wenn es ums Geld geht, gibt es keine Loyalität. Das hatte sogar Will Dobson begriffen. Aber er lebte vom Fußball, und für einen einfachen Burschen aus Swindon hatte er es weit gebracht. Er konnte nicht klagen. Daher zog er es vor, mit dem Strom zu schwimmen.

– Wie viele Spiele sehen Sie sich so an pro Saison? fragte Jennifer, während sie Wills Getränke vorsichtig auf den Tisch stellte, wartete dann aber nicht auf die Antwort. Waren Sie am

Wochenende in Tottenham? An der Theke reden sie über nichts anderes.

Will bekam große Augen. Die Begegnung zwischen den Spurs und Chelsea letzten Samstag hatte den Sport von seiner besten Seite gezeigt, großartige Werbung für den modernen Fußball, mit vielen Toren und Strafraumszenen, und die Zuschauer hatten vor Begeisterung geschrien. Früher war es gerade bei diesem Londoner Derby immer zu Krawallen gekommen, aber jetzt benahm sich das Publikum wie ausgelassene Schulkinder. Ein paar antisemitische Gesänge, die der Verein auszumerzen versucht hatte, waren zwar zu hören gewesen und natürlich die üblichen Gesten, aber nichts übermäßig Gewalttätiges.

– Darf ich mich dazugesellen? fragte David Morgan und setzte sich auf den Stuhl zwischen Jennifer und Will. Beschissenes Spiel, was? Die sollten uns das Geld zurückgeben.

– Aber wir bezahlen doch gar nicht, sagte Will lachend.

Morgan schrieb für ein Konkurrenzblatt und wühlte hauptberuflich im Dreck. Mitte der Achtziger hatte er den Ruf genossen, den Finger immer am Puls der Zeit zu haben. Obwohl er sich nie mehr anstrengte als seine Zeitgenossen, schien er immer auf dem neuesten Stand zu sein. Will hatte den Verdacht, daß das an seiner etwas liberaleren Einstellung zur Wahrheit lag, was sich auch in der Haltung des Blattes widerspiegelte, für das er arbeitete. Seine Bereitschaft, für ein paar sensationelle Bilder von angeblichen Hooligans den einen oder anderen Schein springen zu lassen, war allgemein bekannt. Morgan hatte seine Story, und meist waren die Gestalten auf den Fotos recht zufrieden mit ihrem kleinen Nebenverdienst und dem flüchtigen Ruhm. Anfangs hatten sie die Aufmerksamkeit genossen, die Zeitungsmänner als nette Unterhaltung am Rande mitgenommen, besoffene alte Trottel, die, immer zwei bis drei Kilometer von der eigentlichen Randale entfernt, irgendwelchen Phantomen hinterherjagten. Es gab nicht viele professionelle Fußballberichterstatter, im großen und ganzen ging es ihnen gut, und warum sollte man sich da in Gefahr begeben? Wenn die Leser ihre Geschichten etwas zu ernst nahmen, war das nicht ihre Schuld. Mit von Bier und Schnaps glasigen Augen prostete Will den anderen zu.

– Auf die nächste Runde.

Sie tranken aus, und Jennifer fühlte sich akzeptiert. Als man ihr das Angebot gemacht hatte, in der Sportredaktion mitzuarbeiten, hatte sie zugegriffen, obwohl sie später in einer besseren Zeitung über Prominente schreiben wollte. Aber das waren alles lehrreiche Erfahrungen, und die würden ihr bei ihren Bewerbungen zustatten kommen. Wenn sie sich umsah, mußte sie zwar zugeben, daß es hier ganz schön prollig zuging, und die Hooligans hatten sie auch im Stich gelassen, aber wenigstens konnte sie ihren Freunden erzählen, daß sie bei einem Fußballspiel gewesen war. Sie konnte immer noch ein bißchen dicker auftragen. Sie dachte an ihren Teilzeitfreund Anthony, der Redaktionsassistent in einem schicken Trendmagazin war, das sich seit Ewigkeiten auf seine linke Vergangenheit berief. Jennifer nahm den armen Anthony immer auf den Arm, indem sie ihn fragte, was teure Klamotten, Easy-Listening-Pop und ein zwanghaftes Interesse an Bisexuellen denn mit sozialistischer Politik zu tun hätten.

Jennifer lächelte, als ihr Anthonys Warnung vom Nachmittag wieder einfiel, als er sie von einem Champagnerempfang in Soho anläßlich einer CD-Präsentation über das Firmenhandy angerufen hatte. Er hatte sich wirklich Sorgen um sie gemacht und behauptet, die Chelsea-Clique veranstalte Gewaltorgien gegen alles und jeden. Er glaubte fest daran, daß Stamford Bridge eine Brutstätte für Rassisten war, wo farbige Spieler vom Platz gejagt wurden und farbige Zuschauer um ihr Leben fürchten mußten. Sie solle auf sich aufpassen. Chelsea-Fans waren hirntot und sogar in der Lage, auf Tribünen, die es gar nicht mehr gab, eine

Massenvergewaltigung durchzuziehen, so faselte er weiter über die berüchtigte Shed-Tribüne und diese stählernen Kung-Fu-Sterne, von denen sie blind werden würde, während elektronische Hintergrundmusik durchs Telefon drang.

Anthony war betrunken gewesen und hatte versucht, ihr den Besuch des Spiels auszureden, aber Jennifer hatte sich nicht davon abbringen lassen. Es war jammerschade, daß keine seiner Vorhersagen eingetroffen war, aber sie würde ihn trotzdem an der Nase herumführen. Sie war ein wenig nachtragend, und sein Unbehagen belustigte sie. Er war häufig ziemlich kindisch und besitzergreifend und deutete manchmal sogar an, daß er sie liebe, war aber kaum mehr als eine praktische Londoner Affäre. Er kam aus wohlhabendem Hause und meinte es gut, ließ aber die Berechnung vermissen, die Jennifer an Männern so anziehend fand. Sie war nach dem Spiel mit ihm verabredet, obwohl ihre Gedanken bei Jeremy Hetherington waren, den sie vor kurzem an der Universität kennengelernt hatte. Am nächsten Samstag fuhr sie mit ihm auf das Landgut seiner Eltern in Oxfordshire und freute sich darauf, ihrer ersten, betrunkenen Paarung etwas Befriedigenderes folgen zu lassen. Am Tag würden sie die Landschaft genießen und abends dann auf den Ball des Jagdverbands gehen. Es würde ein Erlebnis werden.

– Wie hat Ihnen das Spiel gefallen? fragte Morgan. Will meinte, Sie waren zum ersten Mal in einem Fußballstadion.

– Es war interessant.

– Du hättest sie letzte Woche zu den Spurs mitnehmen sollen, sagte Morgan zu Will. Das war Fußball vom Feinsten. Pässe und Bewegung von zwei Mannschaften, die sich der Spielkunst verschrieben haben. Aber weißt du was, diese verdammten Nordlondoner haben mir den Lack am Volvo zerkratzt. Ich hab noch eine Zeile über den erbärmlichen Zustand der heutigen Jugend in meinen Artikel gequetscht, aber diese schwachköpfigen Redaktionsassistentinnen haben es rausgestrichen. Neid und Mißgunst wachsen und gedeihen prächtig. Müssen natürlich auch nicht unbedingt die Fans gewesen sein, sondern vielleicht Anwohner, die so ihrer Unzufriedenheit über ihre Lebenssituation Ausdruck verleihen wollten, aber das Lackieren kostet mich ne ganz schöne Stange Geld. Ich fahr morgen in die Werkstatt und lasse es schätzen. Die Zeitung übernimmt die Rechnung, aber es regt mich auf, wenn die Habenichtse ihre kleinlichen Frustrationen an mir auslassen. Am meisten stört mich die ganze Rennerei. Ich bin schließlich ein vielbeschäftigter Mann.

Sie bestellten noch eine Runde, Morgan übernahm wie üblich die Gesprächsführung und kaute Jennifer ein Ohr ab mit einer Geschichte über den Politiker, den sie auf dem Friedhof in West Brompton mit einem dreizehnjährigen Stricher erwischt hatten, einem jungen Burschen aus Burnley, dessen Obdachlosigkeit eine direkte Folge der von der Regierung veranlaßten Einsparungen war. Offenbar hatte man sie in einer der Grabkammern entdeckt, einer Familiengruft, in der die Särge übereinandergestapelt an der Wand standen. War ne prima Story, und Morgan hatte mit dem Gedanken gespielt, sie mit Vampirismus und Aids aufzupeppen, aber die Zeitungen vertuschten die Affäre aus politischen Erwägungen, und selbst eine ordentliche linke Zeitung hätte die Geschichte verschmäht, weil Homosexualität und das Recht auf Privatsphäre berührt wurden. Wenn sie an etwas Ähnliches über einen hochrangigen Oppositionspolitiker rankommen würden, wären sie gemachte Männer.

Als Morgan redete, begannen Wills Gedanken abzuschweifen. Er bekam am Rande mit, wie sein Kollege die üblichen Schlagworte abspulte, die einen guten Hooligan-Artikel ausmachten – »Abschaum«, »hirnlose Chaoten«, »muß sich schämen, Engländer zu sein«, »keine echten Fans«, »den Rohrstock wieder einführen«, »ihnen eine anständige Tracht Prügel verpassen« und »wird Zeit, daß die Gerichte unnachgiebig vorgehen und lange Haftstrafen verhängen«.

– Wenn man damit ein wenig rumjongliert, hat man's auch schon, lachte er, warf einen schnellen Blick auf die Beine der Frau unterm Tisch, bewunderte die makellose Haut und kam zu dem Schluß, daß ihre Strümpfe bis in die Arschspalte reichten.

– Zuerst kommen der Nervenkitzel und die blutigen Details, dann verurteilt man das Ganze, um das Vergnügen zu bemänteln, das der Leser dabei empfunden hat. Dann ruft man nach der Wiedereinführung der neunschwänzigen Katze und macht sich für den guten alten Kasernenhofdrill stark, und alle sind glücklich und zufrieden. Die Öffentlichkeit fühlt sich sicherer.

Nicht, daß er jetzt noch viel Verwendung für dieses Vokabular hatte, wo die Hooligans ausgestorben waren und er sich mehr auf handfestere Themen konzentrierte – den allgemeinen moralischen Verfall der Gesellschaft, Schmarotzer, die auf Kosten des Steuerzahlers lebten, und jede Art von gewalttätigem Sex oder sexueller Gewalt, an der die Reichen, Berühmten und/oder politisch Andersdenkende beteiligt waren. Homosexualität unter Geistlichen war ein weiteres Lieblingsthema. Es war ein interessanter Job, und wenn Jennifer Fragen zu ihrer weiteren Karriere hatte, sollte sie ihn anrufen, dann könnten sie sich ja vielleicht mal zum Mittagessen treffen. Er hatte in seiner Zeit als freier Reporter alles gesehen, was es zu sehen gab, und könnte ihr ein paar interessante Geschichten erzählen, die nie gedruckt worden waren. Er kannte da ein ausgezeichnetes italienisches Restaurant in Knightsbridge. Das ginge auf seine Rechnung. Er gab ihr seine Karte.

– Gut möglich, daß ich Sie beim Wort nehme, antwortete sie lächelnd, rückte ihre Beine zurecht, so daß David einen besseren Blick auf ihre Oberschenkel hatte, archivierte das Gesicht des alten Wüstlings im Gedächtnis und seine Karte im Portemonnaie. Er war auf jeden Fall nützlicher als Dobson, der im Vergleich wie ein alter Trottel wirkte.

Als Morgan anbot, ihn nach Hause zu fahren, nahm Will dankbar an. Jennifer traf sich mit Anthony in einem Restaurant an der King's Road, und Morgan war gerne bereit, sie auf dem Weg dort abzusetzen. Sie tranken aus und wurden beim Verlassen der Bar von der Stärke des Windes überrascht. Jennifer saß auf dem Rücksitz, die beiden Journalisten unterhielten sich über gemeinsame Bekannte, und im Hintergrund lief eine Frank-Sinatra-CD. Als sie vom Stadionparkplatz kamen, versuchte Jennifer das Nachtleben der Umgebung zu erkunden. Ein paar Pubs machten gute Geschäfte mit Gruppen von Männern, die bis zur Sperrstunde blieben. Aber die windgepeitschten Straßen waren leer. Jammerschade. Eine randalierende Hooligan-Bande und eine eilige Flucht mit quietschenden Reifen hätten sie für neunzig Minuten Fußball entschädigen können.

– Da ist es, sagte sie, als sie das Bo-Bo's in der Mitte der King's Road entdeckte, draußen die violette Neonanzeige, drinnen weiße, flackernde Kerzen. Lassen Sie mich einfach irgendwo raus. Danke fürs Mitnehmen, und wir sehen uns morgen, Will. Nochmals vielen Dank fürs Vorbeibringen. War nett, Sie kennenzulernen, David. War ein netter Abend.

– Denken Sie dran, mich wegen des Mittagessens anzurufen.

– Mach ich. Bis bald.

Als sie dem wegfahrenden Volvo hinterherwinkte, hielt Jennifer nach dem Kratzer Ausschau, sah aber nichts. Sie kämpfte sich durch den Sturm zum Bo-Bo's, öffnete die Tür und wurde von einem Schwall warmer Luft, Zigarettenqualm und überlautem Gelächter in Empfang genommen. Sie fühlte sich im klassenbewußten und gebührend selbstsicheren Gästekreis sofort wie zu Hause. Sie versuchte Anthony zu finden und errötete, als sie daran dachte, wie die alten Lustmolche heimlich ihre Beine angestarrt hatten. Dann ärgerte sie sich über das langweilige Spiel, das sie sich angesehen hatte, die reinste Zeitverschwendung – und kein Rowdy in Sicht. Wenigstens war sie im Bo-Bo's wieder auf vertrautem Territorium und konnte sich wieder normal benehmen. Das gemeine Volk war ja fast schon gemeingefährlich. Auch wenn sie zu Geld kamen, fehlte ihnen einfach die ordentliche Erziehung.

West Ham zu Hause

Im Pub herrscht ein Höllenlärm, und die Bullen haben einen Mannschaftswagen vor die Tür gestellt. Alle versuchen durch die Fenster einen Blick zu erhaschen, und auf der Straße geht es ziemlich hoch her. Mark meint, sie hätten einen Zug direkt aus dem Londoner Osten hergeleitet. Ich hab keine Ahnung, woher er das wissen will, aber so ist das nun mal im Fußball. Gerüchte und Spekulationen werden schnell zu Fakten. Alles verwischt sich, und am Ende ist es wurscht, wie das genau zusammengehört. Wär aber schon logisch. Wir waren schon an der Victoria Station und sind mit leeren Händen zurückgekommen. Bei West Ham weiß man nie. Die können jederzeit überall auftauchen, und Victoria ist bestens für ein Treffen geeignet, wo man die grundlegenden Sachen klarstellen kann. Andererseits, wenn sie in unsere Gegend kommen und uns hier was auf die Mütze geben wollen, was soll das dann mit den Spielereien im West End?

Die Spannung hat sich schon am frühen Morgen aufgebaut. Um neun donnert Mark bei mir an die Tür und meint, daß ich aufstehen soll. Daß ich n fauler Sack bin. Nach ner Tasse Tee und ein paar Scheiben Toast geht's mir gar nicht mehr so schlecht für die acht Pints, die ich mir im Pub gestern abend reingepfiffen hab. Er sieht glücklich und zufrieden aus. Hat gestern noch eine ausgeflippte Blondine flachgelegt, die wohl grade mal so alt war, daß er sich dabei nicht strafbar gemacht hat. Sah aber aus, als wüßte sie, wie der Hase läuft, und Mark bestätigt diesen Eindruck, als ich mir ne zweite Tasse reinzieh. Dünne Beine und kleine Titten, aber als sie unten in den Hausflur kamen, ist sie sofort auf alle viere, und ihre Alten waren oben am Pennen. Er sagt, ihre Möse war so eng, daß er dachte, er wär ins falsche Loch geraten. Mußte nachsehen, um sich zu vergewissern, obwohl sie sich nicht beschwert hat, weiß also gar nicht genau, warum er nicht einfach weitergemacht hat.

Wir gehen zum Bahnhof, und Rod ist schon da und wird langsam ungeduldig. Als wir in Victoria ankommen, ist da n Mob auf der Suche nach West Ham, mit dem wir nach Tower Hill und dann mit der District Line wieder zurück fahren. Harris weiß nicht, wo West Ham auftauchen, und wir machen uns schon Sorgen, daß sie direkt zum Stadion gefahren sind. Die könnten da alles auf den Kopf stellen, während wir in der U-Bahn festsitzen. Wir entschließen uns, zum Stadion zurückzufahren und in Earl's Court einen kleinen Zwischenstopp einzulegen. Aber da ist absolut nichts los, also machen wir uns auf den Weg nach Fulham Broadway, wo man in die Züge reinkucken kann und wir sie garantiert irgendwann entdecken. Wir sind die ganze Zeit ziemlich gereizt, weil West Ham kein Sonntagnachmittagsausflug sind. Kein Vergleich mit Arsenal oder Tottenham. West Ham sind echt durchgeknallt.

Und jetzt haben sie uns aus dem Verkehr gezogen. Hundegebell hallt durch die Straßen und das Echo von Pferdehufen auf Asphalt. Der Verkehr wird an der Strecke zwischen Fulham Broadway und Stamfort Bridge vorbeigeleitet. Ein Pub voll gereizter Leute ist von Bullen umzingelt, die nur darauf warten, ihn bei der kleinsten Provokation zu stürmen. Das Ganze steht auf Messers Schneide. Knisternder Polizeifunk, irgendwo blinkt ein Blaulicht, Harris spricht in sein Handy, versucht sich schlau zu machen, dann hören wir Fetzen von der West-Ham-Hymne »Bubbles« aus der U-Bahn und drängen in Richtung Tür, aber die Bullen wissen, was sie machen, lachen und tun so, als hätten sie alles unter Kontrolle, und das ist nicht mal ganz verkehrt, weil sie uns sicher und wohlbehalten weggesperrt haben.

Durchs Fenster sehe ich, wie West Ham aus dem Bahnhof quellen und daß die Bullen sie gut im Griff haben, aber unter den Hammers gibt's mächtige Arschlöcher, und die bekannten Fratzen gehen vorneweg, ältere Typen und Abgedrehte aus Bethnal Green und Mile End, lauter völlig gestörte Gestalten, die nicht den geringsten Respekt vor Bullen haben, sie verarschen und versuchen, sich am Englischen Bobby vorbei zum Pub durchzudrängeln. Es gibt Psychos in Lederjacken und ein Kind in ner Latzhose mit Baskenmütze. Die Edelfans vom ICF und die wüsten Under Fives sind rund um Upton Park wichtiger als Ron und Reggie Kray. Geschichte bleibt über Jahrzehnte bestehen, aber wer interessiert sich schon für Namen?

West Ham werden zum Stadion getrieben und lassen dabei jeden wissen, daß sie angekommen sind. Wir singen auch im Pub, kommen uns aber vor wie ein Haufen Wichser, die nicht beim Wettkampf mitmachen dürfen. Immer mehr West Ham kommen aus dem Bahnhof, versuchen nach rechts abzubiegen und werden nach links umgeleitet. Sie haben ihre Organisierten aus dem East End mitgebracht, n starker Mob, aber Stamford Bridge ist heutzutage eins der sichersten Stadien im Land, und die Bullen haben alles abgesperrt. Die Show wird von den Kameras auf den Dächern aufgezeichnet, aber die meisten Gesichter sind sowieso alte Bekannte. Das sind Profis. Nicht der durchschnittliche rotznäsige Hooligan. Die Straßen sind mit Barrikaden und Mannschaftswagen abgesperrt, Blaulicht blinkt durch die Scheiben, Pferde schieben die Massen weiter und scheißen überall hin, es riecht nach der üblichen Mixtur aus Pferdeäpfeln und Hamburgern.

Ein paar von den ganz Harten versuchen sich gegen den Strom zum Pub durchzukämpfen. Die Hunde werden wild, zerren an den Leinen, wollen zeigen, daß sie Manieren haben, und stellen sich auf die Hinterbeine. Zwei Beine gut, vier Beine böse. Wie sie es einem in der Schule beibringen. Blaulichter blinken, und noch mehr Pferde klappern die Straße entlang. Die Bullen meinen, daß sie am Drücker sind. Sie halten den Daumen drauf, und West Ham ziehen widerstrebend Richtung Stadion.

Harris steht an der Tür, und wir werden immer gereizter, können von unserer Redefreiheit gerade keinen Gebrauch machen, wissen aber, daß wir hier am falschen Platz sind. Soviel zu den bürgerlichen Freiheiten. West Ham marschieren durch unsere Straßen, wenn auch im Polizeikordon, aber das ist unsere Heimat hier, und damit sind wir zuständig. Wenn die hier so rumlaufen können, haben sie schon halb gewonnen. Wenn die einmal mit so was durchkommen, kriegen wir das ewig zu hören. Osten gegen Westen, so geht das schon seit Jahrzehnten. Mit so was wächst man auf. Alles dreht sich um Gebietsansprüche, um Stolz und natürlich um den Spaß bei der Sache. Sie gehen zügig die Straße entlang, und die Polizei wird sie in den Auswärtsblock scheuchen, wenn nicht ein paar von den Arschlöchern Karten für die Westtribüne haben und es drauf anlegen, ne Keilerei im Stadion anzufangen. Das ist aber unwahrscheinlich. Was soll das bringen?

Als West Ham aus der Gefahrenzone sind, schieben sich die Bullen in den Pub und jagen alle raus. Sie sind ziemlich pampig drauf und bilden draußen vor der Tür einen Kordon. Stehen da wie ein Hinrichtungskommando, bloß ohne Kanonen. Aber das ändern sie eines Tages auch noch, und dann werden sie großkotziger denn je durch die Gegend latschen. Ein fettes Bullenschwein stößt mir im Vorbeigehen in den Bauch, und ich seh ihm direkt in die Augen und frag, was zum Teufel das soll und nach seiner Dienstnummer, da sagt er seinem Kollegen, daß der mich in den Mannschaftswagen stecken und einlochen soll, aber ich verschwinde im Gewühl, das sind nämlich blöde Arschlöcher mit ner Aufmerksamkeitsspanne kürzer als bei nem Goldfisch und haben schon wieder jemand anders aufm Kieker. Mark kriegt das Knie von nem Bullen in die Eier, aber der trifft nicht richtig, und ich hasse das Gesocks mehr als West Ham und Tottenham zusammen.

Das ganze Gesindel ist elender Abschaum, verstecken sich hinter ihren Uniformen und kriechen ihrem Geldgeber in den Arsch. Ein Mannschaftswagen begleitet uns zum Stadion, und am Eingang zur Westtribüne versuchen wir uns noch weiter die Straße entlangzumogeln, aber nur halbherzig, weil die Videokameras Überstunden schieben und West Ham inzwischen wahrscheinlich sowieso im Stadion sind. Ich bin genervt ohne Ende und muß mir Tottenham und die Prügel, die die Bullen da bezogen haben, noch mal ins Gedächtnis zurückrufen, um mich ein bißchen zu beruhigen und das Gute im Leben zu entdecken. Ich versuche, darin eine gerechte Bestrafung zu sehen, aber das funktioniert nicht. Wir sind oft genug dabei gewesen, als die voll in Aktion waren, und wissen, wie's steht. Die Bullen sind auch bloß n Mob, aber die kriegen ihren Samstagnachmittagsausflug bezahlt, während wir dafür noch blechen müssen. Die verstecken sich hinter irgendwelchen beschissenen Moralvorstellungen, wo sie im Recht sind, weil sie Uniformen tragen, und wir im Unrecht, weil wir keinen Eid abgelegt haben. Unsereiner ist sein eigener Herr, und sie arbeiten für die Gerichte. Da könnte man glatt zum Scheiß-Trotzkisten werden, wenn das nicht n Haufen schwuler Studentenwichser wäre, die die ganze Zeit Plakate malen und die weißen Jungs von nebenan in den Arsch ficken.

Diese Leute sind alle gleich. Politik ist bloß ein Haufen Scheiße, und hier wirst du nicht viel davon finden. Schon wahr, daß ein paar Typen gern einen auf Nazi machen, aber wenn die alten Knacker, die da den Boß spielen, an die Macht kämen, würden sie uns als erste beseitigen. Die Fußballhooligans an die Wand stellen und ihr Hirn über den Gehsteig verteilen. So sehen die das mit Recht und Gesetz. Es kommt aber prima, wenn man die reichen Kids auf die Palme bringen will, die marxistische Zeitschriften und Gott weiß was sonst noch für schräges Zeug zum Lesen verkaufen. Du zeigst den Hitlergruß, kuckst zu, wie die Blödmänner innerlich kochen, und weißt genau, daß sie nichts unternehmen werden.

Kurz darauf sind wir im Stadion, und wieder hören wir die West-Ham-Hymne »Bubbles«. Chelsea singen im ganzen Stadion. Das Spiel wird angepfiffen, aber wir behalten West Ham im Auge. Sie sind ziemlich weit weg, und die Wahrscheinlichkeit, daß was abgeht, ist gering, aber sie hassen Chelsea total. Halten uns für Großmäuler. Sie schießen eine Rakete auf unsere Tribüne, und sie prallt vom Dach ab und landet ein paar Plätze hinter mir. Flackert kurz auf, und ich fürchte, daß sie das Stadion in Brand setzt. Ich denke an Bradford, wo die ganzen Menschen bei lebendigem Leib verbrannt sind. Dann an Hillsborough und die Scouser, die da von Zäunen gekillt wurden.

Die Sache ist die, daß die Leute, die wollten, daß Zäune aufgestellt werden, nie zugegeben haben, daß die Zäune dafür verantwortlich waren. Haben die Schuld auf Stehtribünen geschoben. Gebt uns Sitzplätze, dann werden wir uns schon benehmen. Habt ihr euch so gedacht. Die harten Typen haben schon seit Urzeiten einen Sitzplatz. Daran sieht man auch wieder, daß sie Klasse haben. Wir sind keine schmuddeligen Almosenempfänger. Keine schnöseligen Hooligans, die das Maul aufreißen und ihren Worten keine Taten folgen lassen. Wir sind die, die wissen, wo's langgeht. Die Leute, die die Liga führen, sind überflüssig. Ahnungsloses Volk ist das. Hillsborough war von Anfang bis Ende ne Riesenverarsche. Stecken alle unter einer Decke. Politiker, Zeitungen und die alten Säcke, die den Laden am Laufen halten. Aber was soll man da machen? Im Endeffekt geht da überhaupt nichts.

– Haufen Arschlöcher, wa? Harris dreht sich zu mir um.

Draußen zeigen wir's ihnen, wenn wir sie erwischen. Kicken sie in ihre Dreckslöcher im East End zurück.

Es sind jede Menge von den Drecksäcken im Stadion, und das sind keine leeren Hemden, aber man muß an sich glauben. West Ham und Millwall sind immer die Unangenehmsten. Liegt wohl am Wasser. Muß was drin sein, das einem aufs Hirn schlägt. Im East End ist die Tollwut weit verbreitet und immer noch auf dem Vormarsch. Wurde wahrscheinlich über die Docks eingeschleppt, bevor die ganze Gegend so runtergekommen ist, und hat sich dann im Blut gehalten. Manche Leute sind nicht unbedingt scharf drauf, sich mit West Ham anzulegen, aber wenn du organisiert bist, kannst du vor niemand kneifen. West Ham sind hart, aber darüber mach ich mir keine Sorgen. Wenn man alle dazu bringt, die Stellung zu halten, und ungefähr genauso viele Leute hat, dann hat man immer ne gute Chance.

In der Hauptsache geht's da um Öffentlichkeitsarbeit. Wenn einem der richtige Ruf vorauseilt, ist das schon die halbe Miete. Alles Alltagspropaganda. Wenn du dich dazu kriegst, irgendwas zu glauben, hast du keine Probleme, auch andere zu überzeugen. Andererseits will sich dann jeder x-beliebige Arsch im Land mit dir anlegen und beweisen, wie stark er ist. Wenn sie dich von der Gruppe absondern und in die Ecke treiben und du einstecken mußt, dann kennen sie keine Gnade. Das ist das Gesetz des Stärkeren, und das gilt überall. Die Schwachen machen's in diesem Land nicht lange. Wer sich nicht selbst helfen kann, dem wird auch nicht geholfen. Wie damals beim Urmenschen. Echte Steinzeitgesellschaft, und der mit dem größten Felsbrocken gewinnt. Deshalb muß man zusammenhalten.

– Ostlondoner Arschlöcher. Rod zeigt ihnen den Stinkefinger. Ich hasse diese Arschlöcher. Die halten sich für so scheißhart mit ihren Cockney-Niggern und den Brick-Lane-Nazis. Verdammte Ärsche, alle miteinander. Räuber und Paki-Klatscher. Haben alle das gleiche Gen, und das läuft auf Hochtouren.

– Das ist doch Abschaum, Mark hat West Ham besonders gefressen, schlechte Erinnerungen aus seiner Kindheit, als er gesehen hat, wie sie seinem Alten vor dem Upton-Park-Stadion was auf die Rübe gegeben haben. Der Alte hatte ne geplatzte Lippe, und der blauweiße Schal vom Jungen ist im Rinnstein gelandet.

Das Spiel kommt in Gang, und Chelsea geht wie nix durch die Verteidigung von West Ham. Lässig kicken wir den Ball herum, und wenn die Blauen so spielen, macht das Zuschauen einen Riesenspaß. 'ne Belohnung für die ganzen schlechten Begegnungen. Regen prasselt auf den Rasen, und die Spieler haben Schwierigkeiten, auf den Beinen zu bleiben. Wir machen noch vor der Halbzeitpause zwei Buden und dann noch eine kurz vor Schluß. Es ist ein trüber Tag mit dunklen Wolken und fiesem Wind, aber das stört uns nicht. Wir machen West Ham auf dem Rasen zur Sau, und es ist großartig, wenn man sieht, wie den Arschgeigen so richtig heimgeleuchtet wird. Und das bei dem ganzen Schwachsinn, der dauernd in der Zeitung steht, von wegen daß West Ham ne Fußballakademie ist, das ist doch längst vorbei. Reine Fernsehnostalgie. Die kommen mehr nach Billy Bonds als nach Trevor Brooking. Wir wissen, wie's wirklich läuft. Das sind Arschlöcher, und beim Abpfiff werden sie doppelt so gereizt sein wie vorher.

Wir holen alles aus dem Spielstand, was rauszuholen ist, verarschen die Happy Hammers nach Strich und Faden, und die nehmen sich das ziemlich zu Herzen. Ihren Gesichtsausdruck kann man quer durchs Stadion erkennen. Die kucken genervt und saumäßig finster aus der Wäsche, und unter der Oberfläche schmieden sie schon Rachepläne. In ihnen brodelt es wie in einem Topf, der gleich überkocht und irgendeinem armen Schwein das Gesicht verbrüht. Die kommen aus dem ganzen Umland. Genau wie Rod gesagt hat. Die Jungs aus Bethnal Green und den anderen Trümmerfeldern bis nach Upton Park und Dagenham. Aber wir machen sie auf dem Rasen zur Sau und nutzen die Gelegenheit, ihnen das so richtig reinzureiben.

Der Schlußpfiff ertönt, und der größte Teil von Stamford Bridge feiert ein gutes Fußballspiel und freut sich über den Sieg im Spiel gegen die Londoner Rivalen. Für die Mehrheit der Leute geht's nur um Fußball, und die wollen nichts davon wissen, was hier bei der nächsten Gelegenheit abgeht. In meiner Magengrube verkrampft sich alles. Ich geh mit Mark, Rod und den anderen Jungs die Treppe hinauf, und West Ham schieben sich zu ihrem Ausgang.

Hinter der Westtribüne entsteht ein kleines Gedränge, und die Lampen, die aufs Spielfeld gerichtet sind, werden ausgeschaltet. Ein paar Flutlichter sind zwar noch an, aber die leuchten in andere Richtungen. Das ist jetzt die Phase, auf die sich die Medien konzentrieren, aber als wir von der Westtribüne kommen, ist es einfach nur ein normaler Samstagabend. Die paar kleinen Lampen erzeugen mehr Schatten als Licht, und es stinkt nach Pisse und gammligem Regenwasser. Wir kommen an die Treppe, es wird ein bißchen gesungen, und wir hören West Ham schon die Straße langkommen. Auf dem Weg nach unten sammelt Harris die Leute um sich herum. Wenn's losgeht, müssen wir dicht beieinander bleiben und eng zusammenarbeiten.

Als wir auf die Straße kommen, ist alles voller Mannschaftswagen, und wir kucken in die Richtung, in der wir West Ham vermuten, aber um uns rum sind lauter anständige Bürger, und die Bullen fordern Chelsea zum Weitergehen auf, halten den Abschaum auf Kurs und dienen so dem Gemeinwohl. Es herrscht gespanntes Schweigen, alle beäugen sich mißtrauisch und gehen langsam zur U-Bahn. Ein kleiner Funke reicht, um alles zur Explosion zu bringen Ein paar Jungs stehen vor den Häusern rum, und wir versuchen an den Straßenrand zu kommen, aber ein paar Berittene kommen die Treppen rauf und scheuchen alle weiter.

Wir werden mit den anderen in den U-Bahnhof geschoben, aber wir wollen noch nicht nach Hause. Wir folgen den fröhlichen Fans in den Bahnhof Fulham Broadway. Im Zug sind nur Chelsea, wir fahren nach Earl's Court und, als da alles voll Bullen ist, weiter nach Victoria. Wir steigen aus, hängen auf dem Bahnsteig rum und versuchen unauffällig zwischen den anderen Passanten zu verschwinden. Lauter Rucksacktouristen und Leute, die vom Einkaufsbummel kommen. Wir haben die Kameras ausfindig gemacht, und Harris sagt ein paar Kids, daß sie sie kaputthauen sollen, wenn West Ham einrollen. Wir gehen ein ziemliches Risiko ein, geben uns aber kamerascheu. Du machst dein Kreuz aufm Tippschein und läßt es einfach mal drauf ankommen. Ohne Publicity und Videoaufzeichnung. Wir warten auf dem Bahnsteig der District Line in Richtung Osten und wissen, daß West Ham früher oder später vorbeikommen müssen.

Züge fahren ein, und wir checken die Wagen, verarschen ein paar Zivilisten in West-Ham-Outfit, aber ihr Mob läßt sich nicht blicken. Es ist schon fast sechs, als der Zug, auf den wir gewartet haben, endlich einfährt. Wir wissen sofort, daß es West Ham sind, die Kameras werden mit Flaschen außer Gefecht gesetzt, und noch bevor die Türen aufgehen, schlagen wir die Fenster ein. Der Mob im Zug tritt gegen die Türen, versucht rauszukommen, und im Hintergrund hört man entfernt Frauen und Kinder weinen. Die Türen öffnen sich, und die Schweine strömen auf den Bahnsteig, wir stehen ihnen direkt gegenüber, haben einen guten Mob erwischt, mehrere ältere Typen, aber nicht zu viele, ungefähr so wie wir, und Harris tritt dem Wichser, der als erster aus der Tür kommt, in die Eier, und Black John tritt einem anderen in den Bauch. Rod tritt ihm ins Gesicht, und der vordere Zugteil leert sich. Der Kampf findet jetzt im Laufen statt, weil plötzlich aus dem Nichts die Bullen aufgetaucht sind.

Polizei auf dem Bahnsteig, das reinste Chaos, und ich versteh nicht, wie die so schnell hergekommen sind. Beide Parteien versuchen, aus dem Bahnhof rauszukommen. Draußen hat die Bullerei keine Chance. Aber jetzt kommen die Bullen von allen Seiten, und wir müssen durch Tunnel und die Rolltreppen hoch. Irgendwie ist das alles schiefgegangen, aber dann sind wir mitten im Gedränge von Victoria Station, springen über die Schranken, mischen uns unters Volk. Wir haben's geschafft, gehen zum Busbahnhof und warten darauf, daß West Ham nachrücken. Wir treten etwas zurück, als mehrere Mannschaftswagen vorfahren, die Türen aufspringen und die Bullen in den U-Bahnhof sprinten, um mal wieder richtig reinhauen zu können. Dann entdecken wir West Ham auf der anderen Seite des Bahnhofs und laufen rüber, aber die Drecksäcke bleiben einfach stehen und lachen sich krank, und dann geht's noch mal richtig ab, überall rennen Leute rum, und das ist jetzt n erbitterter Kampf, und als Black John zu Boden geht, treten sie ihn zu Klump. Wir versuchen zu ihm rüberzukommen, aber ein West-Ham-Mob hat ihn umkreist, und er ist raus.

Ein West-Ham-Arschloch stolpert in mich rein, Faust voran, und ich spüre ein dumpfes Pochen im Unterkiefer, als ich ihm eine verpassen will, ihn aber nicht richtig erwische, und er verschwindet wieder in der Menge, und mir dröhnt der Kopf. Ich konzentrier mich und hab mich bald wieder im Griff, aber jetzt seh ich nix mehr, hör nur den Lärm von Männern und Sirenen, dann wildes Gebell von tobenden Hunden, als die Bullen wieder in die Schlacht eingreifen, immer einen Schritt hinterher, und wir ziehen durch den Busbahnhof, werfen Flaschen und alles, was wir sonst noch so in die Finger kriegen, auf West Ham, die inzwischen auf die Bullen losgegangen sind. Ich kuck auf die andere Straßenseite, wo ein paar Bullen um Black John herumstehen, der am Boden liegt, und wir müssen weiter, weil von allen Seiten Polizisten und Mannschaftswagen auf uns zukommen und wir keinen Bock auf ne Spritztour im Polizeitransporter haben. Im Vorbeilaufen kommt es noch zu ein paar kleinen Scharmützeln mit West Ham, aber wir werden auseinandergesprengt, und die Bullen nehmen alles fest, was sie in die Finger kriegen. Ich spring mit Mark, Harris und ein paar anderen in einen Bus. Rod ist im Gewühl verlorengegangen. Victoria Station ist jetzt Sperrgebiet für Leute, die Stunk machen wollen, und wir sitzen im Bus in Richtung West End. Wir sind reichlich sauer, weil die Bullen so schnell aufgetaucht sind, lehnen uns zurück und lassen uns einfach treiben.

– Black John hat mächtig Prügel eingesteckt, als ich ihn zuletzt gesehen habe, sagt Harris und lehnt sich über seinen Sitz zu uns nach hinten. Ich hab noch versucht, zu ihm hinzukommen, aber da waren zu viele West Ham.

– Die Bullen haben ihm hochgeholfen. Haben ihn abgestaubt und nachgekuckt, ob er noch lebt. Mark kratzt sich die Eier. Hoffentlich war die Braut sauber, die ich gestern nacht gebumst hab. Nen Tripper kann ich nun wirklich nicht brauchen. Schon gar nicht von ner minderjährigen Tussi.

Ich geh davon aus, daß Black John noch vor Mark zum Arzt kommt. Er hat mächtig Prügel eingesteckt, und ich hoffe bloß, daß er nicht wie sonst bewaffnet war. Bullen stehen nicht auf Schwarze mit Messern, und jedes Mitleid, das sie vielleicht erfaßt, wenn sie den Krankenwagen rufen, würde auf der Stelle vergehen, wenn sie ne Waffe bei ihm finden. Aber das läßt sich jetzt nicht feststellen. Heute abend nicht mehr. Wir müssen uns einfach aus dem Staub machen, und nur der gute Rod wird etwas genervt sein, weil er uns im Tumult verloren hat. Aber John ist ein Arsch, ein gemeines Schwein. Man will sich mit ihm keinen Ärger einhandeln, aber zu viel Mitleid braucht man mit ihm auch nicht zu haben, weil er schon so viele Sauereien durchgezogen hat. Ich könnt ja niemand aufschlitzen, aber vorhalten will ich das auch keinem. Solange wir auf derselben Seite stehen.

– John packt das schon. Harris lacht. Da braucht's mehr als

West Ham, wenn man den länger aus dem Verkehr ziehen will. Das macht ihn fürs nächste Mal nur noch schärfer.

– Ist wie ein kurzer, heftiger Schock für den Organismus, pflichtet Mark ihm bei. Wenn jemand so ne Packung abkriegt, ist er danach noch viel härter drauf.

Ich lehne mich ans Fenster, und die feudalen Häuserreihen ziehen an mir vorüber. Ist viel Geld in diesen Straßen, alles Waffenschmuggler und Ölhändler. Millionärs-Appartements mit Börsenwichsern und pickellosen vornehmen Töchtern, die fast am Schwanz des Immobilienmaklers ersticken, wenn sie ihn bis zum Anschlag im Hals haben. Aber wir sind hier nur auf der Durchreise. Wir sind froh, von unserem Schlachtfeld in Victoria Station wegzukommen. Bekämpfen uns gegenseitig. Der Osten gegen den Westen. Aber West Ham ist für uns jetzt gelaufen, und als wir zur Oxford Street kommen, entschließen wir uns, ein paar Gerstenkaltschalen zu kippen.

Das Stadtzentrum ist für die Touristen hell erleuchtet, und wo man hinsieht, stehen Araber und verkaufen Bobby-Helme aus Plastik und kleine Houses of Parliament. Grelles Licht und Fastfood-Hamburger. Eine Spielhalle voller Kanaken. Ein schwarzes Loch mitten in London. Wir gehen die Straße entlang nach Soho. Noch so eine Mißgeburt mit dem verlogenen Ruf, voller Schmutz und Schund zu sein, aber die Nordlichter kommen nach den Spielen immer hierher, weil sie keinen Schimmer haben, wo sie eigentlich hingehen. Wenn die die Gegend sehen, ist es kein Wunder, daß sie denken, London wäre voll mit Schwulen und Wichtigtuern, mit aufgedonnerten Miezen und reichen Säcken, die sich in armen Gegenden rumtreiben. Zieht den Abschaum richtig an. Wir gehen in mehrere Pubs, aber da herrscht Totentanz, also ziehen wir weiter Richtung Covent Garden und finden da was. Wir sind zu acht, und Harris sagt, Derby war heute in London, Auswärtsspiel gegen Millwall. Vielleicht können wir ja noch ein paar von den Ärschen aufgabeln.

– Wo bist du so braun geworden, Süße? Mark macht sich an ne kleine Braut ran, mit gefärbten Haaren und einer Hautfarbe, die zeigt, daß sie zur Abwechslung grad vierzehn Tage im Ausland auf dem Rücken gelegen und Kanaken oder Spaghettis gefickt hat, statt wie üblich Bleichgesichter in London zu bumsen.

– Was geht dich das an?

Das ist ne pampige Schlampe, soviel ist mal klar, und wir lachen, weil Mark ganz rot geworden ist. Das ist ihm offenbar peinlich, und er ist noch nicht besoffen genug, es einfach hinzunehmen. Er hat das eindeutig schlecht angefangen, und wie ich das sehe, kann er es nur noch schlimmer machen.

– Wie kommst du überhaupt auf die blöde Idee, mich Süße zu nennen? Ihre Freundin sagt ihr, daß sie sich beruhigen soll und Mark nur nett sein wollte, aber der keift zurück.

– Scheißlesbe.

– Macho-Wichser.

– Nenn mich nicht Wichser.

– Dann nenn du mich nicht Scheißlesbe.

– Ich wollte bloß nett sein. Wie deine Freundin gesagt hat.

– Na, dann sei zu jemand anders nett.

– Was ist eigentlich mit dir los?

– Erstens mag ich's nicht, wenn man mich Süße nennt. Und zweitens red ich grad mit meiner Freundin, und da brauchst du nicht dazwischenquatschen.

Wir können uns kaum noch halten vor Lachen und sagen Mark, daß er's gut sein lassen soll. Wenn das Mädel kein Interesse hat, ist das ihre Sache, und außerdem sind wir auf der Suche nach Derby-Fans oder, wenn wir Glück haben, sogar ein paar versprengten West Ham. Bis zur Sperrstunde ist noch viel Zeit. Was will er denn bis dahin machen? Die ganze Nacht auf ein paar Bräute mit Haaren auf den Zähnen einlabern? Wobei man nicht vergessen sollte, daß die Freundin der Kleinen eigentlich ziemlich scharf ist. Gleiche Bräune, muß also mit ihr im Urlaub gewesen sein. Aber Mark muß sich jetzt überlegen, was er vorhat. Man kann nicht auf allen Hochzeiten gleichzeitig tanzen, entweder bumsen oder sich in den Kampf stürzen. Es bringt nichts, die beiden Angelegenheiten zu vermischen. Das bringt einen doch völlig aus dem Konzept.

Nimmerland

Dad hält die Hand von Mom, und ich renne am Strand entlang voraus, und Sarah will hinter mir herlaufen und schreit mir ins Ohr, und weil ich ein Jahr älter und stärker bin und nicht will, daß sie heult, bremse ich, bis sie mich einholt, aber nur ein bißchen, damit sie es nicht merkt, weil ihr das Wettrennen sonst keinen Spaß macht. Wir kommen gleichzeitig am Wasser an und schnappen nach Luft und halten Händchen, wie Mom und Dad. Ich dreh mich um und kuck, was sie machen, und sie lachen, und Mom winkt uns zu, dann kickt Dad etwas Sand in die Luft, und der wird vom Wind wieder zu ihnen zurückgeweht, und Mom dreht sich um, damit sie ihn nicht in die Augen kriegt, dann hakt sie sich bei Dad ein, und sie kommen auf uns zu.

– Geh mit einem Fuß ins Wasser, sagt Sarah.

– Will ich nicht, dann werden meine Turnschuhe naß, antworte ich.

– Du hast bloß Angst.

– Ich hab vor gar nichts Angst.

– Hast du wohl. Du hast Angst, daß Dad dich ausschimpft und Mom dir eine langt.

– Dad schimpft mich nicht aus. Wenn meine Turnschuhe naß werden, ist ihm das ganz egal, weil wir am Meer sind, und am Meer ist alles egal.

– Aber Mom würde dir eine langen.

– Kann sein.

Ich renne weiter, und Sarah läuft mir nach, dann halten wir

an und kucken uns einen großen schwarzen Hund an, der zu den Holzschiffen läuft, die im Schlick liegen. Er rennt ganz schnell auf einen Schwarm Möwen zu, die auf dem Wasser schwimmen, und als er in die Nähe kommt, fliegen sie weg und segeln übers Wasser, und der Hund will sie fangen, aber die Vögel gleiten wie von Zauberhand gelenkt durch die Luft, und ich wünsch mir, daß ich auch so gut fliegen kann. Ich habe ein bißchen Angst, daß der Hund eine Möwe erwischt und auffrißt, aber die Möwen sind nicht dumm und fliegen weg, wenn er ihnen zu nahe kommt. Ich kuck zu, wie sie sich in die Luft erheben, und der Hund läuft einen großen Kreis durchs Wasser und kommt zurück auf den Sand, und zuerst denke ich, daß er jetzt zu mir und Sarah kommt, und ich stelle mich vor meine Schwester, weil Jungs immer auf der Straßenseite gehen müssen, damit die Mädchen nicht von Autos und Lastwagen überfahren werden und sich weh tun, und ich bin stärker als meine Schwester und andere kleine Mädchen, und ich darf sie nicht schlagen, weil das böse ist, aber dann sehe ich einen Mann in einer schwarzen Jacke mit einer Hundekette, und der ruft den Hund, und der Hund biegt ab und rennt noch schneller auf den Mann zu, und als ich dahin kucke, wo die Möwen waren, sind alle wieder zurückgekommen und schwimmen wieder an der gleichen Stelle auf dem Wasser.

– Ihr habt beide zusammen das Wettrennen gewonnen, sagt Dad und hebt mich hoch über seinen Kopf, weil mein Dad groß und stark ist, er ist der stärkste Mann der Welt, außer Boxern und solchen Leuten, aber vielleicht ist er sogar genauso stark wie die, das weiß ich nicht.

– Ihr seid beide Sieger, sagt er und setzt mich wieder ab und hebt Sarah in die Luft, und sie lacht, kuckt aber ein bißchen ängstlich und weiß nicht, was sie als nächstes tun soll.

– Laß sie nicht fallen, sagt Mom und kuckt auch ein bißchen ängstlich.

Aber Dad ist wie Superman, mit seinen Muskeln, obwohl Superman keine West-Ham-Tätowierung auf dem Arm hat und Dad kein Kostüm und keinen Umhang trägt. Er sagt, wenn wir schlafen, kann er wie Superman am Himmel entlang fliegen und zu anderen Planeten im Weltraum, aber das glaub ich ihm nicht, ich glaub, das ist nur ein Witz, und wenn ich wie ein Vogel fliegen könnte, dann könnte ich auch mit Dad fliegen, aber Vögel können nicht zum Mond und anderen Planeten, und ich will auch gar nicht so weit weg, weil im Weltraum keine Luft ist und ich ersticken würde, und vielleicht treffen wir da Außerirdische und Raumfahrer, die mit uns Experimente machen würden, wie Menschen mit Kaninchen und Hunden und anderen Tieren. Außerdem, wenn er fliegen könnte, hätte er uns alle auf dem Rücken nach Southend mitgenommen und nicht im Auto, und dann wären wir viel schneller hier gewesen, und Sarah hätte nicht auf den Rücksitz gebrochen, aber vielleicht wäre sie runtergefallen, und dann hätte Dad ganz schnell fliegen und sie wieder auffangen müssen, bevor sie auf die Erde kommt und in kleine Stücke zerbricht.

– Will jemand etwas essen? fragt Mom, und Sarah sagt, sie ist ganz hungrig, aber mir fällt ein, wie sie im Auto gebrochen hat, und ich schüttel den Kopf.

Nicht einmal Pommes? fragt Mom, und ich nicke, weil Pommes mein Lieblingsessen ist.

– Na dann mal los, sagt Dad, und wir laufen am Strand entlang zum Weg und gehen bei einem Café die Treppe hoch. Wir setzen uns ans Fenster und können die Schiffe sehen, und Dad sagt, sie fahren die Themse hinauf nach London und daß sie früher bis zu den Docks im East End gefahren sind, aber das ist lange her, schon viel länger, als er auf der Welt ist, und die Zeiten ändern sich, und die Menschen ändern sich, und es gab einen großen Krieg oder so was, und später gab es die Gewerkschaften, und die Reichen mochten sie nicht, und dann haben die Reichen große Luxushäuser gebaut, und die Armen haben nichts abgekriegt.

– Was darf ich Ihnen bringen? fragt eine Frau, und Dad erklärt, daß sie die Kellnerin ist, und ich nehme Fischstäbchen mit Erbsen und Pommes und ein Glas Cola.

Sarah bestellt das gleiche. Mom und Dad auch, und Dad sagt, er möchte noch etwas Brot und Butter dazu, und dann bestellen wir alle noch Brot und Butter, und im Café ist es wärmer als draußen, und Dad sagt, daß wir genau den richtigen Zeitpunkt erwischt haben, weil jetzt immer mehr Leute von draußen reinkommen, und wir hätten keinen Fensterplatz mehr gekriegt, wenn wir uns nicht beeilt hätten, und dann hätten wir keinen so schönen Blick aufs Meer gehabt. Mir gefällt es, wie die Schiffe vorbeiziehen, und ich frage mich, wie groß die Unterteile von denen sind, weil die kleinen Schiffe auf dem Schlick so große Unterteile haben, damit sie aufrecht im Wasser stehen, sagt Dad, und die kleinen Schiffe sind ganz bunt angemalt, aber die großen Schiffe, die Sachen für Kaufhäuser und Fabriken transportieren, sind grau und schwarz.

Sarah tritt mir unterm Tisch gegen das Bein, und ich trete zurück, und sie sagt aua, als ob es ihr weh getan hätte, und Dad sagt, wir sollen uns ordentlich benehmen. Er zwinkert uns zu, und als das Essen kommt, sagt er, daß er fast am Verhungern ist, und fragt die Bedienung, ob wir noch etwas Ketchup kriegen können, weil die Flasche schon fast leer ist, und sie nickt und geht zum Tresen; dann kommt sie wieder und stellt eine neue Flasche auf den Tisch. Dad sagt, er gießt mir ein bißchen Ketchup auf den Teller, aber das will ich selbst machen, weil ich schon ein großer Junge bin, sieben Jahre alt, und ich darf's alleine machen, aber es kommt zu schnell raus, und jetzt sind meine Pommes ganz voll Ketchup, aber das stört mich nicht, weil ich Ketchup gern mag, und Mom und Dad verdrehen die Augen, so daß ich wegkucken will, weil es so aussieht, als ob ihre Augen irgendwo im Kopf verschwinden, und dann müßten sie ins Krankenhaus. Sarah muß das mit dem Ketchup auch noch probieren, aber Dad hilft ihr ein bißchen, weil sie kleiner ist als ich.

– Wir können hier nachher noch mit dem Zug fahren, sagt Dad. Er fährt direkt aufs Meer hinaus, bis ans Ende vom Pier.

Ich stelle Dad ein paar Fragen, weil ich Züge prima finde, und manchmal geht Dad mit mir zum Bahnhof an der Liverpool Street, da sehen wir uns die Züge an, aber am liebsten mag ich Thomas, die kleine Lokomotive, aber nicht mehr so doll wie früher, weil ich zu alt werde für Thomas, der ist eigentlich für kleine Kinder, und ich glaube, Sarah mag Züge jetzt auch gerne, und ich freu mich darauf, daß wir mit dem Zug ins Meer fahren, aber die Fischstäbchen und die Pommes mag ich auch gerne, und über Züge denke ich später nach.

– Wenn ich groß bin, werd ich Lokomotivführer, sage ich. Und wenn nicht, werd ich Polizist oder Doktor.

Dad hustet und sagt, Doktor wäre am besten, aber Polizist ist ein anstrengender Job, dann lacht er und sagt, Lokomotivführer ist am allerbesten, aber nicht Polizist, bloß kein Polyp, und er lacht weiter, aber Mom kuckt ihn streng an und sagt, daß die Polizei gut ist und uns vor bösen Menschen beschützt, und wenn wir keine Polizei hätten, würden wir schnell merken, daß wir sie brauchen. Ich kratze ein bißchen Ketchup von meinen Pommes und schneide ein Stück Fischstäbchen ab und stecke es in den Mund und mache beim Kauen den Mund zu, als Mom mir sagt, daß ich das soll, und als ich runtergeschluckt habe, trinke ich einen Schluck Cola, und das ist ganz schön schwierig, weil da Eis drin ist, und Mom gibt mir ein Stück Toilettenpapier, damit ich mir die Nase putze. Ich kucke weiter aufs Meer und die Schiffe und frage mich, wie das als Seemann ist, wenn man auf einem Schiff wohnt, und ich glaube, da hätte ich Angst, weil ich von Haien gefressen werde, wenn das Schiff untergeht, oder die mir zumindest ein Bein abbeißen, und ich kann noch nicht richtig schwimmen, obwohl Dad am Sonntagvormittag jetzt immer mit mir üben geht.

– Spiel nicht mit dem Essen, sagt Mom zu Sarah, die schon satt ist und nur die Hälfte aufgegessen hat, und ich bin schon fast fertig, genau wie Mom und Dad.

Als wir wieder am Ufer entlanggehen, denke ich, daß ich gern Polizist wäre und Menschen helfen würde, Superman ist doch auch eine Art Polizist, da seh ich plötzlich ein Piratenschiff am Pier, und ich will hinrennen, aber Dad hat mich an die Hand genommen und hält mich fest, weil Autos auf der Straße fahren, und ich hab da nicht drangedacht, aber ich will mir die Piraten ankucken, und er sagt okay, aber erst fahren wir mit dem Zug, weil es vielleicht bald regnet und stürmt, und darum machen wir lieber erst die Zugfahrt, weil die aufs Meer hinausgeht, und wir wollen doch nicht, daß die Kinder sich erkälten.

Ich sitze im Zug, aber der sieht nicht aus wie Thomas, und Dad sagt, das kommt daher, weil das ein Zug für große Kinder ist, und ich frage mich, wie der Lokomotivführer ihn nennt, und Sarah dreht sich immer wieder zum Piratenschiff um, aber als der Zug losfährt, ist das dann viel aufregender, und ich kuck nach unten aufs Meer, und das finde ich gar nicht gut, weil wenn etwas kaputtgeht, dann fallen wir da rein, und Mom und Dad und Sarah und ich werden von Haien gefressen oder von Krokodilen oder U-Booten oder noch was Schlimmerem. Ich sag aber nichts, weil ich nämlich keine Angst haben darf, weil ich ein tapferer Mann sein muß, und Jungs weinen auch nicht, obwohl ich das letzte Woche in der Schule doch gemacht habe, als mich dieser Junge mit einem Holzklotz gehauen hat, weil ein Schwarzer von Weißen verprügelt worden ist, aber ich konnte gar nichts dafür, und das habe ich ihm gesagt, aber er hat bloß gelacht und ist weggerannt, und die Lehrerin hat gefragt, was passiert ist, aber ich hab nicht gepetzt, weil petzen das Schlimmste ist, was man machen kann.

Ein Mann fährt den Zug, und der hat eine Pfeife und pfeift damit ab und zu, das gefällt mir, und ich fühle mich viel sicherer, weil der Fahrer die Verantwortung hat und weiß, was er tut, sagt Dad und legt mir den Arm um die Schulter, und jetzt gefällt mir die Fahrt, und Sarah gefällt sie auch, und dann sind wir am Ende angekommen und kucken uns die Schiffe von nahem an, und Mom sagt, das eine ist aus Rußland, und ein anderes ist aus Afrika. In Rußland gibt es Wölfe, sagt sie, und Bären, und in Afrika gibt es alle möglichen Tiere, Löwen und Elefanten und Giraffen und andere, die ich nicht kenne, aber manche Menschen sind böse und töten Elefanten wegen ihrer Stoßzähne, und Sarah fängt an zu weinen, und Dad sagt, so schlimm ist das nicht, weil das jetzt nicht mehr so oft passiert, und er kauft für jeden eine Tüte Chips von einem alten Mann mit einem Kasten, in dem ganz viele verschiedene Sachen drin sind.

Wir fahren mit dem Zug zurück, und vorne ist das Piratenschiff, und ich frage mich, was passiert, wenn Piratenschiffe den Fluß entlang nach London fahren, aber Dad sagt, es gibt keine Piraten mehr, bloß im Meer bei Vietnam und in solchen Gegenden, und die haben jetzt ganz moderne Schiffe, und das ist nicht mehr so, wie es früher mal war. Wir steigen aus dem Zug und gehen schnell zum Piratenschiff, weil es jetzt noch mehr nach Regen aussieht, und Dad gibt der Frau ein bißchen Geld, und dann gehen wir aufs Schiff, das aus Holz gemacht ist und Masten hat und Seile und viele andere Sachen und große Kanonen mit Rädern dran, und Dad sagt, die sind nicht echt, aber dann sagt er, daß sie doch echt sind, aber nicht gefährlich, also brauchen wir keine Angst zu haben, und ich finde das gut, daß das kein Spielzeug ist, und die sehen auch gar nicht wie Spielzeug aus.

Drinnen hängen Zettel und Bilder, und Dad erzählt uns, daß die Piraten Pumphosen anhatten und sich mit Teer beschmiert haben, damit ihnen nicht kalt wird, und daß ihre Knöpfe manchmal aus Haifischknochen waren oder aus Käse, der hart geworden ist. Er sagt, daß die Piraten oft im Dunkeln gegessen haben, weil ihr Essen ganz scheußlich war, und sie haben viel Rum getrunken und viele Krankheiten gehabt, und die hießen Skorbut, Fleckfieber, Typhus, Ruhr, Malaria, Gelbfieber und noch eine Krankheit, die mit Männern und Frauen zu tun hat. Piraten mochten Gold und Silber, und auch wenn es sie damals schon lange gab, sind sie doch besonders wegen dem bekannt geworden, was sie im siebzehnten und achtzehnten Jahrhundert gemacht haben. Die meisten waren Holländer, Engländer und Franzosen, und zuerst haben sie die spanischen Galeonen gekapert, die aus Amerika zurückkamen, das damals die Neue Welt hieß, und ihnen die Schätze weggenommen.

Dad sagt, die meisten Piraten haben auf Tortuga gewohnt, einer Insel auf den Bahamas und in der Nähe von Haiti, und 1663 hatten sie ungefähr fünfzehn Schiffe und tausend Mann, die auf den Inseln in der Gegend von Tortuga und Jamaica gewohnt haben, und obwohl sie zuerst für den König oder die Königin ihres Landes gearbeitet haben, haben sie später einfach alle angegriffen und waren ihr eigener Boß, und die Könige und Königinnen mochten sie nicht mehr, weil es okay war, solange sie für ihr Land geraubt und gemordet haben, aber kaum einer mochte sie, als sie das dann für sich selbst gemacht haben. Francis Drake war ein Pirat, und seinetwegen wurden die spanischen Schiffe in einer Armada geschickt, damit die Angriffe auf ihre Schiffe aufhören und weil er von der ersten Königin Elisabeth geschickt worden ist.

Piraten wurden Seeräuber und Korsaren und Filibuster und Freibeuter und Abenteurer und Kaperer und Seewölfe genannt, und Henry Morgan gehörte zu den besten, weil vor dem jeder Angst hatte. Dad sagt, daß sich auf einem spanischen Schiff einmal alle Seeleute selbst umgebracht haben, damit sie nicht von Henry Morgan gefangengenommen werden. Den haben sie dann geschnappt und in England vor ein Gericht gestellt, aber

Charles I. hat ihn nicht töten lassen, sondern zum Ritter geschlagen, und dann ist er Gouverneur von Jamaica geworden. Woodes Rogers war auch ein Pirat, und der ist später Gouverneur von den Bahamas geworden, und dann gab es noch Edward Teach, der hieß auch Schwarzbart und war riesengroß und hat viel geflucht und hatte einen langen Bart, in den er Bänder geflochten hatte, und das sah aus wie eine Rastafrisur, und Dad sagt, daß der sich immer Schießpulver in seinen Rum getan hat. Calico Jack hatte zwei Frauen in seiner Mannschaft, seine Freundin Anne Bonny aus Cork in Irland und Mary Read, die vorher Soldatin gewesen war. Dad sagt, einer der grausamsten Piraten war ein Waliser, der Bartholomew Roberts hieß und viele Menschen umgebracht hat, und der war immer fein angezogen und hatte eine rote Feder am Hut.

Wir gehen durch das Schiff und kucken uns Kanonen an und Bilder von großen Segelschiffen und Zeichnungen von Piraten beim Trinken oder Kämpfen. Sarah sagt, es macht ihr keinen Spaß und ist langweilig, aber ich würde mich gerne mal als Pirat verkleiden und fechten, aber ich glaube nicht, daß ich jemanden umbringen oder über die Planke schicken will, damit er von Haien gefressen wird, weil ich nicht will, daß mir das passiert. Dad sagt, es gab einen Captain Kidd, und der war Schotte, und die Piraten hatten eine Flagge, und er zeigt sie mir an der Wand, und da ist ein Totenkopf drauf und zwei Knochen, das ist nicht so schön, und wenn die Piraten die oben an ihrem Mast gehißt hatten, konnte der Kapitän von dem Schiff, hinter dem sie her waren, sich ergeben, aber wenn er das nicht getan hat, wurde statt dessen eine blutrote Fahne hochgezogen, und das hat bedeutet, daß alle Leute ohne Gnade umgebracht werden.

Die verschiedenen Piratenkapitäne haben sich alle ihre eigenen Totenkopfflaggen gemacht, und jede war ein bißchen anders, und dann gehen wir wieder oben aufs Deck und kucken über die Seiten ins Wasser, und da sind überall dicke Seile, und

Dad sagt, das Piratenleben muß hart gewesen sein, mit Stürmen und schwierigen Verhältnissen, aber es muß auch aufregend gewesen sein, weil sie auf den Westindischen Inseln gewohnt haben, und da ist das Wetter schön und ganz anders als in England, wo es immer regnet, und sie hatten keinen Boß und mußten sich nicht um Stromrechnungen und Gasrechnungen und Steuern und Telefonrechnungen und Müllgebühren kümmern, und es gab keine Versicherungsvertreter und Beamten, die einem mit ihren Gesetzen und Regeln das Leben schwermachen. Dad sagt, vielleicht wäre er Pirat geworden, und lächelt Mom zu, mit dem vielen Rum und schönen Frauen mit großen Ohrringen und Ketten und Goldschätzen und dem Fechten, und sie hätte Piratin sein können, wie Anne Bonny und Mary Read, die sie nicht aufgehängt haben, weil sie gemerkt haben, daß sie ein Baby kriegt. Die ganzen Gesetze, die einen doch bloß einschränken und mit denen man einem aus lächerlichen Gründen den Lohn stiehlt, gibt es dann nicht mehr, und irgend jemand ist immer hinter Dads Geld her, versucht es ihm wegzunehmen, läßt ihn viel Geld für Miete zahlen, und die brauchen bloß ein Gesetz zu machen, und er muß bezahlen, was sie wollen, sonst kommt er ins Gefängnis.

Ich kann mir Dad gut als Pirat vorstellen mit Pistolen und einem Degen und Pumphose, und er hat ein großes blaues Auge, weil ihn ein Chelsea-Fan geschlagen hat, als er da zum West-Ham-Spiel war, und ich wette, er will den, der ihn in Victoria Station geschlagen hat, gerne über die Planke schicken. Sarah will ins Nimmerland gegenüber, also gehen wir durch die Ausstellung zurück, und ich kuck mir zum Schluß noch mal die Piraten und die Kanonen an, und dann warten wir darauf, daß wir die Straße überqueren können.

– Das ist der sechste Rolls, den ich gesehen habe, seit wir hier sind, sagt Dad. Ich frage mich, wie viele Millionäre in Southend wohnen.

Ich kucke mich um, und da steht ein schwarzer Rolls-Royce an der Straße, und die Leute aus dem Londoner Osten, die reich werden, ziehen dann hierher, und ich sehe eine Zeichnung von einem Mann in einem Mantel, der ein komisches Gesicht macht, und ich frage Dad, was das ist, und er sagt, daß das eine Warnung von der Polizei vor Exhibitionisten ist, und er sagt, Exhibitionisten sind Männer, die anderen Menschen ihren Schniedel zeigen, die den gar nicht sehen wollen, und Mom sagt, das ist einer der Gründe, warum wir Polizisten brauchen, und Dad nickt und stimmt ihr zu. Ich muß lachen, weil es mir ziemlich blöd vorkommt, jemand einfach so seinen Schniedel zu zeigen, und bei dem Wind muß das auch furchtbar kalt sein, und wir gehen über die Straße, und Dad gibt dem alten Mann Geld, und wir gehen ins Nimmerland.

Mom führt uns zwischen den großen Zeichentrickfiguren herum und sagt, daß die alle zu Peter Pan gehören, und das war ein Junge, der nie erwachsen geworden ist, und ich sage, ich finde das komisch, weil ich gern erwachsen werden und so wie Dad sein will, aber er sagt, ich soll es nicht so eilig haben, weil er lieber wieder ein Kind sein will, das ist die beste Zeit im Leben, weil man sich um nichts zu kümmern braucht und einfach spielen und zur Schule gehen und ansonsten machen kann, wozu man Lust hat. Er sagt, wenn er noch mal ein Junge sein könnte, würde er in der Schule aufpassen und etwas lernen, und er sagt immer, daß das ganz wichtig ist, wenn man erwachsen wird, und Mom erzählt uns von Wendy und Elfe Naseweis und Captain Hook und einem Krokodil. Sarah will Wendy sein, und ich bin Captain Hook, weil in Southend alles voll Piraten ist, und ich kann ein Schwert tragen, und ich erzähl denen in der Schule davon, und dann können wir das vielleicht auf dem Spielplatz spielen. Sarah gefällt es in Nimmerland, und sie will Elfe Naseweis treffen, und Mom sagt, das ist nur eine Geschichte, und es gibt keine Elfen und Zwerge mehr, aber Dad sagt, doch, die gibt es, und sie lachen, na ja, vielleicht, sagt Mom, aber nicht da, wo wir wohnen, wir müßten schon aufs Land fahren oder übers Meer nach Irland, und dann könnten wir sie ganz leicht übersehen, weil wir uns mit so was einfach nicht auskennen. Wir finden einen Laden mit Büchern und Spielzeug, und Mom und Dad kaufen Sarah das Peter-Pan-Buch, und ich kriege ein Schwert.

Als wir wieder rauskommen, ist es nicht mehr so kalt wie vorher, und wir gehen am Meer entlang. Jetzt sind mehr Leute unterwegs, und wir kaufen in einem kleinen Geschäft ein paar Donuts und sehen der Frau dabei zu, wie sie sie macht, und als ich reinbeiße, schmecken die ganz toll. Mom sagt, sie liest uns heute abend zu Hause etwas aus Peter Pan vor, und ich muß immer an Piraten denken und würde gern mal ein echtes Piratenschiff sehen, wie es auf uns zusegelt, und ich hätte eine Augenklappe, und wenn es geht, würde ich dann fechten. Dad sagt, wir gehen bis zum Ende der Promenade und kehren dann um. Danach gehen wir zum Auto zurück und fahren nach Hause, so kommen wir nicht in den Stau und sind rechtzeitig bei Bobby, die bestimmt schon auf ihr Abendessen wartet, und Mom sagt, sie hofft bloß, daß der verflixte Hund nicht wieder am Mülleimer war.

Liverpool auswärts

Im Anfield-Stadion gewinnt Liverpool immer gegen uns. Vom Ergebnis erwarten wir also nicht viel, aber im allgemeinen legt die Mannschaft ein gutes Spiel hin. Das ist n komisches Stadion. In den Zeitungen wird es oft hochgejubelt, aber mir hat's da nie so richtig gefallen. Es hat ne kalte Atmosphäre. Ich steh nicht auf diesen fröhlichen Scouser-Scheiß. Armut macht stark. Der ganze Mist. Das wahre Liverpool sind Gangs aus dürren Scousern mit Springmessern, die versuchen, einsame Cockneys auf dem Rückweg zum Bahnhof abzugreifen. Lauter verschissene Straßen und Müllberge. Heroinsüchtige Minderjährige werfen Darts und Betonplatten von den Brücken, wenn die Züge auf der Rückfahrt nach London durchkommen. Stumpfsinniges Gesocks.

Diese Berichte über Brookside und wie sie versuchen, die Gegend aufzupäppeln, die sie so oft in der Glotze bringen, Liverpool besteht nun mal aus runtergekommenen Sozialsiedlungen, den Rassenunruhen in Toxteth und jammernden Scousern, wenn ihre Mannschaft ein Spiel verloren hat. Cilla Black und diese Profi-Scouser verdienen sich an dem Mythos ne goldene Nase. Aber so'n Zeug glaubt man einfach nicht. Man glaubt, was man sieht, und Liverpool ist ne Ansammlung von heimtückischen Halsabschneidern, und es steht nie in der Zeitung, wie man sich fühlt, wenn man in den Straßen von Merseyside in nen Hinterhalt gerät. Pokale sind das einzige, was zählt, der Rest interessiert keine Sau.

Das Stadion leert sich, und wir haben mal wieder verloren.

Marks Cousin Steve ist bei uns. Wir haben uns vorm Stadion getroffen. Sein Wagen steht am Stanley Park, und wir fahren mit ihm nach Manchester. Das ist fast wie ein freier Nachmittag, weil Harris und die Stammbelegschaft nach ner Möglichkeit suchen, an den Gegner ranzukommen, aber sie wissen, daß die Bullen die Situation unter Kontrolle haben. Die haben uns bei der Ankunft in Empfang genommen und keine Sekunde aus den Augen gelassen.

Wir schieben uns zum Ausgang und stehen in den dunklen Straßen der trostlosen Liverpooler Nacht zwischen Unmengen von Bullen. Gleiche Szenerie wie in London. Die berittenen Drecksäcke haben lange Schlagstöcke und meinen's ernst. Die Bullen sind auch Scouser und hassen Chelsea genauso wie alle anderen im Land. Die lassen sich hier nichts gefallen, und wenn du aus der Reihe tanzt, haben sie dich am Kragen. Die richtig harten Typen lassen sich davon zwar nicht weiter beeindrucken, sind aber auch ein bißchen mißtrauischer als sonst. Harris versucht seinen Mob unauffällig von den Bussen weg zu leiten, aber die Bullerei ist nicht auf'n Kopf gefallen. Er versucht mit fünfzig Mann oder so zurückzubleiben. Keine Chance. Sie werden von Mannschaftswagen umstellt. Es riecht nach Ärger, und sie sitzen in der Falle.

Wir folgen Steve und können einen Bullen überzeugen, daß wir auf dem Weg zum Wagen sind. Das dauert zwar ne Weile, aber dann gehen wir auf großen betonierten Freiflächen zwischen Jugendlichen und alten Knackern am Anfield-Stadion entlang. Wir fühlen uns beobachtet. Werden ein bißchen paranoid, weil jetzt bloß n Scouser-Mob um die Ecke kommen braucht, und in ein paar Sekunden wärn wir am Arsch. Das würde denen richtig gut gefallen, vier Chelsea ohne ihren Mob zu begegnen. Wir sprechen leise, weil es nix bringt, wenn man unvorsichtig ist und vielleicht jemand unseren Akzent hört. Ich hab die Fäuste geballt, und dem ersten Scouser, der das Maul aufreißt, zermalm ich das Nasenbein in winziges Schrapnell. Jag ihm den Knochen ins Hirn, vielleicht hilft das ja gegen den quäkigen Scouser-Akzent. Hoffentlich weiß Steve genau, wo sein Wagen steht, weil wir dann verdammt fix sein müssen.

Aber es gibt keinen Ärger, die Scouser haben sich wohl an der Lime Street in einem von den Betontunneln zusammengerottet. Die Diebe, die ich von Länderspielen kenne, sind echte Ratten. Blasse Haut und dieser Scheiß-Akzent, den kein Arsch versteht. Prahlen damit, was für tolle Räuber sie sind und was sie alles abgezogen haben, als sie mit der Nationalmannschaft durch die Schweiz und Deutschland getourt sind, und daß sie mit der geklauten Designermode in England nen Trend ausgelöst haben, so daß die beknackten Modetrottel sich für das Zeug jahrelang dumm und dußlig gezahlt haben, weil sie mal wieder nix gerafft haben. Aber wenn's drum geht, in Rotterdam gegen einen gleichstarken Mob Holländer anzugehen, dann nehmen die Scouser lieber nen Juwelier aus. Das sind alles diebische kleine Arschlöcher. Wir sind im Wagen, und ich hab Durst und nen Ständer. Irgend ne Braut in Manchester wird heute n netten Abend verleben.

– Mach doch mal das Radio an, sage ich zu Mark, der vorne neben seinem Cousin sitzt. Eben hören, wie die anderen Spiele ausgegangen sind.

Draußen fängt es an zu regnen, und von Liverpool sehen wir nur ein paar vermummte Gestalten, nassen Putz und glänzende Backsteine im künstlichen Licht der Straßenlaternen. Tottenham hat verloren, und wir jubeln. Steves Scheibenwischer wedeln von rechts nach links und schaufeln uns so einen Weg frei durch die dreckigen Straßen mit unzähligen Pommesläden voller Scouser, Kids und alter Männer. Erbsenbrei und Pommes mit Currysauce. Ist n verdammt jämmerliches Fleckchen Erde, und sosehr ich die Schweinehunde auch hasse, hab ich doch direkt n bißchen Mitleid mit den Kids in den regennassen Hemden. Die Stadt ist das allerletzte Drecksloch. Die Jungs aus Blackstuff und Derek Hatton können sie auch behalten. Ich bin in London aufgewachsen, und hier würd ich eingehen. Ich meine, London ist Scheiße, aber meine Heimat und kein Vergleich zu Liverpool. Das ist der Arsch von England. Ich kann Yosser Hughes keinen Vorwurf machen, daß er jedem, der ihm übern Weg gelaufen ist, eins auf die Nuß gegeben hat. Hätt ich genauso gemacht.

– Das Kaff hier ist echt n Zoo, sagt Rod, als könnte er meine Gedanken lesen. Kein Wunder, daß die Idioten nach London runterkommen und da auf der Straße schlafen. Da können sie wenigstens ab und zu nem reichen Mann den Schwanz lutschen und sich ein paar Pfund verdienen. Was sollen sie denn hier machen?

– Absolut gar nichts, sagt Steve, ohne den Blick von der Straße zu lassen. Liverpool ist am Verrecken. Das ist gelaufen. Es gibt zu viele Iren hier, und Toxteth ist voller Nachkommen von den Sklavenschiffen. Liverpool war das große Sklavenhandelszentrum. Hier haben sie Nigger aus Afrika eingekauft, bevor sie sie nach Amerika verfrachtet haben. Die Vergangenheit hat die Stadt eingeholt.

– Damit kenn ich mich nicht aus, aber man sollte die Stadt planieren und die Scouser fürs Höchstgebot verticken; Rod macht eine Pause und überlegt. Nicht daß die Drecksäcke jemand haben will, noch nicht mal als Sklaven. Die kriegste ja nicht zum Arbeiten. Er pfeift die Melodie aus der Hovis-Werbung.

– Dagegen ist Manchester Spitze, sagt Steve. Mancs und Scouser können sich auf den Tod nicht ab. So was haste noch nicht gesehen. Das ist schlimmer als alles, was man aus London kennt. Wenn Man U gegen Liverpool spielt, ist das echt finster. Hundert Prozent Haß. Nur in Glasgow geht's noch wilder zu, wenn die Rangers gegen Celtic spielen. Das ist der totale Bürgerkrieg.

Liegt an der Religion. Protestanten und Katholiken benehmen sich wie vor hundert Jahren. Davon gibt's auch noch n bißchen was zwischen Liverpool und Everton und zwischen Man U und Manchester City.

Wir beschleunigen und sind bald auf der Autobahn nach Manchester. Im Radio werden die Endergebnisse verlesen, und wir fluchen und jubeln unseren Zu- und Abneigungen gemäß. Als wir aus Liverpool raus sind, fühlen wir uns ganz gut, obwohl Chelsea verloren hat. Die Stimmung ist entspannt. Du kommst raus aus der Situation, weg vom Mob, nüchtern und hast nichts abgekriegt. Wir haben unseren Teil für die Blauen getan, und ich hab jetzt Lust auf n bißchen was zu essen, ein paar Bierchen und vielleicht ne ordentliche Frau. Steve tritt aufs Gas, und der Regen prasselt auf die Windschutzscheibe. Wir schlängeln uns zwischen LKWs und PKWs entlang und sehen nur ein paar dunkle Schatten. Das könnte überall in England sein, aber irgendwie merkt man doch, daß man oben im Norden ist. Es riecht eigenartig und fühlt sich anders an, sogar mitten auf der Autobahn. Wenn man in ne Raststätte geht, riecht's nach Gebratenem und starkem Tabak. Fast wie ne Reise in die Vergangenheit. Wenn man in London wohnt, ist man verwöhnt. Das ist ne andere Welt hier oben. Eine primitive Welt voller primitiver Menschen. Verschiedene Stämme in den verschiedenen Landesteilen.

Als wir in Manchester sind, parkt Steve vor seiner Wohnung. Ist ne tote Gegend, aber nur ne kurze Fahrt ins Zentrum. Wir haben nichts zu trinken dabei, also stürzen wir uns in den nächsten Pub. Es ist noch früh, und so sitzen nur ein paar Stammgäste an der Theke und glotzen in ihre Biergläser. Die sind ruhig und in sich versunken, und wir kommen uns am Anfang verdammt laut vor, aber das gibt sich, als wir unsere Nerven mit drei Halben beruhigt haben und davon ausgehen, daß es ein angenehmer Abend wird. Ich spür das irgendwie. Du stehst die ganze

Woche in der Tretmühle, paßt beim Fußball auf dich auf, mal gibt's Prügel, mal nicht, aber jetzt sitzen wir entspannt in nem Pub und entsorgen ein paar Hirnzellen.

Schließlich haben wir in anderthalb Stunden sechs Halbe intus, und Steve ist breit. Irgendwie bin ich mir bei dem Typ nicht sicher. Ob er okay ist oder n Arschloch. Irgendwas stimmt bei dem nicht ganz. Der ist nicht ganz da. Nicht doof, aber irgendwie nicht ganz fit im Kopf. Da ist was komisch mit dem, auch wenn ich nicht genau weiß, was. Er geht los und bestellt ein Taxi. Der Pub füllt sich jetzt. Es kommen vor allem mittelalte Ehepaare. Die meisten sehen ziemlich witzig aus, eben typisch aufgebrezelte Nordlichter. Anständige Leute, und ich nehme an, wenn wir in ner Kneipe voller Scouser sitzen würden, wären die auch in Ordnung. Wir halten uns noch am letzten Halben fest, und dann kommt das Taxi, mit dem wir in die Stadt fahren.

– Hier hängen jede Menge Miezen rum, sagt Rod, als er in einem auf schick gemachten Pub mit Spiegeln und Lederhockern die Runde bezahlt. Eine davon kann sich heute nacht auf ne kräftige Dosis Chelsea gefaßt machen. Wird mit dem Londonvirus geimpft.

Ich kann ihm nicht widersprechen, und der Pub ist rappelvoll. Die sehen alle n bißchen grün aus, wahrscheinlich Studentinnen oder so was, und ich hätte lieber so n richtig kräftiges Mädel aus dem Norden als eine von diesen Aufblaspuppen. Hundertprozentig Manc. Aber die Musik ist okay und das Lager billig, also bleiben wir erst mal hier und versuchen ein paar Man U oder City-Fans zu entdecken, aber die interessieren sich mehr für ihre Scheißklamotten als für ne anständige Schlägerei. Die lieben Kleinen wollen ihr Kostüm nicht kaputtmachen. Die dämlichen Idioten halten sich alle für Peanut Pete, und das ist wirklich bescheuert, weil solche Wichser schon als Geburtshilfe ne ordentliche Tracht Prügel verdient haben, damit sie merken, in was für ner Welt sie eigentlich leben. Brauchen nen Klaps auf den Arsch, damit sie den Mief einer englischen Großstadt einatmen, aber wenn's keinen Widerstand gibt, macht das Ganze keinen Spaß. Du willst ein bißchen Zoff und nicht eins von diesen Weicheiern, die Gewalt hassen, dich aber dauernd durch Sprache und Benehmen unter Druck setzen.

An der Theke steht ein ekelhaftes Großmaul mit seinen Kumpels. Ist wie ein Clown angezogen und benimmt sich wie so ne Einmann-Samstagabendshow. Will in dem schnieken Club zeigen, was für n Kerl er ist, und damit Eindruck bei Tussis schinden, die so blöd sind, daß sie glauben, man erkennt nen harten Typen an einer feisten Frisur und teuren Klamotten. Wichser. Den Schweinepriester nehm ich mir vor, das ist schon mal sicher, aber ich bin noch klar genug im Kopf und denk dran, daß es noch früh am Abend ist und die Bullen mich in spätestens zehn Minuten drankriegen würden. Ich muß vorsichtig sein und den richtigen Moment abwarten. Bringt ja nichts, wenn man sich hier zum Arsch macht. Das ist ne Privatsache, und so was erledigt man nicht vor Publikum. Ich weiß schon, wann und wie. Klar wie Tigerpisse, und wenn ihn das nächste Mal die Blase drückt, hat der Drecksack n Loch im Kopf.

– Kaum bin ich im Krankenhaus, meint der Typ da zu mir, ich soll die Hose runterlassen. Der sieht ziemlich komisch aus, und dann kratzt er so um meinen Schniedel rum. Mark ist besoffen und fängt von seiner Untersuchung in der Klinik für Geschlechtskrankheiten an.

– Ich überleg noch, ob ich dem Typen eins auf die Nuß geben soll, ob er so ne Scheiß-Schwuchtel ist oder was, aber der kennt das Problem offenbar und erzählt von seiner Frau und den Kindern. Wie gut seine Kleinen in der Schule sind und den ganzen Familienscheiß. Und wie er hofft, daß sie ihrem Vater nacheifern und die medizinische Laufbahn einschlagen.

– Da biste besser dran, wenn de am Tripper stirbst, als wenn so n Doktor dir an den Eiern rumfummelt, außer das ist ne Ärztin, sagt Rod, lacht in sein Glas und schüttet sich Bier übers Hemd und auf den Boden und überallhin. Kratz dir die Eier. Wenigstens brauchste dann nicht mit dem Saufen aufhören.

– Aber das ist doch ihr Job, oder? Ganz was anderes, als wenn so'n Schwuler dich angrabbeln will, und die ersten Tests waren in Ordnung, aber nächste Woche kommen noch ein paar Ergebnisse. Der Doktor meint, ich soll aufpassen, wo ich meinen Schwanz reinstecke, das ist jetzt kein wörtliches Zitat, aber über die magere Mieze hab ich mir doch noch Gedanken gemacht, weil die so eng war. Bei so ner Sache fließt echt Blut. Und da holt man sich dann sein Aids.

Das ekelhafte Großmaul stellt seine Bierflasche auf die Theke und verzieht sich zum Pott. Ich folge ihm durch den Pub. Die Musik dröhnt mir in den Ohren, irgendwelcher Scheißdreck von den Happy Mondays, den ich nicht kenne, aber ich hör die Stimme von dem Typen und seh seinen großkotzigen Gesichtsausdruck. Wichser. Hält sich für was Besonderes. Als ich durch die Tür komme, ist er am Pissen, hat sich über das Becken gebeugt und bewundert sein wichtigstes Körperteil. Ein anderer Typ zieht sich grad den Reißverschluß hoch, und ich tu so, als ob ich mir die Hände waschen will. Als der andere raus ist, geh ich zum Wichser am Pißbecken rüber, pack eine Handvoll goldene Locken, zieh seinen Schädel nach hinten und donner ihn mit aller Kraft gegen die Wand. Mit einem dumpfen Schlag trifft Knochen auf Beton. Dann reiß ich den Kopf wieder nach vorn und hau ihm das Gesicht an die Kacheln. Im Arm spür ich, wie ein Schauer durch seinen Körper läuft. Die Knie knicken ein, und er sackt zusammen in die Pisse. Die Wand ist blutverschmiert. Verdammt hübsches Muster. Der arme kleine Liebling ist im Arsch, und seine Klamotten sind auch im Arsch. Blut und Pisse, der berühmte britische Cocktail. Nationales Kulturgut. Ich geh raus und sage den anderen, daß wir jetzt gehen, weil ich grad nen Manc-Drecksack platt gemacht habe. Wir sehen zu, daß wir aus dem Pub kommen.

Manchester brummt, und die Stadt hat echt was zu bieten. Mir geht es besser. Jetzt ist alles wieder auf ein normales Maß zurechtgestutzt. Das Arschloch hatte n paar Beulen verdient. Hoffe, daß sein beknackter Schädel in zwei Teile geplatzt ist. Daß sie viele Stiche brauchen, damit sie ihn wieder zusammenkriegen. Daß der Arzt beim ersten Mal Mist baut. Aber wir haben keine Zeit zu verlieren, also gehen wir weiter, und nach zehn Minuten sind wir in einem besseren Pub mit zwei scharfen Bräuten an der Theke. Die sind echt gut gebaut. Ideal für das eine. Erinnern mich an *Brief an Breschnew*, aber dann fällt mir ein, daß die Tussis in dem Film ja Scouser waren und daß das ein Unterschied ist, daß Mancs Scouser hassen und Scouser sich für die größten Diebe der Welt halten. Bei den beiden muß ich auf mein Geld aufpassen.

Ich beug mich über die eine und bestell vier Pints Lager. Sie ist stark parfümiert und lacht mit ihrer Freundin, rückt aber nicht weg. Ich lehne mich etwas stärker an sie an, bin vom Alkohol ein bißchen wacklig auf den Beinen, prima Entschuldigung, um sie mal anzutesten, und als sie sich keinen Zentimeter rührt, weiß ich, daß die Sache gelaufen ist. Durch den dünnen Stoff ihrer Bluse spüre ich ihre Titten und merke, daß sie einen niedrig geschnittenen BH trägt. Allein vom Duft und vom Stoff krieg ich fast schon nen Steifen.

– Noch n kleines Stückchen näher, und du saugst mir an den Titten, sagt sie mit einem Lächeln, bei dem ihr rotgeschminkter Mund sich über das ganze Gesicht ausbreitet, und ihre Freundin lacht und verschluckt sich an ihrem Drink.

Sie hören unseren Akzent und wissen, daß wir aus London sind, aber das schreckt sie nicht ab. Sie sind selbst ein paarmal da gewesen, meinen aber, daß es ne Scheißstadt voller Angeber ist. Außerdem ist es teuer, und in den Clubs treiben sich nur alberne Kids rum. Das Mädel mit dem kräftigen Parfum und den willigen Nippeln ist kein Problem, und Steve macht sich sofort an ihre Freundin ran. Verliert keine Zeit, das muß man ihm lassen. Er labert sie voll, wie gut ihm Manchester gefällt und was London für'n Drecksloch ist. Und obwohl ich mich auf die Braut neben mir konzentrieren muß, die mir zublinzelt, wie besoffene Tussis das eben machen, bringt er mich auf die Palme – und alles bloß, weil er ne Braut flachlegen will.

Die Mädels können mich ruhig n bißchen verarschen, weil ich weiß, wie die Nacht endet, dann besorg ich's ihnen nämlich, und außerdem ist das ja alles ganz lustig. Aber Steve hat keine Entschuldigung. Wenn ich in nem Pub n Haufen Typen treffe, die ich nicht kenne, und die lästern über London rum oder sogar über Chelsea, dann gehen wir ohne Zögern auf sie los. Bei den Mädels ist das was anderes, da versteh ich Spaß, hauptsächlich weil sie Frauen sind und man da irgendwo tief in sich drin von Natur aus Respekt hat, trotz der ganzen dummen Sprüche und Beleidigungen. Steve ist n Verwandter von nem Kumpel, darum muß ich mitspielen, aber er muß aufpassen, daß er nicht zu weit geht. Das ist n ziemlich kriecherisches Arschloch, aber weil er Marks Cousin ist, halt ich das Maul.

– Ich war echt froh, als ich aus London rausgekommen und hierhergezogen bin. Die Leute sind viel authentischer, und auf der Straße rennen auch nicht so viele Verrückte rum. Hier oben reden die Menschen miteinander, und alles ist viel billiger, also kann man es sich leisten, öfter mal wegzugehen. Die Leute sind so natürlich. Sie kümmern sich nicht soviel um ihr Image und wieviel sie verdienen.

Ich sehe, daß Rod etwas von dem Gespräch aufschnappt und Steve mit finsterem Blick mustert. Er sieht mich an, und ich weiß, daß wir das gleiche denken. Kann schon sein, daß an ein paar von den Sachen was dran ist, aber man zieht nicht einfach über seinesgleichen her. Auch wenn man's oft nicht wahrhaben will, aber man kann seine eigene Kultur nicht einfach so ablegen, egal was die Leute sagen. Auch wenn Steve jetzt seit mehr als sechs Jahren in Manchester lebt, ist er doch in London geboren und da groß geworden und wird immer mit der Stadt verbunden bleiben.

Das ist wie mit den Indern in Southall. Man kann sie zwar deswegen verarschen, aber wenn die rüberkommen, lassen sie nicht einfach so alles sausen, bloß weil sie jetzt in England sind. Die essen weiter ihre Currys und nicht plötzlich jeden Abend Baked Beans auf Toast. Die verbinden ihren Respekt für England mit ihren eigenen Bräuchen. Alle versuchen ja immer, die eigenen Lebensgewohnheiten durchzudrücken, aber tief im Innersten verstehst du, wie's läuft, und in meinen Augen macht sich Steve zum Idioten. Er benimmt sich wie diese Wichser, die dauernd den Union Jack runtermachen und sagen, daß er ein Symbol für irgendwelchen Scheiß ist. Die haben alle denselben Akzent. Stehen alle auf dieselbe Politik. Vornehmer Akzent, vornehme Politik. Nennen sich Intellektuelle, sind aber bloß Außenseiter ohne jede Beziehung zu ihrer eigenen Kultur.

Vielleicht gehört Steve ja auch zu diesen Ausgestoßenen, aber er hat nicht den richtigen Akzent, und ich glaub auch nicht, daß er mehr im Sinn hat als abspritzen. Aber das ist genauso bescheuert wie die Wichser, die einem dauernd Vorträge über Zeug halten, das sie nie selbst erlebt haben. Steves Politik heißt, jeden Scheiß versprechen und über alles herziehen,bloß um mit ner besoffenen Braut zu ficken, die jeden ficken würde, an den sie rankommt, weil Samstag abend ist. Steve kommt einer gesellschaftlichen Verpflichtung nach. Samstag nacht. Typ fickt Tussi. Tussi fickt Typ. Sagt alles, nur um ans Ziel zu kommen. Er ist einer von denen, die Eindruck schinden müssen und keine ordentliche Grundlage haben. Er sagt alles, er macht alles. Noch so'n Arschloch in einer Welt voller Arschlöcher.

Ich trink aus, und Mark holt die nächste Runde. Ich find, sein

Cousin ist ein Wichser, und überlege, ob ich ihm dieses Geheimnis verraten soll, aber wir sind noch nicht besoffen genug. Steve ist ein Schönwetter-Fußballfan. Wenn die Mannschaft gut spielt, ist er dabei, aber wenn sie verliert, läßt er sich zehn Jahre nicht blicken. Er geht mit nach Anfield, weil er da über die Autobahn schnell hinkommt, und er schimpft und flucht, weil das alle machen, aber das ist auch schon alles.

– Das Schlimmste an London sind so Gegenden wie Brixton. Da kann man genausogut nach New York fahren. Ist verdammt gefährlich da, und ne Frau ist da im Dunkeln nicht sicher.

Ich starre seinen Hinterkopf an, als er sich weiter darüber ausläßt, und er erzählt ihr nen Haufen Mist, weil er eben in Anfield Moss Side und Hume mit derselben Begründung runtergemacht hat. Vielleicht sollte ich mich ja über so was nicht so aufregen. Vielleicht liegt das nur an mir. Er ist besoffen und labert Scheiße. Was geht mich das an? Ist ja nicht mein Problem, was Steve ner Tussi erzählt, um sie zu ficken. Aber dann denk ich an Fußball und wie wir zusammen durch dick und dünn gehen, und das bedeutet was, vielleicht Treue oder so was, aber er versteht die Sache einfach nicht. Ich geh pissen.

Ich lehn mich mit der Stirn an die Wand und laß das Lager fließen. Mir fällt der schmierige Wichser im anderen Pub wieder ein. Liegt jetzt wohl im Krankenhaus. Ich hätt den Drecksack umbringen können und überleg mir, wie das ist, wenn man für zwanzig Jahre in den Bau geht. Wenn jeden Morgen an die Tür gedonnert wird, weil die Scheißeeimer ausgeleert werden. Wie du durchs ganze Land von einem Knast in den nächsten verschoben wirst und versuchst, ne saubere Weste zu behalten, damit sie dich früher rauslassen, aber die ganze Zeit staut sich alles in dir auf, und du willst einfach jemanden zu Klump hauen, um die Spannung abzubauen. Ich knöpf mich zu und wasch mir das Gesicht. Ich bin gereizter als sonst und weiß nicht, wieso. Ich hab was zum Ficken, Chelsea gesehen, auch wenn wir verloren haben, und dazu noch der Bonus, daß ich heute abend schon einen Wichser platt gemacht hab. Trotzdem könnt ich Steve eins auf die Nuß geben, aber ich weiß, daß ich das nicht machen kann, weil er Marks Cousin ist, und Mark ein guter Kumpel ist. Erste Sahne. Wir kennen uns schon seit Jahren. Genau wie bei Rod. Auch ein Spitzentyp. Die tun alles für dich. Wir halten zusammen und helfen uns gegenseitig aus der Scheiße. Das kalte Wasser erfrischt mich, und ich fühl mich wieder besser. Ich geh zurück und zieh mir das Bier rein, das Mark gerade geholt hat.

– Kommst du mit zu mir? Die Frau, mit der ich geredet hab, beugt sich zu mir rüber, reibt sich an mir. Sie hat das mit ihrer Freundin schon klargemacht. Wenn du willst, können wir noch woanders hingehen, aber ich bin breit.

– Ihr könnt auch mit zu mir kommen, unterbricht Steve. Ist nicht weit. Kurze Taxitour. Falls ihr knapp bei Kasse seid, kann ich auch bezahlen.

– Nee, mir ist nicht nach vier gegen zwei. Ich kuck mir die Frau an und frag mich, ob sie uns für gestört hält oder so was. Daß wir Vergewaltiger sind oder auf Gruppensex stehen.

– Nimm's nicht persönlich. Sie sieht mir mit ernster Miene im hübschen Gesicht direkt in die Augen. Heutzutage müssen die Mädels vorsichtig sein. Laufen ne Menge schräger Vögel rum. Wenn du da an den Falschen gerätst, wachst du auf und bist in kleine Stücke zerhackt über den Großraum Manchester verteilt.

Steve schüttelt den Kopf und wendet sich ab.

– Kommst du, oder was? sagt die Frau und geht zur Tür. Ich sag den Jungs, daß ich sie morgen um zwölf am Bahnhof treffe, und geh mit ihr raus.

Sie hängt sich an mich, und wir gehen los. Es ist kalt, und ich vergesse die anderen Jungs, und sie kümmert sich auch nicht mehr um ihre Freundin. Zu besoffen zum Denken. Zu besoffen, sich mit einem anderen Besoffenen zu streiten. Mir kommt es ewig vor, aber es sind nur zehn Minuten bis zu ihr, und dann steigen wir im Dunkeln zwei Treppen hoch. Das Licht funktioniert nicht, aber als die Tür aufgeht, kommen wir in eine warme Wohnung mit hübscher Tapete und weinrotem Teppichboden. Ich hab aber nicht viel Zeit, meine Umgebung zu bewundern, weil die Frau mich direkt ins Schlafzimmer führt, ohne die übliche Prozedur mit nem Drink oder ner Tasse Kaffee und dröger Musik. Wir ziehen uns aus, und während sich noch alles um mich dreht, von dem vielen Bier, das mein Hirn überschwemmt, bumsen wir schon so wild, daß das Bett fast durch den Holzboden bricht.

Sie ist ne gute Nummer, keine Frage, und das ist ungewöhnlich, wenn du besoffen bist, und vielleicht hat das Bier auch ne Wirkung, weil es ganz schön lange dauert, bis ich komme und danach als schwitzende Schutthalde in mich zusammensacke. Wir sind beide fertig vom Sex und vom Alkohol, und als nächstes ist es hell, und sie schiebt mir ne Tasse Kaffee rüber. Sagt, daß ich ne Viertelstunde hab, zum Austrinken und Abhauen. Ist nicht persönlich gemeint, aber ihre Mutter und ihre Nichte kommen gleich vorbei. Ich bin nicht verkatert und hätte, wenn ich ehrlich bin, nichts gegen ne zweite Nummer gehabt, mit klarem Kopf, aber man kann halt nicht alles haben, und das war gestern n guter Fick, also schon mal besser als der übliche besoffene Ritt.

Ich sitz auf ner Bank und lese seit ner halben Stunde die Fußballberichte in der Zeitung, als Rod und Mark auftauchen. Sie sehen völlig fertig aus und beäugen mich mißtrauisch. Muß gestern nacht mit der Braut mehr losgeworden sein als die übliche Ladung. Mir geht's gut. Bin bereit für die Rückfahrt nach London. Rod geht ne Tasse Tee holen, und Mark setzt sich neben mich. Er schüttelt den Kopf. Sieht nicht glücklich aus.

– Zu Hause bin ich ein toter Mann. Er streckt die Beine aus und will eine leere Zigarettenschachtel wegkicken. Tritt daneben und stößt sich den großen Zeh. Er flucht.

– Mein Cousin Steve. Hab den Scheißtypen gestern zusammengefaltet. Er überredet die Braut, mit deren Freundin du gestern abgezogen bist, mit ihm nach Hause zu kommen. Rod und ich hauen uns im Wohnzimmer aufs Ohr, und um drei Uhr morgens kommt er mit nem Handtuch um die Hüfte, weckt uns und sagt, wir sollen ins Schlafzimmer gehen und sie bumsen.

– Ich sag, er soll sich verpissen. Ich bin doch nicht pervers. Ich denk auch erst, das soll n Witz sein, aber dann hör ich dieses Weinen, wie ein Kind, und ich steh auf und seh nach, und er hat sie nur geprügelt. Sie liegt zitternd und mit blauen Flecken auf nem blutigen Laken. Er schreit, daß sie ein gefallener Engel ist und alles verdient, was mit ihr geschieht.

– Ich bin dann einfach durchgedreht. Hab ihn völlig zusammengeschlagen. Ich hasse so was. Ich mein, die Frau hat echt Schmerzen gehabt. Als ich mit ihm fertig war, war Steve völlig am Arsch, und die Braut haben wir einfach mit ner Taxe nach Hause geschickt. Als wir heute morgen abgehauen sind, haben wir Steve gesagt, er soll sich n Krankenwagen rufen. Dem Arsch helf ich nicht. Wenn er sich noch mal bei mir blicken läßt, mach ich ihn kalt. Soviel zum bösen Blut in der Familie.

Rod kommt zurück und setzt sich. Nippt am Tee und pustet den Dampf weg. Sieht mich an, um festzustellen, ob ich die Geschichte gehört hab. Ich verdreh die Augen. Ich hab gewußt, daß irgendwas an dem Typ komisch war. Man fragt sich, was der sonst so treibt, wenn er sich das schon mit Zeugen traut. Hab den Typ zum ersten Mal gesehen und hoffentlich auch zum letzten Mal.

– Du hast echt ne Scheißnacht verpaßt, sagt Rod.

– Wenn ich nach London zurückkomme, bin ich n toter Mann. Den Bullen wird er nichts sagen, aber ich kann mir vorstellen, daß er's seiner Mom erzählt. Vielleicht auch nicht, ich weiß nicht. Aber das ist doch krank. Wir kannten uns schon als Kinder, auch wenn wir nicht viel zusammen gemacht haben. Ich hatte keine Ahnung. Ich hoffe, daß er nichts davon erzählt, daß ich ihn verprügelt hab. Tante Doreen ist ne komische Frau. Die setzt Himmel und Hölle in Bewegung, wenn die erfährt, daß ich ihrem Stevie weh getan habe.

Jesus Heiland Seligmacher

Meistens schwieg sie und antwortete nur, wenn sie angesprochen wurde, was eigentlich ziemlich häufig geschah, wenn die Leute ihre Wäsche dalassen wollten oder Wechselgeld für die Maschinen brauchten oder vielleicht den Kopf durch die Tür steckten und fragten, wann der Waschsalon schloß. Und das war Doreen nur recht, weil sie sich so bloß über das Wetter und die schlechte Regierung zu unterhalten brauchte, wenn ihr danach war, obwohl die Arbeit im Waschsalon Diskretion erforderte, und man mußte wissen, wann man mit Menschen sprechen und was man bestimmten Leuten in bestimmten Situationen sagen konnte, je nach Stimmung, aber im allgemeinen ging es ihr gut, nur dann und wann kam eine von den älteren Frauen herein, älter als sie, und stand im Weg herum, redete mit sich selbst oder einer unsichtbaren Freundin, murmelte eher vor sich hin, sie waren etwas schrullig geworden, und weil sie soviel durchgemacht hatten, den Krieg und das alles, wollten sie keine Antworten, also mußte sich Doreen auf die Zunge beißen, um sie nicht vor dem Einfluß des Teufels zu warnen, vor den Salamandern, die in der Glut sitzen und Feuer speien, und von der Erlösung zu erzählen, die sie nur ein paar Schritte entfernt am Altar der protestantischen Kirche finden würden, in die sie zweimal die Woche ging.

Das kam alles davon, daß sie zuviel Zeit alleine verbrachten. Ihre Ehemänner waren meist tot oder mit jüngeren Frauen durchgebrannt, viele von ihnen waren in Frankreich von den

Deutschen getötet worden, obwohl man, wenn man ehrlich war, vom Großteil der Männer im Viertel nicht sagen konnte, wie sich eine anständige Frau zu ihnen hingezogen fühlen sollte, aber das Leben barg viele Überraschungen, und so überraschend kamen die alle nicht. Wie Walter, der den lieben langen Tag alleine in den Straßen herumlief; dann kam er am Freitag nachmittag in den Waschsalon mit seiner Plastiktüte, die allmählich auseinanderfiel, bis Doreen ihm am Monatsende eine neue aus dem Supermarkt geben mußte, eine von denen, für die man bezahlen mußte, fester als der Plunder, den sie verschenkten, aber das wollten sie wieder ändern, hatte sie zumindest gehört, in dieser künstlichen, von Menschenhand geschaffenen Welt gab es ja nichts umsonst, außer der Luft und der Sonne, und das war Gottes Werk. Sie erzählte Walter, daß jemand die Tüte vergessen hatte, handelte wie der barmherzige Samariter und verriet nicht, daß sie an ihn dachte und es für besser hielt, wenn er zum Wohle seiner Seele konvertieren würde.

Walter wusch seine Wäsche selbst, pfiff dabei alte Dubliners-Lieder und rief gelegentlich laut etwas über die Tränen Irlands und die jahrhundertelange Unterdrückung der Katholiken und betrauerte diejenigen, die im Kampf gegen die Engländer gefallen waren. Dann sprach Doreen leise ein paar Worte mit ihm, weil niemand im Waschsalon etwas über Politik hören wollte, weil es die Mütter mit ihren Kindern erschreckte, das dachte sie zumindest, und außerdem konnte es ja sein, daß ein Mann dasaß und Zeitung las, der anderer Ansicht war, und dann würde es zu einem Kampf kommen, zu Blutvergießen und Verdammnis. Politik machte Doreen angst. Es war ein böses Wort, und das Leben war auch ohne sie schwer genug, herzlichen Dank. Gott behütete seine Herde, und die Männer in den neuen Anzügen pfuschten Ihm ins Handwerk. Aber nachdem sie lächelnd und in sanftem, beruhigendem Ton mit Walter gesprochen hatte, verstummte er, und man hörte nichts mehr von ihm. Er senkte den Kopf und sah etwas verlegen aus, und manchmal fühlte sich Doreen dann unwohl, dachte, daß sie ihn seine Gedanken aussprechen lassen sollte, daß er zu einem anderen Volk gehörte und daher nicht in der Lage war, sich auf die Zunge zu beißen und alles mit Fassung zu tragen. Wenn sie sich so schuldig fühlte, ging sie streng mit sich ins Gericht und wußte, daß sie gewisse Grenzen setzen mußte.

Walter konnte nicht hereinkommen und allen anderen die Laune verderben, indem er den Waschsalon zu einem unerfreulichen Ort machte. Das Geschäft würde zurückgehen, und Mr. Donaldson könnte gezwungen sein zu schließen oder Einsparungen vorzunehmen, und das hieße, daß Doreen stempeln gehen und um Almosen betteln müßte. Sie zahlte ihre Steuern und spendete großzügig für die Kollekte. Die Ruhe war wiederhergestellt, und es waren immer dieselben Kinder, die mit der Wäsche der ganzen Familie ankamen, weil ihre Mütter und Väter auf den Pfennig schauten und nicht bereit waren, Geld für ihre Dienste zu bezahlen, und die Jungs schmollten, und die Mädchen redeten zu laut, richtig lästig war das, manchmal fluchten sie nämlich, weil sie auf sich aufmerksam machen wollten, aber sie sahen die Welt nur mit ihren eigenen Augen und interessierten sich nicht für die Gefühle anderer Menschen, zumindest noch nicht, und wenn es zu schlimm wurde, mußte Doreen in strengem Ton sagen, daß sie sich zurückhalten sollten, weil sie sonst Hausverbot bekämen.

Aber die meisten waren ganz artig, wie der junge Ronald, der jeden Samstagvormittag hereinkam, der war erst acht oder neun Jahre alt und hätte nicht immer die Wäsche machen sollen, aber er lächelte immer, wie viele Neger, nicht die jungen Männer, die Wut im Gesicht hatten und mit glänzenden Autos herumfuhren, wo laute Musik aus den offenen Fenstern kam, sondern die echten Neger, die damals hergekommen waren, als sie noch jung gewesen war, Gastarbeiter aus der Karibik, und genauso lächelte

Ronald, ein echter Sonnenschein zu jeder Jahreszeit, sommers wie winters, und Ronald stammte aus einer guten christlichen Familie, die so regelmäßig zur Kirche ging, wie der Tag auf die Nacht folgte. Er war nicht aggressiv wie andere Kinder, von denen sie Geschichten erzählen könnte, und Doreen sagte ihm immer, daß er ihr das Waschen überlassen und bei den Schaukeln spielen gehen, den älteren Jungen, die dort Drogen verkauften, aber nicht zu nahe kommen sollte, damit die ihn nicht in Versuchung führten, und er ging spielen, während sie seine Wäsche wusch, das war ihr ein Vergnügen, und sie nahm kein Geld von ihm, es war ein Gebot christlicher Nächstenliebe, und sie machte seine Sachen zwischendurch mit den anderen. Und wenn er zurückkam, war er immer höflich und nett und sagte vielen Dank, Mrs. Roberts, das ist sehr freundlich von Ihnen, Mrs. Roberts. Und dann ging er zu seinen Eltern zurück. Kinder müssen viel mehr spielen, so wie sie damals, als sie ein kleines Mädchen war.

Jetzt war das alles anders – und dazu noch diese Sachen, die sie gehört oder von denen sie in der Zeitung gelesen hatte, über diese Männer, die Kinder mißbrauchten und die Leichen verstümmelten. Das Monster, das ein Kind umgebracht und die Leiche im Epping Forest vergraben hatte und dann wieder dahin zurückgegangen war und das arme kleine Ding ausgegraben und Fotos gemacht hatte, so etwas konnte sie einfach nicht verstehen. Das war ein Beweis für die Worte des Pfarrers, daß es den Teufel wahrhaftig gab und er im Schatten lauerte, in den finsteren Winkeln der menschlichen Seele, ein Monster auf der Jagd nach wehrlosen Opfern, alt und jung, nach kleinen Jungen und alten Damen, den brabbelnden Verrückten von der Straße, die auf die Hilfe der Gemeinde angewiesen waren. Es war wirklich schockierend, als würden die Menschen wahnsinnig werden und sich immer mehr in sich selbst zurückziehen und Opfer böser Gedanken werden. Doreen hatte seit Monaten nicht mehr richtig geschlafen. Sie verstand das hektische Treiben um sie herum einfach nicht.

Kinder hatten vergessen, wie man sich freut, und sie sollten nicht so viel elektronisches Spielzeug brauchen, um glücklich zu sein, keine Videospiele und Comic-Superhelden, und ihre Eltern waren schuld daran, die die Mädchen wie Püppchen anzogen und schminkten und die Jungen in Miniatursoldaten verwandelten. Aber andererseits machten ihre Eltern nur das nach, was sie im Fernsehen sahen, in der Werbung und in den Schaufenstern. Bei manchen Sachen, die Doreen in den Schaufenstern von Spielzeugläden sah, fragte sie sich, wo das noch alles hinführen sollte, wie weit Gott seine Kinder gehen lassen würde, bevor Er die Geduld verlor. So viel Geld wurde für Plastikgewehre ausgegeben, während so viele Menschen, die in den Waschsalon kamen, wie die Vogelscheuchen herumliefen. Deren Kleidung bekam Doreen nie in die Hände, weil sie ihre Wäsche selbst machten, aber es war ganz offensichtlich, die Farben zeigten es ganz deutlich. Sie waren matt und ausgeblichen vom zu häufigen Waschen. Aber das war ihre Sache, und im Winter war das ein guter Job im Waschsalon, wenn die Tür zu war, das Radio lief und die Maschinen und Trockner im Dauerbetrieb liefen.

Es war schön warm, sie hatte Arbeit, und Doreen taten die Stadtstreicher leid, die in dieser Jahreszeit draußen leben mußten, wie der Bursche, der in den Telefonzellen am Postamt am Ende der Hauptstraße schlief. Als sie ihn zum ersten Mal sah, hielt sie ihn für ein Lumpenbündel, einen Wäschehaufen, den jemand verloren hatte, aber dann bewegten sich die Beine, und er konnte nicht älter als zwanzig gewesen sein oder so, der arme kleine Kerl, und am Tag davor hatte sie ihn in der Dämmerung sitzen sehen, mit einer Sonnenbrille auf der Nase hatte er die Wand angestarrt. Im Winter war der Waschsalon ein Refugium, und jedes Mal, wenn die Tür sich öffnete und ein kalter Windstoß hereinkam, wurde ihr bewußt, was für ein Glück sie hatte, hier drinnen zu sein, wo ihr nichts passieren konnte und der Herr seine schützende Hand über sie hielt. Das Kondenswasser tropfte von den Fenstern, und sie schwitzte in der Hitze, die die unablässig rotierenden Wäschetrockner abstrahlten, dem Dampf von den Waschmaschinen und dem scharfen Geruch des Waschpulvers. Aber im Sommer, wenn es draußen richtig heiß war, schwitzten auch die Fenster, und häufig wünschte sich Doreen, daß die Leute ihre Wäsche mit nach Hause nehmen und dort aufhängen würden, anstatt ihr gutes Geld für die Trockner zu vergeuden. Dann war es im Waschsalon sehr heiß, und es wäre besser für die Ozonschicht, und an den Polen würde das Eis nicht schmelzen und eine zweite Sintflut verursachen. Energie würden sie auch sparen, aber die Trockner rotierten auch im Sommer, und Doreen mußte vor die Tür gehen, um etwas frische Luft zu schnappen, aber auf der Straße war viel Verkehr, und die Kohlenmonoxydschwaden waren unerträglich, und ihre Haut juckte, das konnte zwar auch an dem Waschpulver liegen, das sie benutzte, aber wahrscheinlich lag es am Gift in der Atmosphäre.

Doreens Rückenschmerzen waren im Sommer stärker, und sie fühlte sich träge, aber ihr Job war wichtig, und sie konnte nicht klagen, weil sie gesund und munter war und Arbeit hatte, und wenigstens schwitzte sie nicht so arg wie einige andere Leute. Manchmal war es schrecklich, in welchem Zustand sie einige Kleidungsstücke zum Waschen bekam. Das zeigte doch, wie unterschiedlich die Schweißdrüsen der Menschen arbeiteten, oder vielleicht lag es an der Nahrung, die sie aßen, Kräuter, Gewürze und Knoblauch, und dann bekam sie wieder Beutel mit Wäsche, die fast sauber war, und sie verstand nicht, warum die Leute ihr so was brachten, vielleicht hielten sie sich für Königinnen oder Prinzessinnen und zogen sich zehnmal am Tag um. Aber natürlich nicht für die englische Königin, denn die Älteren kannten sich aus mit der Wiederverwertung und dem Haushalten, die trugen ihre Röcke, Hosen und Hemden länger als die jungen Leute, sie waren einfach darauf eingerichtet, Sachen länger zu benutzen und mit dem, was sie hatten, zurechtzukommen.

Ab und zu fragte sich Doreen, ob sie nach zwölf Jahren im Waschsalon ihren eigenen Geruch entwickelt hatte, das geschah mit den Leuten, und er paßte sich dem Beruf und dem Lebensstil der Menschen an. Die Rechtsanwälte und Bankangestellten, die in den Waschsalon kamen, erkannte sie am durchdringenden Geruch ihrer Hemden und Blusen, als würde die Unzufriedenheit mit ihrem Papierkram die Produktion von saurem Schweiß fördern, ein wirklich abstoßender Geruch, und die Leute, die körperlich arbeiteten, egal ob sie im Lager Kisten schleppten oder Straßen aushoben, rochen auch sehr stark, aber irgendwie nicht ganz so scheußlich. Und die Frau aus dem Pub gegenüber roch nach Alkohol, eigentlich ein ziemlich angenehmer Geruch, wie Doreen zugeben mußte, und der Rastafari, der immer herkam, seine Kleidung roch so süß, und dazu noch die hübschen Farben, und seine Haare waren verknotet und sauber, und manchmal wollte sie mit den Fingern hindurchfahren, so daß ihre rissigen Finger sich an den Knoten verfingen. Er hatte ihr zu Weihnachten eine gelbe Porzellankanne mitgebracht, als Geschenk, wie er sagte, weil sie immer so nett zu seinem Neffen Ronald war, und am ersten Weihnachtsfeiertag hatte sie sich darin einen Darjeeling gemacht, so ein netter Mann, ungefähr so alt wie ihr Stevie. Als der noch klein war, ist sie mit ihren Fingern durch seine Haare gefahren, er hatte wunderschöne Haare, und manchmal wünschte sie, daß sie nach Manchester ziehen und ihn jeden Tag besuchen könnte.

Stevie war immer offen und ehrlich zu ihr, einen besseren Sohn konnte sich eine Mutter nicht wünschen, daher konnte er auch gar nicht im Unrecht gewesen sein, als er diesen Ärger mit den Drogen hatte, weil er ihr gesagt hat, daß das in Ordnung war, und was sie denken würde, welche Hilfsmittel Jesus bei seinen Visionen und Wunderheilungen benutzt hätte, und sie liebte

Jesus und ihren Sohn Stevie, in seiner süßen Unschuld war er schon fast ein Heiliger, so ein guter Junge, und es war schon ein Riesenglück gewesen, daß James damals gerade bei seiner Schwester zu Besuch war, als die Polizei wegen dieser gräßlichen jungen Frau vor der Tür stand, die gesagt hatte, daß Stevie sie im Park angefaßt hätte, eine gemeine und boshafte Lüge, weil ihr Mann Stevie nie so geliebt hatte wie sie, keine Mutter konnte ihren Sohn mehr lieben, als sie diesen Jungen liebte. James war immer so streng mit dem armen Stevie gewesen, hatte gesagt, daß er nicht ganz bei Trost wäre, aber das war das einzige, worüber sie sich je gestritten hatten.

Einige Drogen waren besser als Bier und schadeten dem Körper nicht so sehr, nicht wie Alkohol, der gewalttätig machte und den Tod brachte, das war alles ganz einleuchtend gewesen, als Stevie sich damals zu ihr gesetzt und ihr alles auf seine ganz eigene Art erklärt hatte, und sie fuhr ihm mit den Fingern durch die Haare, die gewaschen hätten werden müssen, aber in seiner Unschuld verstand er die Bedeutung der äußeren Erscheinung nicht. Aber wenn sie ehrlich zu sich selbst war, sah Doreen auch die andere Seite, weil man keine Chance hatte, rechtzeitig zur Arbeit zu kommen, wenn man täglich Drogen nahm, und dann landete man schnell bei der Fürsorge. Das galt für alle. Pünktlichkeit war wichtig. Sogar Mr. Donaldson war in erster Linie Geschäftsmann, und obwohl seine Lieblingsbeschäftigte gut mit ihm zurechtkam, wußte sie doch, daß er sie ohne zu zögern entlassen würde, wenn er meinte, daß sie ihre Arbeit nicht ordentlich machte. So war das Leben, man traf Entscheidungen und rückte die Dinge ins rechte Licht, und einige Leute kamen als unglückliche Nervenbündel in den Waschsalon, von der Gesellschaft zerstört, aus allen Schichten, von den Armen bis zu den nicht so Armen, alle hatten ihre Probleme, das ging ja wohl jedem so, allerdings war Doreen sich darüber im klaren, daß sie weniger Probleme hatte als die meisten anderen Menschen, aber das lag an den Reichen, die in ihr Viertel gezogen waren, die Immobilienmakler und Versicherungsagenten, die Männer und Frauen unter Dreißig, die Power-dressers oder wie sie das nannten, die ihr einfach ihre Unterwäsche gaben und redeten, als würde ihnen die Welt gehören, was sie auch tat, wenn man nur die Grundstücke und Bankkonten betrachtete.

Doreen hatte nie gewußt, daß es nur zwölfeinhalb Prozent des Geldes wirklich gab, daß der Rest nur aus Zahlen in Computern bestand, bis Stevie ihr das erzählte, nachdem sie ihn beim Durchwühlen ihres Portemonnaies erwischt hatte, als er gerade in einer schwierigen Phase seines Lebens steckte, aber das war nicht sein Fehler, der Teufel versuchte sich mit aller Macht in Gottes großartigster Schöpfung einzunisten, und es war gut, so etwas zu wissen, das sollte auf den Zetteln in den Weihnachts-Knallbonbons stehen, weil sie sich bei diesen hochnäsigen kleinen Gott-weiß-was in ihren teuren Sachen immer fragte, ob die verstanden, was das eigentlich bedeutete. Verstanden sie es wirklich? Sie zogen für ein paar Jahre in dieses Viertel, und dann verkauften sie ihre Grundstücke mit Profit, und die alteingesessenen Anwohner konnten es sich nicht mehr leisten, ein Haus in dem Viertel zu kaufen, in dem sie aufgewachsen waren, das war echte Gier, und Jesus warf ihren Tisch um und vertrieb sie aus dem Tempel. Wenn Stevie zweitausend Jahre früher geboren worden wäre, hätte er dasselbe getan, er wäre für die leidende Menschheit am Kreuz gestorben, und vielleicht würde Gottes Sohn eines Tages wiederkehren, der Pfarrer wußte auch nicht alles, auch wenn er ein guter Mensch war, und sie sah Stevie in der Wüste durch den Nebel kommen, der aus einem Haufen Hemden aufstieg, und hörte, wie seine Stimme das Rumpeln der Trockner übertönte, als er die Menschenmassen aufforderte, ihre Nächsten zu lieben.

Manchmal fühlte sie sich schuldig, weil sie ein so außergewöhnliches Glück hatte, aber James sagte immer, sie solle das

Leben genießen, solange sie konnte, denn eines Tages würde sie tot sein, im Grab war alles zu Ende, und deshalb war es gut, eine Religion zu haben, und vielleicht war es auch gar nicht so wichtig, welche es war, obwohl sie sich nicht vorstellen konnte, etwas anderes als Protestantin zu sein, und sie hätte es gerne gesehen, wenn Walter konvertiert wäre, seiner Seele zuliebe, aber normalerweise blieb man bei dem, was man als Kind kennengelernt hatte, und das war wohl auch besser so, denn wenn sie das, was der Pfarrer sagte, ganz genau untersuchte, fand sie vielleicht auch ein paar etwas fragwürdige Ideen, und was sollte dann aus ihr werden? Doreen hoffte nur, daß ihre Gedanken keine Gotteslästerung waren, weil sie wußte, daß der Herr sie hörte, aber Er hatte bestimmt Verständnis, weil sie eigentlich eine gute Frau war und wußte, daß Gott sie liebte.

James war wieder seine Schwester besuchen, die arme Kate war krank, die gute Luft in Wiltshire schien ihr nicht viel zu helfen. Es war großes Glück, daß sie einen so treuen Bruder hatte, die beiden waren sich immer schon sehr nahe gewesen, und ihre Familien waren befreundet, und sonntags waren die Kinder immer zum Abendessen vorbeigekommen, außer Stevie, der es in Manchester zu etwas gebracht hatte, sie sahen ihn nicht sehr oft, und er lächelte immer, aber um ehrlich zu sein hatte es nie größere Probleme gegeben, bloß ein paar Kleinigkeiten, als die Kinder noch Teenager waren und mit wenig Geld zurechtkommen mußten.

Doreen konzentrierte sich wieder auf den Waschsalon, sah, wie Mrs. Atkins ihre Wäsche in eine Maschine steckte, die arme Frau hatte letztes Jahr ihren Mann verloren und offenbar zu trinken angefangen, obwohl sie nicht nach Schnaps roch und immer ordentlich geschminkt war, aber die Leute sagten, daß sie sich an Gin hielt, weil der keine Spuren hinterließ. Doreen hoffte, daß es ihr gutging, und plötzlich kam Mrs. Atkins auf sie zu, etwas schwankend, und fragte nach einem Zwanzig-Pence-Stück, und

Doreen ging in ihre kleine Kammer, nahm die zwei Zehn-Pence-Stücke entgegen, gab Mrs. Atkins die Münze, und sie fingen an, sich Komplimente über ihre Kinder zu machen, was für anständige Menschen doch aus ihnen geworden waren und daß sie keine Drogen nahmen, die doch das Leben so vieler junger Leute heutzutage zerstörten, gegen ein wenig Marihuana ab und zu war allerdings nichts einzuwenden, sagte sich Doreen, die Stevies Stimme noch im Ohr hatte, und hinter ihr drehten sich die Trockner, sie öffnete und schloß die Tür wieder, die Durchreiche war eine feine Sache, vielen Dank, Mr. Donaldson.

Dann ging Mrs. Atkins wieder zur Waschmaschine, und Doreen überlegte, was sie heute abend essen würde, ob sie sich etwas gönnen und ein paar Samosas, eine große Tüte Pommes und vielleicht eine eingelegte Zwiebel holen sollte, das wäre schön. Sie dachte an den Besitzer der Döner-Bude, sie konnte seinen Namen nicht richtig aussprechen, und als sie ihm im Supermarkt begegnet war und ihn gegrüßt hatte, da roch er genau wie seine Döner-Bude, nach Fett, Öl, einer Mischung aus Döner-Fleisch und paniertem Fisch, das war schauderhaft, ihr hatte sich fast der Magen umgedreht, das war, als hätte er überhaupt keine Persönlichkeit, als hätte man sie in kochendem Öl fritiert und mit Essig und Chilisoße übergossen. Es war ekelhaft, der arme Mann war verheiratet, und vielleicht hatten seine Söhne deshalb immer so viele Schwierigkeiten mit Drogen und Schlägereien, sein Ältester saß im Gefängnis, weil er einen Polizisten verprügelt hatte, weil Jugendliche im Alter zwischen siebzehn und zwanzig grausam und gewalttätig werden konnten, da brauchte man sich nur mal ihren Neffen Mark anzusehen, aber der war inzwischen auch zur Einsicht gekommen und ganz friedlich geworden.

Doreen fragte sich, ob die anderen Kinder sich über ihren Vater lustig gemacht hatten, weil er wirklich unangenehm roch, und sie fühlte sich ganz schrecklich, weil er doch so ein netter

Mann war in seinem Imbiß, ganz höflich und zuvorkommend, und wenn sie etwas bestellte, gab er ihr immer riesengroße Portionen, er war Grieche oder Türke, sie hatte es vergessen und wollte nicht fragen, weil sie wußte, daß die beiden Länder nicht gut miteinander auskamen, aber er kam nie in den Waschsalon, und insgeheim war sie ganz froh darüber, fühlte sich aber auch schuldig, weil es ihr verhaßt gewesen wäre, seine Kleidung zu waschen, der arme Mann, schrecklich, so etwas immer mit sich herumzuschleppen, und deshalb fing sie an, sich Gedanken zu machen, das machte ihr ein wenig angst, erinnerte sie an das Gleichnis mit dem Werfen des ersten Steines. Er hatte so lange hinter seinem Tresen gestanden, daß er den Geruch seiner Döner-Bude angenommen hatte, und Doreen fragte sich, ob es ihr ebenso ergangen war.

Sie dachte an die Kleidung, die sie tagein, tagaus gewaschen hatte, und wie jeder Beutel einen eigenen Geruch hatte, der alles Wissenswerte über seinen Besitzer verriet. Aber was dachten andere Leute von der Frau aus dem Waschsalon, wenn sie ihr auf der Straße begegneten? Rochen sie schmutzige Kleidung? Vielleicht waren all die üblen Gerüche, mit denen sie im Laufe der Jahre zu tun gehabt hatte, durch ihre Poren in sie eingedrungen und hatten ihre Schweißdrüsen verändert. Vielleicht wandten sich Passanten von ihr ab, von ihrem Geruch nach schmutzigen Socken und stinkenden Unterhosen, T-Shirts mit Curryflecken und blutigen Jeans. Sie arbeitete jetzt schon so lange dort, daß sie sich an den Muff gewöhnt hatte, der aufstieg, wenn sie die Beutel mit Dreckwäsche öffnete, um den Inhalt so schnell wie möglich in eine Maschine zu stopfen und die Sünden der Welt wegzuspülen, wobei sie sich abwandte, ihnen auch die andere Wange hinhielt und ihren Kunden so die Möglichkeit gab, ihr Leben noch einmal von vorne anzufangen, unbefleckt, aber sie wußte doch, daß sie nicht aus der Vergangenheit lernten, sondern dieselben Fehler immer wieder machten und dann erneut zu ihr kamen, weil sie hofften, noch eine weitere Chance zu erhalten. Genau wie Stevie. Sie war bloß ein Rädchen im Getriebe, und ihr Lebenszweck war die Reinigung verschmutzter Hemden und dreckiger Taschentücher.

Der arme Mann in der Döner-Bude roch es wahrscheinlich, wenn sie kam, und er dachte, die arme Mrs. Roberts riecht nach der Wäsche anderer Leute und hat keine eigene Persönlichkeit, ist nur eine gesichtslose Frau mitten zwischen den Kleidungsstücken fremder Menschen, wo sie wäscht, trocknet und Hemden zusammenfaltet und Handtücher auf ordentliche kleine Stapel legt, und wenn er das dachte, sagte sich Doreen, dann hatte er vollkommen recht, da bekam sie nur, was sie verdient hatte, weil sie das gleiche über ihn gedacht hatte, den armen Mann. Sie blickte auf, und Ronald stand gerade mit seiner Wäsche auf der gegenüberliegenden Straßenseite, der Beutel lag schwer auf seiner Schulter, drückte ihn nieder, ein Polizeiwagen hielt, damit der Junge über die Straße konnte, und er stieß die Tür zum Waschsalon auf und sah Doreen unsicher an. Sie wußte, was er wollte; höflich, wie er war, traute er sich aber nicht zu fragen, so ein netter kleiner Junge, perfektes Benehmen, machte niemandem auch nur die geringsten Schwierigkeiten, und sie lächelte Ronald zu und sagte, er solle spielen gehen, weil er ein Kind war und Kinder spielen müssen, weil sie auf Schaukeln sitzen und Rutschen hochklettern müssen. Er grinste, reichte Doreen den Beutel, sagte vielen Dank, Mrs. Roberts, und Ronald war ein ehrlicher Junge, ein guter Junge, bis zu einem gewissen Alter waren alle Kinder ehrlich, bis es ihnen über den Kopf wuchs und sie verwirrt waren, armer Stevie, Gottes leidende Kinder, aber dieser Junge war anders, sie war sich sicher, daß er ein guter Junge war, und er würde der netten Mrs. Roberts, der Frau, die in dieselbe Kirche ging, die Wahrheit sagen, er würde ihr die Wahrheit sagen, und so fragte sie ihn, wonach sie roch, und er schreckte bei dieser seltsamen Frage nicht zurück, am besten sprach man mit Kindern ganz direkt, bei diesem kleinen Jungen brauchte sie sich nicht zu genieren, die Salamander in der Glut peinigten die Dame mit ihren Zinken, was für eine Strafe, Himmel und Hölle auf Erden. Ronald sagte, daß sie sauber roch. Wie schöne neue Kleidung. Dann drehte er sich um und verließ den Waschsalon, und Doreen lächelte und blickte ihm hinterher, als er die Straße entlang zum Kinderspielplatz ging.

Norwich zu Hause

Wenn Norwich kommt, hab ich immer nen Kloß im Hals. Als hätte irgend so ein Fossil von der Regierung das Hängen wieder eingeführt. Das passiert, wenn du nur nach hinten schaust. Du haust dich selbst in die Pfanne. Wirst ganz gefühlsduselig. Die Rentner leben von ihren Erinnerungen, weil sie von den Behörden nichts kriegen. Grad genug für Glühbirnen, aber den Strom, den sie fürs Benutzen brauchen, können sie vergessen. Aber ich habe meine eigenen Erinnerungen. Keine von diesen Kriegsgeschichten über den Blitzkrieg. Alberner Cockney-Scheiß über den Zusammenhalt in schweren Zeiten. So läuft das nicht. Nicht mehr. Höchstens bei ner kleinen Clique guter Kumpel, sonst geht da nix. Und schon gar nicht in Norwich.

Wir waren damals noch jung. Siebzehn oder achtzehn und n bißchen träge. Rod und ich waren nach dem Spiel noch zusammen, und wir sind an der Carrow Road in die falsche Richtung abgebogen. Haben uns über Gott und die Welt unterhalten und nicht aufgepaßt, wohin wir gehen, wie man das so macht, wenn man jung ist, und plötzlich stehen zwanzig Norwich-Fans vor uns. Unser Sinn für Mode muß ihnen verraten haben, daß wir Chelsea waren. Mehr so zum Spaß haben sie noch mal nachgefragt, und ich hab es ihnen noch mal ins Gesicht gesagt, weil ich wußte, daß wir Prügel kriegen, aber ich hab nicht gewußt, wie sehr es weh tun würde.

Die sind gleich richtig zur Sache gekommen. Am Anfang, als sie's auf meine Eier abgesehen hatten, konnte ich den Tritten noch ausweichen, dann hab ich zu Rod rübergesehen, und der hat auf der Straße gekniet, und sie haben seine Arme gehalten wie bei ner Kreuzigung, und drei oder vier Bauern haben ihm abwechselnd gegen den Kopf getreten. Ich bin hin und hab einem ins Gesicht geschlagen, dann ist so ein Arschloch von hinten in mich reingerannt, und ich bin gegen nen Betonpfeiler geknallt. Ich war am Boden und kann mich nur noch daran erinnern, daß ich benommen war. Sie haben mich dann zu Klump gehauen, und ich muß da ziemlich lange gelegen haben.

Ich weiß nicht, wie wir das geschafft haben, aber wir sind dann wieder auf die Beine gekommen und eine Gasse langgestolpert. Total in Panik. Meine Beine waren zu nichts zu gebrauchen, und Rod ist auch bloß so geschwankt. Konnten kaum sehen, wohin wir gelaufen sind. Sehenswürdigkeiten gab's da auch keine, bloß Holz und Ziegelmauern, aber ich erinner mich noch an den Geruch von regennassem Beton. So ein durchdringender schaler Geruch. Es ging bergab, dadurch ging's schneller vorwärts, und dann sind wir über einen Zaun gesprungen und haben uns zwischen Brennesseln auf den Boden gesetzt, haben gekeucht wie alte Männer bei einem Erstickungsanfall.

Die Norwich-Typen sind nicht hinterhergekommen, und nach ner Zeit hab ich über den Zaun gekuckt, und sie waren weg. Hatten sich in Luft aufgelöst, als wären sie nie dagewesen. Wir saßen einfach da. Von den Brennesseln haben wir nicht mal allzuviel abgekriegt, das wäre auch die endgültige Schmach gewesen. Rod hat sich an den Zaun gelehnt und Scheiße, Scheiße, Scheiße gesagt, als wäre die Nadel auf ner Platte hängengeblieben. Er hatte einen ziemlich irren Blick. Ich dachte, er wär durchgeknallt, hab mir aber mehr über mich Sorgen gemacht. Muß da mindestens ne halbe Stunde gesessen haben, mir tat alles weh, und mein Kopf war am Platzen. Wir hatten eine Scheißangst, weil der Bahnhof ganz schön weit weg war und wir keinen Bock auf ne zweite Portion hatten.

Irgendwann haben wir uns dann aufgerafft und sind übern Zaun geklettert. Sind zur Straße hoch und am Stadion entlang. Da standen welche und haben sich Karten fürs nächste Spiel gekauft. Junge Burschen mit Norwich-Souvenirs. Männer, Frauen und Kinder. Die große bäuerliche Fangemeinde macht auf glückliche Familie. Ich hab mich gefragt, ob die mitgekriegt haben, wie wir verprügelt worden sind. Ließ sich aber nicht feststellen. Haben sich benommen wie immer. Vielleicht hatten sie die Show gesehen, vielleicht auch nicht, ich weiß es nicht. Auf jeden Fall hat uns keiner geholfen, als Norwich uns die Sitten und Gebräuche der Bauerntölpel nähergebracht hat.

Das kann man ihnen natürlich nicht vorwerfen. Verängstigte Menschen mit ihren kleinen Scheißleben mischen sich nicht ein, bloß weil ein paar Chelsea-Teenager halb totgeschlagen werden. Aber hinterher hätten sie die Gasse runterkommen und nachsehen können, ob wir noch am Leben sind. Nix war. Hätten uns verrotten lassen. Da macht man sich so seine Gedanken über die anständigen Bürger. Die große Mehrheit ruft nach Recht und Gesetz und allem, was so dazugehört, Aufhängen und Kastration und gesalzene Strafen, aber die meisten sind bloß verklemmte Arschlöcher, die sich die Hände nicht schmutzig machen wollen. Solange sie die gleiche Meinung haben wie alle anderen, reißen sie das Maul auf, aber wenn's hart auf hart kommt, machen sie gar nichts. Schwimmen mit dem Strom. Diese riesige Flutwelle schwappt durch die Kanalisation. Scheiße und gebrauchte Gummis. Vielleicht war ihnen das einfach peinlich, oder sie dachten, daß wir es verdient hatten, weil wir jung waren und weit weg von zu Hause, aber in Norwich haben wir verstanden, was los ist, und sind erwachsen geworden. War eigentlich so ne Art Initiationsritus.

Ich hatte danach noch die ganze Woche Kopfschmerzen, und weil ich noch jung war und viel zuviel über Dinge nachgedacht hab, die vielleicht passieren können oder sollen, hab ich mir dann Sorgen gemacht, daß ich nen bleibenden Hirnschaden mit mir rumschlepp. Ich hab mir vorgestellt, wie so ein Blutklumpen in meinem Kopf herumkreist und auf ne gute Gelegenheit wartet, mich umzubringen. Es kam mir so vor, als wär die Sache die ganze Angst und die Aufregung nicht wert gewesen, aber als die Schmerzen nachließen, ging's mir gut, und ich bin wieder zu Sinnen gekommen. Manchmal muß einem ein bißchen Vernunft eingebleut werden, und seit der Sache haben sich unsere Überlebenschancen deutlich erhöht. Wir haben gemerkt, daß man im Leben mehr erreichen kann, wenn man nicht als Hooligan durch die Gegend zieht und die Klappe aufreißt. Wenn man schon das Risiko eingeht, verprügelt zu werden, dann haut man doch besser zuerst zu. Wenn man in der Gruppe unterwegs ist, haben alle am meisten davon, und man darf hoffen, daß man keine allzu heftige Abreibung bekommt, wenn denn doch mal was schiefläuft.

Dabei geht's um Zusammenhalt und Kooperation. Genau wie im Krieg ist auf einmal alles anders. Alle ziehen am gleichen Strang, und der Schwachsinn aus Friedenszeiten geht über Bord. Man tut, was getan werden muß, um die schweren Zeiten zu überstehen, und mit dem Rücken zur Wand entdeckt man noch viele verborgene Kräfte. Mein Opa nannte das Kriegssozialismus, als er noch am Leben war. Hat gesagt, daß die ganzen reichen Schweine sich auf die Zunge gebissen und auf ein System zurückgegriffen haben, das sie normalerweise verachten. Das waren andere Zeiten, und mein Opa ist mit anderen Werten aufgewachsen, aber im großen und ganzen läuft's auf das gleiche raus. Klar, wenn du losziehst, um Streit anzufangen, dann brauchst du einen guten Mob, der fest zusammenhält. Hat keinen Wert, daß ihr zu zehnt nach Leeds oder so fahrt und ne Keilerei anfangt, weil ihr das keine fünf Minuten durchhalten würdet.

Wie Fliegen auf die Scheiße, diese Norwich-Bauernlümmel haben uns erkannt, weil wir anders aussahen, und dann zusammengeschlagen, als würden sie ihre Schweinehälften weichklopfen. Wir haben uns wie Idioten benommen, aber das ist uns auch nicht noch mal passiert. Ziemlich alberne Geschichte, weil man mit nem anständigen Mob so'n ganzes Kaff auf den Kopf stellen und ohne größere Verluste wieder abziehen kann. Natürlich geht auch mal was schief, besonders bei den großen Clubs oder bei wichtigen Spielen. Da hängen die Anhänger der Heimmannschaft sich so richtig rein, und ihr kommt um ne Ecke und steht plötzlich tausend aufgeputschten Nordlichtern gegenüber, die euch direkt in die Notaufnahme schicken wollen. Innerlich hast du die Hosen voll, aber du bist so erregt, es ist die tollste Sache der Welt. Du schiebst die Angst beiseite und hast was getan, an das du dich dein Leben lang erinnern wirst. Es heißt, das ist das Adrenalin, und das kann auch stimmen, aber ich weiß nur, daß es nichts Vergleichbares gibt. Weder Drogen noch Sex, kein Geld, gar nichts.

Irgendwann bin ich ein alter Knacker, der nach ein paar Bieren besoffen ist, und wer weiß, wie die Welt um mich rum dann aussieht. Ich bin lahm und krank, und jedes Mal, wenn ich aus dem Haus geh, werd ich überfallen. Renten gibt's dann sowieso nicht mehr, und ich häng bloß noch vor der Glotze, seh mir eine Seifenoper nach der anderen an und warte auf den Tod. Aber wenigstens hab ich bißchen was vom Leben gehabt, als ich noch die Kraft dazu hatte. Und für meine Beerdigung werde ich auch nicht zahlen. Ein würdevoller Tod? Scheiß drauf. Ich kann jedem, der mir zuhört, Geschichten erzählen, und die Kids werden überrascht sein, daß es in der guten alten Zeit Leben gab. Werden mich mit anderen Augen sehen.

Ich hab das auch gemacht. Alten Knackern zugehört, die über ihre Jugend rumschwafeln. Aber wenn man sich mal Zeit zum Zuhören nimmt, dann schwafeln die gar nicht. Die Leute haben

Vorurteile und meinen, wenn jemand langsam redet, dann schwafelt er. Die Alten, die an Bushaltestellen und in Bibliotheken rumhängen oder im Pub, wenn sie n bißchen Geld übrig haben, und da nach was suchen, womit sie sich die Zeit vertreiben können, das sind die, von denen man was über Geschichte lernt. Die erzählen einem von Fußballkrawallen. Oder von Sex. Oder Drogen. Alles, was einen so interessiert. Alles schon mal dagewesen. Die lachen bloß und erzählen mir, daß wir Nullen sind. Daß London voller Weicheier ist.

Alles wie gehabt. Bloß ein bißchen globaler, und über den Dorftrottel wird von all den Leuten, die sich für John Pilger halten, ein Dokumentarfilm gedreht. Jeder sitzt vor der Glotze und schaut den anderen zu. Wenn man einem Rentner zuhört, weiß man, daß es in der guten alten Zeit jede Menge Fußballkrawalle gab. Man muß sich bloß mal Millwall ankucken. Denen hatten sie oft genug ne Stadionsperre verpaßt, und mir kann keiner ernsthaft erzählen, daß die Jungs am Samstag nachmittag nicht ordentlich hingelangt haben. Ich hab viele Stories gehört, und ich glaub fast alle. Ein goldenes Zeitalter voll Liebe und Frieden hat's nie gegeben. Das ist bloß so ne Erfindung von Presse und Fernsehen. Reinste Publicity. Zur Unterhaltung der Massen. Eine riesige beschissene Peepshow.

Obwohl wir in Norwich so verprügelt worden sind, seh ich die immer noch gerne Fußball spielen. Die Tradition einer Mannschaft wird über die Jahre weitergereicht, und jeder Verein hat seinen eigenen Zugang zum Spiel. Genau wie man gewalttätige Züge von seinem Vater erbt. Kann aber nicht behaupten, daß mein Vater da viel angestellt hätte, oder ich weiß einfach nichts davon. Hat sich wohl meist ziemlich zurückgehalten. Seine Pflicht getan und das Maul gehalten. Aber was Fußballmannschaften angeht, da läßt Norwich den Ball laufen und zeigt unterhaltsame Spiele. Davor hat jeder Fußballfan Respekt. Die Durchgeknallten, die jede Bewegung des Gegners im Auge behalten, genau wie die Sammler von Stadionmagazinen, die versuchen, die medizinischen Daten der Spieler zu schätzen. Ich seh zu den Norwich-Fans rüber und frage mich, ob die Typen, die uns eingemacht haben, dabei sind. Ich würde sie nicht erkennen, und man muß davon ausgehen, daß ein paar in der Zwischenzeit abgesprungen sind, geheiratet haben und sich um Kinder, Hypotheken, Verwandtenbesuch und so weiter kümmern. Aber ein oder zwei von den Typen sind wahrscheinlich noch dabei.

Eigentlich komisch, daß ich Norwich nicht hasse. Nicht mal diese Schweineficker, die uns in der Gasse an der Carrow Road verprügelt haben. Das sind bloß gesichtslose Schemen. Ich weiß, daß es nicht persönlich gemeint war. Das ist jetzt nur noch ein Traum, als wär es jemand anders passiert oder als würde ich mir ein Video ansehen, mit allen Zeitlupenwiederholungen und Standbildern, die man sich nur vorstellen kann. Das ist schon so lange her, aber den Chelsea-Rentnern auf der Osttribüne muß es vorkommen, als wäre es gestern gewesen.

Die sitzen hinten im Mittelrang, und man kann die Reihe roter Jacken über den Platz gerade so erkennen. Mit weißen Flecken dort, wo ihre Gesichter sein müßten. Genau wie die Norwich-Kolonne. Irgendwie gruselig, wenn man bedenkt, daß die Typen schon so lange dabei sind, wahrscheinlich seit dem Ersten Weltkrieg. Aber ich weiß nicht, ob von denen noch welche übriggeblieben sind. Müssen damals noch Kinder gewesen sein. Aber wer ist hier der Schwachkopf? Eine Handvoll armer Schweine sitzt hinter den Generaldirektoren und Politikern, aber in der Halbzeit, wenn alle sich in der Bar ihre Drinks holen, hocken die alten Knacker immer noch auf ihrem Fleck. Lachste dich krank. Ein Land, das sich seiner Helden würdig erweist, und das sind noch die Glückspilze, weil sie wenigstens ein Zuhause haben und Chelsea spielen sehen können.

Dann fallen dir ihre Kumpel ein, die es nicht geschafft haben, weil ihnen jemand die Birne weggepustet hat. Oder weil sie vom Senfgas abgenibbelt sind. An Rattenbissen verreckt. Im Schlamm ersoffen. Von Maschinengewehren niedergemetzelt. Das ist ein verdammter Alptraum, und mein Opa hat mir Geschichten darüber erzählt. Also, ich glaub nicht, daß ich n Feigling bin oder so, aber ich wär nie in den Ersten Weltkrieg gezogen, bloß weil ein paar eingebildete Arschlöcher, die das Land regieren, das für ne prima Idee halten. Für König und Vaterland und so'n Scheißdreck. Wenn ich ne Keilerei suche, brauch ich mich nicht ein Jahr lang bis zu den Knien im Dünnschiß in den Schützengraben zu hocken und mich mit französischen Puffs zufriedengeben, in denen jedes andere englische Militär-Arschloch sich einen hat abwichsen lassen. Keine Ahnung, wie die sich so reinlegen lassen konnten.

Müssen wohl andere Zeiten gewesen sein. Der Druck kommt anscheinend mit Kriegsbeginn, und dann gab's diese Frauen, die den vernünftigen Typen, die zu Hause bleiben wollten, weiße Federn geschickt haben, damit sie sich vor Scham doch noch aufraffen und ihr Leben in den Sand setzen. Viele haben es wohl für ne Art Abenteuer gehalten, aber wahrscheinlich wollten sie einfach nicht dableiben und sich das Leben schwermachen lassen. Und jeder, der ihnen übern Weg gelaufen ist, hat sie für Waschlappen gehalten. Lieber im Schützengraben sterben, als daheim von Abschaum gequält und aufgefressen zu werden. Kann ich verstehen, aber nach meinen eigenen Maßstäben. Entweder vor der Glotze sitzen und den ganzen Tag Kriegsfilme und Serien ankucken oder losziehen und sich n spannendes Leben machen. Von der täglichen Arbeit und den Spielchen abstumpfen lassen, bis man nur noch ein sabbernder Videospieler ist, oder vor die Tür gehen und sich ins wahre Leben stürzen.

Beim Fußball muß man sich entscheiden. Das ist keine einfache Wahl. Du willst schließlich nicht vor den Augen deiner

Kumpel die Biege machen, und je besser dein Ruf wird, desto mehr wird von dir erwartet. Aber da hab ich immer noch die freie Wahl, weil ich das für mich mache und nicht, weil die Wichser von der Regierung es von mir verlangen. Und genau das mögen sie nicht. Wenn's so richtig abgeht, haben sie so wenig Kontrolle über die Show, daß es fast nicht mehr wahr ist. Die fetten Schweine, die glauben, daß sie alles in der Hand haben, merken dann, wieviel Macht wir haben. Als größerer Mob können wir machen, was wir wollen. Deswegen machen die so'n Trara wegen der Sache. Verprassen Millionen für Kameras und die Polizei.

Kuck dir n Krieg an, da werden Millionen gekillt, aber wie viele Menschen sind denn beim Fußball gestorben? Nicht wegen Zäunen oder Holztribünen, sondern an den Kämpfen zwischen rivalisierenden Mobs? Alle sagen: Und was ist mit Heysel? Aber wenn man die Geschichte von den Scousern hört, von Typen, die wirklich dabeigewesen sind, dann erzählen die was ganz anderes als das, was in England bekannt ist. Keiner will, daß Menschen bei Fußballspielen sterben, absolut keiner, aber im Endeffekt meinen sie, daß es ein Unfall war. Man kann nicht abstreiten, daß es im Stadion Ärger gegeben hat, was soll's, aber was sie daraus gemacht haben, ist der reine Schwindel. Die Italiener haben auch ihre Durchgeknallten, und jeder, der sich ein bißchen im Fußball auskennt, weiß, daß das alles Messerstecher sind. Genau wie die Nigger haben die immer ne Waffe dabei, und wenn man sich mit Scousern unterhält, was ich bei Länderspielen ab und zu mache, hört man, daß schon vor dem Spiel Liverpool-Fans aufgeschlitzt worden sind.

Und dazu kommt noch das Spiel in Rom ein Jahr vorher, als die italienischen Mobs völlig ausgerastet sind und jeden Engländer angegriffen haben, Männer, Frauen und Kinder, einfach jeden, der für Liverpool war, eine Sache, die die Presse und die Regierung praktischerweise zu erwähnen vergessen haben.

Was erwarten die denn nach so was? Natürlich haben die Scouser ne Attacke gestartet, aber warum gibt keiner den Spaghettis ne Mitschuld, weil sie die Scouser angegriffen haben, als sie noch in der Überzahl waren? Wenn man sich die Bilder ankuckt, sieht man, daß beide Seiten durch einen Zaun voneinander getrennt waren. Aber wer stirbt letztendlich? Das sind die Leute, die da sind, um ein Fußballspiel zu sehen und kein Interesse am Zoff haben. Bei so was gehen immer die harmlosen Zuschauer drauf. Die Bullen sind durchgedreht, als sie die beteiligten Scouser identifizieren wollten. Die hatten doch die Videobänder, also warum haben sie nicht auch gleich nach den Italienern gekuckt? Weil es nur um die öffentliche Meinung geht, und die wird gesteuert. Die ganze Sache ist politisch, aber die Leute sind zu blöd, um das mitzukriegen. Wenn du nen Liverpool-Fan fragst, der dabei war, erzählt der die ganze Nacht davon.

Das Komische ist, wenn die Leute einen Fußballfan sehen, halten sie ihn für Abschaum. Aber die normalen Fußballanhänger haben durch die Bank vom Kind bis zum alten Knacker, vom Durchgeknallten zum Trainspotter im Lauf der Jahre die Propagandamaschine in Betrieb gesehen. Das ist Wissen aus erster Hand. Du kannst zu einem Spiel gehen, kriegst mit, daß da ein bißchen Zoff abgeht, und wenn du nach Hause kommst und die Zeitung liest oder die Glotze anstellst, denkst du, daß das woanders gewesen sein muß. Die Unmengen an Zeit und Energie, die die für kleine Scharmützel aufwenden, und die Art, wie sie übertreiben, das bringt einen wirklich dazu, über Wahrheit und Lüge nachzudenken. Das Fantastische dabei ist aber, daß wir es sind, wir, der Abschaum, besonders die großen Mobs, die es besser wissen als fast alle anderen. Wir kennen die Wahrheit, weil wir dabei waren.

Früher mal war ich bei Spielen, wo es größere Unruhen gegeben haben soll. Wir hatten unseren Spaß, das Ganze lief damals schon mal ernsthaft aus dem Ruder, aber es war meistens mehr Show als sonstwas, weil ja noch alles im Stadion abging. Aber so wie das dargestellt wurde, hätte man meinen können, Außerirdische würden die Erde besetzen. Die Wahrheit wird verdreht. Irgend jemand versaubeutelt das immer. Schlimmer noch, der normale Bürger will die Lügen glauben. Da brauchen die sich auch gar nicht viel Mühe zu geben. Die Leute denken nicht selbst. Deshalb ist die Politik auch so'n Haufen Wichskram. Lauter dösige Dumpfbeutel, die ihren Herren gehorchen.

Da ist dieser Typ, Big Bob West, der geht regelmäßig wie ein Uhrwerk jeden Freitagabend ins Unity, und regelmäßig wie ein Uhrwerk besäuft er sich da. Mit besaufen meine ich nicht, daß er betrunken ist, mit besaufen meine ich, er ist völlig weggetreten. Schüttet sich so viel Bier in den Hals, wie er reinkriegt, ohne sofort zu kotzen, und geht dann zu doppelten Whiskeys über. Wird nicht sauer oder traurig oder was in der Art. Ab zehn sitzt er einfach schweigend da, und man weiß nicht, was zum Teufel er denkt. Außerdem sind um die Zeit alle mehr oder weniger besoffen, wenn du also merkst, daß der sich komisch benimmt, will das echt was heißen.

Big Bob hat im Krieg gegen den Irak gedient und meint, er hätte reichlich Scheiße gesehen, bei deren Anblick jedem von uns schlecht geworden wäre. Sagt, viele hier zu Hause wissen absolut nicht, was da drüben los gewesen ist. Daß Zehntausende irakischer Kinder mit den Waffen umgebracht worden sind, von denen uns erzählt wird, daß wir sie hochachten sollen. Das war ein High-Tech-Krieg, und die irakische Armee konnte nichts machen. Frisch einberufene Dorfbengel, die von ein paar Berufssoldaten auf Trab gebracht werden sollten. Sagt, daß die Amerikaner und ihre Verbündeten Tausende Leichen mit Bulldozern vergraben haben, nachdem die Irakis sich aus Kuwait zurückgezogen haben. Daß sie sie auf dem Rückzug abgeschlachtet hätten. Die Arschlöcher von hinten erschossen. Die Yankees hätten es Schützenfest genannt. Die Flugzeuge haben am Himmel Schlange gestanden. Alle wollten beim Morden dabeisein. Er sagt, die Wahrheit werden wir nie erfahren.

Als er zum ersten Mal damit angefangen hat, sind ein paar Leute im Pub etwas stinkig geworden. Die wußten, daß er bei der Sache dabei war und mitgemacht hat und keiner von diesen Pazifisten ist, aber das wollten sie sich trotzdem nicht anhören. Ging mir genauso. Also für mich war Hussein ein echtes Arschloch, mit dem, was er so getrieben hat, auch wenn er am Anfang noch von England unterstützt worden ist, aber tief im Herzen will ich den ganzen Scheiß über strategische Waffen und Smart Bombs und wer weiß was für Mist glauben. Dann kann man sich nämlich mit ein paar Dosen Bier vor die Glotze setzen und die Sonderberichte und Nachrichtensendungen ankucken. Das ist dann mehr wie ein Film, und obwohl du nicht dabei bist und es absolut nichts mit deinem eigenen Leben zu tun hat, bist du doch einigermaßen beeindruckt, weil sie dir erzählen, daß du und die Deinigen daran beteiligt sind.

Aber Bob läßt sich nicht einschüchtern. Wenn er loslegt, seh ich ihm in die Augen, und die wandern nicht rum, wie bei jemand, der bloß bei den Leuten Eindruck schinden will. Er ist keines von diesen Arschlöchern, die wollen, daß alle sie für was Besonderes halten oder sich Sorgen um ihre Mitmenschen machen – oder für was Besseres, wie der Typ, den ich in Manchester umgehauen habe. Das sind mehr Selbstgespräche, als daß er mit uns redet. Erzählt keine Sauereien oder kein abgedrehtes Zeug. Kein gefühlsduseliges Gelaber. Er hat nur ein paar Wahrheiten verstanden. Ein paar Gestalten haben ihm am Anfang im Unity dann ziemlich zugesetzt, und ich hab mich gefragt, ob Bob gesund und munter aus Kuwait zurückgekommen ist, bloß um im Londoner Westen ne Flasche übern Kopf gezogen zu bekommen. Die hatten den Eindruck, daß er n Verräter ist oder so was, aber nachdem ich meine anfängliche Ablehnung überwunden hatte, hab ich verstanden, was er sagen wollte. Vielleicht hat das auch damit zu tun, daß mein Opa mir was aus seiner Soldatenzeit erzählt hat, aber der Fußball war dabei noch wichtiger.

Ich weiß, wie die Medien alles verdrehen. Ich bin dabei, wenn die Polizei allen das Leben schwermacht. Aber jetzt soll das plötzlich völlig anders sein, als würde sich auf dieser Welt irgendwas ändern, und das ist die endgültige Rache. Sie haben unserer Sache den Glanz genommen, aber jetzt sind wir so weit in den Untergrund gegangen, daß sie keine Chance mehr haben. Sie sagen, daß die härtesten Burschen aus den achtzigern inzwischen erwachsen geworden sind und sich durch Drogenverkauf oder andere kriminelle Maschen eine neue Existenz aufgebaut haben. Aber es rücken immer junge Leute nach, und einige von den älteren sind auch noch dabei. Zu einem großen Spiel tauchen die bekannten Gesichter wieder auf. Wie aus dem Nichts. Halten sich im Hintergrund, nutzen ihre Erfahrung dazu, die Kameras zu umgehen. Haben die entsprechenden Stellen im Kopf mit einem großen schwarzen Kreuz markiert. Man macht das, solange es geht, wer weiß, vielleicht bin ich ja in fünf Jahren oder so ausgebrannt und lehn mich zurück und laß die Jüngeren machen. Aber nach Stamford Bridge komm ich dann immer noch. Daran wird sich nichts ändern.

Norwich spielt einen wunderschönen Steilpaß durch die Verteidigung von Chelsea, und die Bauerntölpel versenken den Ball im Netz. Wir fluchen und rufen den Drecksäcken zu, daß sie sich wieder auf ihren Rübenacker verpissen sollen, als könnten sie uns hören. Harris sitzt kopfschüttelnd zwischen Black Paul und Martin Howe. Rod brüllt etwas über Gummistiefel und die Kunst des Schweinefickens über die Tribüne. Ein Bulle sieht zu ihm rüber, kümmert sich dann aber nicht weiter darum. Wir bewundern das Tor, den präzisen Vierzig-Meter-Paß, die schöne Annahme des Stürmers und den direkten Schuß unter die Latte, aber man steht einfach nicht auf und applaudiert der gegnerischen Mannschaft. Für derartiges Benehmen ist kein Platz. Man gibt keine Schwachstellen preis. Man muß beharrlich und standhaft bleiben, immer loyal sein. Der Welt in geschlossener Formation entgegentreten.

Manchmal muß man dazu seine Gefühle verstecken, aber das passiert nicht allzuoft und nie in größerem Ausmaß. Schon wahr, daß es ein schönes Tor war. Echt sehenswert. Aber keiner von uns will fair sein. Das Tor macht uns keinen Spaß, auch wenn wir die Kunstfertigkeit bewundern, die dahintersteckt. Wir sind Chelsea, und damit hat sich's. Für Unentschlossenheit oder Abweichung ist kein Platz. Das kommt nicht in die Gleichung, und als die Norwich-Spieler feiern, rufen wir ihnen zu, daß sie mit dem verdammten Kick weitermachen sollen, diese zurückgebliebenen Söhne schweinefickender Bauerndeppen. Sie können nicht lesen und nicht schreiben, aber wenigstens können sie Traktor fahren. Wir lachen.

Die erste Hälfte ist zu Ende, und in der Halbzeit geh ich pissen. Eine Schlange drängelt sich am Männerpissoir. Bierstau. Keiner will während des Spiels pissen gehen und sich der Gefahr aussetzen, etwas zu verpassen. Passiert natürlich jedem mal, daß man losgeht, weil man denkt, jetzt ist es sicher, und auf dem Platz läuft sowieso grad nichts zusammen. Du kommst hin, holst ihn raus, die Pisse strömt raus wie beim Orgasmus, und plötzlich hörst du das Gebrüll, bei dem sich deine Eier in den Körper ziehen, als hätte irgend so ein Drecksack aus Millwall dir gerade seinen Fuß reingerammt. Chelsea hat ein Tor gemacht, und du Arsch hast es verpaßt, und das Glücksgefühl, das das lange verkniffene Pinkeln dir bereitet hat, ist versaut, und du stürzt mit nasser Jeans zurück, weil sich erhebliche Konzentrationsschwächen bemerkbar gemacht haben. Wenn du ankommst, beruhigen sich deine Kumpel gerade wieder und lachen noch über dich, weil du alles verpaßt hast. Früher oder später passiert das jedem mal, und im nächsten Jahr hältst du bis zur Halbzeitpause durch, bis du irgendwann noch mal das Risiko eingehen mußt. Dann passiert's wieder. Das muß so sein.

Ich hol mir ne Tasse Tee und geh zu meinem Platz zurück. Mark und Rod reden mit Harris. Er erzählt von Liverpool. Wie ein paar jugendliche Scouser ihnen die Scheibe vom Bus eingeschmissen haben. Der Bus fuhr aus Liverpool raus, und fünf oder sechs Kids sind aus dem Nichts auf ihn losgestürmt und haben ne Axt durch die Scheibe geworfen. Das Glas hat ihr zwar die Wucht genommen, sie ist aber trotzdem direkt neben Billy Bright gelandet. Wir lachen, weil er gerade erst seinen Job verloren hat und das Pech einen normalerweise dreimal erwischt. Was kommt noch? Der Typ sollte sich mal ne Weile n bißchen bedeckt halten.

Er hat als Kind im Werkunterricht seine rechte Hand verloren, erzählt aber, er hätt's ner schwarzen Braut mit der Faust besorgt, und sie hätte angefangen zu zucken und zu ihm gesagt, was für'n toller Hecht er ist. Er sagt, er wollte sie dann rausziehen, weil sie am Kommen war und er ja seinen faschistischen Prinzipien treu bleiben mußte. Wollte der minderwertigen schwarzen Rasse kein Vergnügen bereiten. Aber er hat zu schnell gezogen und hatte eine Hand weniger. Über die Geschichte lachen alle. Wenn Black Paul oder John dabei ist, erzählt Billy sie nie.

Mark will sich eine kleine Freude machen und fängt an, Salz in alte Wunden zu streuen. Er fragt, ob ich mich noch an damals in Norwich erinnern kann. Als Rod und ich einen übergebraten gekriegt haben. Ich nicke, und er erzählt Harris die Story. Wie Norwich uns gezeigt hat, wo's langgeht. Rod läuft rot an, weil es ihm peinlich ist, und ich hoffe, daß das bei mir nicht so deutlich zu sehen ist. Mark weiß, daß er uns damit auf die Palme bringt. Harris bricht in lautes Gelächter aus, genau wie Martin Howe hinter ihm. Sie lachen, weil Norwich absolute Nullen sind. Wie kann man sich da nur ne Abreibung holen? Das Schlimmste daran ist die Kränkung. Von einer Bauernhorde. Die Geschichte wird sich schnell verbreiten. Ich fühle mich irgendwie gedemütigt. Sag Mark, daß er ein Arschloch ist, und versuch, drüber zu lachen. Erzähl ihm, daß ich verdammt noch mal wenigstens dagewesen bin.

Dann leben sie noch heute

Albert würde zu spät zu seinem Termin kommen. Er sollte in zehn Minuten beim Sozialamt sein. Er mußte zur Haltestelle, dort auf den Bus warten und hinfahren. Wenn es gut lief, würde er nur fünf Minuten zu spät kommen. Er zog seine Jacke an, kämmte sich vor dem Spiegel, putzte sich die Zähne und wusch sich die Hände. Er trocknete sie ab. Er war fertig und sah auf die Uhr. Ging in die Küche, um sich zu vergewissern, daß alles abgedreht war. Er sah nach den Wasserhähnen. Er zählte sie. EINS, ZWEI. Prüfte die Schalter am Herd. EINS, ZWEI, DREI, VIER. Alle auf Null. Er untersuchte den Schalter für den Backofen. AUS. Die Temperatureinstellung stand auf HEISS, galt aber nur, wenn der Backofen auf AN stand. Er roch kein Gas. Diese Bestätigung hatte er gebraucht.

Albert ging aus der Küche und zog sein Jackett an. Neu hatte es viel Geld gekostet, und er gab sich immer Mühe, wenn er zu einer Behörde ging. Das war Teil seiner Erziehung, es lag seiner Generation im Blut. Er fühlte sich sauber, und das gab ihm zusätzliches Selbstvertrauen. Man konnte gar nicht genug Selbstvertrauen haben. Er öffnete einen Knopf und ging ins Badezimmer. Er sah die Wasserhähne am Waschbecken an. EINS, ZWEI. Beide ZU. ER wollte sie noch weiter zumachen, aber der Klempner hatte die Dichtungen schon einmal ausgetauscht, weil Albert sie immer zu fest zudrehte. Mit zusammengekniffenen Augen betrachtete er die Badewanne. EINS, ZWEI. Er wartete darauf, daß der Warmwasserhahn tropfte. Ein träger

Wassertropfen bildete sich und fiel hinunter. Albert hörte ein leises Plitschen.

Albert trat in den Raum und setzte sich auf den Wannenrand. Er wartete auf den nächsten Wassertropfen. Es dauerte eine Weile, bis der sich gebildet hatte. Er rutschte näher ran und sah zu, wie das Wasser zusammenlief. Der Tropfen schwoll an, dann riß die Oberfläche, und er fiel in die weiße Wanne. Er sah nach dem Stöpsel, aber der war weit weg vom Abfluß, und so wußte er, daß hier keine Probleme entstehen konnten. Die Badewanne durfte auf keinen Fall überlaufen und die darunterliegende Wohnung überschwemmen. Da wohnte ein fieser Kerl. Albert war zu alt, um sich mit aggressiven jungen Männern anzulegen. Sein Herz war nicht mehr das, was es mal war, und der Arzt hatte zu ihm gesagt, daß er es ruhig angehen lassen sollte. Seine Nerven waren nicht mehr so stark wie früher, und er hatte sich nach innen gekehrt. Er war etwas durcheinander und machte sich Sorgen über die Zukunft. Aber er hatte seinen Glauben, und der half ihm zu überleben.

Albert war nicht reich und mußte zu seinem Termin, aber der Wasserhahn beunruhigte ihn. Er wehrte sich gegen die Schwäche, und seine Unentschlossenheit widerte ihn an. Er mußte sich in den Griff bekommen und sein Leben in die Hand nehmen. Sonst würde er noch seine Selbstachtung verlieren, und wenn das geschah, war er verloren. Er kämpfte gegen seine Angst an und wußte, daß die Badewanne nicht überlaufen würde. Es tropfte nicht stark genug, und der Stöpsel war weit vom Abfluß entfernt. Er stand herausfordernd auf. Knöpfte sein Jackett zu, das aufgegangen war. Er hielt eine Hand unter die Wasserhähne am Waschbecken. Sie blieb trocken. Er machte dasselbe an der Badewanne. Der Kaltwasserhahn war dicht und trocken. Am Warmwasserhahn spürte er, wie ein Tropfen auf seine Handfläche fiel. Das ging schon in Ordnung. Er brauchte sich keine Sorgen zu machen. Er prüfte die Hähne in der Küche und vergewisserte sich, daß der Herd abgestellt war. Er ging die Treppe hinab und schloß die Eingangstür.

Es war ein schöner Tag. Der Himmel war blau, und die Kälte störte Albert nicht. Er nahm sich vor, öfter mal rauszugehen. Er war seit vier Tagen nicht aus seiner Wohnung gekommen und hatte ein paar kühle, klare Tage verpaßt. Mit dem Alter wurden die Winter immer anstrengender. Er konnte die Heizkosten nicht bezahlen, und der Doktor hatte ihm geraten, eiweißreiche Kost zu essen. Aber Eiweiß kostete Geld. Er hatte dreihundert Pfund auf dem Konto, und die waren für seine Beerdigung bestimmt. Die Wintermonate zogen sich dahin, und Albert war sich sicher, daß es von Jahr zu Jahr kälter wurde. Vielleicht stand eine neue Eiszeit vor der Tür. Er wünschte sich, wieder jung zu sein. Er wünschte sich, daß er mit seinem Bruder im Pub sitzen und mit ihm lachen und trinken könnte, wie sie es als junge Männer getan hatten. Aber sein Bruder war tot. Alle waren tot. Albert war am Leben. Er lebte und sollte das Beste daraus machen. Es könnte schlimmer sein. Und er hatte die dreihundert Pfund beiseite gelegt. Das konnten sie ihm nicht nehmen. Er würde seine Beerdigung aus eigener Tasche bezahlen.

Albert Moss war kein Schmarotzer und wollte keine Almosen. Er hatte seine Selbstachtung. Er kam bis zur Ecke und blieb vor dem Maklerbüro stehen. Er spürte, wie das Wasser auf seiner Hand trocknete. War der Hahn dicht gewesen, als er die Wohnungstür fest hinter sich geschlossen hatte? Würde Gas ausströmen und sein Heim zerstören? Er kam zu spät zu seinem Termin und brauchte die fünf Pfund, die er als Heizkostenzuschuß beantragt hatte, aber er mußte umkehren und nachsehen. Er würde sich beeilen. Er würde flott zu seiner Wohnung zurückgehen und ein letztes Mal seine übliche Runde machen. Wenn er schnell machte, war alles in Ordnung, und alle waren zufrieden. Mehr wollte er ja gar nicht.

Michelle Watson war eifrig, aufrichtig und arbeitete für den Staat. Albert Moss hatte den gestrigen Termin nicht eingehalten, und sie kannte den Rentner gut genug und war sich darüber im klaren, daß ihn vor allem sein Zustand vom Kommen abgehalten hatte. Das war schon mehrmals vorgekommen. Als überzeugte Sozialistin war Michelle entsetzt, wie Rentner aus der Arbeiterklasse darauf dressiert worden waren, ihre finanziellen Ansprüche als Almosen zu betrachten. Das änderte sich langsam, aber es hätte gar nicht erst dazu kommen dürfen. Da er kein Telefon hatte, würde sie ihm schreiben und einen neuen Termin vorschlagen.

Manchmal verzweifelte Michelle schier an den Menschen der Arbeiterklasse, mit denen sie Tag für Tag zu tun hatte, besonders bei ihren jüngeren Mitgliedern. Die kamen gar nicht auf die Idee, ihre Wut und Aggression in den Dienst der Solidarität der Arbeiterklasse zu stellen, sondern betranken sich bis zur Besinnungslosigkeit und fingen dann wegen irgendwelcher Belanglosigkeiten Streit an. Für diese selbstzerstörerischen Züge gab es keinerlei logischen Grund, besonders da doch die Menschen, die ihnen ihr Leben durch ungerechte Gesetze und reaktionäre Propaganda zerstörten, so nah waren, gleich nebenan in den Houses of Parliament. Die jungen Männer prügelten sich oder gingen nach der Sperrstunde auf der Staße oder in den Clubs mit Messern aufeinander los oder rasteten aus, wenn sie an einer Ampel von anderen Autofahrern geschnitten wurden. Andererseits erlaubten sie bornierten Schwächlingen in Anzügen, sie auszunehmen und ihnen zu sagen, wen sie hassen sollten.

Wenn die Ecstasy-User oder die Crashkids auf ihren Spritztouren zu sich kämen und überlegten, was um sie herum geschah, würden sie bessere Möglichkeiten finden, sich auszutoben. Michelle fand es unlogisch, daß man sich bis oben hin mit Drogen vollstopfte und die Lebensrealität ignorierte. Alles, was in der Gesellschaft passierte, war politisch. Diese Fußballhooligans, von denen sie gelesen hatte, wichen den Problemen aus, indem sie sich gegenseitig wegen eines Sports zu Klump schlugen. Das war einfach unglaublich. Sport war die ultimative Würdelosigkeit der kapitalistischen Gesellschaft, da er auf der Bedeutung des Wettbewerbs beruhte, der Verschwendung von Ressourcen, weil die Energien der Menschen vom Klassenkampf auf alberne Spiele umgelenkt wurden. So viele dieser jungen Männer waren reaktionäre rechte Schläger, und sie konnte sich gut vorstellen, daß an die fünfundneunzig Prozent von ihnen rechtsextremistischen Organisationen nahestanden. Sie war nie bei einem Fußballspiel gewesen, fühlte sich aber hinreichend qualifiziert, sich dazu zu äußern.

Als radikale Sozialistin, die im tiefsten Hampshire aufgewachsen war, jetzt aber in London das Leben genoß, setzte Michelle ihre Hoffnungen auf die schwarze Bevölkerung. Sie war jahrhundertelang geknechtet worden, die unterdrückteste aller Menschengruppen. Mit der Unterstützung gebildeter Weißer wie ihr würden die Schwarzen sich langsam nach oben kämpfen, und unter den schwarzen Jugendlichen auf den Straßen gab es ein großes Potential kräftiger junger Männer für politische Kadergruppen, die in der Lage waren, die Barrikaden kapitalistischer und rassistischer Unterwerfung zu durchbrechen. Sie mochte den Gangsta-Rap der Pioniere wie NWA und Public Enemy, obwohl die gewaltverherrlichenden und sexistischen Texte dem methodischen politischen Kampf nicht gerade förderlich waren. Immerhin berichteten sie offenbar über die Realität des Straßenlebens in Los Angeles und New York, und da konnte man eine gewisse Großzügigkeit an den Tag legen.

Sie sortierte die Akten auf ihrem Schreibtisch und öffnete den nächsten Ordner. Billy Bright. Als er mit der Wartenummer in der intakten Hand in ihr Büro kam, stellte sie fest, daß er ein verkrüppelter Neonazi sein mußte. Er hatte sehr kurze Haare und trug eine schwarze Bomberjacke, wie sie in Fernsehberichten über die faschistischen Ausschreitungen in der Brick Lane zu sehen gewesen waren, und auch wenn der Augenschein meistens trog, durfte man sich in rechtsradikalen Angelegenheiten auf ihn verlassen. Sie las seine Akte und ließ den Mann warten. Gegen solche Dinge mußte sich der Sozialismus zur Wehr setzen. Er war von seiner Firma entlassen worden und erwartete jetzt vom Staat, daß er ihm aus der Patsche half.

Mr. Farrell war nach dem Krieg Gärtner geworden. Er mochte Bäume und Blumen und hatte das Glück gehabt, einen Job bei der kommunalen Parkverwaltung zu ergattern. Die Jahreszeiten kamen und gingen, und da er viel draußen arbeitete, wußte Mr. Farrell diese Veränderungen zu schätzen. Durch die Arbeit war er in guter körperlicher Verfassung, und jetzt, wo er in Rente war, kam ihm sein gesunder Lebenswandel zugute. Er ging meistens zu Fuß, um die Energieströme in seinem Körper am Fließen zu halten und weil er sich frei in der demokratischen Gesellschaft bewegen wollte. Er klopfte an die Tür, von der die Farbe abblätterte, und wartete.

– Hallo Albert, sagte Mr. Farrell, als sein Freund öffnete.

Albert Moss trat zur Seite, und Mr. Farrell ging in die Wohnung. Sie war makellos sauber, und Mr. Farrell war immer wieder überrascht von der Reinlichkeit und Ordnung, die Alberts Leben bestimmten. Er putzte jede Woche die ganze Wohnung, und die Möbel waren in tadellosem Zustand. Mr. Farrell ging durch den Flur ins Wohnzimmer und sah, daß Albert alles für ihn vorbereitet hatte. Eine Kanne heißer Tee stand auf dem Tisch, und zwei Lehnsessel waren so zurechtgerückt, daß sie sich schräg gegenüberstanden.

– Nehmen Sie eine Tasse? fragte Albert und wartete darauf, daß Mr. Farrell die Kekse herausholte, die er immer mitbrachte.

– Sehr gerne. Es ist schön draußen, aber ein wenig frisch.

Die beiden Männer setzten sich in die Sessel und pusteten in den Tee, damit er schneller abkühlte. Sie redeten nicht viel und aßen ihre Kekse. Mr. Farrell genoß die ruhige Stimmung. Ihm gefiel Alberts Wohnung.

Sein Freund hatte sich die Mühe gemacht, alte Fotos zu rahmen und strategisch im Zimmer zu verteilen. Die meisten waren Schwarzweißbilder, die sich auf der weißen Wand gut machten, obwohl Mr. Farrell sich fragte, wie die goldene Pagode in Rangoon in Farbe ausgesehen hätte. Albert hatte das Foto im Krieg gemacht, als er in Burma stationiert gewesen war, und er behauptete, daß er das Original noch im Gedächtnis hätte und es dort auch niemals abhanden kommen könnte. Eine farbige Zeichnung stach hervor, ein Geschenk von jemandem aus der Spiritistengemeinde, deren Gottesdienste er regelmäßig besuchte. Sie stellte seine Aura dar. Mr. Farrell wußte nicht genau, was das bedeutete, fand sie aber interessant, ähnlich wie ein abstraktes Kunstwerk.

– Bist du soweit? Fangen wir an?

Die Vorhänge waren zugezogen, und die beiden Männer saßen schweigend und mit geschlossenen Augen in ihren Sesseln. Gleich würde Albert zu reden anfangen, und Mr. Farrell konnte mit den Menschen in Kontakt treten, die er liebte, die aber die Schwelle zur anderen Seite überschritten hatten. Albert versuchte sich völlig zu entspannen, damit die Geister zu ihm kamen. An tropfende Wasserhähne dachte er nicht.

Nummer 46 betrachtete die Angestellte, die in seinen Papieren blätterte. Sie sah ziemlich gut aus, aber er war momentan nicht auf Damenbekanntschaft aus. Er war pleite. War von ebenjenen Industriemagnaten entlassen worden, die dauernd über nationale Identität rumquakten und das in England verdiente Geld dann im Ausland anlegten. Tief in seinem Inneren spürte er den Haß, den er unter erheblichen Anstrengungen geschluckt hatte und der jetzt in seiner Magengrube schwelte. Die Frau sah aus wie eine Trotzkistin, mit dieser Brille, blasser Haut, ungepflegten langen Haaren und gelben Fingern von den vielen selbstgedrehten Zigaretten: so eine naive Person, die von außerhalb in sein Territorium gekommen war und keine Ahnung hatte, was hier abging, und alle möglichen Minderheiten durch sogenannte positive Diskriminierung zu puschen versuchte. Solche Leute redeten zwar dauernd über die Arbeiterklasse, hatten aber keinen Schimmer, was das eigentlich war. Er konnte sich auch irren, war sich aber ziemlich sicher. Die sahen doch alle gleich aus. Lesben und Marxistinnen mit Hypotheken, bei denen das Abschlußdiplom von der Universität im Rahmen neben dem Futon hing.

Er sagte aber nichts, weil er keinen Ärger mit der Frau hatte und etwas Geld brauchte, um über die Runden zu kommen, bis er einen neuen Job hatte. Seine Scheißchefs hatten die finanziellen Mittel ins Ausland verschoben, um ein paar Pfund einzusparen, und dreißig Leute durften stempeln gehen. Die Topmanager der Firma hatten sich für die erfolgreichen Einsparungen einen kräftigen Bonus genehmigt. Faschismus war eine faszinierende Sache. Wenn die Redner auf den kleinen heimlichen Versammlungen verlangten, daß Kinderschänder, Vergewaltiger und das Gesindel in der Konservativen Partei aufgehängt werden sollten, hörte sich das ziemlich gut an. Die Typen, die diese Auffassung teilten, liefen auf Demos mit, und auf der anderen Seite des Polizeikordons standen die Sozialarbeiter und Studenten mit Plakaten und beschimpften sie als Nazis. Damit stärkten sie ihre Entschlossenheit aber nur. Er stand nicht auf diese Militärgeschichten, machte sich aber trotzdem kampfbereit. Er war ein weißer, heterosexueller Engländer und hatte es satt, sich dauernd sagen zu lassen, daß er Dreck war.

Die Schwulen und Juden bei den Konservativen legten sich nicht nur gegenseitig aufs Kreuz. Die haben der weißen Bevölkerung die liberalen Wichser bei der BBC untergejubelt und sich die ganzen Traumjobs in den Medien gesichert. Daß die Zionisten die Medien unter Kontrolle hatten, war zwar ein Klischee, stimmte aber trotzdem, und man brauchte bloß mal zu kucken, wie Washington das britische Establishment manipulierte, dann wußte man, wie der Hase lief. Der Ku-Klux-Klan hatte sich in den Staaten Gehör verschafft, und es wurde langsam Zeit, daß sich auch in England die nationalistischen Gruppierungen einen Namen machten. Wie es aussah, konnte jede ethnische oder religiöse Minderheit einfach aufmarschieren, sich ihre Hilfsgelder abholen und wurde sofort noch ganz oben auf die Warteliste für Sozialwohnungen gesetzt, während die Weißen sitzengelassen wurden und zusehen mußten, wie sich die Linken breitmachten und ihre althergebrachte Lebensweise in den Dreck zogen.

Billy Bright haßte die Konservativen noch mehr als den linken Abschaum. Die Torys hatten den Patriotismus vereinnahmt und mit dem Union Jack rumgewedelt und den Mann auf der Straße dabei ausgenutzt wie ein Huhn in einer Legebatterie. Er hätte gern das ganze Kabinett an Straßenlaternen baumeln sehen. Obwohl diese Wegelagerer mit dem feinen Akzent ab und zu mal ganz leise was über die Rassenzugehörigkeit sagten, traute er ihnen nicht über den Weg. Juden in gehobenen Positionen strotzten nur so vor Doppelmoral. Hitler hatte verstanden, was Sache war, und auch wenn er mit der Massenvernichtung einer Rasse nicht einverstanden war, mußte er doch zugeben, daß er sich da wahrscheinlich wie der Großteil der Deutschen herausgehalten und behauptet hätte, er hätte nichts davon gewußt. Den Untermenschen im Osten die Drecksarbeit zu überlassen war einfacher, als sich selbst die Hände schmutzig zu machen. Manchmal regte er sich aber so sehr über den ganzen Scheiß auf, daß er sich schon dabei sah, wie er auf der Straße stand und das ganze Gesindel rausschmiß. Er kannte die offizielle Linie, hätte die Banker aus der City und die anderen Wichser aus den Privatschulen aber am liebsten in den ersten Zügen gesehen, die aus

Paddington Richtung Osten fuhren. Wenn das Ganze amtlich wurde, mußte er sein Leben allerdings ziemlich ändern, weil Drogen, Alkohol und willkürliche Gewalt nicht mehr toleriert werden würden. Er müßte ein neuer Mensch werden und hoffte nur, daß seine Behinderung ihm nicht im Weg stand, wenn es hart auf hart kam.

Alle waren den Umständen entsprechend zufrieden. Albert Moss war friedlich entschlafen, und seine Leiche wurde vier Tage später gefunden, weil Mr. Farrell sich Sorgen machte, als auf sein Klopfen niemand an die Tür ging. Mr. Farrell war traurig, wußte aber, daß jeder irgendwann sterben mußte und es Albert besser hatte im Leben nach dem Tod, an das er mit solcher Inbrunst geglaubt hatte. Wenigstens war er friedlich im Schlaf dahingegangen und nicht gezwungen gewesen, einen langen Krankenhausaufenthalt wegen einer schweren Krankheit über sich ergehen zu lassen. Er war nicht an Krebs gestorben und hatte die letzten Jahre seines Lebens nicht nach einem Schlaganfall gelähmt im Bett verbracht. Der Tod hatte ihm seine Würde nicht genommen, und er konnte einen Teil seiner eigenen Beerdigungskosten übernehmen. Seit Albert sich zum letzten Mal danach erkundigt hatte, waren die Preise in die Höhe geschossen, und Mr. Farrell war froh, daß die geizige Bagage im Stadtrat gezwungen war, ihren Teil dazu beizutragen.

Der Nachbar, der unter Albert wohnte, war auf seine Art auch zufrieden, denn obwohl ihm der alte Knabe, der in Burma und auf der malaiischen Halbinsel gekämpft hatte, ein wenig leid tat, brauchte er sich jetzt nicht mehr anzuhören, wie über ihm die Wohnung auf den Kopf gestellt wurde. Das hatte ihn manchmal zur Weißglut getrieben, wenn um drei Uhr morgens Möbel herumgerückt wurden, und wenn er Mr. Moss mit einem freundlichen Hallo gegrüßt hatte, war der auch nicht gerade zuvorkommend gewesen. Er hatte gehört, daß der alte Mann spiritistische

Sitzungen veranstaltete, und obwohl er nicht abergläubisch war und auch nicht an Geister glaubte, war Mr. Moss' Nachbar etwas mulmig bei dem Gedanken, ein Gespenst als Untermieter zu haben, das vielleicht bloß auf einen kurzen Schwatz vorbeigekommen war und sich dann doch zum Bleiben entschloß.

Michelle Watson war hochzufrieden, weil Mr. Farrell die Leiche schon nach vier Tagen entdeckt hatte. Sie hätte erhebliche Schwierigkeiten bekommen können, wenn die Leiche monatelang unentdeckt herumgelegen und irgendein Journalist einer Lokalzeitung Wind davon bekommen hätte. Es hatte ein paar ähnliche Vorfälle gegeben, die von den überregionalen Medien ausgeschlachtet worden waren, und so etwas hinterließ einfach keinen guten Eindruck, egal wie einleuchtend die Erklärung auch sein mochte. Die Hauptschuld wäre zwar den Nachbarn angelastet worden, aber man hätte auch die Sozialdienste überprüft, und eine Beteiligung an einer so unerfreulichen Geschichte wäre für ihre Karrierechancen gewiß nicht förderlich gewesen. Sie war ehrgeizig und wußte, daß sie alles hatte, was man brauchte, um es zu etwas zu bringen.

Newcastle auswärts

Ich bin besoffen und hab Hunger und sag der Braut hinterm Tresen, daß sie mal n bißchen hinmachen soll. Der Bus fährt gleich, und zum Rumhängen ist keine Zeit. Der China-Imbiß ist voll mit Suffköpfen, die nach Kneipenschluß noch weitertrinken wollen, aber wir drängeln uns vor, weil Freitag nacht ist und wir auf dem Weg nach Newcastle sind. Blöde Zeit, um loszufahren, aber so ist das nun mal, wenn Chelsea auswärts spielt und wir ne größere Aktion planen. Mark quatscht n paar Bräute an, hat offenbar eine am Haken, und ihre Freundin ist auch noch zu haben, aber wir müssen einfach ohne klarkommen. Ficken ist schön und gut, aber ner Fahrt nach Newcastle kann keine Braut das Wasser reichen. Ob wir lieber mit ihnen nach hinten gehen und ne ordentliche Inspektion machen würden? Komplett abschmieren und volltanken? Neben ner frisch geölten Torte im Bett aufwachen? Oder die Augen in Newcastle öffnen und mit den Kumpels Jagd auf Geordies machen?

Die Nacht ist kalt, und die beiden halten sich ihre Betten mit einem regelmäßigen Strom von One-night-Stands warm. Das ist so einfach, da lacht man sich fast tot. Die beiden Mädels brauchen keine elektrischen Heizdecken. Der Weg nach Newcastle ist lang und mühselig. Dazu der unvermeidliche Kater und der fehlende Schlaf. Entweder das oder ein Take-Away-Mädel. Einmal die Neunundsechzig, bitte. Ist ne einfache Entscheidung. Die Chinabraut reicht ne weiße Plastiktüte rüber, und der Geruch haut mich fast um. Nudeln mit Morcheln süßsauer. Sonderangebot fürs Auswärtsspiel. Ich sag zu Mark, er soll die Schlampen irgend nem anderen Arsch überlassen, und er lächelt, als die sagen, daß ich mich verpissen soll. Dreht sich auf dem Absatz um und kommt mit.

Draußen sitzt Rod in einem Eingang. Hat abwechselnd Kurze und Bier getrunken, das macht einen fertig. Hätte er sich auch denken können. In fünf Minuten müssen wir den Bus unten am Hammersmith-Kreisel kriegen. Wir rennen los, und ich schnauf und keuch wie ein Fettsack, das ganze Bier schwappt in mir rum, aber die süßsauere Soße macht mir mehr Sorgen, die verteilt sich nämlich gerne in der Tüte. Ich bin als erster am Kreisel, und der Bus ist noch nicht in Sicht. Gary Jones und Neil Kitson sitzen auf dem Geländer am U-Bahn-Eingang. Wir sind rechtzeitig da.

– Ich krieg gleich n verdammten Herzanfall. Rod kommt als letzter. Ich bin voll am Arsch.

– Das liegt daran, weil du Chelsea bist. Mark hat sofort den alten Spruch parat. Bist das Rennen nicht gewöhnt. Die Judenärsche hätten nen neuen Weltrekord aufgestellt. Keine Ahnung, was ich hier mache, wo ich statt dessen mit dieser Braut im Bett liegen könnte.

– Das liegt daran, weil du Chelsea bist. Na ja, auf jeden Fall holste dir so keinen Tripper. Herbe Gestalten, die beiden. An deiner Stelle hätt ich den Schwanz da nicht reingesteckt.

– Völlig unglaublich, sagt Mark. Ich hör mein Herz schlagen.

– Dann lebste ja wenigstens noch. Vorhin war ich mir mal nicht so sicher. Mister Ich-nutz-jede-beschissene-Gelegenheit-an-Bräuten-rumzuschnüffeln.

– Laß stecken. Wir sind ja noch nicht beim Spiel. Irgendwie muß ich ja die Zeit totschlagen. Warte, bis ich wieder Luft kriege und klar denken kann.

– Du mußt ein paar Gewichte stemmen. Oder joggen.

– So wie du, oder was? Dich sieht man ja dauernd im Fitneßstudio an den Hanteln.

– Ich bin verheiratet, Junge. Wenn man ner Frau erst mal diesen Ring auf den Finger gesteckt hat, interessiert das keine Sau mehr. Wenn du verheiratet bist, ist es scheißegal, wie du aussiehst. Mandy liebt mich wegen meiner Intelligenz.

– Welche Intelligenz? Das einzige, womit du denken kannst, klemmt zwischen deinen Beinen.

– Und damit halt ich mich auch fit. Jede Nacht fünfzehn Mal. Wie ein Uhrwerk. Ich bin eine Sexmaschine. Mit Bier aufgetankt, fick ich sie bis zum Abwinken. Fünfzehn Mal jede Nacht. Garantiert.

– Eher einmal im Monat. Auf jeden Fall nur einmal im Monat mit Mandy. Bist wohl ein heimlicher Schweineficker.

– Halt's Maul. Du hast doch höchstens mit deiner rechten Hand regelmäßig Sex. Und ich hab läuten hören, in letzter Zeit hat selbst die keinen Bock mehr auf dich.

Rod und Mark machen sich zehn Minuten an, dann kommt der Bus. Ron Hawkins, der alte Shed-Skin, sitzt am Steuer und Harris vorne an der Tür, der Kapitän führt die handverlesene Crew ins Manöver. Wir steigen ein und müssen noch einen Treffpunkt an der Hanger Lane abklappern, dann geht's in den öden Norden. Wir setzen uns nach hinten. Das ist ein Spitzenbus mit Toilette und Video. *Blade Runner* läuft. Den hab ich zwar schon gesehen, macht aber nichts, weil's n klasse Film ist. Lauter Roboter, und sich verändernde Zeiten. Besonders die Sprache und die neuen Menschenrassen. Fast wie in London. Mutanten im Untergrund. Harris sagt, er hat noch ne Raubkopie von *Uhrwerk Orange* für später, falls hinter Birmingham noch jemand wach ist.

Ich sitz am Fenster und verteil das Essen. Schmeckt prima. Die Chinesen können echt kochen. Die und die Inder. Das beste Essen, das es gibt. Ich reiß mir ne Dose Bier auf und laß London an mir vorbeiziehen. Wir fahren an geschlossenen Pubs, überfüllten Imbißstuben und besoffenen Pärchen vorbei in Richtung Western Avenue. Dann die Hanger Lane entlang. Etwa zehn Typen stehen gegenüber vom U-Bahnhof vor einer Ladenzeile, und Harris' Bus ist voll. Gut für seine Finanzlage, aber die Fahrten zu Auswärtsspielen sind eigentlich immer ziemlich voll, weil genug Leute zu schätzen wissen, daß er meistens riechen kann, wo's Zoff gibt. Wir schieben uns auf die North Circular und nehmen die Auffahrt auf die M1 Richtung Norden. Der Bus zieht die Steigung hinauf. Drinnen ist es angenehm warm, und der Motor brummt vertrauenerweckend. Ron tritt aufs Gas und die Blade-Runner-Replikanten legen los. Es geht Mensch gegen Maschine, und ich wünsch mir, daß die Replikanten Harrison Ford zu Klump hauen. Daß der Arsch Zähne spuckt. Ich weiß, wie's ausgeht, aber man soll die Hoffnung schließlich nie aufgeben. Ein Happy-End würde mal n bißchen Abwechslung bringen. Braucht nur n kleines Wunder.

Rods Kopf ist nach hinten gesunken, und er schläft fest. Träumt von Mandy. Ich geb Mark einen Stoß und knie mich auf den Boden. Knote ihm die Schnürsenkel zusammen. Der dämliche Arsch merkt nix mehr, und das geschieht ihm ganz recht. Was trinkt er auch Bier und Kurze durcheinander. Mark gibt mir ein Feuerzeug, und ich stecke einen Senkel an. Der fängt an zu brennen, und nach zwanzig Sekunden steigt Rauch von seinen Turnschuhen auf. Der Arsch pennt immer noch. Muß n schöner Traum sein. Wie Mandy ihre fünfzehnte Ration kriegt. Wenn er das hinter sich hat, ist er so schlapp, daß er nicht mal mehr Feuerwehrmann spielen kann. Er ist die Strohpuppe, die beim Freudenfeuer auf dem Scheiterhaufen mit einem Lachen im Gesicht verbrennt.

– Rod is burning, Rod is burning. Mark singt zur Melodie von London's Burning. Call the engine, call the engine.

– FIRE, FIRE, FIRE, FIRE. Der hintere Teil des Busses stimmt ein.

Facelift, ein Durchgeknallter aus Hayes oder irgend so einem

Neubaugebiet im Londoner Westen, beugt sich rüber. Tippt Rod auf die Schulter. Sagt ihm, daß er uns grade den Guy Fawkes macht. Zuerst kapiert Rod nichts. Kuckt sich verwirrt und überrascht um. Mandy fragt, warum zum Teufel er mittendrin aufhört. Schließlich bemerkt er den Rauch und sieht nach unten. Gerät in Panik. Tritt gegen den Sitz vor ihm. Wenn er so weitermacht, setzt er noch den ganzen Bus in Brand. Aber alle lachen, sogar Facelift, wobei das bei ihm sonstwas bedeuten kann.

– Arschlöcher. Wollt ihr uns alle umbringen oder was? Meine geliebte Frau zur Witwe machen, daß sie die fünf hungrigen Mäuler allein stopfen muß?

– Du hast überhaupt keine Kinder. Mark sieht aus, als würde sein Kopf jeden Moment explodieren. Er kriegt sich vor Lachen nicht mehr ein. Fünfzehnmal jede Nacht, und deine Frau hat nicht mal n Braten im Ofen.

– Wenigstens bin ich nicht so'n schwules Arschloch und muß es meiner Hand besorgen.

– Kann alles bloß Tarnung sein. Du heiratest ne Braut, um uns auf ne falsche Fährte zu locken. Ein heimlicher Schwuler, der den Arsch nicht hoch genug kriegen kann, das bist du. Verdammte Schwuchtel im Chelsea-Bus. Sieht nicht gut für dich aus, findste nicht auch? Für so was kann man aufgehängt werden.

– Verpiß dich auf'n Pott und besorg's deiner fünffingrigen Witwe.

– Leck mich am Arsch.

Rod flucht und tritt um sich, um die Flammen zu löschen. Sie schlagen fast zwanzig Zentimeter hoch, rot und weiß. Es brennt immer heftiger. Aber mit einiger Mühe kriegt er sie doch noch aus, und dann geht er aus irgendeinem Grund auf mich los. Ich hab keine Ahnung, woher er weiß, daß ich das war.

– Jetzt sitz nich blöd rum, mit diesem dämlichen Grinsen in

der Fresse. Hat der Arsch neben dir an deinem Hintern rumgefummelt? Lächelst du deswegen so bescheuert?

Nach ner Weile findet auch Rod die ganze Aktion komisch, und der ganze Bus brüllt vor Lachen. Sogar Harris und Ron lachen mit, denen mehr daran gelegen ist, daß wir nicht in einem ausgebrannten Wrack auf der Standspur enden. Sähe uns ähnlich. Den Bus noch vor Watford zu schreddern. Aber Rod ist so müde und besoffen, daß er nicht mehr auf Rache aus ist, und das ist mir recht, weil ich auch nicht richtig in Stimmung bin. Er spielt den fairen Verlierer, läßt es gut sein und pennt wieder ein. Ich bin geschlaucht, und obwohl ich nichts dagegen habe, ein bißchen was auszuteilen, ist mir nicht danach, auch einzustecken. Ein paar Dosen machen die Runde, und Facelift hat ne Flasche teuren Wodka dabei. Seine Arme sind von oben bis unten tätowiert, und der Bauch hängt ihm über die Jeans. Einer der wenigen im Bus, die ins Fußballfan-Klischee passen. Die anderen sind zwar auch durchgeknallt, aber wenigstens ordentlich gekleidet. Facelift ist breit und schimpft über Black Paul und John. Murmelt vor sich hin. Aber das sind prima Kumpel und voll bei der Sache. Wird er noch merken, wenn die Geordies auf uns losgehen. Gegen Chelsea hauen die Geordies immer mächtig auf die Pauke. Feige sind die nicht.

Ich muß zugeben, daß ich Facelift zwar nicht mag, ihm aber auch nicht dumm kommen möchte. Er hat neun Monate gesessen, weil er seinem Schwager in einem Billardsalon nach ner kleinen Streiterei mit ner zerschlagenen Flasche das Gesicht punktiert hat. Mit nem entfernten Bekannten würde er wohl nicht viel Federlesens machen. Sagt, er hat die Nerven verloren und den Typen aufgeschlitzt. Ist nach Hause gelaufen, und die Kumpel von seinem Opfer haben die Wohnung umstellt und versucht die Tür einzutreten, bis dann die Bullen gekommen sind und ihn festgenommen haben. Er meint, das wär das einzige Mal gewesen, daß er froh war, die Schweine zu sehen, obwohl er sagt, daß sein Bruder oben irgendwo ne Knarre versteckt gehabt hat und er die auch ohne weiteres benutzt hätte. Man muß schon ziemlich gestört sein, wenn man das Leben so ernst nimmt, und Facelift ist ein Typ, der das alles genauso noch mal machen würde. Im Gefängnis werden die nur noch schlimmer. Alle, die da reingehen, kommen verbittert und völlig gestört wieder raus. Ist kein schöner Anblick, wenn jemand mit ner Flasche das Gesicht aufgeschlitzt kriegt, auch wenn er ein Arschloch ist und es verdient hat, aber irgendwie versteh ich noch, daß jemand das in Panik einem Fremden antut. Aber dem Mann deiner Schwester? Irgendwo muß man Prinzipien haben, sonst ist man fürn Arsch.

Autobahnen sehen nachts alle gleich aus, und die vorbeiziehenden Wiesen in Englands grüner und hübscher Landschaft sieht man nicht, weil die Dunkelheit die Wohnsilos und die leerstehenden Fabriken schluckt. Städte der lebenden Toten; Derby und Wolverhampton, dann rauf nach Leeds und Huddersfield. England ist voller Scheißkäffer. Orte wie Barnsley und Sheffield. Kein Vergleich zu London. Wir sind ganz was anderes und haben nichts mit dem Rest von England zu tun. Die Nordlichter hassen uns, aber da besteht beiderseitiges Einvernehmen. Für die sind wir nur ein Haufen protziger Cockney-Ärsche. Sie halten uns alle für Ganoven wie Mike Baldwin, weil wir sie wie Landeier behandeln, obwohl einige von ihnen aus ganz schön harten Städten kommen. Das sind zwei Länder in einem. Ganz verschiedene Denkweisen. Aber im Fußballstadion sind wir eigentlich alle gleich.

Aber damit das klar ist, wenn man mit der Nationalmannschaft zum Auswärtsspiel fährt, werden die Nordlichter richtig menschlich. Fast wie in *Blade Runner*. Die Androiden aus Yorkshire werden in Polen oder so nem anderen osteuropäischen Sklavenhalterland zu ganz anderen Menschen. Wenn man ein paar tausend verrückten Polen gegenübersteht, die einen direkt ins Jenseits befördern wollen, wischt der Anblick eines anstürmenden Mobs fetter Geordie-Ärsche alle deine Sorgen vom Tisch. Das ist ein komisches Gefühl, und manchmal muß man richtig aufpassen, daß man nicht weich wird. Du weißt, daß die Typen, gegen die du kämpfst, die gleiche Einstellung haben wie du, aber das ändert nichts. Wenn man sich hinsetzt und das Ganze analysiert, geht am Ende gar nichts mehr. Mit Logik ist da nichts zu machen. Man nimmt's, wie's ist, und genießt. Länderspiele sind ne andere Sache, und da muß man auch Prioritäten setzen. Wenn du in England ein bekanntes Gesicht entdeckst, langst du natürlich nicht voll hin. Irgendwie versucht man das zu vermeiden, aber es ist auch ziemlich unwahrscheinlich. Egal wie, ich würd was sagen und den Typen raushalten. Wenn das nicht klappt, könnt ich's gleich ganz bleiben lassen. Dann wär ich kirre und könnt genausogut strammstehen und auf Befehle warten. Aber im Bus nach Norden zahlen sich solche Gedanken nicht aus. Du willst deinen Spaß, und damit hat sich's.

– Arsenal hat auch mal lichte Momente gehabt. Facelift hält Audienz für Martin Howe und einen Typen, der bei den Marines war. Ich glaube, er heißt Dave Cross.

– An Millwall oder West Ham haben die sich nie rangetraut, sagt Dave. Zu viele Scheißnigger eben.

– Die anderen haben auch ihre Schwarzen gehabt.

– Aber nicht so viele wie Arsenal. Die ganzen Kids aus Finsbury Park und Seven Sisters. Die Iren haben kaum noch ne Chance.

Black Paul sitzt vorne im Bus. Ich weiß, daß er zuhört. Er ist kaum mal einer Meinung mit Facelift, und irgendwann gibt das noch mal Ärger. Wenigstens hält Billy das Maul. Wir haben nur wenige Nigger im Mob, aber die paar, die da sind, haben es sich verdient, und zwar reichlich. Da geht's mehr darum, wo man wohnt. Black Paul steht auf und geht nach hinten. Facelift wirft ihm einen vieldeutigen Blick zu. Sie sehen sich in die Augen. Keiner sagt was. Black Paul geht pissen. Facelift trinkt einen

Schluck Wodka und sagt, daß er sich darauf freut, ein paar Geordie-Ärsche einzumachen.

Blade Runner kuck ich mir noch an, schlaf dann aber ein, bevor *Uhrwerk Orange* anfängt. Dann wach ich davon auf, daß mir die Sonne ins Gesicht scheint. Ich kann mich nie an meine Träume erinnern, das find ich auch vollkommen okay, aber dadurch sind die Nächte so kurz. Kommt mir vor, als hätte ich nur ein paar Minuten geschlafen, aber nachdem ich mich einmal gestreckt hab, bin ich wieder fit. Ich reib mir die Augen und seh aus dem Fenster. Weiß nicht, wie spät es ist, und hab keinen Schimmer, wo wir sind, aber der Bus steht, und draußen ist eine grüne Wiese unter strahlendblauem Himmel. Facelift steht mit der leeren Wodkaflasche in der Hand mitten auf der Wiese und pißt. Dampf steigt aus dem Gras auf. Der Mann ist ne echte Drecksau. Wenn er nicht so hart wäre, müßten wir uns für ihn schämen.

– Pinkelpause, Jungs. Harris sieht taufrisch aus, aber der Tau auf der Wiese ist bloß Facelifts Pisse. Bißchen frische Luft schnappen. Letzter Halt bis Sunderland.

Ich steh auf und steig aus. Der Morgen ist kühl, und ich geh ordentlich pinkeln. Maximale Erleichterung. Voll der Blasenorgasmus. Viel besser als das defekte Chemieklo im Bus. Ich blicke über die Wiesen, die Vögel singen, und Nebelschwaden ziehen über das saftige Gras. Um uns herum stehen Hecken und alte Eichen. In der Ferne sind ein paar von großen Bäumen umsäumte Häuser zu erkennen. An einem Hang grasen Kühe, und als ich zum Himmel hinaufsehe, habe ich eine strahlendblaue Kuppel mit lauter seltsamen weißen Wolken über mir. Und ein tätowiertes Arschloch aus Hayes kommt zum Bus zurück. Er wirft die leere Flasche ins Gebüsch. Glas splittert, und in der Ferne drehen ein paar Kühe den Kopf zu uns rüber und denken wahrscheinlich, der Typ muß n echter Wichser sein, daß er so was in einem so schönen Landstrich macht.

– Hätte nichts gegen ne Portion Eier mit Speck, Jungs. Facelift wischt sich mit dem Handrücken übers Gesicht. Brauch Kraft zum Geordies jagen.

Ein paar von den Jungs, die auf der Wiese am Pissen sind, fangen an zu lachen, weil er sich benimmt wie aus nem Zeitungscartoon. Natürlich zieht er ab und zu ne Show ab, weil uns allen der Unterschied zwischen dieser Ecke von England und unserem eigenen Leben klar ist. Da braucht man nicht lange drüber reden. Wir halten, gehen pissen und steigen wieder in den Bus. Den Müll lassen wir einfach liegen. Keine Zeit für alberne Gedanken über Natur und Romantik. Wenn man damit anfängt, gehört man schon zum alten Eisen. Vielleicht halten wir uns für Gesindel und denken, daß wir etwas so Schönes gar nicht verdient haben. Der Bus fährt ab.

Wir sind so früh losgefahren, weil wir zu einem Pub in Sunderland wollen, wo Harris ein Treffen organisiert hat. Es kommen mehrere Chelsea-Kompanien, wir trinken zusammen ein paar Gerstenkaltschalen und fahren mit dem Zug weiter nach Newcastle. So wissen die Geordie-Ärsche nicht, woher wir kommen, und die Bullen versuchen nicht, uns an die Hand zu nehmen. Die Jungs aus Newcastle stehen dumm in ihren dämlichen Trikots mit Newcastle-Brown-Bierbäuchen rum, es blitzt und donnert, und Chelsea stürmen auf sie los. Das ist jedenfalls der Plan. Und wenn die Bullen sich gegenseitig die Schlagstöcke aus den Ärschen gezogen haben, sind nur noch ein paar fette Geordies vom Asphalt zu kratzen. Harris hat den Tag organisiert, und wenn er das durchzieht, haben ein paar Leute schon um drei mächtige Beulen am Kopf. Schon wegen ihrer Großkotzigkeit haben's die Arschlöcher nicht anders verdient. Wenn der große Plan hinhaut, gibt's ne hübsche Keilerei.

Mir geht's prima, und ein Kater ist nicht in Sicht. Der Chinafraß muß das Bier absorbiert haben, und ein paar Dosen Sprudelpisse helfen gegen den Wasserentzug. Rod ist aufgewacht und jammert über seine Schuhe, die aber von hier aus nicht allzu mitgenommen aussehen. Mark starrt einfach aus dem Fenster auf die vorbeiziehende Welt. Ich bin fit, würde aber gern baden. Gefällt mir nicht, wenn ich morgens nicht baden kann. Für diese schmutzigen Hippies mit Dreckkruste hab ich kein Verständnis.

– Bullerei voraus, Jungs, ruft Harris nach hinten. Die Köpfe runter. Tut so, als würdet ihr schlafen oder so was.

Ein Glückstreffer, der in die Annalen eingehen wird. Am Samstagmorgen um acht steht ein Polizeiwagen mit blinkendem Blaulicht vor uns, und ein Bulle winkt uns raus. Hätte noch Zufall sein können, aber das hat sich auch erledigt, als ein Mannschaftswagen um die Ecke kommt. Ein Bulle steigt aus und spricht mit Ron. Er schaut zu uns her und grinst. Wir bleiben ausdruckslos sitzen, ganz artig, als wären wir auf dem Weg zur Messe. Vielleicht sollten wir ein paar Choräle proben. Ron stellt den Motor ab und steigt aus, um mit den Bullen zu reden. Harris sitzt vorne und kocht. Ich spür die Hitze bis hier hinten.

– So'n Scheiß hat uns gerade noch gefehlt, sagt Mark kopfschüttelnd. Was sollen wir denn jetzt bis drei machen? Ich hätt die Braut von gestern abend vögeln sollen. Wahrscheinlich schicken uns die Schweine nach London zurück.

– Wir haben Eintrittskarten, sagt Rod. Vielleicht ist es nur ne Kontrolle. Woher sollten die wissen, daß wir um diese Zeit in Sunderland ankommen, wenn Chelsea um drei in Newcastle spielt.

Gute Frage. Die Bullen müssen nen Hinweis gekriegt haben. Da fallen einem verdeckte Ermittler und zehnjährige Gefängnisstrafen ein. Ist nicht einfach heutzutage, und die Mobs, die es ernst meinen, müssen sich ihre Leute ganz genau ankucken und auswählen. Meist kennt man die Gestalten schon ne ganze Weile, darum ist jeder verdächtig, der neu in der Szene auftaucht. Das muß man ganz vorsichtig angehen. Wenn du nicht zum Club gehörst, kannst du dich gleich verpissen. Ron diskutiert mit den Bullen, wirft die Arme in die Luft und kommt zurück zum Bus. Er spricht mit Harris, der uns dann sagt, daß die Drecksäcke uns nicht nach Sunderland lassen. Sie bringen uns zu einer Autobahnraststätte, wo wir frühstücken können, und von da zu einem Pub außerhalb von Newcastle, wo alle Chelsea-Busse bis eine Stunde vor Spielbeginn festgehalten werden. Irgendwie hat sich der Plan rumgesprochen, und sie wollen verhindern, daß Chelsea in Newcastle frei herumlaufen.

Wir können nichts dran ändern, lehnen uns einfach zurück und gehen's ruhig an. Wir wissen nicht, ob die Bullen konkrete Informationen über das Treffen haben oder nur wissen, daß irgendwas geplant ist. Schon irgendwie beunruhigend. Als würde uns jemand beobachten und die Gespräche aufzeichnen. Offenbar kann man inzwischen nichts mehr machen, ohne daß irgendwelche Spione die Aktion aufnehmen. Wenn grad mal keine Video-Überwachungskamera in der Nähe ist, gibt so ein Undercover-Arschloch die Daten weiter. Wie in diesen Diktaturen in Südamerika oder so was.

Der Polizeiwagen wendet, wir folgen, und der Mannschaftswagen bleibt hinter uns. Ein Scheißwitz, das Ganze. Die Polizeiwagen fahren mit Blaulicht, als wären wir eine Art Virus, der der einheimischen Bevölkerung nicht zu nahe kommen darf. Wir sind Aussätzige. Sie halten uns für Ungeziefer, und damit können sie machen, was sie wollen. Wir fahren durch grüne Landschaft und an leerstehenden Häusern vorbei, und schließlich erreichen wir die Raststätte. Haben nicht die leiseste Ahnung, wo wir eigentlich sind. Der Scheißtag geht echt in die Hose.

– Ich hätt die Braut gestern abend vögeln sollen, sagt Mark, aber das ist einfach hirnrissiges Gelaber, weil er niemals ne Fahrt nach Newcastle sausen lassen hätte. Jetzt häng ich mit euch an ner Autobahnraststätte rum, statt daß mir ne Frau einen bläst.

Wir nehmen das Restaurant in Beschlag. Ich setz mich an einen Tisch und hau mir ein großes englisches Frühstück rein. Das ist zwar überteuert, aber wir sind ja schließlich keine schmuddeligen Sozialhilfeempfänger und beklagen uns nicht. Wir verdienen alle Geld, und irgendwie muß man es ja unter die Leute bringen. Ein paar Familien werfen uns nervöse Blicke zu, aber weiß der Himmel, was wir ihrer Auffassung nach hier abziehen sollen. Schon wahr, daß wir im Lauf der Jahre ein paar Schlägereien in Raststätten gehabt haben, aber die Polizei kann die leicht überwachen, also muß man vorsichtig sein. Sonst sitzt man in der Falle. Trotzdem, wenn ein Bus von einem anderen Team ankommt und die es drauf anlegen, dann müssen wir's denen besorgen, damit wir nicht wie ein Haufen Arschlöcher dastehen. Aber die Bullen haben alles unter Kontrolle. Die wissen, was sie tun.

Ein weiterer Bus kommt mit Polizeieskorte an, und wir sehen nach, was das für einer ist. Offensichtlich Chelsea, aber wir checken den Namen, um festzustellen, ob das n Haufen Idioten oder n anderer Mob ist. Er ist aus Slough. 'ne Mischung aus alten Knackern und jungen Spunden. Die Männer sind über dreißig, wir kennen sie vom Sehen und auch ein paar Namen. Die sind seit Jahren im Geschäft und lassen sich nichts gefallen.

– Wie geht's, Jungs? Don Wright steht am Tisch. Muß mindestens vierzig sein. Die Bullen haben uns abgegriffen, als ob sie gewußt hätten, daß sich alle in Sunderland treffen.

– Da fragt man sich, wer ihnen den Tip gegeben hat. Mark schnippt Bohnen über den Tisch auf Rod. Noch ganz schön lange bis um drei.

– Ist alles irgendwie ziemlich in die Hose gegangen. Don geht sich mit glasigen Augen ein Frühstück holen.

– Der Typ ist doch n Schizo, sagt Rod. Hab gehört, er hat im Leichenschauhaus gearbeitet oder so was. Wenn man ihm in die Augen sieht, glaubt man, er ist besoffen oder stoned, aber der ist einfach nicht ganz da. Da muß man doch irre sein, wenn man in nem Leichenschauhaus bei den ganzen Toten arbeitet.

– Ich hab gehört, daß er Maurer ist. Mark hört auf, mit den Bohnen zu spielen. Nicht mal Don Wright würde im Leichenschauhaus arbeiten. Wer so was macht, muß doch krank im Hirn sein.

– Ich hab mal gesehen, wie er auf dem Kopf von nem Leeds-Arschloch rumgehüpft ist. Der lag bewußtlos da, und er hat die Birne von dem Typen als Trampolin benutzt. Der hat hinterher garantiert n schweren Dachschaden gehabt. Ich hab kein Problem damit, jemand kräftig eins überzubraten, aber wenn einer versucht, jemand den Kopf zu knacken wie ne Kokosnuß, das ist nicht in Ordnung.

Ich versuche mir vorzustellen, wie das ist, wenn man im Leichenschauhaus arbeitet. Die lassen die Körper ausbluten, und man sieht alle möglichen Verstümmelungen von Verkehrsunfällen und so. Man fängt an, von Leichen zu träumen, und davon wirste blöd im Kopf. Vielleicht macht einem das dann gar nichts, jemand auf'm Schädel rumzuhüpfen, wenn man in der Arbeit Tag für Tag sieht, wie Menschen aufgeschnitten werden. Das einzige, was ich noch schlimmer finde, ist, in nem Schlachthaus zu arbeiten. Im Leichenschauhaus wird wenigstens nichts umgebracht. Ich beobachte, wie Don Wright am Tresen die Speisekarte liest, und frage mich, wie er das so sieht.

Nach zwei Stunden sind wir vom Rumhängen zu Tode gelangweilt. Es sind noch ein paar Busse angekommen, und die Bullen machen sich bereit, uns zu dem erwähnten Pub zu bringen. Wir steigen in die Busse, aber dann gibt es eine Verzögerung, weil sich der Fahrer vom Slough-Bus mit den Bullen anlegt. Wie's aussieht, haben sich die meisten von denen Taxis bestellt und sind abgehauen. Das stinkt den Bullen richtig. Sie wollen den Treffpunkt wissen, aber niemand verrät was. Vergebliche Liebesmüh. Ihnen fehlen die Fakten.

Wir springen auf und könnten uns in den Arsch treten, weil wir nicht selbst darauf gekommen sind. Andererseits wäre es auch aufgefallen, wenn die Raststätte immer leerer wird und ein Taxikonvoi nach Sunderland fährt. Wir lehnen uns zurück und bewundern den Mut von den Typen. Weiß der Teufel, was die heut nachmittag noch so auf die Beine stellen. Dann kommen wir an einen großen Pub etwas abseits der Straße, und ein paar Stunden später ist der Laden voll mit Chelsea. Alle knallen sich die Birne dicht, daß die Wände wackeln. Wir trinken ein paar Gerstenkaltschalen und behalten die Bullen im Auge, die mit ihren Hunden und Mannschaftswagen den Parkplatz besetzt haben. Langsam ist das ganze Land ein riesiger Knast. Was ist nur aus der Bewegungsfreiheit geworden, die uns von Gesetz wegen zusteht. Ich nehm an, daß das schon immer so war, aber manchmal kotzt es einen echt an. Gegen zwei räumen sie den Pub, und wir fahren in einer Buskolonne mit Blaulichteskorte nach Newcastle.

Als wir in die Nähe von St. James Park kommen, stehen einheimische Mobs an der Straße und zeigen uns den Stinkefinger. Die Busse parken auf dem Stadiongelände von Newcastle. Auf der Straße singen ein paar Geordies, aber sie versuchen nicht, auf uns loszugehen. Wir kommen ohne Ärger ins Stadion, als die Newcastle-Fans gerade »Away The Lads« singen. Don Wright und die anderen sind schon drin, und der Mann hat ein blaues Auge und blutige Fingerknöchel. Er lacht und sagt, daß wir echt was verpaßt haben. Er ist gut drauf. Erzählt, daß er zum Treffpunkt gekommen ist, von dem dann ein zweihundert Mann starker Mob ohne Eskorte nach Newcastle eingefallen ist und einen Pub im Stadtzentrum auseinandergenommen hat. Die Geordies waren zwar überrascht, haben sich aber zusammengerissen und ne gute Show geboten. Er meint, das Taxigeld war's allemal wert; und daß Reisen gut fürs Seelenleben ist.

Stiertreiben

Zwischen den Bäumen und Felsen hindurch blendete die untergehende Sonne in einem so grellen Orange, wie es Vince Matthews in London noch nie gesehen hatte, was allerdings auch daran liegen konnte, daß er nie richtig hingeschaut hatte. Aber woran es auch lag, die Sonne brannte sich einen Weg durchs Baskenland, und die heiße, schweißtreibende Fahrt von Madrid ging ihrem Ende zu. In einer halben Stunde würden sie in San Sebastian ankommen und konnten ein paar Tage in der ruhigen freundlichen Stadt genießen, wären endlich heraus aus dem Smog und der Hektik Madrids, weit weg von der Polizei der Hauptstadt und rechtsradikalen Schlägern, die nur darauf warteten, die berühmten englischen Hooligans fertigzumachen, die zur Fußballweltmeisterschaft 1982 angereist waren.

Sie waren zu sechst im Abteil. Vier Southampton-Jungs und Vinces Kumpel John. Sie waren erschöpft. Das billige Bier, das sie im Zug gekauft hatten, war längst alle, und sie trockneten langsam aus. Nur Vince bemühte sich, wach zu bleiben und betrachtete die spärlich zwischen den verschlafenen Hügeln verstreuten Bauernhäuser. Das gleichmäßige Schaukeln des Zugs ergänzte sich perfekt mit den Gerüchen des Landes und den winkenden Kindern. Es war eine großartige Reise, und er wollte alles in sich aufnehmen, weil er schon viel zu bald wieder zu Hause sein würde. Wieder in London, in den Sackgassen und zwischen den Hochhäusern. Das war zwar immer noch besser als

Madrid, ein echter Alptraum, aber kein Vergleich zum Baskenland.

Madrid war ein Erlebnis gewesen, das mußte er zugeben, aber gegen Ende war es zu hart geworden. Besonders nach dem Spanienspiel, als sie aus dem Bernabeu-Stadion gekommen waren und die Einheimischen mordlüstern zusammenströmten und Messer aus ihren glänzenden Satinhemden zogen. Die Engländer stürmten auf sie los, und die Spanier zerstreuten sich in alle Winde. Die Polizei ging mit gezückten Schlagstöcken dazwischen und legte es darauf an, jeden englischen Schädel in Reichweite zu spalten. Hunderte von Polizisten, alle ausgerüstet wie Statisten in einem Science-fiction-Film, und jeder einzelne hatte es auf die Hauptrolle abgesehen. Sie verdroschen die Engländer wegen dem Falklandkrieg, zeigten den Medien, daß die legendären Taten der englischen Hooligans angesichts der Erhabenheit der spanischen Zivilisation verblaßten. Vince bahnte sich mit ein paar anderen versprengten Gestalten den Weg ums Stadion herum, sie waren vom englischen Mob abgeschnitten worden, der, nicht nur aus Selbstschutz, zusammenzubleiben versuchte. Sie wurden von den Spaniern mit Tritten und Schlägen traktiert, überstanden es aber, ohne daß einer von ihnen ein Messer zwischen die Rippen bekam.

Vince sympathisierte mit den Basken. Sie wollten nichts mit der Regierung in Madrid zu tun haben. Sie kämpften für ihre Unabhängigkeit, und während seines Aufenthaltes in Bilbao hatte er festgestellt, daß sie ein anderer Menschenschlag waren, so wie die Schotten, Waliser und Iren in England. In den Erstrundenspielen, bevor die englische Mannschaft in die Hauptstadt umgezogen war, hatten die Basken die Engländer wie Menschen behandelt, nicht wie die Verbrecher, zu denen die Boulevardblätter sie machten. Zehn Tage lang am Strand Fußball zu spielen und sich zu betrinken war großartig gewesen. Als er nach Madrid abfahren wollte, hatte Vince einen Blackout gehabt. Ein

Einheimischer hatte die Fahrt bezahlt und ihm das Portemonnaie wieder in die Tasche gesteckt, nachdem er den erforderlichen Betrag herausgenommen hatte. Als er in Madrid aufgewacht war, brauchte er sich nur noch um seinen Kater zu kümmern und seine verschwundenen Kumpel zu suchen. Und jetzt waren sie wieder auf dem Weg nach Norden, flohen vor dem Staub und dem Haß der Hauptstadt.

In Madrid hatten sie in einer Pension im Rotlichtviertel gewohnt, die von sechs Frauen über sechzig geführt wurde, die sich alle wie ein Ei dem anderen glichen. Sie waren wirklich reizend gewesen, hatten die Haare streng nach hinten gekämmt und immer schwarze Kleidung getragen. Genauso hatte Vince sich Spanierinnen vorgestellt. Entweder so oder wie die Huren der mexikanischen Banditen in Grenzstädten wie Tijuana, die ihre Titten auf der Theke des Saloons liegen hatten und deren Haare vom Speiseöl glänzten. Filme und Zeitungen verbreiteten immer die gleichen Bilder von Ausländern. Sie versuchten nicht, das Image zu verändern, und das überraschte ihn auch nicht sonderlich. In der Art, wie die Menschen, die sich für Fußball interessierten, in den Medien dargestellt wurden, sah er ein Spiegelbild ihrer allgemeinen Herangehensweise.

Vince fühlte sich prächtig. Er hatte sich auf die Weltmeisterschaft gefreut und zwei Jahre dafür gespart. Sie hatte ihm die Augen geöffnet, und er hatte ein paar prima Typen getroffen. Viele waren hier allein unterwegs, man ging gelegentlich gemeinsam einen trinken, und alle hielten zusammen. Einige Jungs meinten, es wäre wie im Krieg, der Geist des Blitzkriegs und so, aber Vince fand es viel besser. Es waren Auswärtsspiele der Nationalmannschaft, und die Burschen aus Scarborough, Exeter, Carlisle und was einem sonst noch so in den Sinn kam, waren jetzt, wo sie aus ihrer lokalen Szene herausgekommen waren, gar nicht so übel. Rivalitäten zwischen den Vereinen spielten praktisch keine Rolle mehr. Er konnte nicht behaupten, daß sich die

Engländer immer perfekt aufführten, und einigevon ihnen wollten so viele spanische Jugendliche wie möglich verprügeln, aber ein paar Übergeschnappte gab es überall, egal wo man hinkam. Es war besser als Krieg. Schon deshalb, weil keiner umgebracht wurde.

Er betrachtete die vorbeiziehenden Dörfer und stellte sich vor, wie es wäre, wenn er in den Bergen leben würde. Die Luft duftete, die Sonne wärmte und ließ die Wälder erstrahlen. Er bekam einen flüchtigen Einblick in ein ganz anderes Leben, und es hatte ihn gepackt. Wenn er wieder zu Hause war, würde er ein paar Jahre sparen, sich richtig anstrengen, alle unnötigen Ausgaben einschränken, und dann war er weg. Jede Gegend, die ihm in den Sinn kam, klang vielversprechend.

Wenn er das Geld zusammen hatte, würde er nach Indien fahren. In ein paar Jahren. Indien reizte Vince am meisten. Zuerst würde er in Nepal wandern gehen. Das war zwar voller Touristen, hieß es zumindest, aber der Himalaja war das höchste Gebirge der Welt, und selbst wenn Katmandu etwas kommerziell geworden war, konnte das dem Mount Everest und den anderen Gipfeln wohl kaum etwas anhaben. Er würde sich dort akklimatisieren, mit dem Bus nach Indien fahren und später nach Australien fliegen, um dort zu arbeiten. Ihm war klar, daß das ein Kulturschock werden würde. Er war schließlich nicht blöd, aber auf der Spanienreise war er zum ersten Mal aus England rausgekommen, und das war klasse. Der Druck, der in London immer auf ihm lag, war von ihm abgefallen. Als hätte man ein Joch, das er aus Schulbüchern kannte, zerschlagen und weggeworfen. Die Züge durch Frankreich nach Spanien, Bilbao, Madrid mit all seiner Hektik – und jetzt die Fahrt nach San Sebastian.

Er würde ein neues Leben anfangen. Wenn er zurückkam, würden Freunde und Familie immer noch dasein. Auch wenn er ein, zwei, vielleicht drei, vier oder gar fünf Jahre wegblieb. Seine Kumpel würden in den gleichen Pubs sitzen, die gleichen Frauen aufreißen, über die gleichen Dinge reden, und das machte Vince noch mehr Mut, weil er nicht für immer weg wollte. Er wollte etwas von der Welt sehen, dann nach England zurückkommen, und dort sollte alles so sein wie früher. Große Veränderungen wollte er nicht. Es hätte besser sein können, ein paar Verbesserungen konnten nie schaden, aber er gehörte nicht zu den Menschen, die darüber Verbitterung empfanden.

Der Zug kämpfte sich eine Steigung hinauf. Es ächzte in der Mechanik, und Vince versuchte wie damals als Kind Stimmen herauszuhören, das Stöhnen eines alten Mannes, der im System gefangen war. Er hörte nichts. Seine Kumpel schliefen, und er war froh, daß er sich beim Trinken etwas zurückgehalten hatte. Er ging aus dem Abteil, stellte sich in den Gang, zog das Fenster herunter und streckte den Kopf hinaus. Die Luft war warm, aber erfrischend. Er atmete kräftig ein und stellte sich vor, wie er in einer Reiseshow im Fernsehen vom Paradies schwafelte. Dann näherte sich der Zug San Sebastian, die ländliche Umgebung wurde städtischer, Vince ging ins Abteil zurück und sagte den anderen, daß sie ein fauler Haufen wären und langsam mal zu Potte kommen sollten.

Es dauerte eine Weile, bis sie eine Pension fanden, ein nettes Haus am Meer mit hübschen Blumen im Garten und sauberen Zimmern. Das einzige Problem bestand darin, daß sie für die erste Nacht ein Bett zu wenig hatten. Die Besitzerin, eine tüchtige Frau mittleren Alters, zuckte nicht zurück, als die sechs englischen Burschen hereinkamen. Das war nett. Sie wirkten rauh im freundlichen San Sebastian, mit ihren Bierbäuchen, Tätowierungen und dreckigen, zerrissenen Jeans. Gary aus Southampton hatte seinen Koffer mit einem Seil zugebunden. Sie waren in einem fürchterlichen Zustand, Barbaren aus den Industrieslums im kalten Norden. Vince lachte über die Beschreibung. Aber so sahen Typen aus, die drei Wochen gesoffen, in billigen Pensionen mit kalten Duschen und eingeschränkten Waschmöglichkeiten übernachtet und eine lange Zugfahrt hinter sich hatten. Die Besitzerin störte das nicht. Vince fragte sich, ob es ihr womöglich gar nicht aufgefallen war, aber dann sagte sie, daß sie ihr die dreckigen Sachen zum Waschen geben und heiß duschen sollten.

Als sie sich dann entscheiden mußten, bot Vince an, sich eine andere Übernachtungsmöglichkeit zu suchen. Bevor er ging, verabredete er sich mit den anderen Jungs in einer nahe gelegenen Bar. Er hatte keine Lust, sich eine andere Pension zu suchen, und außerdem mußte er sparen. Er war fast pleite, und eine Nacht am Strand machte ihm nichts aus. Die frische Luft war immer noch ein Erlebnis nach der schmierigen, verschmutzten Atmosphäre in Madrid. Der Abend war warm, und er ging zum Meer hinunter. Am Strand zog er Schuhe und Strümpfe aus und ging die sandige goldene Bucht entlang. Er war nicht allein; viele Menschen, vor allem Familien und Hand in Hand schlendernde Paare, vertraten sich vor dem Abendessen noch einmal die Beine. Vince hatte Hunger. Er wußte, daß er hier fehl am Platze war, weil er nicht so teure Klamotten trug wie die Spanier, aber das interessierte ihn nicht. Das ging schon klar. Kein Problem. England war ein armes Land, und er war eindeutig Engländer.

Er setzte sich etwas abseits in den Sand und sah zu, wie die Wellen langsam ans Ufer schwappten. Die meisten Leute hier am Strand hatten offensichtlich Geld, und er versuchte die Feriengäste von den Einheimischen zu unterscheiden. Das war nicht weiter schwierig, aber er verspürte nicht die Wut, die ihn in England beim Anblick der reichen Arschlöcher packte. Erstens verstand er die Sprache nicht, konnte also die Akzente nicht unterscheiden. Aber vor allem machte es ihm nicht so viel aus. Er war auf sich selbst gestellt und hatte die Verpflichtungen abgestreift, die London ihm auferlegt hatte, wo das Klassensystem so unübersichtlich und chaotisch geworden war, daß man studiert haben mußte, um seine Kategorien zu begreifen. Die Zeit hatte sich Vince nie genommen. Er hegte den typisch englischen Argwohn gegen Politik und Intellektuelle, aber sein Leben und sein Verhalten waren geprägt vom Haß auf Reichtum und Privilegien. Wenn er nicht in England war, konnte er sich entspannen. Die üblichen Regeln und Vorschriften galten nicht mehr. Am liebsten wollte er gar nicht nach Hause, aber das Geld gab den Ausschlag. Wenigstens hatte er jetzt einen Plan. Der Fluchtweg war klar. Wie in den Filmen über den Zweiten Weltkrieg. Bloß, daß die Kriegsgefangenen da nicht aus England, sondern nach England flohen.

Vince saß lange am Strand und gab sich seinen Tagträumereien hin, bevor er sich auf den Weg zur Bar machte. Unterwegs entdeckte er unter der Promenade einen Schlafplatz, wo er nicht gleich zu sehen war. Auf den hölzernen Planken saßen Liebespaare, und am Strand hatten ein paar Leute ein Feuer entzündet und grillten Fische. In der Dunkelheit fiel sein abgerissenes Äußeres nicht auf, und erst als er die hell erleuchtete Straße erreichte, fühlte er sich wieder wie ein Außenseiter. Es war allerdings längst nicht so schlimm wie in Madrid. In dieser haßerfüllten Stadt hatte er eine neue Erfahrung gemacht – in jedem Blick hatte er gesehen, daß man ihn für Gesindel hielt. Zum ersten Mal hatte er Rassismus am eigenen Leib zu spüren bekommen, und die alten Männer auf dem Platz, wo sich die Engländer zum Biertrinken trafen, waren hundertprozentige Faschisten gewesen, überzeugte Franco-Anhänger, die beim England-Deutschland-Spiel während der Nationalhymne die Hand zum Hitlergruß erhoben hatten. Das war ein seltsames Gefühl gewesen, hatte Erinnerungen an alte flackernde Filme vom Nürnberger Reichsparteitag geweckt und die spöttischen Hitlergrußkarikaturen der Engländer witzlos gemacht.

Er mußte sich an dieses Gefühl gewöhnen, weil er eines Tages in die Welt ziehen und, wenn sich das richtig gut anließ, vielleicht nie wieder nach England zurückkommen würde. Er erschrak bei dem Gedanken, obwohl das alles noch weit weg war. Er hatte Hunger, mußte aber sparen, wollte nur ein paar Biere trinken und dann ordentlich ausschlafen. Allein in einem fremden Land am Strand zu schlafen hatte etwas. Jetzt war ihm nach einem eiskalten Bier. Er betrat die Bar.

– Alles klar, Vince? Wir haben schon gedacht, du hast uns vergessen. John stand an der Theke und sah frisch geschrubbt und poliert aus, obwohl seine Kleidung verknittert und ungewaschen war. Morgen würde er auch so aussehen. Hoffte er zumindest.

– Hast du was zum Pennen gefunden? Gary saß mit den anderen Jungs aus Southampton in einer Runde, bestellte für Vince einmal Flaschenpisse, ließ sich das Geld aber zurückgeben. Sie zahlten nur in kleinen, überschaubaren Runden, weil keiner von ihnen viel Geld dabei hatte. In England wäre es unerhört gewesen, daß jeder für sich bezahlte, aber schließlich lebten sie in schwierigen Zeiten. Vince erzählte, daß er draußen schlafen würde.

– An den Strand hab ich gar nicht gedacht, sagte John. Gute Idee. Kannst n bißchen was sparen. Aber das Duschen war einfach toll, und heißes Wasser gab's auch. Das hab ich die ganzen drei Wochen nicht mehr gehabt. Kannst du morgen ja nachholen.

– Und ordentliche Klos. Man kann in Ruhe ne Sitzung halten, ohne daß gleich so n Schwuler durch n Loch in der Wand kuckt.

– Weißt du noch, wie Sean aufm Pott das Sexheft gelesen hat, das er von dem alten Knacker am Platz hatte? Er sitzt da und holt sich einen runter, und als er hochkuckt, merkt er, daß ihm jemand bei der Vorstellung zukuckt.

Sean war die Geschichte peinlich. Er saß mit Gavin, Tony und Gary, den anderen Jungs aus Southampton, an der Theke. Er nannte John immer den Cockney-Schwätzer, und der Londoner tat alles, um seinem Ruf gerecht zu werden. Sie kannten sich, seit sie mit dem gleichen Zug in Madrid angekommen waren. Die anderen lachten bloß.

– Er stürzt mit den Jeans um die Knöchel und nem Ständer aus der Tür, der Spanner hat längst die Beine in die Hand genommen, aber eine von den alten Ladys kommt vorbei, bleibt wie angewurzelt stehen und glotzt ihn an. Er dreht sich um und läuft mit nacktem Arsch wieder ins Kabuff.

– Die alten Ladys waren in Ordnung, sagt Vince. Nette alte Damen. Aber diese Gegend. Mitten im Rotlichtviertel. Aber das hat ihnen anscheinend nicht viel ausgemacht, und außerdem sind sie jeden Abend in die Kirche. Also da find ich die Spanier ja n bißchen komisch. Erst hatten sie die ganze Zeit Franco an der Macht, und ihre Bullen sind Wahnsinnige, die von der Gestapo ausgebildet sein müssen, und die Regierung ist schlimmer als unser Parlament, und dann latschen sie alle zusammen zur Kirche.

– Das ist wie in den Mafia-Filmen, sagt Gary. Brauchst dir nur *Der Pate* anzukucken, da schneiden sie einander alles mögliche ab, ballern sich gegenseitig zum Spaß übern Haufen, und dann knien sie wieder vorm Kreuz, labern den Lattenheini voll und bitten Gott um Vergebung.

Vince nahm einen Schluck von seinem Bier. Es war eiskalt. Er hatte sich inzwischen an das spanische Bier gewöhnt, auch wenn er es nicht besonders gern trank. Er wollte aber nicht allzuviel jammern, weil die anderen immer lästerten, daß es wie Flaschenpisse schmeckte, aber er hatte gesagt, daß er noch nie Pisse getrunken hätte und das daher nicht beurteilen könnte. Er hatte einen Lacher geerntet.

– Da macht man sich doch so seine Gedanken über die Katholen, stimmt's? sagte er. Man muß nur mal kucken, welche Länder vor und während dem Zweiten Weltkrieg faschistisch waren. In Italien hatten sie Mussolini, in Spanien Franco, in Deutschland hat Adolf den Laden geschmissen, und der wurde besonders von den Katholiken im Süden unterstützt, in Bayern und drumherum, und die Kroaten und Ukrainer haben sich auch noch drangehängt. Frankreich war geteilt, und die haben ihre Juden nach Deutschland geschafft, die auch nicht grad Lieblinge der Polen waren, und wenn sie aus dem Warschauer Ghetto rausgekommen sind, hatten sie die polnischen Partisanen am Hals. Und dann ist da noch Lateinamerika mit den ganzen Diktaturen. Die sind alle voll dabei, stimmt's?

– Woher weißt du so viel? fragte Sean.

– Ich hab das eine oder andere Buch gelesen; und kuck mir Dokumentarfilme im Fernsehen an und so was.

– Und was ist mit Irland? Das war schließlich nicht faschistisch. Meine Eltern sind aus Irland. Die hätten mir erzählt, wenn Hitler da ne große Nummer gewesen wäre.

– Mit den Iren ist das was anderes.

– Und wieso das?

– Das sind Kelten. Die sind nur katholisch geworden, weil die Schotten, die die Engländer nachUlster gebracht haben, Protestanten waren. Die haben einfach das Gegenteil gemacht. Das lief damals so. Außerdem sind die Iren nicht gerade der aufgeschlossenste Menschenschlag, und sie haben die Engländer im Zweiten Weltkrieg auch nicht unterstützt.

– Und warum zum Teufel hätten sie die unterstützen sollen? Was haben denn die Engländer je für die Iren getan?

– Immerhin haben wir ihnen Oliver Cromwell überlassen, sagte John und lachte, um die Situation zu entschärfen.

– Ja, genau. Oliver Cromwell. Der elende Mörder.

– Ich hab doch gar nichts gegen die Iren, sagte Vince. Ich hab bloß gesagt, daß ich es ein bißchen komisch finde, wie sich die Katholen immer wieder an rechtsradikale Führer ranhängen. Ich hab nicht gesagt, daß ich das gut oder schlecht finde oder so was, ich meinte bloß, daß es ein seltsamer Zufall ist.

– Das liegt daran, daß die Juden Christus umgebracht haben,

sagte Gavin. Judenschweine haben den Erlöser umgebracht. Deswegen hassen alle die Juden. Kuck dir nur mal die Katholiken an, das sind doch Fanatiker, oder etwa nicht? Ihr habt die ja in Madrid gesehen. Das sitzt ganz tief bei denen. Die wissen nicht, warum, aber sie müssen ihrem Führer gehorchen. Sie folgen Gott oder Franco oder Hitler oder Mussolini oder keine Ahnung wem. Scheißegal. Das ist bei denen eingebaut. Gehört zur Religion.

– Die Iren sind nicht so, sagte Sean.

– Das ist was anderes. Ein Inselvolk. Ein anderer Stamm. Kelten, wie Vince schon gesagt hat.

– Und warum hassen dann alle die Hotspurs? fragte John. Das sind Judenärsche, und alle hassen die Wichser.

– Das liegt daran, weil die so großkotzig sind, antwortete Vince und lachte auch wieder. 'n bißchen was hat England davon auch abgekriegt, aber da ist das anders. Das sind bloß ein paar Pfarrer, die ihre Schäfchen auf Trab halten. Ein paar alte Jungfern auf dem Lande, die sich wünschen, daß der Knecht mit ihnen ins Heu geht, aber weil sie wissen, daß daraus nichts wird, tragen sie die Bibel vor sich her und sagen sich, wenn ich nicht mal ordentlich durchgebumst werde, warum soll es anderen dann bessergehen?

Jetzt lachten sie alle. Aber das war ein interessanter Punkt. Vince hatte das nie zu Ende durchdacht. Er mußte sich das noch mal in Ruhe überlegen. Er trank sein Bier aus und ging zur Theke, um John und sich zwei neue zu holen. Ein paar Flaschen noch, dann würde er sich zum Schlafen verziehen. Er freute sich auf die heiße Dusche am nächsten Tag, aber erst mal mußte er so viel wie möglich aus dem heutigen Abend machen. Drüben saßen ein paar hübsche Bräute, aber er merkte, daß sie Geld hatten, und die Engländer wurden von den anderen in der Bar links liegengelassen. Es waren vor allem Männer und Frauen Anfang Zwanzig. Die meisten trugen weiße Kleidung und hatten ihre Motorroller draußen stehen. Er zahlte und nahm die Flaschen.

– Diese Bar in Madrid war klasse, stimmt's? sagte er, als er wieder bei den anderen war. Der arme alte Lurch wußte absolut nicht, was da eigentlich abgegangen ist. Der arme Arsch hat die ganze Zeit versucht, sich zu merken, was wir gegessen haben, aber er hatte keine Chance.

– Da war's viel billiger als hier, sagte Gary und sah sein Bier an. Und das Essen konnte man sich einfach so nehmen.

Die Bar war in der Nähe ihrer Pension in Madrid gewesen. Am Anfang und am Ende ihrer Runde waren sie immer dort eingekehrt. Sie hatten den Tag damit abgerundet, daß sie ein paar Stunden bei Lurch spottbilligen Wein und Bier tranken. Vor der Theke waren große Tabletts aufgestellt gewesen, auf denen es alles von paniertem Fisch und Hähnchenflügeln bis zu Paella und Brot gab. Es war fettiges Kantinenessen, und das Ganze war so gedacht, daß die Gäste sich einfach nahmen, was sie wollten, und zahlten, wenn sie gingen. Die Engländer waren mit der üblichen Taktik für Spiele im Ausland vorgegangen; sie hatten sich in Massen in den Laden gedrängt, nach Lust und Laune bedient und alles abgestritten, als es ans Zahlen ging. Sie waren der Meinung, daß die Spanier sie wie Dreck behandelten, als wären sie das allerletzte, und so nutzten sie die Rudeltaktik, weil sie glaubten, daß die Einheimischen sie nicht als Individuen sehen und daher sowieso nicht unterscheiden können würden.

Lurch war bis ein Uhr morgens in der Bar, dann übernahm der ältere und dickere Besitzer der Kneipe seinen Platz. Lurch war okay. Seinen Namen verdankte er seiner Ähnlichkeit mit dem typischen Horrorfilm-Butler; er war groß, lief etwas vornübergebeugt, und man merkte ihm kaum an, was in ihm vorging. Ab und zu lächelte er, wenn die englischen Jungs ihren Geschäften nachgingen, und obwohl es zwischen beiden Parteien nicht zu längeren Gesprächen kam, bezahlten die Engländer doch anstandslos ihre Getränke, und Lurch verlor nur selten die Beherrschung. Vielleicht lag das daran, daß er dachte, es lohne sich nicht, weil es ja schließlich nicht seine Bar war. So ganz hatte Vince das nie herausbekommen. Es war schon eine komische Situation, weil sie dort jeden Abend wieder aufgelaufen waren, dreißig bis vierzig besoffene englische Typen in T-Shirts und Shorts, die Lieder über die Falklandinseln grölten und sich draußen auf dem Gehsteig mit den Prostituierten unterhielten.

– Wißt ihr noch, als wir auf dem Rückweg aus dieser schäbigen Disco waren und diese Straßenreiniger vorbeigekommen sind und uns mit dem Schlauch abgespritzt haben? Wir waren breit vom Kochwein, und die haben uns naß gemacht und sind dann einfach weitergefahren.

Als sie aus der Bar kamen, ging Vince Richtung Strand, während die anderen ein Riesentheater wegen der frischen weißen Laken machten, die in der Pension auf sie warteten. Aber Vince kümmerte sich nicht weiter um die Verarschung und ging durch die fast leeren Straßen zu der Stelle, die er sich als Schlafplatz ausgesucht hatte. Eine Brise war aufgekommen, und er holte seine Jacke aus der Tasche, die er nach Spanien mitgebracht hatte. Wenn der Wind richtig auffrischte, würde sie nicht allzuviel Schutz bieten, aber er würde es überleben. Er kniete sich hin, kroch auf allen vieren unter die hölzerne Promenade, glättete den Sand und legte sich die Tasche unter den Kopf. Er zog die Beine an und machte es sich in der Fötuslage bequem. Das Bier würde beim Einschlafen helfen. Das war ne prima Idee gewesen. Andererseits hatte er nichts gegessen,und wenn er ehrlich war, hatte er einen Mordshunger, aber jetzt war es zu spät, um etwas dagegen zu tun. Er wünschte, Lurch hätte eine Bar in San Sebastian.

Vince schlief langsam ein, wobei er sich noch ein paarmal umdrehte, weil der Sand nicht so bequem war, wie er gedacht hatte. Er war härter als direkt am Strand. Es war eine Mischung aus

Sand, Erde und ein paar Steinen aus dem Fundament der Promenade. Er hörte das Meer leise in der Ferne, und ihm gefiel der Gedanke, daß die stetig an den Strand schlagenden Wellen ihn langsam in den Schlaf wiegen würden. Das war das wahre Leben. Er sah was von der Welt. Er dachte, das Meer würde mit der Zeit immer leiser werden und langsam ganz im Hintergrund verschwinden, aber daraus wurde nichts, und nach einer halben Stunde war der Lärm ohrenbetäubend und hinderte ihn am Einschlafen, wie eine Art abgeschwächte Version der chinesischen Wasserfolter. Der Wind wurde stärker, und er fror. Seine Gedanken überschlugen sich. Er dachte an Madrid.

Die Stimmung in der Stadt war schlecht gewesen. In der Nacht, als sie mit dreißig Mann von einer Kneipe zur anderen gezogen waren und Lieder über die Falklandinseln gesungen hatten, die sie aber Malvinas genannt hatten, damit die Spanier sie verstanden, waren drei Engländer, die im Park geschlafen hatten, von einer Faschogang mit Eisenträgern ziemlich übel zusammengeschlagen worden. Und ein Mob dieser Schweinehunde hatte in der Nähe des Bernabeau-Stadions einen Derby-Fan eingekreist und ins Herz gestochen. Alles Halsabschneider. Er haßte Leute, die mit Messern kämpften. Einige Engländer hatten sich auch schon Waffen zugelegt, damit sie sich verteidigen konnten. Dann hatte ein Mob Spanier den Platz gestürmt, auf dem sie feierten. Die Engländer hatten sie durchs ganze Viertel gejagt. Ein Haufen Hosenscheißer. Darum haben die Spanier Messer bei sich und müssen mindestens zwanzig- oder dreißigmal so viele sein. Der Derby-Fan hatte Glück, daß er noch am Leben war.

In der Nacht waren sie morgens um zwei wieder auf den Platz zurückgekommen, und dieses eine Mal waren sie nicht in Lurchs Bar gegangen. Sie hatten an den Tischen gesessen, als die Kellner plötzlich Pistolen zogen. Sie waren alle bewaffnet, und dann wimmelte es auf dem Platz von Polizisten mit Maschinengewehren. Die Engländer mußten sich in einer Reihe an die Wand stellen, und die Bullen tasteten jeden einzelnen ab. Sie standen immer zu zweit hinter dem, der gerade dran war. Vince konnte die Gewehrmündung noch am Rücken spüren. Hände fuhren seinen Körper hoch und runter und suchten nach irgend etwas. Er hatte sich gefragt, ob sie ihnen Drogen anhängen wollten. Ob sie ein paar Auserwählten harte Sachen unterschieben und die dann für zehn Jahre verknacken würden. Dann gingen die Bullen auf die drei deutschen Skinheads los, die mit den Engländern rumgehangen hatten. Die Bullen brüllten die Deutschen an, und eines der Schweine schlug Jürgen, ihrem Anführer, den Gewehrkolben ans Kinn.

Vince erinnerte sich, daß die Deutschen eine Pistole und mehrere Tränengasgranaten bei sich gehabt hatten. Sie wollten sie nach dem Spanien–Deutschland-Spiel in der U-Bahn loslassen. Daraus reimte er sich die Geschichte zusammen. Vielleicht hatte irgend jemand die Pistole gesehen und das den Bullen gemeldet. Die waren dann in Aktion getreten. Sie mußten die ganze Zeit zugesehen und sich den Plan zurechtgelegt haben. Während die Engländer die Wand anstarrten, wurden die Deutschen verprügelt. Die sind auf die los wie Fliegen auf die Scheiße. Dann wurden die Deutschen in einen Mannschaftswagen verfrachtet, der mit Blaulicht, Sirene und quietschenden Reifen losraste, damit die Anwohner auch auf jeden Fall aufwachen. Bullen sind spitze, wenn's darum geht, aus ner Mücke nen Elefanten zu machen. Das ist überall auf der Welt das gleiche.

Das war bloß eine Leuchtpistole gewesen oder so was, und von dem Gas hätten ein paar Leute gehustet, ein Massensterben hätte es jedenfalls nicht ausgelöst. War aber auch bescheuert von den Deutschen, das Zeug so offen rumzutragen. Die hatten das perfekte Skinhead-Outfit, alles aus dem »Last Resort« in der Petticoat Lane, und als sie das erste Mal auf den Platz gekommen waren, war Jürgen stehengeblieben, hatte auf seine Doc Martens gezeigt und sie Nigger-Kicker genannt. Sie hatten die richtigen Klamotten, während die Engländer eher ein etwas heruntergekommener, lockerer Haufen waren, und das, obwohl in London gerade ein Skinhead-Revival angesagt war und die englischen Clubs sich durch Konkurrenten auf dem Kontinent herausgefordert sahen. Er fragte sich, ob die Deutschen in Spanien vor Gericht gestellt oder mit der ersten Maschine nach Düsseldorf zurückgeschickt worden waren.

Das Meer trieb Vince zum Wahnsinn. Er überlegte, wie spät es war, hatte aber keine Uhr. Er hatte sie in Madrid für n Appel und n Ei verkauft, weil er Geld brauchte. Ein paar Jungs waren zur Botschaft gegangen, hatten dort erklärt, daß sie kein Geld mehr hatten, damit sie eine Fahrkarte nach Hause bekamen, aber Vince versuchte seinen Aufenthalt so lange wie möglich auszudehnen und wollte noch ein paar Tage Abstand vom Fußball gewinnen. Scouser kamen am besten ohne jeden Pfennig zurecht. Besonders die Liverpool-Fans, die ihrem Verein schon einige Jahre durch Europa gefolgt waren, hatten es darin zu einer erheblichen Kunstfertigkeit gebracht. Sie bezahlten praktisch für nichts, es gab Geschichten über Typen, die unter Eisenbahnwagen mitfuhren, und sie überfielen jeden Laden, an dem sie vorbeikamen. Wenn Liverpool ein Auswärtsspiel auf dem Kontinent hatte, raubten die Scouser normalerweise erst die Klamottenläden und dann die Juweliere aus. Die Schweiz und die anderen reichen und anständigen Länder hatten für diese Einstellung kein Verständnis. Ihre Straßen waren wie geleckt, und alles lief in geordneten Bahnen, wohingegen die jungen Männer aus den englischen Sozialsiedlungen Räuber und Halunken waren, die sich in den frühen Achtzigern quer durch Europa schlugen, ohne zu bezahlen.

Was das Outfit anging, waren die Scouser die Trendsetter im Fußball. Sie klauten die ganzen teuren Sportklamotten, trugen selbst ein paar Teile davon und verscheuerten den Rest. Außerdem verdienten sie ganz gut an Überfällen auf Juwelierläden. Sie zettelten ne Schlägerei an, plünderten die Juwelierläden und verstauten die Beute im Bahnhofsschließfach. Dann fuhren sie für ein paar Wochen nach England und später zurück auf den Kontinent, um ihre Wertsachen abzuholen, für die sie dann so viel kriegten, daß sie ein paar Wochen damit auskamen. Die Jungs aus Manchester standen ihnen kaum nach und fingen schon an rumzutönen, daß sie bessere Diebe waren als die Scouser.

Vince war kein guter Dieb. Er konnte zwar auch mal ein paar Klamotten mitgehen lassen, war aber nicht so recht bei der Sache. Er hatte das mehr als Jugendlicher gemacht, um Eindruck zu schinden. Aber die Spiele der Nationalmannschaft interessierten ihn jetzt nicht mehr, er hatte die Schnauze voll und wollte nur noch schlafen. Daraus wurde nichts. Die Stunden verstrichen, und er döste vor sich hin, bis ein plötzliches Klirren ihn aufschreckte. Ein paar Besoffene warfen Flaschen an eine Wand. Er fühlte sich, als hätte er sich in einem Loch versteckt, wie ein Maulwurf oder ein verängstigter Hase, aber eigentlich war es nur lästig. Sie trampelten über die Holzpromenade und verschwanden schließlich grölend in der Dunkelheit. Er konnte immer noch nicht einschlafen. Es wurde langsam heller, und die Sonne stand schon direkt unter dem Horizont. Es würde einen schönen Sonnenaufgang geben, aber das war ihm egal.

Bei Tagesanbruch krabbelte ein betrunkener Penner auf ihn zu. Er war überrascht, in einem Loch unter der Promenade von San Sebastian jemanden zu entdecken – und dann auch noch einen der berühmt-berüchtigten englischen Hooligans. Er blinzelte und glaubte, er hätte eine Halluzination. Dachte, er hätte schon zu lange auf der Straße geschlafen. Zu viel billigen Fusel in sich reingekippt. Dann fand er sich damit ab, daß Vince tatsächlich da war, und versuchte ihm die Grundlagen des Spanischen beizubringen. Nach einer halben Stunde hatte Vince die

Nase voll. Er wollte nicht gehen, hatte aber rasende Kopfschmerzen. Er hatte Hunger. Und er war müde.

Er ging ein Stück und legte sich an den Strand. Das war schon besser. Der Sand war viel bequemer und paßte sich seinem Körper an. Die Sonne wärmte ihn, und er döste ein. Später zog er sein T-Shirt und die Jeans aus und die Shorts an. Er schlief ein. Schlief tief und fest. Irgendwann schreckte er mit dröhnendem Schädel hoch. Er hörte Stimmen. Er öffnete die Augen und sah sich um. Der Strand war voll. Rechts neben ihm saßen zwei Teenie-Mädels oben ohne und leckten Eis, und links ging ein spanischer Bodybuilder vorbei, dessen String-Tanga seine Genitalien nur notdürftig bedeckte. Alle waren braungebrannt und hielten sich für schön. Als Vince sich bewegte, spürte er den Schmerz. Er betrachtete seinen Bauch und die Beine. Sie waren knallrot. Sie schmerzten. Er war eingeschlafen und hatte nicht gemerkt, daß die Sonne ihn verbrannte. Er zog sein T-Shirt an und ging zur Straße. Wenn er sich bewegte, schmerzte es noch stärker. Er fragte eine Frau nach der Uhrzeit, und es war elf. Alles tat ihm weh. Es hätte aber noch viel schlimmer kommen können: Er hätte bis drei durchschlafen können.

Die anderen Jungs saßen vor einer Bar und schlürften Kaffee. Sie wirkten erfrischt. Sie trugen die üblichen abgetragenen Klamotten, aber es war beeindruckend, was man mit ein bißchen Seife ausrichten konnte, wenn man sich Mühe gab. Er ging direkt zur Pension, und die Frau war ziemlich besorgt, als sie seinen Sonnenbrand sah. Sie brachte ihn in Johns Zimmer und gab ihm eine Salbe. Er entspannte sich auf dem Bett und sah aus dem offenen Fenster. Alles roch so angenehm. Es war der gleiche Duft, der ihm schon auf der Zugfahrt aufgefallen war. Er fragte sich, welche Pflanze das war. Er schloß die Augen und schlief ein.

– Bist du okay, Vince? John saß am Fußende des Betts.

– Wie spät ist es?

– Fast zwei. Die anderen sind unten am Strand.

– Ich hab mich nur kurz hingelegt, und weg war ich.

– Du mußt dir mal die Miezen da ankucken. Sind zwar n bißchen jung, ziehen sich aber vor allen Leuten aus. Nicht schlecht. Die anderen haben ihren Union Jack ausgepackt, auf dem Sand ausgebreitet, einen Graben um sich geschaufelt und ne Sandburg gebaut. Den Kindern gefällt's. Wir sind Helden.

– Wohl eher Freaks.

– Wir sind anders. Die haben Sinn für Humor. Hier in der Stadt gibt's keinen Zoff. Sogar die Bodybuilder mit der Bräune aus der Tube lachen mit.

– England auf Tour.

– Kommst du mit runter? Die Besitzerin hier sagt, wenn wir drei Tage länger bleiben, kriegen wir einen Sonderpreis. Was meinst du? Ein paar Tage Ruhe nach dem Streß in Madrid. Ich bin nicht besonders scharf drauf, gleich wieder nach England zurückzufahren. Mein Job ist sowieso futsch, da kann ich's mir auch noch n paar Tage gutgehen lassen.

– Ich hab kein Geld mehr. Bin völlig abgebrannt.

– Ich auch. Aber ich hab mir gedacht, nach England können wir auch schwarzfahren im Zug. Wie's aussieht, macht das fast jeder.

– Könnte man versuchen. Wir verbraten das Geld und kümmern uns später um die Rückfahrt.

– Überleg's dir. Ich bin am Strand. Wenn du aus dem Haus kommst, gehst du linksrum und dann immer geradeaus. Du kannst uns gar nicht verfehlen. Wir sind die bleichen Trottel mit Vereinsabzeichen am Arm, die auf dem Union Jack sitzen.

Als John weg war, ging Vince ins Bad. Offenbar war der Sonnenbrand nicht so schlimm, wie er befürchtet hatte. Er ließ Badewasser einlaufen. Er saß eine halbe Stunde in der Wanne. Etwas Besseres konnte er sich nicht vorstellen. Er dachte an den Penner und überlegte, wann der zum letzten Mal so etwas Schönes erlebt hatte. Armes Schwein. Er trocknete sich ab und schmierte Salbe auf den Sonnenbrand. Seine Kleidung war noch dreckig, aber es war warm, also reichten ein T-Shirt und die Shorts. Die anderen Sachen wusch er im Waschbecken und hängte sie zum Trocknen auf den Balkon. Dann ging er zum Strand, um die anderen zu suchen. Er fand sie sofort. Genau wie John gesagt hatte.

– Alles okay, Vince?

– Wollt ihr was trinken? Ich setz mich jetzt nicht in die Sonne. Ich will nicht gleich am ersten Tag draufgehen.

Gary und Sean gingen mit Vince zu einer Strandbar. Sie bestellten Bier. Flaschenpisse. Aber wenigstens kalt. Sie setzten sich in den Schatten, und Vince beobachtete den Kellner und dachte an die Undercover-Polizisten in Madrid. Das mußte den Festangestellten da ziemlich bekloppt vorgekommen sein, als die Bullen ankamen und ihnen erklärten, daß sie jetzt übernehmen würden. Die hatten sogar gestreifte Hemden angehabt, glaubte er zumindest. Auch wenn er da ziemlich besoffen war, meinte er sich zu erinnern, daß sie genauso gekleidet gewesen waren wie die Karikaturen von Radfahrern mit Zwiebelketten um den Hals, die einem jedesmal von den Titelseiten der englischen Boulevardzeitungen ins Auge sprangen, wenn es Auseinandersetzungen zwischen den beiden Ländern gab. Wahrscheinlich waren auch in San Sebastian reichlich Polizisten unterwegs. Die baskischen Separatisten saßen nicht herum und warteten darauf, daß die Regierung in Madrid einen Anfall von Großzügigkeit hatte. Sie legten Bomben wie die IRA. Allerdings hatte Vince viel mehr Verständnis für die Basken als für die IRA, obwohl er die historischen Hintergründe des Konflikts nicht kannte. Die IRA war zu nah an der Heimat.

– O Mann, hast du die Titten von der gesehen? sagte Gary.

– Nicht übel. Aber du mußt aufpassen, was du sagst. Die Wände haben Ohren, und bei Frauen in Shorts soll das auch vorkommen.

Gary lachte und sah weg. Sie hatten nachmittags auf dem Platz in Madrid die Zeit totgeschlagen und auf das England–Deutschland-Spiel am nächsten Tag gewartet, als eine gutaussehende Frau in engen schwarzen Shorts an ihrem Tisch vorbeigegangen war. Die Shorts saßen direkt in ihrer Arschfalte. Sie hatte einen dunklen Teint und blonde Haare, die über den Kragen ihrer kurzärmeligen Bluse fielen. Sie war ein echter Knaller, und Gary fragte zwischen zwei Schlucken Bier beiläufig, ob sie sich in den Arsch ficken lassen würde. Die anderen Jungs am Tisch lachten. Die Frau drehte sich um und kam auf sie zu.

Was haben Sie gesagt, Sie Dreckschwein?

Sie sprach mit einem gewählten englischen Akzent. Möglicherweise eine Lehrerin, die für das British Council arbeitete. Gary wand sich auf seinem Stuhl. Er lief rot an. Fast wie Vincents Sonnenbrand.

– Was glauben Sie, wer Sie sind, so mit einer Frau zu sprechen? Sie unverschämter Ochse.

Die Frau nahm einen Krug Sangria vom Tisch und schüttete den Inhalt auf Garys Hemd. Dann stürmte sie davon. Absolute Demütigung. Die drei lachten, als sie an ihre Lektion in guten Manieren dachten.

– Das war ein Alptraum. Warum mußte ausgerechnet mir das passieren? Woher soll ich wissen, daß die Engländerin ist und das versteht? Kein Mensch in Madrid spricht Englisch, da kann man sagen, was man will, die glotzen einen nur dämlich an. Und ich muß grade die erwischen. Hatte aber echt nen hübschen Arsch. Muß ich schon sagen.

Sie verbrachten den Nachmittag im Strandcafé, und Vince füllte seinen Magen mit ein paar Käse-Salat-Baguettes. Er würde ein paar Tage länger bleiben und schwarz zurückfahren. Das war eine gute Idee. Von dem gesparten Fahrgeld konnte er es sich gutgehen lassen. Als er wieder zur Pension zurückging, kam auch

John gerade an. Vor der Tür standen ein paar Jungs, die sie in Madrid getroffen hatten. John war letzte Woche mit ihnen zusammen festgenommen worden.

– Was macht ihr beide denn hier?

– Wir suchen ne Bleibe. Pennt ihr hier? Wie ist es? Sieht aus, als wäre noch n Bett frei.

– Das ist okay hier. Wird von ner netten Frau geführt.

– Läßt sich's gern besorgen, oder wie?

– Wenn du auf Fünfzigjährige stehst, ist sie in Ordnung. Könnte wohl deine Großmutter sein.

– Mir egal. Ich fick alles.

John ging auf den Wortführer zu. Die beiden waren ein paar Jahre jünger. Magere Wichser. Der stille Bursche trat vor, um John eine zu verpassen, sah dann aber Vince näher kommen.

Hört zu, ihr Arschlöcher. Ihr verpißt euch jetzt. Hier bleibt ihr nicht. Wenn ihr's drauf anlegt, landet ihr im Krankenhaus. Wir haben uns ne hübsche kleine Pension ausgesucht. Keine Probleme. Kein Streß. Die Frau ist in Ordnung. Das ist keine Abzockerin. Wenn ihr uns das versaut, ramm ich dir die Turnschuhe von deinem Kumpel so tief in den Arsch, daß sie drin steckenbleiben, und zwar ohne daß er sie vorher auszieht.

Sie gingen. Das Risiko, sich Prügel einzufangen, war ihnen zu groß. Sie waren ohne Geld durch Europa gereist und würden wahrscheinlich mit Gewinn wieder nach Hause kommen. Vince hatte sogar gesehen, daß sie es geschafft hatten, einem geizigen Barkeeper in der Nähe des Bernabeau-Stadions ein paar Drinks abzuschwatzen. Aber als es hart auf hart ging, war von den Wichsern nichts zu sehen. Die beiden waren Spaghettis mit englischen Pässen.

– Bis denn mal, Jungs.

Vince legte sich bis neun aufs Ohr, dann klopften die Southamptoner, er wusch sich das Gesicht, ging ein paar Bier trinken und was essen. Er wollte nicht wie zu Hause losziehen und sich besaufen. Auf dem Kontinent ging man anders damit um. Erstens hatten die Kneipen bessere Öffnungszeiten, und man brauchte abends nicht in den Pub zu gehen und soviel Bier wie möglich in sich reinzukippen, bevor der Wirt den Ausrufer macht und die letzte Bestellung ansagt. Man konnte zwar noch woanders hingehen, aber die meisten Clubs wollten eher die Modefuzzis und dämlichen Discomiezen anlocken. Ein Haufen besoffener Kerle könnte Ärger machen, also ließ man sie lieber draußen in der Kälte stehen und ein paar Scheiben einschmeißen. Auf dem Kontinent konnte man sich Zeit lassen.

Später gingen sie in eine andere Strandbar. Es war der beste Laden, in dem sie bisher gewesen waren. Die Gäste setzten sich aus Einheimischen und ziemlich jungen spanischen Urlaubern zusammen, musterten sie mit den üblichen abschätzigen Blicken, und die Modepüppchen hielten Abstand. Vince war das egal. Er wollte keine flachlegen. Und schon gar nicht eins von diesen Pin-ups. Was sollte das bringen? Die waren wie diese Klone bei der Wahl zur Miss World. Sonnengebräunt mit überkronten Zähnen und ohne jede Persönlichkeit. Trotzdem standen die Mädels hier mindestens eine Stufe über denen bei der Miss-World-Wahl. Das Bier in der Bar war gut. Es kam vom Faß und ging prima runter. Sie wurden schnell betrunken. Ein Manchester-United-Fan, den sie in Madrid kennengelernt hatten, erkannte sie von draußen und kam herein. Er war groß und freundlich. Seine Hände waren doppelt so groß wie Vincents, und er sprach ruhig und leise. Aber nach ein paar Drinks hatte er Bock auf eine kleine Schlägerei. Falls sich eine Möglichkeit ergab. Er haßte Scouser. Langsam bekam Vincent direkt Mitleid mit den guten alten Scousern. Anscheinend hatten sie die ganze Welt gegen sich.

– Mein Kumpel und ich sind letztes Jahr aus Liverpool zurückgekommen, und die Scouser hatten während des Spiels die ganze Zeit über München gesungen, und die beiden Fangruppen können sich auf den Tod nicht ausstehen. Ihr wißt ja, wie die Scouser sind. Auf jeden Fall fahren wir dann auf die Autobahn, und da steht dieser Tramper. Wir dachten, er ist ein Manc, also halten wir an und nehmen ihn mit, und der klettert also hinten rein, und dann ist das bloß n Scheiß-Scouser.

– Er merkt nix und fängt an zu erzählen, wie er mit den anderen Jungs zusammen den Kerlen von Man United ne Abreibung verpaßt hat. Steigert sich da richtig rein, prahlt und lacht, sitzt aber hinten im Wagen fest, und ich hab bis dahin kein Wort gesagt, also hat er meinen Akzent noch nicht gehört, und er erzählt, wie sie die so richtig zusammengeprügelt haben und daß das keine normale Schlägerei war. Ich laß ihn reden, und dann kuck ich ihn an und sag ihm, daß ich Man United bin. Sein Gesicht erstarrt. Ich hab den Arsch zu Brei gehauen, dann sind wir auf den Seitenstreifen gefahren, und ich hab ihn rausgeschmissen. Als wir losfahren, hängt sein Bein noch in der Tür, hatte sich im Sicherheitsgurt verheddert, und er rutscht noch zwanzig Meter oder so auf dem Seitenstreifen nebenher. Der Wichser hat bekommen, was er verdient hat. Hätte halt keine Man-United-Fans zusammenschlagen sollen, hab ich recht?

– Wißt ihr, was morgen los ist? Sean sah sich fragend um. Keiner antwortete.

– Ich hab das von einem Spanier gehört, der praktisch nur mit nem Sackschutz bekleidet Souvenirs und Eis verkauft hat. Morgen ist das Stiertreiben in Pamplona. Er hat gesagt, daß das gar nicht weit weg ist. Kein Problem mit dem Zug. Wir sollten hinfahren und mitmachen.

Vince spürte den Alkohol. Die anderen waren schon ganz schön weggetreten, nachdem sie den ganzen Tag in der Sonne herumgehangen hatten. Sie fingen an, Pläne zu schmieden. Wär mal was anderes. Sie waren zuversichtlich. Beim Stiertreiben starben Menschen, und Stierkampf war ein Verbrechen, mit dem Engländer nicht klarkamen, aber sie bestätigten sich gegenseitig, daß Pamplona schon okay war. Das war was anderes als ein Stierkampf in der Arena, wo die Tiere kastriert und verstümmelt wurden und man ihnen Speere in die Schultern rammte, damit eine aufgetakelte Schwuchtel im Cape sich wichtig machen und das arme Tier zu Tode quälen konnte.

Sie entschlossen sich, früh am nächsten Morgen loszufahren. Es gab einiges Hin und Her, aber das ginge schon in Ordnung. Würde ne witzige Sache werden. Noch ein paar Biere, dann lief das schon. Was konnte eine Herde Stiere schon gegen einen Bauch voller Bier ausrichten. Eigentlich waren das eher englische Milchkühe als tobende Killer. Da hatten die Stiere endlich mal die Möglichkeit, sich zu rächen. Echtes Survival-Training. Sie würden allerdings schnell sein müssen. Zwar war keiner von ihnen so richtig fit, und sie hatten keine Ahnung, was sie erwartete, aber wen kratzte das schon? Nach ein paar Bieren interessierte sie das nicht die Bohne.

– Scheint mir ne Scheißidee zu sein, oder? sagte Vince, als sie sich auf den Rückweg zur Pension machten. Sie waren betrunken und mußten am nächsten Morgen früh raus, um den Zug nach Pamplona zu erwischen.

– Ein Engländer läuft nicht weg, stimmt's?

Die anderen lachten. Ein guter Spruch, den jeder irgendwann einmal brachte. Sie machten sich auf den Weg und verabredeten sich mit Man U und seinen Kumpels für den nächsten Tag. Auf dem Zimmer schaufelte Vince sich kaltes Wasser ins Gesicht, und als er ins Bett ging, schien ihm das Stiertreiben keine gute Idee mehr zu sein. Er roch das Blut der gemarterten Tiere, und dann roch er die sauberen Laken und den Duft, der durchs offene Fenster hereinwehte. Auf keinen Fall würde er am nächsten Morgen früh aufstehen, ein unschuldiges Tier quälen und sich womöglich das Rückgrat brechen. Was sollte das? Zehn Minuten später fragte er John, was er davon hielt. Vince meinte, der Alkohol hätte aus ihnen gesprochen. Das Ganze wäre Zeitverschwendung und viel zuviel Aufwand. Und außerdem waren Engländer bekannt für ihre Tierliebe. Er fragte John, ob er am Morgen aufstehen würde.

– Niemals. Alle werden zufällig verschlafen. Ich wette um ein Essen beim Inder, wenn wir wieder zu Hause sind.

Wimbledon zu Hause

Ich sehe mir das Spiel an, krieg aber nichts mit. Das Ganze findet bei Regen statt und ist insgesamt ne ziemlich traurige Angelegenheit, außerdem macht mir ne Erkältung zu schaffen. Ich müßte zu Hause im Bett liegen mit einer heißen Suppe und jemand, der mich pflegt, aber wenn du alleine lebst und krank wirst, mußt du dich eben selber pflegen. Genau wie wenn du über fünfzig bist und Krebs hast oder so was. Wenn du ne tödliche Krankheit kriegst, bist du am Arsch. Kratzt einsam und alleine ab, weil du zu schwach bist und dich nicht dagegen wehren kannst.

Der Trick ist der, daß man nicht krank wird. Man muß, so gut es geht, gesund und sein eigener Herr bleiben. Die Klappe dichtmachen und nix an sich ranlassen. Wenn du die Willenskraft hast und den Gefahren widerstehst, die dich hinter jeder Ecke erwarten, bist du ein Gewinner. Aber manchmal kommst du nicht gegen die ganzen Bakterien und Mikroben an, die auf dich lauern. Wie diese Scheißviecher, die sich bei mir im Kopf breitgemacht haben und Hirnzellen fressen. Der Doktor sieht mich nur an, macht einen auf Prinz Charles und fängt an, unkomische Witze zu reißen. Und das nachdem ich ne volle Stunde gewartet und dämliche, zwei Jahre alte Zeitschriften mit Schwachsinn über drogensüchtige Adlige und das Sexualleben von Popstars gelesen habe. Mit Fotos von Modepuppen mit überkronten Zähnen wie aus Bugs Bunnys schlimmsten Alpträumen. Dazu in Boulevardweisheiten gewickelte Fußballgerüchte, ohne jedes Körnchen Wahrheit.

Ich träum zwar nicht richtig, aber die Erkältung ersetzt den fehlenden Tiefschlaf. Als ob ich auf Drogen wäre. Ich bin zwar nicht völlig weggetreten, aber bei mir im Kopf geht alles wirr durcheinander. Die Welt ist schlecht, wenn man krank ist und zusehen muß, wie das Leben an einem vorbeirauscht und Wimbledon das Mittelfeld mit langen Pässen überbrückt. Der Verein steht mit dem Rücken zur Wand, und heimlich bewunderst du sie dafür, wie gut sie das alles fast ohne Geld hinkriegen.

Um uns herum stürmt es, und meine Hände sind steifgefroren, obwohl ich sie in die Taschen gesteckt hab. Ich versuch meine Zehen zu bewegen, damit sie nicht abbrechen, aber ich hab kein Gefühl mehr darin. Mark kommt mit einer Tasse Tee zurück, und ich halt sie mit abgestorbenen Stumpen fest. Wie ein arbeitsloser Bombenentschärfer beim Quittieren seiner wöchentlichen Entschädigungszahlung. Das ist n Scheißpublikum und ne Scheißatmosphäre. Die ganzen Arschlöcher in ihren geheizten Fernsehstudios, die dauernd davon labern, daß Hooligans keine echten Fans sind, haben keine Ahnung, was sie da fürn Scheiß reden. Keinen Schimmer. Kriechen ihren Gönnern bis zum Anschlag in den Arsch. Sagen nur das, was ihnen von den Geldgebern hinter den Kameras souffliert wird. Natürlich gibt's Typen, die nur bei großen Spielen auftauchen, wenn die Chancen auf ne Schlägerei gut stehen, aber die sind in der Minderheit. Und es gibt auch Leute, die sich einfach mit ranhängen. Die gibt's in jedem Lebensbereich. So viele sind das beim Fußball gar nicht. Das ist genau wie bei den Durchgeknallten. Es gibt ein paar davon und dazu ne Menge Fans, die ein bißchen Keile austeilen, wenn die Kacke am Dampfen ist, aber die meisten wollen damit nichts zu tun haben.

– Siehst übel aus, Tom. Mark sieht, daß ich zittere. Als hättest du Malaria. Wärst besser im Bett geblieben.

Ich bin vier Tage nicht bei der Arbeit gewesen, und ich werd einfach verrückt, wenn ich zu Hause sitz und nichts zu tun hab.

Im Lagerhaus kann's echt langweilig sein, aber da sind ein paar Leute, mit denen man lachen kann, und Glasgow Steve, zum Verarschen. Die Wohnung ist okay, und ich habe die Heizung voll aufgedreht, aber da bin ich alleine, und in der Kiste läuft nur Scheiße. Manchmal zeigen sie tagsüber einen guten Film. So n alten Kriegsstreifen zum Beispiel. So Propagandakram, wo dauernd über Freiheit und das Recht zu tun, was man will, rumgequatscht wird. Aber diese endlosen Liebesgeschichten und Seifenopern machen einen ganz kirre. Da versteht man auch, wieso bei Frauen schnell mal ne Schraube locker ist, wenn sie den ganzen Tag bei ihren rotznäsigen brüllenden Bälgern zu Hause sind. Wieso sie mit Typen, die sie im Supermarkt aufgelesen haben, im Bett landen. Wieso sie Kinder mit dem Kopf gegen die Wand knallen.

– Ich hoffe, das ist nicht ansteckend. Rod beugt sich rüber. Ich hab keinen Bock auf ne Tropenkrankheit.

– Die einzige Tropenkrankheit, die du kriegst, ist Aids, antwortet Mark. Fünfzehn Zentimeter tief in den Arsch, und nen Affenvirus gibt's umsonst dazu.

– Du siehst verdammt scheiße aus. Richtig krank. Kein Wunder, daß du gestern nicht in den Pub gekommen bist.

Ich weiß, daß sie mich aufmuntern wollen, aber ich bin einfach nicht in Stimmung. Wenn man krank ist, will man sich nur noch zusammenrollen und zurück in den Bauch der alten Dame. Und das Selbstvertrauen ist mit einem Schlag absolut unten. Die Eier rutschen dir in die Gedärme. Du fühlst dich nicht mehr besser als die anderen. Meistens geht's bei dir hoch her, weil du in der Blüte des Lebens stehst, weil's dir gutgeht und dir nichts und niemand was anhaben kann, aber das ist plötzlich alles weg. Du bist wieder wie ein Kind und brauchst den ganzen Streß nicht. Keine Kämpfe und kein Bumsen. Das ist ne völlig beknackte Aktion, hier mit so nem Brummschädel rumzuhocken. Als würd man alles auf einmal heimgezahlt kriegen.

Mit Schuldgefühlen hat das nichts zu tun. Das ist doch Schwachsinn und kommt nur von der Erziehung. Sie dressieren dich darauf, die Regeln und Vorschriften zu beachten. Wollen dein Verhalten steuern. Das kriegen sie gut hin, weil das ganz tief in dir drin sitzt und die Ärsche, die den Laden schmeißen, dadurch immer einen kleinen Bonus haben. Du lehnst den Scheiß zwar ab, den die so erzählen, aber wenn du krank bist, schlägt die ganze beschissene Programmierung wieder durch. Das rumort in einem drin, aber wir haben sie durchschaut, weil wir ziemlich weit außen vor sind und deren Ideen, was richtig und falsch ist, am eigenen Körper zu spüren kriegen. Und die raffen's einfach nicht, und das ist auch besser so. Ich erinner mich noch an unseren Lehrer von damals, als wir noch klein waren, Mark, Rod und ich. Wie wir ne Tracht Prügel gekriegt haben und ne Standpauke obendrauf. Dauernd diese Arschlöcher, die große Reden geschwungen und uns erzählt haben, was wir tun und lassen sollen. Sie versuchen alles, um deine Gedanken zu beeinflussen, aber sie kommen nicht daher, wo du herkommst. Irgendwann gehn sie dir dann tierisch auf den Wecker. Dann läßt du's ganz bleiben und machst genau das Gegenteil von dem, was sie dir erzählt haben.

Wir drei sind immer zusammen rumgehangen. Die Kumpels sind einfach das Wichtigste im Leben. Die Familie kannste dir nicht aussuchen, und wenn du bei ner Braut hängenbleibst wie Rod, läuft's am Ende wieder auf die alte Männer-gegen-Frauen-Chose raus. Man kann sich einreden, daß an der Sache mit den Frauen mehr dran ist, aber das ist reines Wunschdenken. Das ist nicht wie in den Filmen. Irgendwann müssen die Menschen doch mal erwachsen werden. Die Kumpels sind wichtig, aber mit allzuviel Mitleid darf man nicht rechnen, wenn man krank ist. 'ne Schulter zum Ausweinen findste da nicht.

– Wurde auch Zeit, daß das endlich vorbei ist, sagt Rod, als der Schiedsrichter das Spiel abpfeift. Los komm. Iß was, und wir geben dir ein Bier aus. Kriegste n klaren Kopf von. Trink ein paar und dann ab nach Hause.

Wir verlassen das Stadion und gehen in Richtung Fulham Broadway. Es regnet, und die Straße ist voll dunkler Gestalten, die sich gegen den Regen eingemummt haben. Kaum einer sagt was, und keiner singt oder grölt. Die reinste Geisterstadt. Mir wird übel vom Geruch nach gegrilltem Fleisch. Ich hab das Gefühl, daß ich mitten auf die Straße kotzen muß. Hätten die Jungs was zu lachen. Wir gehen in ein Café, und ich bestell mir Spiegeleier auf Toast. Und eine Portion Pommes. Das Essen ist gut, und ich greif über Rod rüber und nehm mir den Ketchup. Wir trinken Kaffee, und mir wird wärmer. Am Tresen stehen Leute an und bestellen Pommes und eingelegte Zwiebeln. Einige nehmen Fisch oder Pasteten dazu. Die Fenster sind beschlagen und schwitzen wie ein Monster, das es grad das dritte Mal besorgt kriegt. Das mascara-verschmierte Gesicht sieht aus wie bei ner Aufblaspuppe. Die Braut war ne echt heiße Nummer. Ich weiß nicht mehr, wie sie hieß. Das ist schon Jahre her. Mir war's recht, weil Schönheit eben Ansichtssache ist.

Als wir eine halbe Stunde später wieder gehen, sind die Straßen leer. Wegen Wimbledon wartet keine Sau. Die haben nicht viele Fans und schon gar keinen Mob. Hier gibt's nur Hunderennen und Triebtäter. Wenn's hart auf hart geht, sind nur wenige Vereine wirklich interessant. Die meisten bringen's nicht. Wir gehen am U-Bahnhof vorbei in Richtung North End Road in einen edlen Pub mit Tischchen für Hamburger und Salate. Ein paar Bräute sitzen rum, und Mark begutachtet sie so unauffällig, wie Chelsea einen Haufen Spurs beäugen. Rod geht direkt zur Theke. Wir setzen uns an einen Tisch, und ich kipp mein kleines Lager in einem Zug runter. Mit den Medikamenten, die ich genommen habe, soll ich keinen Alkohol trinken, aber scheiß drauf. Es ist Samstag abend, und was soll man sonst schon machen? Ich werd ein paar Bierchen trinken und mit nem Taxi nach Hause fahren. Sollen die andern beiden allein weitermachen.

– Meine alte Dame hat angefangen, sich mit diesem verdammten Arsenal-Fan zu treffen, sagt Mark. Der ist zehn Jahre jünger als sie. Der Bruder von ner Kollegin. Ich hab ihn getroffen, als ich letzte Woche bei ihr vorbeigeschaut hab. Großer Kerl, beide Arme von oben bis unten tätowiert wie bei so nem Scheiß-Hell's-Angel, bloß daß er keine Haare mehr hat und redet wie ne Schwuchtel.

– Irgendwann mußte das passieren. Rod sieht ne Gruppe Mädchen an, die sich zu laut unterhalten, weil sie auf sich aufmerksam machen wollen. Dein Alter ist jetzt drei Jahre tot. Die meisten Frauen würden nicht so lange durchhalten.

– Weiß ich, und ich mach auch keine Szene oder so was, aber es ist schon komisch, wenn man reinkommt, und sie sitzt da mit nem Fremden auf der Couch und kuckt Fernsehen. Genau wie früher mit dem Alten.

– Dein Vater wäre auch dafür gewesen, daß sie sich nen neuen sucht. Sie ist ne gute Frau. Die muß nicht den Rest ihres Lebens allein bleiben. Nicht in ihrem Alter. Ist noch jung genug.

Alle mögen Marks alte Dame. Sie hat sich um uns gekümmert, als wir noch klein waren. Hat immer Sandwiches gemacht, wenn wir zu Besuch waren. Und dazu gab's ein Glas Milch. Als der Alte gestorben ist, ist sie fast mit draufgegangen. Er war okay. Ist nie krank gewesen und sah jünger aus, als er war. Dann hat er eines Tages über Kopfschmerzen geklagt. Und am selben Abend fällt er beim Pissen tot um. Einfach so. Die Ärzte haben gesagt, daß es ein Blutgerinnsel im Gehirn war. Den einen Tag reißt er im Kreis der Familie noch Witze, und am nächsten liegt er schon beim Leichenbestatter, der ihm das Blut abläßt. Ganz egal, was man im Leben so treibt, irgendwas lauert immer hinter der nächsten Ecke. Darum sind die Lahmärsche, die immer über die Fanmobs rumjammern, weil die ihre Kräfte messen, auch völlig daneben. Wir interessieren uns nur für die Mobs von den anderen Mannschaften. Alles andere ist uns scheißegal. Die Scheiß-Schwulen und Sadisten können sich prügeln, soviel sie wollen, aber sobald es beim Fußball ein bißchen Gewalt gibt, treten die Wichser auf den Plan und fangen an zu predigen.

Und was soll das ganze Gefasel ihrer Meinung nach bringen? Glauben sie, daß sie in den Himmel kommen und da bis ans Ende aller Zeiten glücklich und zufrieden weiterleben können? Oder daß ihnen sogar hier auf der Erde ewiges Leben vergönnt ist, wie diese Sektendödel, die einen sonntags um acht Uhr morgens aus dem Bett klingeln? Die sind doch total abgedreht. Wenn deine Zeit abgelaufen ist, sitzt du in deiner eigenen Scheiße und Pisse, schnappst nach Luft, und alles, was du im Leben gemacht hast, hat überhaupt keine Bedeutung mehr. Die Ärsche, die sich sonntags abends rausputzen und in vergoldeten Kirchen auftreten, ersticken genau wie alle anderen an ihrer eigenen Kotze, und dann wird es ihnen leid tun, daß sie nicht ein bißchen auf die Pauke gehauen haben, als das noch ging. Stell dir vor, wie das sein muß für einen Siebzigjährigen mit Buckel, der ihn nicht mehr hochkriegt, wenn die Bräute an ihm vorbeigehen, ohne ihn eines Blickes zu würdigen. Wer so endet, hat sein Leben vergeudet. Marks alte Dame hat das jetzt endlich gerafft, wo ihr Mann schon ne Weile tot und sie alleine ist. Sie würd's allerdings etwas anders ausdrücken.

– Sie hätte keinen Gunner nehmen sollen. Mark lacht. Das ist das Hauptproblem. Aber es hätte natürlich auch ein Tottenham-Judenarsch mit Locken und Hut sein können. Aus dem tiefsten Stamford Hill.

– Oder ein Nigger. Ein Original-Gunner aus Finsbury Park.

– Ne, nicht bei meiner alten Dame. Die würde nie was mit nem Nigger anfangen.

– Und was ist mit einem würdevollen westindischen Opa mit gepflegtem Humor?

– Ne. Mit nem Nigger läuft da nix. Nicht in ihrer Generation.

Die Bräute am Nebentisch werden immer lauter, je mehr sie trinken. Sie haben lange Haare und sind aus gutem Hause. Solche, die einen erst scharf machen und dann im Regen stehenlassen. Sehen aber nicht übel aus. Tut die Sorte immer.

Der Pub füllt sich schnell. Ich quäl das Lager runter, bin aber völlig hinüber. Ich hatte gehofft, daß es mich aufpeppt. Es bewirkt zwar irgendwas, von ner Wunderheilung kann man aber nicht reden. Ich muß die ganze Zeit an Marks alte Dame denken, die auf dem Rücken liegt, während Tony Adams es ihr in komplettem Arsenal-Outfit besorgt. Schreckliche Vorstellung. Faszinierend, was das Gehirn alles zuwege bringt. Bei Serienmördern muß das so ähnlich sein. Den einen Tag sind sie lieb und nett und machen ihre Arbeit, am nächsten stellen sie den Empfang auf Jack the Ripper. Wenn die Krankheit das Gehirn befällt, geht da alles drunter und drüber.

– Die alte Dame muß selbst wissen, was sie macht, aber mir gefällt's nicht, wenn sie mit nem anderen Typen zusammen ist. Mit nem anderen als dem Alten. Irgendwie paßt das nicht.

Mark regt sich ziemlich auf, und ich fühl mich unwohl. Wir sind Kumpel und helfen uns gegenseitig aus der Patsche und so, aber wenn jemand Probleme hat, löst die jeder für sich allein. Dieser ganze Kram, der einem so im Kopf rumgeht. Dabei kann einem sowieso keiner helfen. Da geht's um persönliche Verantwortung. Du darfst in dieser Welt keine Schwäche zeigen, sonst setzt sich das wie ein Virus in dir fest, und du gehst daran ein. Es gibt keine Gnade, und mir wird immer heißer. Ich fang an zu glühen. Das ist keine normale Erkältung. Der Arzt meinte, daß das aus Asien kommt. Ich denk an Marks Alten. An früher, als wir noch klein waren. An Rods Ehe und Mandy, die zu Hause sitzt und ganz andere Vorstellungen davon hat, wie sich ihr Typ verhält, wenn er mit seinen Kumpels auf Tour ist.

Ich weiß, daß er voll auf Mandy abfährt, aber wenn ich ehrlich bin, sollte er hinter ihrem Rücken keine anderen Mädels vögeln. Ich find das echt scheiße, sag aber nichts, weil man das einfach nicht machen kann. Ich würde als der Arsch dastehen, und wie soll er auch darauf reagieren? Er würde sagen, daß ich mich verpissen und um meinen eigenen Kram kümmern soll. Mark würde noch einen drauflegen, weil er Mandy nicht besonders mag und sowieso der Ansicht ist, daß einem alle Bräute Hörner aufsetzen, sobald sie die Gelegenheit dazu haben. Ist uns doch allen schon mal passiert. Uns ist beigebracht worden, daß wir den Filmen und dem ganzen Mist glauben sollen, aber man kommt schnell dahinter, daß das nicht stimmt. Für Gefühle ist kein Platz, wenn man nicht als Jammerlappen enden will.

Ich hab mich oft gefragt, wieso Rod eigentlich geheiratet hat, und irgendwann auf ner Sauftour hab ich ihn gefragt. Er meinte bloß, daß er sich einsam gefühlt hat. Daß Mandy ne gute und anständige Frau ist und er sie an sich binden muß, solange er die Möglichkeit dazu hat. Was Besseres würde er sowieso nicht kriegen. Ein echter Diamant. Sagt, er weiß, daß er n Schwein ist, weil er sie so verarscht, aber irgendwann wird das alles anders, und dann leben sie glücklich bis ans Ende ihrer Tage. Wie im Film. Ich mußte lachen, als er mir das erzählt hat, aber das sollte kein Witz sein. Eigentlich ist das ne ziemlich traurige Geschichte.

– Ich hab mir gedacht, ich red mal mit der Alten. Mark sieht verdammt jämmerlich aus. Weil ich ihr sagen will, daß sie sich was Besseres suchen oder ohne Kerl klarkommen soll. Die Erinnerung an den alten Herrn in Ehren hält.

– Ich weiß, was du meinst, sie muß aber nun mal weiterleben. Sie kann nicht ewig trauern. Das kann keiner. Mir würde der Gedanke auch nicht gefallen, daß irgendein alter Knacker meine Mom vögelt, aber das ist jetzt ne andere Situation als früher, als dein Alter noch am Leben war. Wenn du so was zu ihr sagst, machst du dich bloß zum Arsch.

Ich erinnere mich, wie mein Alter, als ich noch klein war, mal mit meiner Alten gestritten hat. Hat sie angebrüllt, daß sie ne Schlampe ist. Daß sie sich zu ihren Eltern nach Isleworth verpissen kann, wenn sie das noch mal macht. Meine Mom hat geweint, und ich hab sie gefragt, was los ist. Sie hat gelacht wie ne Irre und gesagt, daß sie nur Zwiebeln geschält hat. Der Alte ist mit hochrotem Gesicht in den Pub abgezogen. Ich hab gewußt, daß sie keine Zwiebeln geschält hat. Wir hatten schon zu Abend gegessen, und es gab auch nicht oft Zwiebeln. Was damals wirklich los war, hab ich nie rausgekriegt, ist aber auch nicht schwer zu erraten. So was muß man einfach ignorieren. Beiseite schieben und basta. Die schlechten Zeiten zubetonieren. Was bringt das schon, wenn man sich zuviel Gedanken über den ganzen Kram macht? Das macht einen doch nur fertig. Wie die Penner, die an U-Bahnhöfen betteln und in Hauseingängen schlafen.

Normalerweise mag ich die alten Geschichten. Ich erinner mich fast nur an die guten Sachen. Die ganzen Chelsea-Spiele, die wir im Lauf der Jahre gesehen haben. Den Spaß, den wir dabei hatten. 'ne schöne Kindheit. Natürlich ist ab und zu mal was schiefgelaufen, aber das passiert jedem. Wenn man lange drüber nachgrübelt, macht man sich selbst zum Krüppel. Ich seh meine Eltern ein- bis zweimal die Woche. Zwischen uns gibt's kein böses Blut. Komisch, daß ich jetzt dran denke. Das liegt an der Erkältung. Da hat man sich nicht mehr voll im Griff. Ein paar dunkle Flecken hat jeder im Leben. Irgendwas geht bei jedem schief. Und man kann auch nicht abstreiten, daß einige Leute mehr abkriegen als andere, aber die meisten bekommen ihre paar kleinen Krisen ganz gut in den Griff. Man geht seinen Weg, und wir drei hier am Tisch sind dabei ganz ordentlich weggekommen. Wir haben Arbeit und Geld in der Tasche. Wir haben Kumpel und Familien, die fest zusammenhalten, und wenn wir ne Braut wollen, kriegen wir eine. Wir haben Spaß.

Auf ne bestimmte Art sind wir wie Nigger. Weiße Nigger. Wir sind ne Minderheit, weil wir fest zusammenhalten. Wir sind nicht viele. Wir sind entschlossen und loyal. Fußball gibt uns was. Die Angst und der Haß machen uns zu etwas Besonderem. Wir haben eine Basis in der Bevölkerungsmehrheit, dadurch sind wir für die Ärsche an der Macht unberechenbar. Unsere Vorstellungen sind sich ziemlich ähnlich, wir haben sie uns so zurechtgeschustert, daß wir damit klarkommen. Wir haben ein bißchen von allem. Wir passen in keine Schublade. Die reichen Säcke hassen uns, und die Sozialisten, die sich unters Volk mischen, können uns nicht akzeptieren. Uns geht's gut, wir brauchen keine Sozialarbeiter. Von uns sitzt keiner draußen in der Kälte und ist einsam oder depressiv von Alkohol, Drogen, Sex oder irgendwas anderem, mit dem man sich sein Hirn aufweichen kann. Wir sind fit im Kopf. Wir sind drei ganz normale Typen, und die Fußballsache machen wir, weil das ein Teil von unserem Leben ist. Manche Leute gehen zur Army, andere zur Bullerei. Manche killen Leute durch Politik und andere durchs Finanzwesen.

Jeder ist in einer Gang. Jeder trägt irgendein Abzeichen. Du kannst hinkucken, wo du willst, überall siehst du Uniformen, und die haben alle irgendwas zu bedeuten. Irgendwas und gar nichts. Und wenn die Bullen und die Politiker und der hirnlose Otto Normalarsch sich zusammentun und über das Gesocks schimpfen, das ihre Wohnstraßen und Hinterhöfe unsicher macht und Schande über England bringt, lachen wir ihnen direkt ins Gesicht. Lachen ihnen ins Gesicht und pissen ihnen vor die Füße. Es geht nicht darum, was man sagt oder macht, es geht darum, warum man es sagt. Nur das zählt. Wenn zwei Leute losziehn, und jeder bringt einen um, können beide verschiedene Gründe haben. Und je nach deinem Standpunkt kann der eine recht haben und der andere unrecht. Ist verdammt kompliziert, damit ehrlich umzugehen. Ist das gleiche, wie wenn du losziehst und irgend ne Schlampe bumst. Das ist immer das gleiche. Wir glauben alle, daß wir im Recht sind und der andere nicht, das ist normal, aber man muß sich bloß mal die Ärsche anhören, die große Reden schwingen und trotz ihrer Ausbildung noch nicht mal die Grundlagen kapiert haben.

Nach dem zweiten Bier mach ich mich auf den Rückweg nach Hammersmith. Ich laß Mark und Rod mit den kreischenden Bräuten allein, schnapp mir n Taxi und hab Glück, daß ich einen Fahrer erwische, der keinen Bock auf Reden hat. Alles zu seiner Zeit. Manchmal will man einfach seine Ruhe haben. Wir fahren durch ein paar Nebenstraßen und dann die Fulham Palace Road entlang. Ich seh mir die Leute auf dem Weg in die Pubs und Restaurants an. Ein Außenseiter. Das Taxi setzt mich am Anfang meiner Straße ab, und ich geh rüber zum Inder. Während ich mir was aussuche, trink ich ein Carlsberg, dann lehn ich mich zurück und beobachte die glücklichen Paare in Aktion. Im Hintergrund wabert psychedelische Musik, während Männer und Frauen sich gegenseitig in die Augen schauen. Kellner schieben Servierwagen hin und her und freuen sich, daß sie Liebespaare bedienen dürfen und nicht die Besoffenen, die reintrudeln, wenn die Pubs dichtmachen, und auf die sie früher angewiesen waren, bevor die meisten indischen Restaurants exklusiver und teurer geworden sind. Aber wahrscheinlich kommen die später trotzdem noch. Als mein Essen fertig und eingepackt ist, trink ich aus und geh nach Hause.

In der Wohnung ist es kalt, also dreh ich die Heizung auf, pack mein Abendessen auf nen Teller und setz mich auf die Couch. Ich zappe durch die Kanäle und such irgendwas Sehenswertes in der Glotze. Beim üblichen Samstagabendfilm bleib ich hängen, ein rätselhafter Mord in einer ausländischen Stadt. Ich kuck zwar nicht richtig hin, aber es hört sich gut an. Durch das Madras-Curry läuft meine Nase noch stärker als vorher. Vielleicht ätzt das die Erkältung weg. Scharf genug ist es. Nach dem

Essen döse ich immer wieder kurz ein. Samstag abend, und ich häng zu Hause wie ein alter Mann. Mark und Rod lachen sich schief, verarschen vielleicht noch die Bräute am Nebentisch oder ziehen weiter in einen besseren Pub. Sie werden sich über Fußball und Sex unterhalten und Bier in sich reinschütten. Wenn man krank ist, lernt man das Leben zu schätzen. Die einfachen Sachen. Die Aufregung beim Fußball und die Entspannung mit den Kumpels im Pub. Jammerschade, daß die ganzen armen Schweine immer allein rumsitzen und nichts Besseres zu tun haben als arbeiten, wichsen und sich Sorgen um die Zukunft machen.

Ich denke an das Tottenham-Spiel, und meine Laune wird besser. Manche Leute gehen zur Army und verzichten auf drei Jahre ihres Lebens, bloß um etwas Gefahr zu schnuppern. Filme sind kein Ersatz für das wahre Leben. Das ist der Unterschied zwischen Wichsen und Vögeln. Wir brauchen mehr als Videos. Filme über Verrückte anzuglotzen reicht nicht. Oder diese Ärsche, die die ganze Zeit über Sex labern, als ob sie gefährlich wären. Das ist fast genauso jämmerlich. Wenn das der größte Nervenkitzel ist, den sie je erlebt haben, sind sie arm dran. Das soll natürlich nicht heißen, daß ich bereit bin, ohne auszukommen, aber wenn man hört, wie einige Leute darüber reden, könnte man meinen, sie ziehen in den Krieg. Ich meine, wir sind nicht schwul oder so was, und Sex ist ja auch ne feine Sache, solange man dabei ist, aber wenn man mit Chelsea zu einem wichtigen Spiel fährt, wo dazu die Chancen auf ne Keilerei noch gut stehen, dann ist man den ganzen Tag vorher schon erregt.

Das ist schwer zu erklären. Es ist nicht wie Sex, aber das Risiko bringt den Kick. Die Leute kucken sich Horrorvideos an und den ganzen Scheiß, um ein bißchen Gefahr mitzukriegen. Das wollen alle irgendwie, auch die, die öde in den Tag hineinleben. Wobei man nicht vergessen darf, wenn man es heutzutage einer

Braut besorgt, riskiert man Aids und alles mögliche, aber auch das ist nicht neu. Für uns hat n Tripper nie mehr bedeutet, als vor der Abteilung für Haut- und Geschlechtskrankheiten ne Weile Schlange stehen zu müssen, aber früher sind reichlich Menschen an Syphilis gestorben.

Als endlich der Fußball anfängt, wird mein Kopf klarer, und ich vergeß den Mist, der mir das Hirn verkleistert hat. Ich seh immer noch gern Fußball in der Glotze. Nicht mehr so wie früher, als ich mir alles über die Teams reingezogen und die Namen der Spieler und der Stadien auswendig gelernt hab, aber das ist ne Samstagabend-Tradition, an der man in seinen besten Jahren nicht teilnimmt, weil man zu der Zeit auf Tour ist. Vielleicht kehre ich wieder zu den Anfängen zurück, wenn ich älter werde. Vielleicht verläuft sich die Gier nach Sex und Gewalt, und ich geb mich mit dem zufrieden, was mir als Kid Spaß gemacht hat. Das ist diese Geschichte mit der zweiten Kindheit. Sie haben den üblichen Expertenhaufen im Studio, und was ein paar davon erzählen, macht Sinn, aber die meisten reden Scheiße. Es geht um das Lokalderby in Manchester zwischen United und City. Die quatschen so lange über die große Rivalität zwischen den Mannschaften, daß ich keinen Bock mehr hab, aber später zeigen sie sogar noch die Höhepunkte vom Chelsea-Wimbledon-Spiel. Wie als Kind seh ich mir an, wie United und City sich mit ihren unterschiedlichen Spielsystemen auseinandernehmen. Ein gutes Spiel, aber man ist nicht so bei der Sache, wenn man Mannschaften zuschaut, die man nicht unterstützt.

Die Ausschnitte vom Wimbledon-Spiel reichen nicht mal für zehn Minuten. Klägliches Gekicke, aber man muß die Gestalten einfach bewundern, die Wimbledon aus dem Londoner Süden hochgebracht hat. Die Sesselfurzer-Fans kriegen ein paar Minuten anständigen Fußball geboten. Mehr wollen die gar nicht. Mehr haben sie auch nicht verdient. Der ganze Tag war die reinste Zeitverschwendung, aber wenn ich nicht ins Stadion gegangen wäre, hätte ich ihn voll in die Tonne kloppen können. Wieso soll man sein Leben lang zu Hause sitzen und Fußball in der Glotze kucken, wenn man live dabei sein kann? Sie zeigen jedes Tor der Liga. Ich bin auf allen Plätzen gewesen und hab mehr von den Stadien gesehen als die üblichen Bilder in der Kiste. Für mich sind das alles kleine Städte mit Straßen, Pubs, Läden und Menschen. Die haben alle ihren eigenen Charakter. Everton wird zu Hause eingemacht, und ich weiß, daß hinter der Tribüne voller Scouser Reihenhaussiedlungen aus einer anderen Ära stehen. Als Villa durch die Verteidigungsreihen von Coventry stürmt, stelle ich mir das Holte End und die Backsteinmauern am Haupteingang vom Villa Park vor. Und als Norwich gegen West Ham drei Tore macht, muß ich grinsen, obwohl ich an die Straße hinter der Tribüne denke, wo Rod und ich verprügelt worden sind.

Und der Durchschnittszuschauer, der auf seinem Arsch sitzt und mit der Fernbedienung rumspielt, sieht nur den Platz und drei Tribünen. Er vergeudet sein Leben mit Zappen, aber das Geschrei und der Enthusiasmus der Massen ziehen ihn dann doch wieder zurück zum Fußball. Für die Fans interessiert sich offenbar nicht ein einziger Fernsehsender, aber ohne die Stimmung und die Begeisterung wäre der Fußball gar nichts. Es geht um Leidenschaft. Und daran werden die Verantwortlichen auch nichts ändern können. Ohne Leidenschaft geht der Fußball zugrunde. Dann rennen bloß noch zweiundzwanzig erwachsene Männer auf nem Rasen hin und her und kicken einen Ball herum. Eigentlich ne verdammt dämliche Aktion. Zu einem Ereignis wird es erst durch die Zuschauer. Wenn die in Stimmung geraten, geht's ab. Die Begeisterung, die am Anfang vielleicht noch gar nicht richtig vorhanden war, steckt an. So was passiert beim Fußball. Das macht den Fußball für mich aus. Hängt alles zusammen. Alles Teil einer größeren Sache. Die können den Fußball nicht von dem trennen, was drumherum passiert. Sie können dich strammstehen lassen, wenn du beobachtet wirst, aber wenn du aus dem Blickfeld der Kameras bist, ist es aus mit der Märchenwelt, und das wahre Leben kommt wieder durch.

Volkstrauertag

Mr. Farrell geht zum Kiosk, um sich seine Morgenzeitung zu holen. Er zahlt und nimmt sich das Blatt seiner Wahl. Er streitet mit Mr. Patel über das Ergebnis der Gemeindewahl. Der konservative Kandidat wurde von seinem Widersacher aus der Labourpartei geschlagen, aber sie haben beide nicht viel zu bieten. Die rechtsextreme British National Party hat die Teile der weißen Arbeiterklasse für sich gewonnen, die sich von den etablierten Parteien entfremdet haben. Mr. Farrell und Mr. Patel sind sich einig, daß ein rechtsradikaler Stadtrat zu noch mehr rassistischen Überfällen geführt hätte und daß die Bangra-Kids eine Straße weiter nach Mitternacht nicht mehr so laut Musik hören sollten. Aber man weiß nie, woran man mit der Jugend von heute ist. Traurig schütteln sie die Köpfe, und Mr. Farrell geht wieder.

– Gestern nacht ist ein weißer Junge vor dem Jugendclub mit einem Messer angegriffen worden. Es heißt, daß er einen Stich ins Herz bekommen hat. Wenn er stirbt, ist es ein ritueller islamischer Mord. Er hängt an der Herz-Lungen-Maschine, und sie glauben nicht, daß er überlebt. Die Polizei versucht das Ganze zu vertuschen, damit es keine Rassenunruhen gibt, aber man darf die Wahrheit nicht verheimlichen. Die Menschen haben ein Recht darauf zu wissen, was wahr und was erstunken und erlogen ist.

Eine Frau mit lockigen Haaren und einer von Klebeband zusammengehaltenen Brille hat den alten Mann angehalten. Mr. Farrell braucht ein paar Sekunden, bis er ihr Gesicht einordnen kann. Mary aus dem White Horse. Sie ist alt geworden, und die jungen Männer machen Witze, in denen es darum geht, daß sie in ihrer Jugend dumm und dämlich gebumst worden ist. Er hat das Bild noch vor Augen, wie sie halbnackt im Park lag. Das ist über ein halbes Jahrhundert her. Sie waren damals noch Teenager. Das Gras war kühl, und er roch ihre Erregung durch die Bierfahne. Mary hatte damals feste Brüste. Mit steinharten Brustwarzen. Und sie war blitzgescheit. Ihre Verwirrung stammt aus dem Krieg. Die Leute sagen, daß es die Spätfolgen einer unbehandelten Syphilis sind, aber Mr. Farrell macht die deutsche Luftwaffe dafür verantwortlich. Niemand interessiert sich dafür, wie es bei den Flächenbombardements wirklich war. Alle geben sich mit vagen Eindrücken zufrieden, erinnern sich gerade noch an ein paar Bilder, wie Churchill zwischen den Trümmern entlangläuft oder die königliche Familie unter Beschuß geraten ist.

– Das waren wieder diese Pakis. Die sind doch allesamt Hooligans. Man müßte die stinkenden kleinen Schweine dahin zurückschicken, wo sie herkommen. Die, die den weißen Jungen erstochen haben, hängen wir auf, und den Rest schmeißen wir raus. Packen sie alle zusammen auf ein langsames Schiff nach Kalkutta oder wo immer sie herkommen.

Mr. Farrell überlegt, ob Mary sich an ihre gemeinsame Nacht im Park erinnert, hat aber seine Zweifel. Sie hat sich verändert. Er denkt dabei weniger an ihren blassen verfallenden Körper, denn das ist unvermeidlich, sondern vielmehr an ihre tief in den Schädel eingesunkenen, leeren Augen. Es gibt Gerüchte, die besagen, daß sie drogensüchtig ist. Daß sie dem Heroin und den Männern, die es ihr liefern, verfallen ist. Er hält das für unwahrscheinlich. Mary ist zu alt für so ein Hobby, und, was noch wichtiger ist, sie hat nicht das Geld dafür. Es sei denn, die anderen Gerüchte entsprächen ebenfalls der Wahrheit. Aber wer würde dafür zahlen, mit einer solchen Frau Geschlechtsverkehr zu haben?

– Die sind bald reif. Das kann ich Ihnen sagen. Wie lange müssen wir Weißen uns noch von denen anspucken lassen, bis endlich jemand etwas tut? Die geben ihnen die besten Wohnungen, und was kriegen wir? Nichts. Wir werden vom Stadtrat immer wieder mit leeren Versprechungen abgespeist. Und das wird mit dem neuen noch schlimmer, als es mit dem alten war.

Mr. Farrell geht weiter. Es ist Sonntag morgen, aber die Straßen sind voller als gewöhnlich. Es ist der Gedenktag für die Gefallenen der Weltkriege. Der Tag, an dem man die gefallenen Helden beschwört. Freunde und Verwandte, die auf dem Grund des Ärmelkanals und im Schlamm Frankreichs verrotten. Aber der alte Mann will noch nicht gedenken. Nicht vor dem Frühstück und der Morgenzeitung. Dann wird er den Erinnerungen ihren Lauf lassen. Die gute alte Zeit noch einmal durchleben.

– Ich habe dir eine schöne Tasse Tee gemacht, Liebling. Mit Milch und zwei Stücken Zucker. Ich habe gesehen, daß du dich mit Mary Peacock unterhalten hast. Ich habe euch durchs Küchenfenster beobachtet. Was hat sie gesagt? Sie sieht verstört aus, aber das tut sie in letzter Zeit fast immer. Die Frau ist nicht ganz gesund.

Mr. Farrell geht in die Küche. Seine Beine schmerzen von den vier Treppen. Das Wasser im Kocher ist kalt. Er schaltet ihn an, legt einen Teebeutel in seinen roten Lieblingsbecher und stellt Milch und Zucker bereit. Er betrachtet den Becher und entdeckt einen kleinen Sprung, der ihm vorher nie aufgefallen war. Bangra dröhnt durch die Wände. Es riecht nach Curry. Er mag indisches Essen. Als das Wasser kocht, gießt er den Tee auf. Er betrachtet das alte Foto von seiner Frau, die vor drei Jahren gestorben ist.

– Siehst du wohl. Da wird dir schnell wieder warm. Um diese Jahreszeit ist es schwierig, aber wir haben die Kälte doch immer wieder überstanden, nicht wahr? Erst freut man sich auf Weihnachten, dann aufs neue Jahr. Und dann fängt man wieder ganz von vorne an.

Mrs. Farrell litt an Bluthochdruck, aber die Ärzte hatten sie trotzdem operiert. Sie hatten einen Fehler gemacht. Einen entscheidenden Fehler. Mr. Farrell hat viele Menschen sterben sehen und versteht den Tod, aber er liebt seine Frau. Er ist vorsichtig und verliert nicht den Kopf. Menschen sind manchmal ziemlich engstirnig. Er ist froh, daß seine Frau noch bei ihm ist, daß er ihre Stimme hört und ihr Gesicht sieht, obwohl er weiß, daß ihre Leiche auf dem Friedhof liegt. Wenn sie nicht da wäre, wäre er traurig. Oder gar einsam. Aber er läßt sich nicht unterkriegen. Er ist hartnäckig und fürchtet sich vor nichts. Er wird die Sache erhobenen Hauptes durchstehen.

– Ich will hoffen, daß du noch nach Whitehall gehst. Du hast es dir doch nicht anders überlegt, nicht wahr? Du sagst immer, daß du hingehen willst, entscheidest dich dann aber doch noch anders. Du gehst los und kehrst auf halbem Weg um. Ich habe deine Orden rausgelegt. Ich will sehen, wie du sie trägst. Mach schon, leg sie an. Dich sollten sie für die Kranzniederlegung einladen. Mohnblumen für deine Freunde. Wie viele von diesen Großmäulern haben denn bei der Landung in der Normandie Freunde oder Verwandte verloren? Politiker erklären Kriege, kämpfen tun die anderen. Sie fangen den Ärger an, unterzeichnen die Papiere, und wenn die Bomben fallen, gehen sie in Deckung. Wer von denen hat denn gelitten wie ich? Das sag mir mal.

Nachdem Mr. Farrell seinen Tee ausgetrunken hat, nimmt er seiner Frau die Orden ab. Er mag es nicht, wenn sie schimpft, und er flucht nie, wenn sie in der Nähe ist. Sie hat genug schlimme Sachen gesehen und gehört, bevor sie sich begegnet sind. Sie haben sie gequält, und dann hat er den Helden gespielt. Die Orden glänzen, und er geniert sich, ist aber gleichzeitig stolz. Die Augen seiner Frau leuchten, als sie die Bänder auf seiner Brust sieht. Die meisten seiner Kameraden haben ihre Orden an Sammler verkauft, um Rechnungen bezahlen zu können, und einige haben sie angewidert weggeworfen, aber Mr. Farrell hat sie für schwere Zeiten aufgehoben. Mrs. Farrell bewundert ihren Soldaten. Ihren Ritter in strahlender Rüstung. Den Engländer, der zwei Monate nach der Befreiung des Konzentrationslagers gekommen war, um sie zu suchen, und sie unter den Überlebenden gefunden hat.

– Ich hasse diese Frau. Mary Peacock ist eine Faschistin. Ein englischer Nazi. Immer wenn ich mit ihr rede, schimpft sie über die Schwarzen und die Inder. Und über mich, mit meinem Akzent und meiner Vergangenheit, auch wenn sie nie richtig verstehen wird, was eigentlich geschehen ist.

Mr. Farrell stellt sich hinter seine Frau. Er streichelt ihr mit der Hand übers Haar. Es ist genauso wie ein Jahr nach ihrer Hochzeit. Als es wieder nachgewachsen war. Sie war schön mit langen Haaren. Sah so anders aus als mit kahlrasiertem Schädel. Er erinnert sich noch daran, wie sich ihr Kopf anfühlte, als er geholfen hatte, sie auf den Transportwagen zu heben. Der Geruch des Todes ist überwältigend. Gebrochene Gliedmaßen und sterbliche Überreste. Er sieht, wie ein Sarg in der Erde verschwindet, aber die Nazis haben kein Geld für Holzkisten vergeudet. Er fragt sich, wie oft sie von den ukrainischen Wachen vergewaltigt worden ist. Er sagt, daß Mary Peacock eine traurige und verbitterte Frau ist. Daß auch sie im Leben viele Grausamkeiten durchgemacht hat. Daß sie ihren Haß gegen irgend etwas richten muß. Daß das zwar nicht richtig wäre, aber die Wahrheit ist.

Nachdem er die Zeitung gelesen und Ei auf Toast zum Frühstück gegessen hat, richtet Mr. Farrell sich vor dem Spiegel her. Bei den Haaren nimmt er sich Zeit, damit sie ordentlich gekämmt sind. Seine Frau sitzt am Fenster und blickt in Richtung Park. Sie geht nicht mit zur Zeremonie. In letzter Zeit bleibt sie lieber im Haus. Drei Jahre ist es jetzt her, daß sie zum letzten Mal aus der Wohnung gegangen ist. Er küßt sie auf die Wange, und sie zieht ihn zu sich herunter. Er hat Tränen in den Augen. Er riecht das Salz und befreit sich aus ihren Armen. Er muß los. Er will den Zug nicht verpassen.

Eine Viertelstunde später steht Mr. Farrell auf dem Bahnsteig in Hounslow East. Ein Zug fährt ein, und er sucht sich einen Platz. Der Wagen ist fast leer. Zwei Jugendliche in Lederjacken sitzen einem Mann mit zwei kleinen Kindern gegenüber. Das sind die einzigen Personen, die mit ihm im Wagen sind. Die Jugendlichen halten sich für Patrioten und beschimpfen den Mann und die Kinder. Sie wären stinkende Paki-Schweine. Sie gehörten ausgerottet. Vernichtet. Nur ein toter Kanake ist ein guter Kanake. Adolf Hitler war auf dem richtigen Weg. There ain't no black in the Union Jack. Ausländer raus. Die Judenvernichtung hat nie stattgefunden. Eine unverfrorene Lüge, die die Juden in die Welt gesetzt haben, mit ihrer Kontrolle über die Medien. Teil der jüdisch-bolschewistisch-asiatisch-zionistischen Weltverschwörung. Man muß sich bloß mal ankucken, was die Zionisten dem palästinensischen Volk angetan haben, auch wenn das nur ein Haufen stinkender arabischer Arschficker ist. Aber es gibt nichts Schlimmeres als Pakis.

An der nächsten Station geht der Inder mit seinen Kindern zur Tür. Der größere Jugendliche folgt ihm, schlägt dem Mann ins Gesicht. Seine Lippe platzt auf. Er lacht, weil das Blut rot ist. Die Türen gehen auf, er versetzt den Kindern einen Tritt, so daß sie auf den Bahnsteig fallen, und wendet sich dann wieder seinem Freund zu. Der Vater, hin- und hergerissen zwischen seinen Kindern und der Gewalt, die ihm widerstrebt, entscheidet sich für die schreienden Kinder. Die Jugendlichen lachen über einen Witz und fühlen sich gut. Die Türen schließen sich, und der Zug fährt los. Mr. Farrell ist allein mit den beiden Jugendlichen. Er hat keine Angst. Er ist ein männlicher, weißer, angelsächsischer Protestant. Er hat im Krieg gedient. Ein alter Soldat mit einem

Bulldog-Abzeichen, das man ihm in den Unterarm geschnitten und mit blauer Tinte gefüllt hat. Er hat für England und den englischen Lebensstil getötet. Er ist stolz auf seine Identität, und trägt auch seine Mohnblume voller Stolz.

Mr. Farrell ist traurig über die Veränderungen, die sein Land zerstören. Es ist nicht mehr wie früher. Fremde Einflüsse haben das Gesellschaftsgefüge zersetzt, das er gewohnt war. Krankenhäuser, Schulen, das Wohlfahrtssystem, Gewerkschaften, die Industrie – alles wurde durch amerikanische Dogmen vernichtet. England hat sich verändert, und zwar zum Schlechteren. Niemand bezieht Stellung gegen die Invasion. Eine Revolution hat stattgefunden, die Mr. Farrell nicht versteht. Die Geschwindigkeit der Veränderung hat ihn überrollt. Aber er hat seinen Stolz. Er betrachtet die Jugendlichen in ihren Lederjacken. Die Menschen müssen stärker für die Sachen eintreten, an die sie glauben, das macht aber kaum einer, weil fast alle das Gefühl haben, daß es nichts gibt, an das es sich zu glauben lohnt. Die meisten empfinden keinen ehrlichen Stolz auf ihre nationale Identität.

Er lehnt sich zurück und denkt an den Krieg. Nur diejenigen, die das damals miterlebt haben, interessieren sich dafür. Die andern haben es vergessen. Politiker geben bedeutungslose Geräusche von sich. Sie nutzen den jährlich wiederkehrenden Gedenktag für ihre Zwecke. Einzelne Menschen spielen keine Rolle, weil das Gemeinwohl im Vordergrund steht, aber was das Gemeinwohl ist, wurde von arroganten Männern in teuren Anzügen definiert. Der Stolz wurde in Form von Cash-Flow-Diagrammen und riesigen Profitmargen wiederentdeckt. Mr. Farrell hat einen jungen deutschen Rekruten in einem namenlosen Dorf vor Augen. Er war noch jünger als sein Mörder. Der irrsinnige Rausch des Krieges. Wie viele hat er getötet? Er weiß es nicht genau. Mindestens sechs oder sieben, wahrscheinlich ein paar mehr. Er bereut es nicht, er hat nur seine Arbeit getan. Es ging um ihr Leben oder seins. Aber bei dem Jungen war es etwas anderes gewesen. In einer idealen Welt hätte er es sich überlegt. Der Junge war schwer verwundet, hatte sein Gewehr aber noch in der Hand. Es war nicht ausgeschlossen, daß er auf Mr. Farrell schießen würde, aber im nachhinein erschien es ihm doch recht unwahrscheinlich. Er hatte keine Zeit zum Nachdenken. Er hat dem Jungen den Schädel weggepustet. Er erinnert sich noch ganz genau.

Er sagt sich, daß die Menschen auf der ganzen Welt gleich sind. Daß es überall gute und schlechte Menschen gibt. Er geht davon aus, daß sie es im Prinzip gut meinen und das Böse durch Angst in die Welt kommt. Männer hatten Mrs. Farrell vergewaltigt, während nebenan Kinder in Öfen verbrannt wurden. Vielleicht hatten selbst die ihre Gründe gehabt. Aber dann hielt der Zug an der nächsten Haltestelle, und er hatte keine Zeit für solche Gefühle. Er ignoriert den Geruch von faulem Fleisch und verbrannten Haaren. Er geht zur Tür und überrumpelt die beiden Jugendlichen. Mit einer Geraden bricht er dem ersten die Nase. Er ist kräftig, hat in der Army geboxt und bis zur Pensionierung regelmäßig trainiert. Er erinnert sich an den jungen deutschen Soldaten, dem er den Kopf weggeschossen hat, wie sich sein Hirn mit Dreck und Staub vermischt. Der zweite Jugendliche ist von dem Angriff überrascht, und Mr. Farrell hat Zeit für einen zweiten Schlag, worauf der zu Boden geht und aus dem Mund blutet. Mr. Farrell starrt für einen Augenblick auf sie hinunter und sieht die Feigheit in ihren Augen, erkennt, daß sie nur dumme Jungs sind, die dumme Sprüche nachplappern und sich leichte Opfer suchen. Am liebsten hätte er jetzt ein Gewehr in der Hand. Dann ist die Wut wie weggeblasen.

Der Bahnsteig ist voll, und die Jugendlichen kommen nicht hinter ihm her. Es ist der Tag, an dem der Herr geruht hat, und Mr. Farrells dunkle Gestalt schlängelt sich mit gesenktem Kopf durch die Menschenmassen. Kaum jemand beachtet die älteren Leute. Sie werden als belanglose Überbleibsel aus vergangenen

Zeiten angesehen. Sogar die Krankenhäuser weisen sie ab, weil sie ihr Geld nicht vergeuden wollen, alle sind bestrebt, den finanziellen Rahmenplan einzuhalten. Die Welt hat einen Schritt nach vorn gemacht. Ihm reicht es für dieses Jahr mit dem Gedenktag. Mrs. Farrell wird enttäuscht sein, aber die gute alte Zeit muß noch etwas länger warten. Wenn er nach Hause kommt, wird sie ihm eine schöne Tasse Tee machen. Mit Milch und Zucker. Niemand macht so guten Tee wie Mrs. Farrell.

Man City zu Hause

Der Wichser kriegt meinen Hals zu fassen und reißt mir den Arm auf den Rücken. Zieht mich zum Mannschaftswagen rüber, wo einer von seinen Kumpeln mir seinen Schlagstock in die Eier haut. Der Schmerz zuckt mir durch die Eingeweide. Ein kurzer, heftiger Schock. Ich sag nichts, die Freude mach ich ihnen nicht. Die Bullen hassen es, wenn sie keine Reaktion aus einem rauskriegen. Es sieht nicht gut aus für mich, aber von mir kriegen sie keinen Kommentar. Sollen die sich doch irgendeine Geschichte ausdenken. Meine Lippen sind versiegelt.

– In den Wagen, du Vieh. Sie zerren und drücken mich in den Transit. Ich mach es ihnen so schwer wie möglich, ohne mich direkt der Festnahme zu widersetzen.

Der eine Bulle stößt mir noch mal den Schlagstock in die Eier. Diesmal härter. Die Eier ziehen sich in den Unterleib zurück, und Tränen schießen mir in die Augen. Ich will nicht, daß sie glauben, ich würde heulen wie ein zehnjähriger Wichser. Aber Eier sind n empfindlicher Körperteil, und wenn da einer mit nem Schlagstock draufhaut, tut das echt weh. Ist ne chemische Reaktion. Es gibt nichts Schlimmeres. Das sind Höllenqualen. Als sie mich in den Mannschaftswagen schubsen, kommt mir der eine Bulle so nahe, daß ich seinen Atem riechen kann. Er hat den Schlagstock jetzt weggesteckt, schwitzt wie n Schwein, und sein Gesicht schmilzt wahrscheinlich, wenn er sich nicht beruhigt. 'ne Wachsfigur mit nem Ständer. Der steht auf sein Image. Echt harter Typ. Einer, dem man aus dem Weg gehen sollte.

Wenn man an ihm vorbeikommt, senkt man unterwürfig den Kopf. Keiner kommt ihm dumm.

– Ihr seid Abschaum. Er beugt sich zu mir herunter. Ich spüre seinen Atem am ganzen Körper. Der stinkende Kotzbrocken muß sich die Zähne putzen, wenn er ne Antwort haben will. Ich kuck aus dem Fenster.

– Man sollte euch in einer Reihe an die Mauer stellen und abknallen und die Leichen hinterher an Laternenpfähle hängen und gammeln lassen, bis nur noch ein Haufen Knochen übrig ist.

Ich seh Mark und Rod weiter hinten auf der Straße. Sie halten Abstand von der Polizei, benehmen sich unauffällig und verschwinden in der Menge. Gehen mit den anderen Besuchern in Richtung Stamford Bridge. Zwei unschuldige Gesichter von Tausenden. Ein Teil von mir ist froh, daß sie wegkommen, ein anderer, boshafterer Teil wünscht sich, daß sie auch erwischt worden wären. Es ist wirklich nicht angenehm, wenn man festgenommen wird, aber allein ist es noch viel schlimmer.

Die Bullen sind nervös. Ich starr eisern aus dem Fenster, beantworte keine Frage und weiß genau, daß ich sie damit immer mehr auf die Palme bringe. Genaugenommen ist das keine so gute Idee, aber darauf kommt's auch nicht mehr an, wenn man schon so blöde ist und sich erwischen läßt. Ist echt ein schwarzer Tag. Ich müßte klein beigeben, kriecherisch Abbitte leisten, daß ich solchen Mist gebaut habe, und sie dafür loben, daß sie echt harte Burschen sind, aber die können mich mal. Bullen stehen darauf, ihre Macht zu demonstrieren. Sie wollen, daß ich verstört in der Ecke hocke, daß ich Reue zeige, aber da können sie bei mir lange warten. Ich pack das auch so. Aber langsam muß ich mir ne Story zurechtlegen, für den Bericht, den sie schreiben müssen, und obwohl sie dumm wie Scheiße sind und noch schlimmer stinken, können sie mit Wörtern umgehen. Wissen, wie man ne Story gut verkauft. Haben ne ausschweifende Phantasie und sind gehässig bis auf die Knochen. Trotzdem wird ihnen vor Gericht alles anstandslos abgenommen. Wär also besser, wenn ich mich auf das Spielchen einlasse. Auf Unschuldslamm mache. Aber ich hab keinen Bock. Ich bin vor allem auf mich selbst sauer, aber hassen tu ich sie trotzdem.

– Wart ab, bis wir auf dem Revier sind. Wenn du in der Zelle sitzt, wird dir deine Großkotzigkeit schon vergehen. Gesindel wie du machen das ganze Land kaputt. Ihr bringt uns alle in Verruf.

Ich warte darauf, daß er von der guten alten Zeit anfängt, als es noch Recht und Ordnung gab und alle getan haben, was man von ihnen verlangt hat. Nicht alles hinterfragen wollten. Als die Menschen sich ergeben in ihr Schicksal gefügt haben und man das Haus noch verlassen konnte, ohne die Tür abzuschließen. Damals im Märchenland ist kein Engländer je aus der Reihe getanzt. Suffköppe, Durchgeknallte, Perverse, Junkies und Mörder gab es nicht. Und Sex sowieso nicht, Männer und Frauen waren noch unschuldig. Die Typen sind mit so prallen Säcken rumgelaufen, daß die ihnen bis zu den Knöcheln hingen. Das reinste Wunder, daß sich nicht das ganze Volk in Rauch aufgelöst hat, so verdammt sauber war das alles.

– Früher war das anders. Man müßte das Auspeitschen wieder einführen. Dann würdet ihr euch zweimal überlegen, ob ihr das Gesetz brecht. Die Araber, die machen das richtig. Auge um Auge und eine Hand für einen Diebstahl.

Wir sind zu neunt im Mannschaftswagen. Sechs Man City und drei Chelsea, wenn ich das richtig sehe. Zu den Man City gehört ein schwarzer Bursche, der ziemlich verloren wirkt. Die anderen sind runtergekommene Opas, die sich, wie man riechen kann, ziemlich die Birne zugekippt haben. Lauter fette Ärsche mit roten Gesichtern und blutunterlaufenen Augen. Der dickste hat LOVE und HATE auf die Fingerknöchel tätowiert. Beschissener Amateurjob. Dem Typen würde ein bißchen mehr Selbstachtung nicht schaden. Sieht aus, als ob er direkt aus dem Nirgendwo kommt. Aber im Mannschaftswagen gibt's keinen Streß, weil die Bullen uns voneinander getrennt haben, in der Mitte sitzen und für Ruhe und Frieden sorgen. Ich beruhige mich langsam und komm mir vor wie ein Vollidiot, weil ich mich direkt am U-Bahnhof in ne Schlägerei hab reinziehen lassen. So was bringt einen nicht weiter, das sind Relikte aus der Zeit, als noch fünfzigtausend Leute ins Stadion geströmt sind, die Bullen was Besseres zu tun hatten und die Regierung sich noch mehr um die Belange des Landes gekümmert hat und nicht nur um ein paar Schlägereien bei den Fußballspielen.

Als wir vom Maltster zum Stadion gehen, kommen wir an ner Gruppe von ungefähr zehn besoffenen Manchester-Fans vorbei, die nen breiten machen. Ziehen durch unsere Straßen, als ob sie hier zu Hause wären. Das ist kein Mob oder so was, aber sie versuchen auch nicht direkt, Ruhe und Frieden zu stiften. Ein paar Chelsea-Biermonster gehen auf sie los, und ich weiß noch gar nicht, wie mir geschieht, da bin ich auch schon voll dabei. Keine große Sache, aber hundert Prozent bescheuert. Wir waren nicht auf der Suche nach City. Hatten im Maltster einen Kumpel von Rod getroffen, waren über den Bieren hängengeblieben und mußten dann zusehen, daß wir ins Stadion kommen. Aber so eine Keilerei zieht dich einfach an. Besonders nach ein paar Gerstenkaltschalen. So kann's gehen, wenn man vor dem Spiel zuviel Lager trinkt. Das ist echt Scheiße, und eigentlich weiß ich das auch. Hab's selbst verbockt, und normalerweise ist das auch unter meinem Niveau. Ich hab mich zu den Suffköppen und Gelegenheitstretern in die Gosse ziehen lassen. Das ist einfach alles Scheiße, und ich sitz wie der letzte Idiot im Mannschaftswagen.

– Wir nehmen das im Revier auf, aber da sind alle Zellen voll, also fahren wir euch dann nach Wandsworth in den Knast.

Ich will dem Mann ins Gesicht lachen. Er glaubt, daß er uns damit einschüchtern kann. Ich will ihm in die Augen sehen und sagen, daß er seine Zeit vergeudet. Daß er ein Arschloch ist, und ich hoffe, daß seine Familie abkratzt, noch bevor er heut abend nach Hause kommt. Ausgeschlossen, daß die Zellen bei nem Spiel gegen City voll sind, außerdem kenn ich die Masche. Also was soll der Scheiß?

Der Bulle, der die ganze Zeit am Erzählen ist, hat ein schmales Gesicht und Glubschaugen. Echte Froschfresse. Er macht nen entschlossenen Eindruck. Steht voll hinter dem, was er tut. Will dafür sorgen, daß die Alten sich wieder auf die Straße trauen und Kinder sicher zur Schule kommen. Sein Hobby ist wahrscheinlich Briefmarkensammeln. Aber sein fetter Kollege steht mehr auf Porno und pfeift sich nach Feierabend fünfzehn Biere rein. Die beiden sollten abhauen und ein paar richtige Verbrecher schnappen. Vergewaltiger, Straßenräuber oder Kinderschänder. Statt dessen verplempern sie ihre Zeit beim Fußball. Das geht doch völlig am Problem vorbei. Außerdem kriegen sie ne Lohntüte für nen unterhaltsamen Nachmittag, die die Steuerzahler ganz hübsch voll gemacht haben. Ein paar von denen haben vermutlich mehr Spaß an der Sache als wir.

– Das wird gar nicht komisch in Wandsworth, Jungs. Der fette Bulle zieht mit. Haltet eure Ärsche ruhig schon mal bereit, die mögen nämlich im Knast keine Fußballhooligans. Kann gut sein, daß ihr beim Laufen ein bißchen mit dem Hintern wackelt, wenn ihr heut abend wieder rauskommt. Und mit dem Scheißen habt ihr wahrscheinlich auch Probleme, weil die euch da den Arsch aufgerissen haben.

Der Mann ist ein hundertprozentiger Wichser. Wen will er damit verarschen? Nur weil einer in den Knast geht, ist der doch nicht plötzlich schwul. Der Bulle weiß, daß er Scheiße labert, aber er muß es einfach mal versuchen. Der denkt halt so. Kommt vom vielen Wichsen in der Kaserne in Hendon, wo er seine Ausbildung gemacht hat. Und jetzt erzählt er einfach die gleiche Scheiße, die die linken Schickis immer so von sich geben. Der ganze Blödsinn, daß wir alle heimliche Arschficker sind. Das hätten diese Hirnwichser in ihren feinen Klamotten wohl gerne. Bei denen dreht sich alles um das Arschloch des Mannes. Die halten überall im Land Vorträge, fordern gleiche Rechte für Schwule und erzählen, daß es ganz natürlich ist, andere Typen in den Arsch zu ficken, und faseln dann weiter über die Arschficker in den Gefängnissen, weil sie damit beweisen wollen, daß sie recht haben. Aber wenn das so normal ist, wie die Wichser einem im Nachtprogramm dauernd erzählen, wo sie sich gegenseitig auf die Schulter klopfen und versuchen so sachlich, wie sie können, darüber zu berichten, warum tun sie dann so, als ob das was ganz Besonderes ist?

Im Prinzip wissen diese Ärsche gar nicht, was hier eigentlich so abläuft. Sie machen irgendein Diplom und denken, das war's jetzt. Dann kriegen sie so nen feudalen Job, ziehen sich in ein Fernsehstudio zurück und halten da weiter Vorträge. Von der Wiege bis ins Grab. Darum interessiert sich in London heute auch kein Sack mehr für die Labour Party. Die müßten mal die Ärmel aufkrempeln und sich die Hände schmutzig machen. So richtig ins Schwitzen kommen. Aber da fallen die doch tot um, wenn die auch nur einen Tag mal so richtig ranklotzen müssen. Das sind diese Arschlöcher, die sich immer erst nach dem Pissen die Hände waschen und nie vorher.

– Auf geht's, Bob, karren wir den Dreck zum Revier, ruft der fette Bulle dem Fahrer zu und wirft die Hecktür zu. Mir ist nach einer Tasse Tee und nem Käsebrötchen. Los, tritt aufs Gas, ich bin am Verhungern.

Der Mannschaftswagen fährt los, und wir schleichen die kurze Strecke zum Polizeirevier in der Fulham Street durch den dichten Verkehr. Für mich ist es nicht das erste Mal. Ich kann mich noch genau dran erinnern. Das war gegen West Ham. Die haben mich erwischt, als West Ham den Pub gestürmt haben, in dem wir saßen, und es direkt da drin abgegangen ist. Ich stand da mit nem Bier in der Hand rum, als die Tür aufgeht und ein Mob reinstürmt. Die springen wild rum wie die Hampelmänner. Ich dreh mich um und hör grad noch jemand die »Bubbles«-Hymne pfeifen, als einer von den Ärschen mir in die Schnauze haut. Das ging blitzschnell, ich konnt überhaupt nichts machen. Der Pub war rappelvoll mit Chelsea, und West Ham waren keine fünf Sekunden drin, da wurden sie mit Flaschen, Gläsern und Stühlen wieder raus auf die Straße gejagt. Das ging noch schneller als das Reinkommen, aber dann haben die Bullen übernommen. Die sind mit gezückten Schlagstöcken rein, und ich war dann einer von denen, die einfach Pech gehabt haben. Der Bulle, der mich festgenommen hat, hat sich einfach den ersten geschnappt, den er in die Finger gekriegt hat. Genau wie jetzt der hier.

Das mit West Ham war ein Scheißtag. Hat den ganzen Laden durcheinandergebracht. Da waren die Arrestzellen wirklich voll, und die Bullen haben mächtig rumgetönt, daß sie uns nach Wandsworth bringen, aber dann ist nichts weiter passiert. Sie haben uns zum Revier gebracht und in einen Mannschaftswagen gesperrt, in den ein paar Zellen eingebaut waren. Und da haben sie uns zwei Stunden sitzen lassen. Ich bin mir vorgekommen wie lebendig begraben. Viele von uns mußten pissen, und wir haben die Bullen auch immer wieder gefragt, ob wir nicht mal zum Pott können, aber die Idioten haben bloß blöd gelacht und gedroht, daß wir eins auf die Nuß kriegen, wenn wir uns vollpissen. Und drei von denen haben sich vorn hingesetzt und Geschichten erzählt. Der eine hat das Maul noch weiter aufgerissen als die anderen und von nem Schwulen erzählt, den er in irgend nem Klosett festgenommen hat. Wollte nicht in die Zelle gehen. Meinte, er hätte Angst vor engen Räumen. Der Bulle hat versprochen, daß er die Tür offenläßt. Läßt den Typ rein und knallt die Tür zu. Er sagt, als er den Schlüssel umgedreht hat, ist der Typ völlig durchgedreht und hat gebrüllt wie am Spieß. Fast wie Tollwut, sogar mit Schaum vorm Mund, und er hat nur gegrinst und ist abgehauen. In den Zellen wurde gelacht. Das hat den

Bullen gefallen. Hat gezeigt, daß es doch noch Gemeinsamkeiten gibt.

– Was kuckst du so, du schwarze Sau? Der fette Bulle beschimpft den City-Nigger. Was soll das, hier nach London zu kommen und den Weißen hier in den Straßen Ärger zu machen? Du hättest in Moss Side bei deinen Drogen und Nutten bleiben sollen, wo du hingehörst.

Es geht nur langsam voran. Der Verkehr wird im großen Bogen um Stamford Bridge herumgeleitet, dadurch kommt es zu einem Stau. Die Fußgänger gehen alle in die gleiche Richtung. Ab zum Fußball, wie jeden Samstag. Wie diese Fische, die dahin zurückschwimmen, wo sie geboren wurden. Sie müssen wieder zurückkommen. Irgend etwas zwingt sie dazu. Liegt ihnen im Blut. Es geht den ganzen Weg bergauf und gegen die Strömung, aber sie können nicht anders. Das ist im ganzen Land so, und Chelsea gehört zu den großen Vereinen. Mir kommen die vielen Scheißvereine in den Sinn, die es nie zu was bringen werden und bei denen nur ein paar tausend Gestalten ins Stadion kommen. Aber ich weiß, auch wenn Chelsea einer von denen wäre, würde ich jeden Samstag hingehen.

– Fußball interessiert euch doch überhaupt nicht. Ihr kommt nur, weil ihr euch prügeln wollt. Ihr solltet euch verpissen und den anderen Idioten ihren Spaß lassen. Wenn die so blöd sind, daß sie jede Woche ins Stadion pilgern, dann laßt sie doch in Ruhe und Frieden das Spiel ankucken.

Er hat keine Ahnung. Er führt Selbstgespräche und wiederholt nur den Mist, den sie dauernd im Fernsehen erzählen und in den Zeitungen schreiben. Fünf Minuten später kommt der Mannschaftswagen am Revier an. Es ist ruhig geworden, weil es den Bullen langweilig wird, wenn ihnen keiner antwortet. Der Tag neigt sich dem Ende zu. Für mich war er schon gelaufen, als sie mich festgenommen haben. Die City-Fans haben ne lange Fahrt hinter sich, und demnächst kriegen die auch noch nen Kater.

Eine vergeudete Tour. Von Manchester nach London für ein paar Stunden in ner Zelle und einen Termin vor Gericht. Jetzt müssen wir nur noch die übliche Prozedur und die gemeinen Bemerkungen über uns ergehen lassen. Die endlosen Sticheleien und das nervtötende Gelaber.

– Alle Mann raus. Die Bullen stehen draußen an der Tür. Beeilung. Wir haben nicht den ganzen Tag Zeit. Je schneller ihr drin seid und eure Personalien zu Protokoll gegeben habt, desto schneller kommt ihr wieder nach Hause.

Ich rechne mit einem Tritt oder einem Schlag, aber die stehen nur rum und langweilen sich zu Tode. Die Aufregung hat sich schnell gelegt, und sie haben mitgekriegt, daß es nur ein paar kleine Handgreiflichkeiten waren und nicht der Anfang eines größeren Krawalls. Die Revolution ist also offenbar nicht ausgebrochen. Man sollte meinen, daß die Bullen, nachdem sie die Fußballspiele ja nun schon seit vielen Jahren kontrollieren, wissen müßten, was abgeht, aber die sind noch genauso ahnungslos wie früher. Da fragt man sich doch, wo die Stadt die Gestalten herkriegt, die da anheuern. Wer ist eigentlich verantwortlich für den ganzen Betrieb? Wahrscheinlich so'n trippergeschädigter Tattergreis mit ner Vitrine voller Orden und Abzeichen, für die er nie was getan hat.

Wir werden reingeführt, damit Anzeige erstattet werden kann. Der froschäugige Bulle hält mich am Arm fest, als würd ich sonst die Fliege machen oder so was. Staatsfeind Nummer eins. Daß ich nicht lache. Als ich dran bin, geb ich ihm meine Personalien. Tom Johnson. Keine Vorstrafen. Sag nur das, was ich sagen muß, und der Bulle schreibt es auf, als wäre er im Bummelstreik. Ihm rutscht dauernd die Brille runter, und er hat ne kahle Stelle am Hinterkopf wie ein Mönch. Kuckt mich die ganze Zeit nicht an. Starrt bloß auf seine Formulare. Ich bin nicht wichtig genug. Nur ne Nummer. Er läßt sich Zeit, und Froschfresse neben mir tritt ungeduldig von einem Bein aufs andere. Da sind wir uns wenigstens einig. Ich werde in einen Raum geführt, wo Fotos gemacht und meine Fingerabdrücke genommen werden. Das ist alles Schwachsinn, und ich habe ihnen erzählt, daß ich nie vorher festgenommen worden bin, weil man ja nie wissen kann, vielleicht finden sie in den Akten ja nichts. So was kommt vor, hab ich zumindest gehört, ist also auf jeden Fall nen Versuch wert. Ich hab mit den Bullen seit ein paar Jahren keinen Ärger mehr gehabt, also spielt es vor Gericht keine Rolle. Soweit die Theorie. Vielleicht kann man sie sich ja mit ner kleinen, unschuldigen Lüge vom Hals halten.

Jetzt, wo das Spektakel vorbei ist und es an den Papierkram geht, versucht der Froschbulle, ein lockeres Gespräch mit mir anzufangen. Ich seh ihn bloß an und denk, daß ich ihm gern was auf die Nuß geben würde; ihm die Stirn ins Gesicht knallen, daß die Nasenwurzel bricht, und dann zukucken, wie die Augen aus den Höhlen springen; oder ich könnte ihm einen Knaller in den Mund stecken, kucken, wie die Zündschnur runterbrennt und sein Kopf explodiert. Wichser. Warum drücken sie nicht ab und zu mal ein Auge zu? War doch keine große Sache. Ein paar Kinnhaken und ne Menge Geschrei. Mehr nicht. Ein paar Handgreiflichkeiten, die im allgemeinen schlimmer aussehen als die echten Hämmer. Große Keilereien wie in Tottenham gibt's nur zwei- oder dreimal pro Saison.

Ich werd zu ein paar anderen Chelsea-Fans in die Zelle gesperrt. City haben ihr eigenes Quartier, und wir kriegen sie nicht mehr zu Gesicht. Ich nick den anderen zu und setz mich hin. Jetzt muß ich die Langeweile bis zum Spielende ertragen, warten, bis die Bullen meine Angaben überprüft haben und sich entschließen, mich laufenzulassen. Dann steh ich irgendwann vor dem Schiedsgericht in Horseferry und darf mir anhören, wie mir drei alte Squires, die längst ein bis zwei Meter unter der Erde liegen sollten, erzählen, was für ein schlimmer Finger ich bin. Ich muß ruhig bleiben und mir den üblichen Schwachsinn anhören, aber das Schlimmste daran ist, daß ich den Arschlöchern auch noch was dafür zahlen muß, daß mir diese Ehre zuteil geworden ist.

– Ich steh nur so da, versuch mich aus der Sache rauszuhalten, und die nehmen mich fest. Ein magerer Junge versucht den anderen eine Reaktion zu entlocken. Diese Typen gehen aufeinander los, ich will vorbeigehen, da schlägt mir plötzlich jemand auf den Rücken. Ich merk, daß er mir direkt an den Schultern hängt und stoß ihn mit dem Ellbogen weg. Ich hab gedacht, das ist n City-Fan, aber als ich mich umdreh und abhauen will, ist es n Polizist.

– Dumm gelaufen, sagt ein älterer Typ und verkneift sich das Lachen. Jetzt bist du Fußballhooligan.

– Aber das ist nicht fair. Ich bin nicht so einer. Ich hab noch nie Ärger gehabt und werd auf nicht schuldig plädieren. Ich sag, daß es ein Versehen war. Meint ihr, daß sie mir glauben?

– Du hast keine Chance, aber versuch's ruhig, wenn dir wohler dabei ist. Wenn's um die Bullen geht, gibt's kein Versehen. Die lochen dich fünfzehn Jahre für nix ein, weil die Schweine sich entschließen, jemand was anzuhängen, aber entschuldigt hat sich noch nie einer von denen, oder? Mußt dir bloß ankucken, was da Jahre später alles auffliegt. Sie brauchen einen Schuldigen, also greifen sie sich jemand von der Straße. Da geht's ums Prestige. Für solche Kleinigkeiten wie Schuld oder Unschuld interessieren die sich nicht.

– Ich hab vor dem Stadion in den Rinnstein gerotzt, da erzählt mir ein Bulle, daß ich festgenommen bin, mischt sich ein anderer Typ ein.

– Ich hab bloß gelacht, weil ich gedacht hab, der will mich verarschen, da ruft er seinen Kumpel rüber, und jetzt häng ich hier. Die nehmen einen für alles mögliche fest. Wahrscheinlich haben die ein Bonus-System und kriegen ne Sonderzulage für jede Festnahme.

Ich höre mir ihre Geschichten an. Der magere Bursche, der wegen Körperverletzung angezeigt wird, obwohl die anderen und ich schuld sind, der junge Kerl, der behauptet, daß er nur in den Rinnstein gerotzt hat, und die anderen, die mit blanken Fäusten auf die Säufer aus Manchester losgegangen sind. Dann noch ein Besoffener im Anorak mit verschleiertem Blick. Lauter Versager. Mich eingeschlossen. Das ist alles unbedeutendes Kroppzeug und zeigt nur, daß die Bullen ihre Zeit mit Kleinkram vergeuden. Was kümmern die sich um diesen ganzen Mist, wenn sie sich mit Sachen beschäftigen müßten, wo's wirklich ans Eingemachte geht. Aber so ist es einfacher. Man schnappt sich nen unbeteiligten Zuschauer, dann kann man den Rest des Tages die Personalien aufnehmen und die Anzeige schreiben. Ich zahl meine Steuern, und das krieg ich dafür. Wahrscheinlich sind ein paar von den Bullen sogar mit mir einer Meinung und folgen nur den politischen Vorgaben, die sie zwingen, Geld und Arbeitszeit zu verschleudern. Rod meint, daß mehr Leute damit beschäftigt sind, Fußballhooligans zu überwachen, als Kinderschänder zu suchen. Ich weiß nicht, ob das stimmt, aber wenn, dann liegt das alles an der Politik.

– Ein Kumpel von meinem Bruder war in Belize, sagt der Saufkopp. Der hat erzählt, daß er ne Prämie für jeden Guerilla gekriegt hat, den er abgeknallt hat. Kopfgeldjagd in der Army. Sagt, daß er fünf von den Arschlöchern erwischt hat. Ist in Belize City stationiert gewesen. In den Ausbildungspausen war er bei den Nutten, hat sich besoffen oder im Dschungel Guerillas gejagt. Sagt, daß in Belfast Streife gehen nicht dagegen anstinken kann.

Der Besoffene muß lügen. Oder der Soldat hat gelogen. Ich kann mir nicht vorstellen, daß die Army Kopfgelder zahlt. Aber wenn man mal einen Moment drüber nachdenkt, ist das genau der Grund, warum die Typen sich verpflichten. Und dann ziehen sie über Söldner her. Wir werden auch von allen runtergemacht, aber wo liegt eigentlich der Unterschied? Ich seh bloß, daß der Durchschnittstyp, der in seiner Freizeit in nen Kampf gerät, nicht dafür bezahlt wird und keinen umbringt, aber vielleicht ist mir da ja was entgangen.

– City haben ordentlich was abgekriegt, bevor die Bullen aufgetaucht sind, sagt einer der beiden ausgesprochen lässig gekleideten Typen. Das ist einer von den Verrücktesten hier, obwohl mir sein Gesicht nicht bekannt vorkommt. Die haben große Töne gespuckt, und das läßt man sich halt nicht gefallen. Geschieht ihnen recht.

Mir fällt die Braut ein, die Steve in Manchester verprügelt hat. Kerle wie der sollten hier hocken. Nicht wir. Steve müßte in Wandsworth oder Brixton oder irgend nem andern Knast sitzen und von den anderen Gefangenen Schläge beziehen. Perverse mag keiner. Man sagt, daß es so was wie ne Ganovenehre gibt. Ist ja möglich. Hängt wohl auch davon ab, worüber man spricht. Aber das eine ist mal sicher, Triebtäter und Schwule sind das allerletzte. Besonders im Knast, weil es ja ein paar Mindeststandards geben muß, wenn du wie der letzte Dreck behandelt wirst. Wenn man die Arschlöcher nicht von den anderen trennt, dauert's nicht lange, bis ihnen jemand n Messer zwischen die Rippen steckt.

Mark hat drei Monate wegen Körperverletzung gesessen, weil er nen Typen vor einem Club in Shepherd's Bush krankenhausreif geschlagen hat. Er war mit seinem großen Bruder Mickey und ein paar von dessen Kumpels unterwegs. Müssen mindestens zwanzig Mann gewesen sein, aber er war der einzige, den sie eingebuchtet haben. Er meinte, es wär nicht so schlimm gewesen wie erwartet, weil er drinnen ein paar interessante Leute kennengelernt hat. Gauner der alten Schule und junge Nachwuchsganoven. Solange man keine Schwäche zeigte, war alles in Ordnung. Aber das ist trotzdem kein Leben, also hat er geschworen, daß er nie wieder reingeht. Das heißt aber nicht, daß er sein

Leben geändert hat, er ist bloß etwas cleverer als die anderen und verliert nicht so schnell den Kopf.

Mark hat da mal diesen Perversen zu Klump gehauen. Sagt, daß die Wärter einen Schritt zurückgetreten sind, zugekuckt und gelacht haben, als er den Typen allegemacht hat. Ist ihnen voll am Arsch vorbeigegangen. Er sagt, der Typ hat ein Kind vergewaltigt oder so was und nur gekriegt, was er verdient hat. Sagt, der Typ hat geblutet, als ob er ne Ader getroffen hätte, und er hat sich Sorgen gemacht, weil man einen Mord im Bau nicht vertuschen kann. Die Wärter haben dem Typ gesagt, er soll aufstehn und das Maul halten. Haben ihn zum Arzt gebracht und hinterher in ne andere Sektion verlegt. Mark fühlte sich danach viel besser, weil sich vorher immer mehr in ihm aufgestaut hat und er seinen Frust an irgend jemand auslassen mußte. Egal wo du bist, ne Hackordnung gibt's überall. Menschen funktionieren immer nach dem gleichen Schema, ob sie nun in ner Fünfzigzimmervilla in Kensington wohnen oder zu fünfhundert in ner Zelle in Brixton. Jeder versucht, das Beste für sich draus zu machen. Wir wollen alle ein Stück die Leiter hochklettern und das Gefühl haben, daß wir wichtig sind. Irgend jemand muß es immer noch schlechtergehen, sonst bist du nämlich am Arsch. Mark sagt, daß er mit dem, was passiert ist, kein Problem hat.

– Chelsea wird eingemacht, Jungs. Ein lachender Bulle kuckt durch die Klappe. City hat drei Tore gemacht, und euer neuer Torwart hat sich ein Bein gebrochen.

Schwer zu beurteilen, ob er die Wahrheit sagt. Es macht ihnen Spaß, euch auf die Palme zu bringen. Sobald sie euch eingesperrt haben, fängt das Katz-und-Maus-Spiel an. Das hält sie auf Trab. Der reinste Nervenkrieg, und auch wenn du die Kommentare und Beleidigungen ignorierst, geht dir das mit der Zeit auf'n Sack. Die haben mich mal für ne Nacht in die Zelle gesteckt, weil ich am Freitag abend besoffen durch Hammersmith gezogen bin. Ich bin völlig verkatert aufgewacht, und der Bulle sagt zu mir, daß ich ne Braut vergewaltigt hab. Er sagt, ich bin ihr gefolgt, als sie aus nem Taxi gestiegen ist, und dann hab ich sie hinten im Hof von nem Optiker gebumst. Ich bin so besoffen gewesen, daß ich mir ne Tüte Pommes geholt hab, und da haben sie mich geschnappt. Ich konnt mich an nix erinnern und hatte echt die Hosen voll. Hab n Blackout von zwei Stunden gehabt und konnt mich grade noch dran erinnern, wie sie mich festgenommen haben. Alles davor war völlig weg.

Der Bulle ist abgehauen und hat mich ne halbe Stunde sitzen lassen. Ich hab schon gesehen, wie ich für zehn Jahre im Loch verschwinde, und gedacht, daß ich ende wie der Perverse, den Mark verprügelt hat. Ich wollte jemand sagen, daß ich nichts dafür kann. Daß ich keine Kontrolle mehr über mich gehabt hab. Daß ich mich an nichts erinnern kann, und wie soll ich's dann gewesen sein? Wenn man keine Erinnerung mehr daran hat, was man getan hat, wie können sie einem dann die Schuld daran geben? Ich hab dagesessen und mich absolut beschissen gefühlt. Ich wußte, daß Perverse genau dasselbe erzählen. Daß sie Stimmen hören, daß sie nichts dagegen tun können und so weiter. Ich hab das alles schon vor mir gesehen. Vor Gericht, die Schande, wie dann alle gegen mich sind, und die Zeit im Bau. Am liebsten hätt ich mich aufgehängt. Dann kommt n anderer Bulle mit ner Tasse Tee für mich, und ich frag ihn, was passiert ist. Er sagt, daß ich ein paar Mülleimer umgeworfen hab, mitten auf der Straße rumgehüpft bin und Fußballsongs gegrölt hab. Trunkenheit und Erregung öffentlichen Ärgernisses, aber sie würden keine Anzeige erstatten. Ich krieg ne Verwarnung und kann nach Hause gehen. Ich war so glücklich, daß ich ihn hätte umarmen können. Nachdem ich den Tee getrunken hatte, war der Kater auch weg. Der Bulle war echt in Ordnung.

Dann hab ich ewig drauf gewartet, daß sie mich rauslassen, und der Typ in der Nachbarzelle hatte die Nacht vorher seine Frau umgebracht. Ich hab ihn weinen hören. Sie hatten Streit, und er hat sie abgestochen. Der Polyp meinte, daß er einfach durchgedreht ist. Sagt, der Typ weiß nicht, was passiert ist. Eben hat seine Frau ihn noch angebrüllt, und das nächste, an was er sich erinnern kann, ist, daß sie langsam steif wird. Der hat mir leid getan. Manchmal ist das Leben echt Scheiße, und hinter der nächsten Ecke steht immer jemand und wartet nur darauf, daß du einen Fehler machst. Und beim kleinsten Patzer stürzen sich alle auf dich.

– Wie steht das Spiel? Der Besoffene fragt einen Bullen, der an der Zelle vorbeikommt.

– Eins null für Chelsea.

Stille.

– Hat der Torwart von Chelsea sich das Bein gebrochen?

– Soweit ich weiß, nicht. Er hat grad nen Elfmeter gehalten. Im Radio haben sie gesagt, daß es eine der besten Paraden war, die in Chelsea seit Jahren zu sehen waren.

Bombay-Mischung

Wahrscheinlich denken alle, daß Vince Matthews ein bißchen verrückt geworden ist, als er aus England wegging und bei seiner Rückkehr nur noch ein Schatten seiner selbst war, aber das macht mir nichts, weil ich jetzt alles aus einem anderen Blickwinkel betrachte, es in einem anderen Licht sehe, wenn Skinheads, von einem Riesenmob verfolgt, über die Brücke nach Hayes fliehen, lauter Einheimische hinter ihnen her, mindestens zehnmal so viele wie die kahlgeschorenen Eindringlinge, und da sind große Typen bei, mit Macheten und diesen Kung-Fu-Stangen, die die Inder benutzen, wenn sie Streit suchen, und dann dieser Atompilz, als der Pub explodiert, wahrscheinlich Benzinbomben, die Fenster zersplittern, und dann hängt alles für eine Sekunde oder so in der Luft, als ob jemand den Film angehalten hat und im Aufnahmestudio die Negative schneidet, aber dann dringt allen ins Hirn, was das für ein Lärm ist, schließlich waren sie bis vor ein paar Minuten ja noch da und haben sich Business, die 4 Skins und Last Resort angehört, und die Einheimischen waren als bewaffnete Bürgerwehr unterwegs, wahrscheinlich noch sauer wegen dem Marsch der National Front, als sie Blair Peach fertiggemacht haben, und so was vergißt man nicht so leicht, und wenn also ein Mob Skinheads in dein Revier kommt, dann fragt man nicht lange, die hübschen Bilder in der Boulevardpresse richten da einiges an, wenn man die Zeitung liest, da ist jeder Skinhead gleich ein weißer Fascho, der braune und schwarze Haut haßt, ganz zu schweigen von Jah-Sound und den

Rude-Boy-Klamotten, das sind halt junge Primitivlinge, und außerdem hört man Geschichten über diese Hooligans aus dem Londoner Osten, die Läden ausrauben und indische Frauen und Mädchen beleidigen, alles gute Mütter oder Töchter, und wer so was macht, der sucht doch Streit, weil das nämlich so ist, daß die Weißen, die nicht in der Gegend leben, denken, daß die Inder und Pakistani nicht für sich selbst sorgen können, das ist zwar Blödsinn, aber da sind sich alle einig, daß Dunkelhäutige und alles in der Richtung, das geht bis zu Griechen und Türken oben im Londoner Norden, verdammt hart drauf sind und daß die Inder einfach die Nachfolge ihrer Eltern antreten und die vielen Feinkost- und Discountläden erben, aber wenn man ein paar von den Typen in Southall kannte wie George, dem es peinlich war, als sein Alter anhielt, weil er ihn auf dem Rückweg von der Schule gesehen hat und mit nach Hause nehmen wollte, wobei George aber noch mit seinen Kumpeln rumhing, das war im Sommer, und das Fenster vom Ford Kombi war offen, und im Wagen hatte sein Vater eine Kassette mit religiöser Sitar-Musik laufen, was man sonst so aus dem Tempel hörte, und er hat seinen Sohn angebrüllt, daß er vorsichtig sein soll, wenn er über die Straße geht, und George kannte da ne Menge Typen von der National Front oder wenigstens Typen, die sagten, daß sie in der NF waren, aber von deren Politik überhaupt nichts gerafft und auch nicht geglaubt haben, daß Martin Webster schwul war, sondern bloß gedacht haben, daß sie mit dem NF-Abzeichen zeigen konnten, was für harte Burschen sie sind, und außerdem hat's die Socialist Workers Party und die Anti-Nazi League bis aufs Blut gereizt, die also dieser Geistesrichtung anhängen und sogar im Union Jack ein Symbol für Anarchie sehen, und George hat zu ihnen gesagt, auf ne ganz komische Art versteht er, was sie meinen, und so war er ne Art Weißer ehrenhalber, auch wenn er kein Onkel Tom war, der im Zirkus des weißen Mannes Kunststücke vorgeführt hat, sondern ein Hooligan, der eine Zeitlang in Hanwell als Kohlenträger gejobbt und dann weiter mit Hanteln und Gewichten gearbeitet und trainiert hat, damit er genug Kraft kriegt und eine Kampfsportart anfangen könnte, vielleicht Kung-Fu, dann würde ihn keiner mehr rumschubsen, weil er gesessen hat, im Jugendknast, und das hat ihm nie große Probleme gemacht, aber weiß der Teufel, wo er gewesen ist, als die Skins in Southall eingemacht wurden, ein paar Jahre vorher war er noch dabeigewesen, als die NF durch das Viertel marschieren wollte und die ganze Gegend belagert war und es diese echt heftige Randale gab, wo Blair Peach, ein militanter kommunistischer Lehrer oder so was, so stand's zumindest in der Zeitung, umgebracht worden ist, den haben sie totgeprügelt, und viele Leute sagen, daß es die SPG war, die haben jetzt ihren Namen geändert, na toll, und die Studios von den Ruts und Misty In Roots wurden zerstört, Schwarze und Weiße vereint, die Punk- und Reggae-Bands im Londoner Westen, und George und seine Jungs waren an dem Tag auch dabei, haben auf der Uxbridge Road die Sau rausgelassen, er hat nem Bullen in die Eier getreten, und seine Großfamilie war voll dabei, mit Mann und Maus, echte Inder, nicht mit kahlgeschorenem Schädel und modischen Klamotten wie George, aber als es Ärger gegeben hat, haben sie die rituellen Schwerter aus den Kofferräumen ihrer importierten Rostlauben geholt und ihren Teil beigetragen, und ich bin auch ein paarmal von indischen Banden verprügelt worden, nachts, als ich aus der Kneipe gekommen bin, gehörte damals einfach dazu, aber die Randale in Southall ist am hellichten Tag gelaufen, und die Polizei hat sich auf jeden gestürzt, den sie kriegen konnte, und George und seine Familie haben einen Bus geklaut, den Fahrer zusammengeschlagen, das war zwar n bißchen daneben, aber in jedem Krieg passieren ein paar üble Dinge, die Leute gehen zu weit und begehen Greueltaten, und zwar immer auf Kosten der Unschuldigen, und George hat sich selbst ans Lenkrad gesetzt, aufs Gas getreten und ist mit dem Doppeldeckerbus durch die Straßen gerast, ich glaub, das war ein 207er, aber wen interessiert die Nummer schon, ne Fahrkarte hatten sie jedenfalls nicht gekauft, Southall hält sich selbst sauber, und wenn man da hinkommt, ist das ne fremde Welt, die Straßen sind voller Menschen und die Läden voller Fressalien, steht alles voll, sogar die Fußwege, da ist immer was los, ne ganz andere Kultur, zu der die jüngeren Weißen nur schwer Zugang finden, weil die Schwarzen zwar auch ihr eigenes Ding machen, die Weißen aber über die Musik n bißchen was davon mitkriegen, aber bei den Indern ist das ne andere Sache, die machen einfach und leben für sich, und was anderes zählt für die nicht, und darum ist der Londoner Westen ganz anders als der Londoner Süden und sogar als der Londoner Norden, das liegt an der Geschichte, an dem Punk-Aroma, ob man nun die Ruts nimmt oder die Oi-Randale, das sind bloß unterschiedliche Seiten der gleichen Sache, und darüber denk ich nach, als ich im Café sitze, im authentischsten indischen Café in ganz Southall, das hat auch was Ungewöhnliches für diesen Teil der Welt, weil es vor allem südindische Gerichte gibt, Massala Dosas und Thalis, zum Frühstück sogar Idlis, die ich immer auf dem Weg zur Arbeit esse, wenn ich genug Zeit hab, aber das ist das Café, denn wenn ich authentisch sage, meine ich, daß es das einzig Wahre ist, hier ist der beste Laden, um seinen Samstagabend zu verbringen, in Southall bin ich seit Jahren nicht mehr im Pub gewesen, weil die im Prinzip einfach scheiße sind, und wer braucht schon Alkohol, wenn ich hierherkommen, was essen und das dann mit einem perfekten Bang-Lassi runterspülen kann, weil die Bang-Lassis hier echte Knaller sind, da ist richtig was drin, und der Typ, dem der Laden gehört, hat mich schon gekannt, als ich noch ein kleiner Junge war, ich war mit seinem Cousin George befreundet, dem Hooligan, der nach Indien zurückgegangen ist und jetzt in Bombay eine Pension hat, und manche meinen, daß das ganz schön dämlich von ihm ist, weil es in Bombay von Junkies nur so wimmelt, andere sagen, daß er da auch dealt, kann sein, muß aber nicht, vielleicht gefällt's ihm da einfach besser, ich weiß nicht, wie's wirklich um ihn steht, da braucht ihr mich nicht zu fragen, ich hab den alten Knaben seit mindestens zehn Jahren nicht mehr gesehen, der ist doch jetzt ganz anders als früher, das Bang-Lassi bringt meinen Kopf zum Rotieren, und die Preise sind auch authentisch oder zumindest ziemlich nah dran, Sonderpreis, weil ich n alter Bekannter bin, einer von denen, die hier schon als Jungs rumgesprungen sind, danke für den Drogencocktail, der in den Lassi gemixt ist, es ist Samstag abend, und ich beobachte die Leute, die draußen vorbeigehen, wie damals, als ich in Indien gewesen bin, auf der anderen Seite der Weltkugel, und ich brauch gar nicht von hier wegzugehen, wenn ich was von der Welt sehen will, sondern nur zu warten, daß das Lassi zu wirken anfängt, und aus dem Fenster zu gucken, das ist ne Spitzenmischung heute, die verwöhnen mich hier, und auf dem Tisch steht ein verbeulter Metallkrug mit Wasser, und die Drogen schlagen mir irgendwie aufs Gehör, weil sich die Stimmen im Hintergrund verändern, Punksound, eine schöne Erinnerung, von den Ruts bis zu den 4Skins, aber jetzt scheint sich das alles beruhigt zu haben, obwohl, wenn man quer durch London nach Bethnal Green und Whitechapel fährt, sieht die Sache ganz anders aus, und man sollte glauben, daß das inzwischen alles geklärt ist, besonders nach der Randale am Trafalgar Square, die letzte Punk-Randale, auch wenn da ein paar politische Gruppen bei waren, aber es waren auch jede Menge normale Typen da, alle hatten es auf die Polizei abgesehen, und das war die dunkle Seite des Punk, nachdem er in den Untergrund gegangen war, mit Tierschützern, Hausbesetzern, weißen Rastas, aber auch ner Menge Stinos, denn soweit ich mich erinner, ging's beim Punk genau darum, jede Menge Stinos, die nichts über Mode zu sagen hatten, außer daß sie Scheiße, ein Riesenschwindel und ein Betrug war, Schwachköpfe, und der Trafalgar Square war absolut surreal, was immer das auch heißen mag, das South Africa House am Brennen, und Bongos haben Nelson in den Ohren gedröhnt, alles war voll Qualm und voller Pferde und Bereitschaftspolizei, Backsteine sind geflogen und Schlagstöcke durch die Luft gezischt, und an dem Tag hat die Polizei die Sache nicht mehr unter Kontrolle gekriegt, und die großen Restaurants im West End sind zu Kleinholz verarbeitet worden, muß ein tolles Gefühl gewesen sein, Backsteine bei McDonalds und den Steakhäusern durch die Scheiben zu schmeißen, und die indischen Restaurants hat keiner angerührt, nur die Großunternehmen und die Banken, geschieht ihnen recht, diese ganzen komischen Kapitalanlagen und die Manipulation, und jetzt geht's los, in meinem Kopf dreht es sich in alle möglichen Richtungen gleichzeitig, und das friedliche Treiben vorm Fenster hat irgendwie die gleiche Hochspannung wie damals die Randale, Schreie und politische Gewalt ohne die Organisationen, jugendliche Rivalität, die Rassenfrage, die von denen da oben immer wieder aufgewärmt und für ihre Zwecke benutzt wird, und ich frage mich, woher diese Leute kommen, die sollten mal versuchen, eine Weile in der Gegend zu wohnen, dann wissen sie, wie das hier läuft, weil sie immer den einfachsten Weg gehen wollen, und darum werden die Inder so oft angegriffen, weil viele glauben, daß die nicht in der Lage sind, sich selbst zu verteidigen, daß sie schwach sind, lauter Friede-Freude-Eierkuchen, und daß man sie als Punchingball benutzen kann, auf den alle anderen im Land einschlagen, wenn sie ihre Aggressionen abbauen wollen, aber das ist nicht so, das weiß ich, weil ich hier in der Gegend aufgewachsen bin, so was passiert halt, läßt sich gar nicht vermeiden, das sind unterschiedliche Gruppen, ist eben echtes Leben und kein ideales, weichgespültes Paradies, wie die Konservativen es gern hätten, und auch kein Viertel voller gutmütiger Unterprivilegierter, wie die Sozialisten denken, das sind Menschen, das ist es, einfach Menschen, und dieses Bang-Lassi macht mich alle, und jetzt seh ich, daß Rajiv reinkommt, er setzt sich gegenüber auf den Stuhl und hat das kleine Schachspiel dabei, ne Holzschnitzarbeit aus dem Pandschab, hat er erzählt, und er kippt sein Bang-Lassi runter und sagt was zu mir, ganz leise, zu leise, und ich weiß, was er sagt, komm aber mit den Wörtern nicht klar, das ist echt komisch, und er stellt die Figuren auf, jetzt ist auch nicht mehr die Zeit für Randale und Gewalt, weil das lange her ist und wir alle erwachsen geworden sind, und überhaupt ist Schach ein Spiel für Gentlemen, ein bißchen logisches Denken und viel Ruhe, verdammt, genau das ist es, und wir fangen immer mit dem Bang-Lassi an, mit nem Knaller, wie in der Urknalltheorie, das ist jetzt seit sechs Monaten unser Samstagabend-Ritual, und ich konzentrier mich auf König und Königin, damit sich die Hektik in meinem Kopf ein bißchen legt, das ist uns angeboren und Teil unserer Kultur, die Geschichte meines Lebens, man legt was ab und ignoriert es dann, und daran sieht man auch, wieso die Geschichte nur aus Gewinnern besteht, die allen anderen erzählen, was für furchtbare Typen die Verlierer sind, das ist von Johnny Rotten, eigentlich muß ich ihn wohl Lydon nennen, klassischer Spruch, damit hat er das Ganze aufn Punkt gebracht, und selbst der hat jetzt n neues Leben angefangen, vielleicht war das damals der Anlaß für mich, über die ganze Punk-Chose mal nachzudenken, wie spießig die dann alle wieder geworden sind, und dann diese Geschichten in der Glotze, über die British National Party im East End, und daß die National Front auch ihren Namen geändert hat, genau wie die SPG, und ich hab gedacht, daß das jetzt alles Vergangenheit war, und ich bin zwischen Indern und Pakistani aufgewachsen und kenn den Unterschied, zwei unabhängige Länder, Hunderttausende haben sich da gegenseitig umgebracht, bis sie die Grenze hatten, und nicht zu vergessen Bangladesch, und das war für mich der Anfang, daß ich den Unterschied gekannt hab, auch wenn es vielleicht zwischendurch mal ein bißchen Streit gab, aber das waren bloß konkurrierende

Jugendgangs, selbst die Paki-Klatscher hatten dunkelhäutige Typen dabei, das war schon schlimm genug, bedauernswerte Idioten, aber kein Vergleich zu diesen neuen Gruppen, die Kids abstechen, wo leben wir eigentlich, und sogar diese Oi-Randale, wer sagt denn, daß die Skinheads Rassisten waren, ich weiß nicht, das hört man überall, und es gibt allgemein anerkannte Hirngespinste über unsere Geschichte, die haben die Machthaber frei erfunden, die natürlich sowieso nicht selbst dabei waren, und ich kann mich nicht konzentrieren, kann mich nicht in dieses Schachspiel versenken, wir sind erst beim dritten Zug, und mein Blick geht durchs Brett hindurch, durch die weißen Felder, das sind Tunnel, die jemand in den Tisch gebohrt hat, sie sind bodenlos, und die Seitenwände sind rot, aus Marmor, nicht aus Holz, ein transparenter rötlicher Dunst, ganz eigenartig, ich nehme an, daß das irgendeine Bedeutung hat, vielleicht was Symbolisches, vielleicht bin ich aber auch nur durchn Wind, mir egal, ich bin am Zug, ein weiterer Schritt in der Evolution des Menschen, dieses Menschen, eine Figur nach vorne ziehen und den Gegenspieler in Bedrängnis bringen, Druck auf Raj ausüben, so daß der sich eine Taktik ausdenken muß, und es geht alles darum, daß man n klaren Kopf behält und über die nächste Aktion hinausdenkt und dann die richtige Entscheidung trifft, wo es doch so viele unterschiedliche Versionen der Wahrheit gibt, man muß über die Verallgemeinerungen hinwegkommen und dem Gegenspieler Respekt entgegenbringen, und Schach ist natürlich viel mehr als ein Spiel, deshalb sitzen Raj und ich hier auch jeden Samstag ohne Ausnahme vor dem Brett, und Georges Cousin bringt ein Massala Dosa rüber, und Raj haut rein, und ich weiß nicht, hab überhaupt keine Ahnung, wer am Zug ist, und ich will auch nicht fragen, und irgendwie muß was Besonderes im Lassi gewesen sein, ich kann mich einfach nicht konzentrieren, krieg die ganzen Informationen nicht auf die Reihe, komm mit den Widersprüchen nicht zurecht, das hat sich alles völlig verheddert, die ganzen Bilder erdrücken mir fast das Gehirn, und ich denk wieder an die Vergangenheit, versuch mich zu erinnern, ob Raj den letzten Zug gemacht hat oder ich, aber ich weiß es einfach nicht, und ich kann auch nicht fragen, krieg die Frage nicht raus, kann nicht sprechen, krieg die Scheißwörter einfach nicht hintereinander, kann ich nicht, gibt's nicht, sagen sie, wahres Fortschrittsdenken, einfach Augen zu und durch, und Raj sitzt mit einem Stück Dosa in der Hand totenstill da, und die Sambhar-Soße tropft auf seinen Teller, jetzt ist es ganz still, dann im Hintergrund Musik von den Ruts, ich höre Gespenster, Malcolm Owen singt H-Eyes, die arme Sau, und es ist alles drin im Song, mehr braucht man dazu nicht zu sagen, stell dir mal vor, wie das ist, wenn man ein Stück über den eigenen Tod schreibt, wie sich seine Mom wohl gefühlt hat, kriegste echt Mitleid, die Arme, und sein Vater, das bedrückt mich, so ein weggeschmissenes Leben, und dann verklingt seine Stimme, und die 4Skins singen Wonderful World, und sie erzählen über die Suss-Gesetze, nach denen die Bullen dich jederzeit festnehmen können, bloß weil ihnen deine Nase nicht paßt, und das find ich jetzt komisch, weil die Ruts einen Song hatten, der Suss hieß, man muß sich mal vorstellen, ist mir vorher nie aufgefallen, erst jetzt, aber man hätte echt Probleme, jemanden zu finden, der die beiden Bands nicht entgegengesetzten Enden des politischen Spektrums zuordnen würde, aber vielleicht kapieren die das einfach nicht, keine Ahnung, nur so ne Idee, was haben die bloß in das Bang-Lassi getan, ich fühl mich beobachtet, als würde ich alles, was ich denke, laut aussprechen, als hätte ich kein Geheimnis mehr, und ich frag Raj, wer am Zug ist, ich kann wieder sprechen, eine direkte Frage, er hebt den Kopf, sieht mich an und sagt, daß er's nicht weiß, er kann sich nicht erinnern, und dann entsteht eine kleine Gesprächspause, als wir beide versuchen, einen Funken Würde zu bewahren, und das Klappern von Geschirr, als das Café schließt und sie mit dem Abwasch anfangen, sie lassen uns immer zu Ende spielen, aber wir müssen wissen, wer am Zug ist, also spielen wir die Partie rückwärts, wollen rauskriegen, wie wir in diese Position gekommen sind, schieben die Figuren langsam auf dem Brett hin und her, damit wir es nicht wieder vergessen, überlegen, welche Alternativen sich uns geboten haben, stellen die Zeit auf den Kopf und schütteln sie, damit die Antworten herauspurzeln, ich muß mir die Stellung merken, in der wir eben waren, aber nach ein paar Zügen Rückwärtsspielen hab ich sie vergessen und hoffe, daß es Raj genauso geht, daß er sie nicht mehr im Kopf hat, sonst seh ich ganz schön blöde aus, aber irgendwie weiß ich, daß er in demselben Zustand ist, die Bang-Lassis hier sind ihr Geld wert, da kann man nichts sagen, weil das hier im Café authentisches Indien ist, wir könnten jetzt in Rajasthan sein, in einem Wüstenort hocken, völlig verwirrt vom besten Exportprodukt aus dem goldenen Halbmond, das Banditen durch die Wüste gebracht haben, die Thar-Wüste hier in Southall, außer daß man nicht über die pakistanische Grenze muß, und das ist wunderbar, weil ich gar nicht aus London raus muß, um eine Kostprobe des Ostens zu bekommen, diese ganzen Auslandsreisen, das Geschirrklappern in der Küche, laufendes Wasser, und wir sitzen hier und starren auf das Schachbrett, das in schönen Farben schwankt und pulsiert, die Maserungen der einzelnen Holzstücke laufen alle in dieselbe Richtung, und es gibt nicht viel zu sagen, es ist ganz still, mein Herz pocht, aber ich brauche nur über den nächsten Zug nachzudenken.

Nötigung

Ich sitz im Café und beobachte die Leute, die auf der Straße vorbeigehen. Es ist Montag morgen, und sie beeilen sich, in ihre Büros zu kommen. Die Männer sehen alle gleich aus mit ihren schwarzen Anzügen und Idiotenfrisuren. Bei den Frauen gibt's auch keine großen Unterschiede, aber trotzdem kommen ein paar hübsche Bräute vorbei. Versaute Büromädel. Genau wie meine Bedienung im Café. Die trägt die Nase so hoch, als würde sie im Buckingham Palace wohnen. Kann nicht älter sein als zweiundzwanzig, hält sich aber für was Besseres. Man sieht sofort, woher solche Bräute kommen. Die stammen aus reichen Elternhäusern und werden zur Arroganz erzogen. Sehen auf normale Mädels runter. Ziehen über sie her und sagen, daß die gewöhnlich sind. Aber wenn man eine von diesen eingebildeten Tussis ins Bett kriegt, gehen die voll ab. Das kommt von der Erziehung. Sie sind arrogant wie sonstwas, aber arrogant fickt gut. Sie interessieren sich nur für sich selbst.

Ich lächle ihr zu, als sie mich bedient. Sie hebt den Kopf und wendet sich ab. Wenn sie nicht aufpaßt, holt sie sich noch ne blutige Nase. Hat ihre Nasenlöcher so hoch, daß ihr da Satelliten reinfliegen könnten. Konkurrenz zum Himalaja. Aber ich laß sie in dem Glauben, daß ich auf sie steh. Daß sie n echter Knaller ist. Aber nur weil sie gut aussieht und gepflegt rumläuft, hält die sich für was Besseres als die rotznäsige Schlampe, die sie eigentlich ist. Stolziert arschwackelnd davon, und ich laß sie nicht aus den Augen. Sie will's genau wissen und blickt zurück.

Als sie mich beim Glotzen erwischt, marschiert sie schnurstracks in die Küche. Ich möchte lachen. Das war klassisch.

In einer halben Stunde muß ich vor Gericht erscheinen, und ich schlag beim Bezirksgericht in Horseferry um die Ecke die Zeit tot. Ich bin hier früher schon ein paarmal aufgelaufen, bis ich dann kapiert hab, wie man das vermeidet. Ich kenn mich also ziemlich gut aus, aber es ist gut, daß seit meinem letzten Besuch viel Zeit vergangen ist, sonst würden die Richter vielleicht sogar über was anderes als ne Geldstrafe nachdenken. Ich beiß in meinen Plunder und frag mich, wieso es hier kein anständiges Café mit ordentlichem englischen Essen gibt. Muß ja nicht gleich ne Fish'n-Chips-Bude sein, nur irgend n Laden, wo sie den Kopf nicht so tief in den Arsch gesteckt haben, daß sie kein normales Essen mehr zustande bringen. Plunderstücke, Croissants und dieser ganze kontinentale Mist gehen mir auf den Sack. Wenn man ins Ausland fährt, muß man sich damit abfinden, aber was zum Teufel hat das hier zu suchen? Die reichen Wohngebiete werden überschwemmt mit dem Zeug, weil die Arschlöcher meinen, daß die Froschfresser und die Spaghettis was Besseres sind. Weil sie hier nicht dazugehören, suchen sie sich nen Lebensstil von der anderen Seite vom Kanal.

Als ich los muß, lächle ich der Kellnerin freundlich zu und bitte um die Rechnung. Sie ist jetzt ein bißchen friedlicher, und ich laß nach dem Bezahlen noch ne Fünf-Pfund-Note auf dem Tisch liegen. Ich paß auf, daß sie das auch mitkriegt, und grins sie noch mit gebleckten Zähnen an wie ein Preiswichser. Die reinste Teufelsanbetung. Ich hab mich fürs Gericht voll in Schale geworfen, so daß sie vielleicht sogar glaubt, ich hab n bißchen was auf der hohen Kante. Jetzt ist sie auch nett zu mir, ne Hure ist und bleibt eben ne Hure, egal wo sie herkommt und mit was für nem Akzent sie spricht. Der Unterschied besteht nur darin, daß die Bräute an der Straßenecke offen zeigen, was sie vorhaben. Das Mädel lächelt zurück.

Ich geh um die Ecke und dann die Treppe rauf ins Gerichtsgebäude. Das Foyer ist voll von nervösen Neulingen und herablassenden Profis, die das Ganze für nen schlechten Witz halten. Kranker Humor. Die anderen Chelsea-Jungs aus dem Mannschaftswagen sind auch da, aber so richtig spannend wird die Sache erst durch die vier Millwall-Fans im Flur. Daß sie Millwall sind, erkenn ich an dem Emblem und dem Trikot, das einer von ihnen anhat. Abgerissene Drecksäcke. Die haben sich nicht die geringste Mühe gegeben. Kein Respekt vor dem Amt. Wir fahren da in ein paar Wochen zu einem Liga-Cup-Spiel hin. Das wird knallhart. Sie sind völlig verlottert, und selbst wenn das Arschloch in dem Vereinstrikot nicht dabeigewesen wäre, hätte man sie sofort an ihrer Aufmachung erkannt. Es ist ziemlich leicht zu sehen, woher die Fans kommen. Das liegt gar nicht so sehr an den Klamotten. Der Stil verbreitet sich ziemlich schnell. Da ist noch was anderes. Scouser sehen wie Scouser aus. Geordies wie Geordies. Vergiß das Outfit, die Nordlichter erkennt man an den Frisuren und den Schnauzern. Die Köpfe haben ne andere Form. Und wenn man ihnen ins Gesicht kuckt, denkt man, daß das ne andere Rasse ist. Muß noch von früher sein, aus der Zeit, als es in England noch verschiedene Stämme gab.

Und innerhalb von London kann man auch bei jedem Lokalderby die Mobs unterscheiden. Nicht nur die Nigger bei Arsenal und die Judenärsche von Tottenham, das sieht man auch bei den anderen. Und man weiß aus Erfahrung, woher sie kommen. West Ham und Millwall sehen schäbig aus, selbst wenn sie sich rausgeputzt haben. Die beiden haben gemeinsame Vorfahren, und die Unterschiede kommen daher, weil sie auf verschiedenen Seiten der Themse aufgewachsen sind. Bei Arsenal und Tottenham ist es das gleiche. Dann gibt's noch Chelsea und so belanglose Vereine wie die Rangers und Brentford. Die Millwall-Fans werfen uns böse Blicke zu, aber wir stecken nicht zurück. Chelsea sind im allgemeinen etwas wohlhabender, weil im londoner Westen einfach mehr Geld im Umlauf ist als in Gebieten wie Peckham und Deptford. Die Old Kent Road kann nicht gegen Acton und Hammersmith anstinken. In meinem Sonntagsanzug komm ich mir ein bißchen blöde vor, aber wozu hab ich das Ding schließlich im Schrank hängen. Hochzeiten, Beerdigungen und Gerichtstermine. Lauter traurige Anlässe. Wenn man mehrere hundert Pfund sparen kann, weil man sich ein paar Stunden feinmacht, wieso dann nicht? Bei der Bedienung hat's ja auch gewirkt. Ich seh mir den Zettel an der Wand an. Eine bunte Mischung aus Trunkenheit am Steuer, Diebstahl, Körperverletzung und die übliche Fußballanzeige wegen Nötigung und eine Vergewaltigung. Vergewaltigung ist echt Scheiße. Die Leute latschen hin und her und unterhalten sich. Lauter ganz normale Leute, nur die Verteidiger waren alle auf Privatschulen. Die erkennt man sofort. Man braucht gar nicht hinkucken. Das sind die Ärsche, die mit gestelztem Akzent reden. Vorlauter Haufen. Könnten Verwandte von der Braut im Café sein. Aber hier sind nur Männer, keine Frau in Sicht. Stimmt wohl, was da immer so gesagt wird. Wo's um Verbrechen geht, regieren die Männer.

Der Junge mit der Anzeige wegen Körperverletzung spricht mit seinem Anwalt. Hat die Hosen voll. Er gehört hier nicht her, und das ist Scheiße, daß sie so einen Typen mit diesem Mist zur Schnecke machen. Beweist wieder mal, was für Ärsche die Bullen sind. Aber im Endefekt reiten sie sich nur selber in die Scheiße, weil sie irgendwann alle gegen sich haben. Hab ich doch in Tottenham gesehen. Heute können sie mir ruhig ne deftige Strafe verpassen, das geht schon klar, da seh ich den Bullen, Richtern und den anderen miesen Typen auf ihrem hohen Roß zu, wie sie sich einen runterholen, aber ich bin mit den Jungs losgezogen und hab ein paar von ihrer Seite eingemacht, und sie wissen von nix.

Den Streß mit nem Anwalt hab ich mir erspart. Bringt doch

nichts. Man bekennt sich schuldig und sieht zu, daß es schnell vorbei ist. Hat zwar keiner gesehen, daß ich was gemacht habe, aber scheiß drauf, was soll's? Als sie mich zum ersten Mal festgenommen haben, hatte ich überhaupt nichts gemacht. Ich war bloß n junger Bursche, der auf Fußball, Bier und zwischendurch mal ne kleine Keilerei stand, wenn sich grad eine ergeben hat. Irgendwie gab's da mal Ärger, plötzlich sind die Bullen aufgetaucht und haben mich sofort in den Mannschaftswagen gestopft, obwohl ich nur zufällig grad vorbeigelatscht bin. Zehn Minuten später hab ich in Fulham in der Zelle gesessen und vor Gericht hab ich dann auf nicht schuldig plädiert. Das war n Riesenfehler. Egal, was sie dir erzählen, daß das englische Rechtssystem das beste der Welt ist und so, das ist alles Scheiße. Sie sagen, du bist so lange unschuldig, bis deine Schuld erwiesen ist, aber gleich als erstes hat das Gericht mich dazu verdonnert, daß ich mich in den zwei Monaten bis zu meiner Verhandlung jeden Samstag, während das Fußballspiel lief, bei den Bullen melden mußte, und da hab ich meine Lektion von nem anderen Typen gelernt, der wegen derselben Sache vorgeladen worden war. Das war genau wie ich n Teenager, der zufällig vorbeigekommen war und nichts gemacht hatte. Aber der war clever. Hat sich schuldig bekannt. Hat seine Strafe bezahlt und es drauf ankommen lassen. Meinte, das wär ihm zu viel Affentanz, und wollte die Chelsea-Spiele nicht verpassen.

Der Bursche war witzig. Erzählt dem Richter, was passiert ist, und der alte Knacker glotzt ihn an wie ein verrückter Wissenschaftler. Sagt, wenn das die Wahrheit ist, muß er auf unschuldig plädieren. Der Bursche weiß, wenn er das tut, muß er sich regelmäßig melden so wie ich. Er will aber Chelsea sehen. In nächster Zeit stehen ein paar gute Spiele an. Also sagt er einfach zum Richter, daß er sich schuldig bekennt. Alle wissen, was los ist. Echtes Glücksspiel. Der Junge fleht den alten Knacker fast an, damit der das »schuldig« akzeptiert, obwohl die Aussage zeigt, daß er unschuldig ist. Der Richter verknackt ihn zu einer Geldstrafe.

Ich hab mich zwei Monate lang jeden Samstag um drei Uhr nachmittags bei den Bullen gemeldet, und alle anderen waren im Stadion. Zur zweiten Halbzeit hätt ich's wohl noch geschafft, aber was soll das? War ne Scheißzeit. Außerdem hatte ich n Riesenschiß. Das war wie bei einer Jungfrau oder so was, ich hatte keine Ahnung, was mich erwartet. Ich hab mir nen Anwalt besorgt, und das war ein totaler Schwachkopf. Ich steh vor dem Gerichtssaal und warte darauf, daß sie mich reinrufen, als ich ihn das erste Mal zu Gesicht krieg. Er sagt n paar Worte und reißt n Witz, daß er Samstage sowieso nicht ausstehen kann, weil das ganze Gesindel von den Fußballspielen durch die Straßen zieht. Er wohnt in Fulham. Ist einer von den Ärschen, die die Preise für Häuser hochgetrieben haben, und jetzt hat das ganze Viertel nen komischen Ruf. Ein Wichser, der affektiert rumquatscht.

Soviel zum Anwalt, aber als ich dann vor dem Gericht stand, hat sich rausgestellt, daß der Bulle, der mich festgenommen hatte, bei der Geburt n mächtigen Dachschaden abgekriegt haben muß, obwohl man so was nicht sagt, weil das ungerecht gegenüber Schwachsinnigen ist. Der Anwalt hat gute Arbeit geleistet. Mark und Rod haben als Zeugen ausgesagt, und der schwachköpfige Bulle hat seine ganze Geschichte vermurkst. Hat den Richtern zwar nicht gefallen, aber sie haben einfach keine Verurteilung hingekriegt. Und die Bullen haben dumm aus der Wäsche gekuckt. War echt spitze. Dann fragt mein Anwalt nach ner Erstattung der Anwaltskosten, und das vorsitzende Arschloch blafft ihn an und lehnt ab. Sagt, ich bin selbst schuld, wenn ich da festgenommen werde, weil ich da einfach nichts zu suchen hatte. Aber die Vergangenheit ist gelaufen. Was geschehen ist, ist geschehen. Trotzdem prägt einen so was. Als ich an der Reihe bin, bekenne ich mich schuldig und erzähl den

Wachsfiguren, die mich blöd anglotzen, daß es mir leid tut und ich mich nur verteidigt hab, weil ich angegriffen worden bin. Dann warte ich auf die Standpauke. Aber nach mir sind noch ne Menge Leute dran, also kommt der Typ in der Mitte, ein Trottel mit fettigen schwarzen Haaren, der aussieht, als würde er bei Unterrichtsschluß vor Schulen rumhängen, sofort auf den Punkt und sagt, daß ich mich schämen soll. Er fragt, was meine Eltern und Freunde davon halten, daß ich vor Gericht erscheinen muß?

Ich preß mein Kinn gegen die Brust, damit ich nicht laut lospruste. Er denkt wahrscheinlich, daß ich mich schäme. Eigentlich müßte ich sagen, daß er das Maul halten und aufhören soll, Kinder zu belästigen, aber man muß sich ja nicht unbedingt mit aller Macht reinreißen. Ich bleib ruhig und akzeptier meine Strafe, der Rest findet sich dann schon. Ich blicke kurz auf und seh, daß die fette Kuh neben ihm mit dem Kopf nickt. So ne lesbische Gefängniswärterin, der's dringend mal besorgt gehört. Der dritte Richter würde am liebsten in seiner Briefmarkensammlung blättern. Er will nach Hause, und ihm scheint das Ganze ein bißchen peinlich zu sein. Genau wie den anderen Anwesenden.

Als ich rauskomme, ist mein Portemonnaie zweihundert Pfund schmäler. Das ist ne Riesenabzockerei, aber das kenn ich schon. Ich trauer dem nicht nach. Es ist absolut sinnlos, da was zu sagen, und außerdem hab ich nichts zu sagen. Das ist doch Abschaum. Die Typen haben sich alles zurechtgelegt, bevor der Angeklagte erscheint. Auch wenn man manchmal ohne Strafe davonkommt, hat man den ganzen Ärger am Hals. Entschuldigungen braucht man von denen nicht zu erwarten. Da muß man sich bloß mal diese Iren ankucken, die von den Bullen reingelegt worden sind, von den anderen Figuren gar nicht zu reden. Da müssen massenhaft arme Schweine im Gefängnis verrotten, denen linke Bullen irgendwas angehängt haben. Ich hab die Bullerei durchschaut. Am besten hält man sich von ihnen fern, dann kann man in Ruhe und Frieden leben. Nur Wichser lassen sich erwischen. Solche wie ich.

Ich komme aus dem Gericht, und die Kellnerin fällt mir wieder ein. Ich kuck auf die Uhr. Es ist halb zwölf. Ist nen Versuch wert. Ich geh ins Café. Setz mich an denselben Tisch. Die Braut sieht mich reinkommen, und ich merk, daß sie mich erkennt, obwohl sie es nicht zeigen will. Als sie an den Tisch kommt, erzähl ich ihr, daß ich einen anstrengenden Vormittag hinter mir habe. Einen dicken Vertrag abgeschlossen und dabei fünf Riesen verdient habe, aber es war auch n harter Job. Sie zieht die Augenbrauen hoch. Ich sag zu ihr, daß es ein hartes Geschäft ist, das Geld liegt nicht auf der Straße. Sie nickt und sagt, sie weiß, was ich meine. Ich platz fast vor Lachen, laß mir aber nichts anmerken. Die Schlampe geht zum Tresen, um meine Bestellung zu holen. Ich lehn mich zurück und beobachte die Passanten durchs Fenster. Die Straßen werden voller. Die Büroangestellten machen Mittagspause und gehen was essen. Die Geldstrafe haut mich nicht um. Das Risiko geht man halt ein. Ich kann Gerichte und alles, was dazugehört, zwar nicht ausstehen, aber es lohnt sich nicht, sich deswegen aufzuregen. Zweihundert sind nicht der Rede wert. Das Zeug aus dem Lager, das ich schwarz verkauf, hält mich über Wasser. Und dazu noch der karge Lohn. Der Nebenverdienst hält einen am Leben. Wenn man das alles der Firmenleitung überläßt, kommt man nie auf n grünen Zweig.

Ich trink noch nen Kaffee und eß n Sandwich. Das Leben ist schön, wenn man weiß, wie man es sich einrichtet. Das Bezirksgericht ist kein Weltuntergang, sondern nur eine kleine Unannehmlichkeit. Wenn man den Kopf nicht hängen läßt, können die einem nichts anhaben. Ich überleg, was ich den Rest des Tages anfangen soll, hab aber schon ne ziemlich klare Vorstellung, in welche Richtung sich das entwickelt. Die Chancen stehen verdammt gut. Ins Lager geh ich heut nicht mehr. Bei der Arbeit vermißt mich also keiner. Vor dem Tod haben alle Respekt. Ich wollte für die Bullen keinen Urlaubstag opfern. Da überlegt man sich lieber, ob es nicht doch einen Schicksalsschlag in der Familie gegeben hat.

Als mir langweilig wird, nehm ich Blickkontakt zur Kellnerin auf, und sie kommt rüber. Sie sieht gut aus und hat diesen Schlampen-Appeal der reichen Bräute. Das ist der wahre Scheiß-Klassenkampf. Die Ärsche, die sich für harte Jungs halten, dabei aber mehr an ihrem Outfit interessiert sind als an ner anständigen Keilerei, kannst du vergessen. Wenn die wissen wollen, was klasse ist, sollen die sich mal die Braut ankucken, die hier meine Rechnung fertigmacht. Oder die Idee einfach sausenlassen und sich auf Fußball stürzen, wo sie nicht so im Rampenlicht stehen und richtig reinhauen können, ohne sich andauernd zu entschuldigen. Straßenkampf ohne Rechtfertigung. Ich frag sie, ob es in der Nähe einen anständigen Pub gibt. Sie erklärt mir den Weg. Fünf Minuten zu Fuß. Ich frag, wann sie Schluß macht. Halb drei. Dann lad ich sie auf einen Drink ein, und sie sagt zu. Zögert keine Sekunde. Ich überleg, ob ich ihr noch ein dickes Trinkgeld geben soll, laß es dann aber lieber. Das wäre ein bißchen zu aufdringlich, und außerdem hab ich schon fünf Pfund bei ihr gut. Wir sehen uns noch mal in die Augen, und dann kuck ich noch mal ihrem wackelnden Arsch hinterher, als sie wieder in die Küche geht.

Der Pub ist leicht zu finden, und ich setz mich mit ner Zeitung und nem Bier an einen Tisch. Es ist einer von diesen Pubs, von denen es in der Londoner Stadtmitte viele gibt, ganz hübsch gemacht, aber ziemlich 08/15 und praktisch ohne Stammgäste. Als die Mittagsmeute sich langsam verzieht, taucht die Braut aus dem Café auf. Sieht gut aus ohne die Uniform. Hübsche Figur mit wohlgeformten Beinen und ordentlich Holz vor der Hütte. Sie hat kurze Haare. Steht ihr gut. Ich weiß, daß das ne scharfe Alte ist. Sieht man an jeder Geste und jeder Bewegung. Sie gibt sich selbstsicher, holt die Drinks und setzt sich zu mir an den

Tisch. Dabei berührt sie mich mit den Beinen, und schon kommen wir uns näher.

Sie heißt Chrissie und wohnt in einem Appartement in Westminster. Es gehört ihren Eltern. Die leben in Fernost und haben es ihr einfach so überlassen. Sie machen in Medikamenten, ganz legal. Das paßt ihr gut in den Kram, weil sie sich so nicht um die überteuerten Mieten zu kümmern braucht. Sie sagt, daß in London jede Menge überteuerte Einzimmerwohnungen in zweifelhaften Vierteln angeboten werden. Nach einer Runde gehen wir in ihr Appartement. Unten am Hauseingang ist eine Gegensprechanlage mit Videokamera. Wir steigen in den Fahrstuhl, und Chrissie steckt ihre Zunge in meinen Hals, während ich mich innerlich noch verfluche, weil ich mich hab filmen lassen. Was passiert, wenn ich mal wiederkommen und den Laden auseinandernehmen will? Schließlich bin ich auf einem Kreuzzug für die Arbeiterklasse. Will mir nach dem anstrengenden Gerichtstermin ein bißchen Entspannung verschaffen, und vielleicht ergibt sich dabei ja auch noch die Gelegenheit, meinen Verlust wieder wettzumachen.

Wir gehen in ein Luxusappartement in der siebten Etage. Mit Aussicht auf die Häuser, die runter zur Themse gehen. Ich werfe einen Blick nach draußen, und es ist das reinste Luftschloß. So was kann man sich kaum vorstellen. Ich meine, aus Hochhäusern hab ich schon mal was Ähnliches gesehen, aber ohne die Atmosphäre. Hier riecht es sogar anders. Wer in diesem Teil von Westminster wohnt, hat Geld. Viel Geld. Es gibt keine runtergekommenen Tante-Emma-Läden oder Selbstbedienungsrestaurants. Nur Luxusappartements und Regierungsgebäude. Die Wohnung ist mitten in London, aber sie gehört nicht hierher. Wir sind in einer anderen Dimension. In einer Welt ohne Menschen. Die Wohnung ist riesig. Vier Zimmer, sagt Chrissie. Mit Gemälden ausstaffiert, die aussehen, als ob sie ein Vermögen gekostet haben. Bilder aus aller Welt, und der Teppich ist mindestens drei Zentimeter dick. Auf dem Boden liegt sogar ein Leopardenfell mit Glasaugen. Was für ein Ende.

Als Chrissie wieder anfängt, mich zu küssen, komme ich mir vor wie James Bond oder irgend so ein anderer Playboy aus der besseren Gesellschaft. Dauert nur wenige Sekunden, dann hat sie ihn rausgeholt und hält ihn wie ne Professionelle. Ich kann uns in dem großen Spiegel mit Holzrahmen sehen und stell mir vor, daß auf der anderen Seite MI5-Agenten mit Kameras stehen und alle Details filmen. Als wär ich n VIP oder so was. Nicht bloß n Fußballhooligan, der gegen seinesgleichen kämpft. Aber Chrissie stöhnt wie verrückt, obwohl ich noch nicht mal in ihrer Bluse bin. Nach ein paar Minuten hat sie mich ausgezogen und ist auch nur noch in Slip und BH. Aber ich darf sie nicht weiter ausziehen, und das macht mich nervös. Sie kniet sich hin und fängt schon mal an, und ich kann ihr nur im Spiegel zusehen. Dann steht sie auf und geht ins Schlafzimmer. Ich soll einen Moment warten, bevor ich nachkomme. Ich komme mir völlig bescheuert vor, wie ich splitternackt mit nem Ständer im Zimmer steh.

Ihre Hoheit läßt bitten, und als ich reinkomm, liegt Chrissie in einem riesigen Bett und hat nen Vibrator in der Möse. Den BH hat sie immer noch an, aber der Slip ist verschwunden. Sie sagt, daß sie es prima finden würde, wenn ich einen meiner Kumpel dabei hätte, dann hätten wir sie im Sandwich nehmen können. Ich lächel, aber das paßt mir alles nicht. Ich bin nicht so drauf. Schon der Gedanke widert mich an, und ich muß fast kotzen. Was soll das? Solches Gelaber soll einen wohl anmachen. Sie sagt, daß sie Schranken niederreißen will. Aber mir ist bloß nach ner schlichten Nummer zu zweit. Ich zieh ihr den Vibrator raus, und wir legen los, aber als es ernst wird, fängt sie mit ihren Spielchen an. Passiert oft, daß die Mädels, die das Maul so weit aufreißen, am Ende nicht mitziehen. Bei Männern ist es dasselbe. Die Typen, die dauernd rumprotzen, wie viele

Bräute sie gebumst haben, holen sich einen nach dem anderen runter.

Ich geil sie auf, und sie geht ab. Straft mich Lügen. Sie zieht mir ein Kondom über den Pimmel, was ich hasse, aber die Braut zieht quietschendes Gummi vor, will nicht ohne Zaumzeug reiten, und die Frau hat immer recht. Ich stoße eine Weile vor mich hin, aber die Verzögerung hat mich blockiert, was ja an sich gar nicht so übel ist. So halte ich etwas länger durch, aber eigentlich ist mir das auch ziemlich egal. Sie sagt, daß ich es ihr von hinten machen soll, also muß ich meinen Schwanz mit diesem Scheiß-Gummi rausziehen, und sie kniet sich hin. Nimmt Haltung an und reckt den Arsch in die Luft. Dann beugt sie sich vor und nimmt den Vibrator vom Boden. Sie saugt dran und stöhnt, als ob sie einen Sexfilm vertont. Ich muß lachen, aber sie hört mich nicht. Jetzt bin ich froh, daß ich den Gummi drauf habe, wenn die Braut nämlich auf Dreier steht, weiß der Teufel, was die dann in den letzten Jahren noch so getrieben hat. Sie läuft richtig heiß, und es ist kein Problem, sie bei Laune zu halten. Dann kommt's ihr, und ich merk, daß die ganze Aktion nichts mit Rache zu tun hat, sondern einfach ne saugeile Nummer ist.

Schließlich komm ich auch und roll mich ab Wir liegen auf den Kissen und haben uns nichts zu sagen. Das ist der Augenblick der Wahrheit, wenn man's mit ner Unbekannten getrieben hat, wo man sich wünscht, daß man einen Knopf neben sich hätte. Kurz draufdrücken, und weg ist sie. Ich bin wieder James Bond. Der braucht bloß den Schleudersitz auszulösen, dann fährt er wieder allein ohne das Model die Straße entlang. In den Filmen werden die Frauen immer umgebracht, so daß Bond sich nicht mit irgendwelchem Small talk rumärgern muß, nachdem er's getrieben hat. Ich kann diese Gespräche nach dem Ficken nicht ab. Die Frau soll verschwinden, so daß ich meine Ruhe habe. Ich döse kurz ein, und Chrissie pennt auch. Das ist die einfachste Lösung, weil man später gestärkt aufwacht und wieder Lust hat. Das leere Geschwätz ist völlig überflüssig.

Ich gleite in den Halbschlaf und werd das Gefühl nicht los, daß ich mich unter Wert verkauft hab. Ist schon okay, wenn man mal direkt aufs Tor losgeht, weil einem das Messer in der Tasche aufgegangen ist, und bei so einem Fick geht's schließlich auch um Stärke. Man besorgt es den Leuten nicht, indem man ihnen in den Arsch tritt, sondern man besorgt es der Braut mit m Schwanz. Aber hinterher überlegt man, was man mit ein bißchen mehr Weitblick hätte ausrichten können, und merkt, daß das so alles Scheiße war. So hat man sich bloß geöffnet, um jemand auszunutzen. Sex und Gewalt. Manchmal gibt's da kaum Unterschiede. Ist zwar nicht so, daß man dabei jemand quält oder aufschlitzt, aber alles dreht sich nur ums Ego. Bei ner Schlägerei geht's wenigstens schlicht und ergreifend um die Macht. Dabei gibt man seine Persönlichkeit nicht auf. Das ist irgendwie ehrlicher. Nicht wie diese Szene, wo man sich die ganze Zeit nur gegenseitig verarscht. Scheiße labert, bloß um einen wegzustecken.

Ich steh auf und geh pissen. Chrissie schläft. Das Appartement ist der reinste Palast, und ich nehm mir n Drink aus dem Kühlschrank. 'ne Flasche Importbier. Die reichen Säcke trinken alle dieses Zeug. Ich setz mich aufs Sofa und leg die Füße hoch. Meine Wohnung ist nicht übel, kann mit dieser Bude aber absolut nicht mithalten. Ich muß erneut eingedöst sein, denn als ich wieder aufwache, ist es dunkel, und Chrissie hat rote Strümpfe an. Im Fernsehen wird's ner Braut grad von nem Nigger besorgt. Die Aufnahme ist verschwommen, aber ich erkenne die Figur. Chrissie lächelt in die Kamera, während Dildo-Boy seiner Pflicht nachkommt. Ich bin in einem Paradies für reiche Säcke, und sie sagt, daß die Schwarzen am besten sind. Sie kuckt mir ins Gesicht und erwartet wohl irgendeine Reaktion, hält sich wahrscheinlich für radikal oder so was. Ist sie auf ihre Art wohl auch.

Aber sie kriegt nicht mit, daß man unterschiedliche Kulturen nicht einfach so vergleichen kann.

Das Video ist ziemlich witzig. Beide kucken so ernst, daß ich merk, worauf sie hinaus will. Ich fühl mich wie ein Pfarrer, weil mich das jetzt eigentlich so richtig beeindrucken und aufgeilen soll. Chrissie kuckt mich wieder an und wartet auf ne Reaktion. Dann hält sie mir mit ihrer verkniffenen Aristokratenstimme einen Vortrag über Rassengleichheit und sexuelle Freiheit. Ich hasse den Akzent. Fällt mir jetzt grad auf. Vielleicht macht mich das so fix und fertig, auch wenn sie wieder anfängt an meinem Schwanz rumzunuckeln und sagt, daß sie den Geschmack von Gummi mag. Zur Hälfte muß ich lachen, zur anderen Hälfte stinkt mir das Ganze. Ich hab gedacht, daß ich mir was von den erbärmlichen Arschlöchern im Gericht zurückholen kann. Daß ich eine von denen reinlegen kann. Es mit ihr treiben und die Wohnung der eingebildeten Schlampe auseinandernehmen kann, wenn sie das nächste Mal überteuerten Kaffee verkauft. Aber das hier ist kein Sieg. 'ne Schlampe im Elfenbeinturm hält mir nen Vortrag über Nigger und benutzt die Schwarzen für ihre Zwecke. Die arrogante Kuh tut so, als ob sie ne Expertin ist. Glaubt noch dazu, daß sie gefährlich ist.

Allerdings kann ich mich nicht allzusehr aufregen, weil sie mir grad einen bläst und ich ganz prima in ihrem Mund komme. Sie hustet ein wenig und ist genervt. Sagt, wenn sie eins nicht ausstehen kann, ist es, daß ein Typ ihr die Soße in den Mund schießt. Endlich hab ich meinen Schlag gegen das Gericht gelandet. Sie nimmt jeden, der ihr über den Weg läuft, mag es aber nicht, wenn sie die Schnauze voll hat. Dumm gelaufen, Schätzchen. Aber was will sie auch da unten? Chrissie stürmt ins Badezimmer, um sich den Mund mit Desinfektionsmittel auszuspülen, und ich hol mir noch n Bier aus dem Kühlschrank. Als sie zurückkommt, sitz ich angezogen auf der Couch und frag mich, was ich hier soll. Draußen regnet's, und ich hab noch nen langen

Nachhauseweg vor mir. Der Tag hat's irgendwie nicht gebracht. Das kann schon mal passieren, wenn man ins Netz von Recht und Gesetz gerät. Da kann man leicht drin hängenbleiben. Die haben die Fäden in der Hand und machen mit dir, was sie wollen. Die Arschlöcher sind überall.

Ich kuck Chrissie an, als sie wieder ins Zimmer stolziert. Arrogant und mit unverrückbarem Weltbild. Sie quatscht weiter über Nigger, aber wie viele schwarze Freunde hat die schon? Mit einem Schwarzen bumsen besagt gar nichts. Sie benutzt den Sex, um mir was einzuhämmern, und ich bin derjenige, der hier benutzt wird. Aber wenigstens hab ich in ihrem Mund abgespritzt, also hat der Tag doch noch was Gutes gehabt. Und dazu noch fünfzehn Zentimeter Chelsea-Zoff. War aber teuer. Zweihundertfünf Pfund für eine Sache, die ich umsonst kriegen sollte.

Bomber Command

Das Bild flimmerte für den Bruchteil einer Sekunde, worauf Matt Jennings von seiner Zeitung kurz aufblickte und mit einer Tasse dampfender Tomatensuppe vor seinem Mund erstarrte. Er konzentrierte sich auf den Monitor, der seine Aufmerksamkeit erregt hatte, versuchte mit zusammengekniffenen Augen ein diffuses Objekt in der Dunkelheit zu erkennen. Es war fast zwei Uhr morgens und mild für die Jahreszeit. Seit drei Tagen hatte es nicht mehr geregnet, und nach kurzem Wüten hatte sich auch der Wind gelegt. Am hinteren Ende des Parkplatzes bewegte sich etwas im Schatten, aber auf dem Monitor war nur ein vages Zucken zu erkennen. Jennings stellte die Tasse auf den Schreibtisch und überlegte, ob er die Suppe wieder in die Thermosflasche gießen sollte. Er konzentrierte sich auf die dunkle Ecke und veränderte den Winkel von Kamera 6. Durch Drücken der entsprechenden Knöpfe erhielt er das gewünschte Bild. Er erschrak, als er eine menschliche Gestalt entdeckte. Jennings zoomte näher ran und fragte sich, was er an der Mauer in der hintersten Ecke des Parkplatzes entdecken würde, befürchtete schon das Schlimmste, und in seinem Kopf lief der Vorspann zu einem Psychopathenfilm. Er saß in seinem warmen Dienstraum zwischen den High-Tech-Überwachungsgeräten und wollte gar nicht wissen, was in der Dunkelheit der Nacht zwischen den endlosen Bildern leerer Parkplätze, Bürgersteige und Einfahrten geschah, die plötzlich nach Mord und Zerstörung aussahen. Trotz seines Alters war er plötzlich gespannt wie ein Teenager, eine stechende Unruhe erfaßte seine fünfunddreißigjährigen Knochen, und Adrenalin schoß durch seine Adern, als das Gespenst eine Form annahm. Er fühlte sich entdeckt, als die Kamera ihr Ziel erfaßte und ihn aus dem Monitor ein Gesicht anstarrte.

Ein Betrunkener sah über die Schulter nach hinten, die warme Flüssigkeit lief zwischen seinen gespreizten Beinen hindurch über die Betonplatten. Harmloses Abwasser, nichts gegen den blutigen Strom roten Lebenssafts, den seine Angst ihm vorgegaukelt hatte. Die Enttäuschung wich der Freude, und seine Verlegenheit machte einem Gefühl für die Absurdität der Situation Platz, als der Betrunkene den Firmenparkplatz durch einen kleinen Nebeneingang wieder verließ, der den Gefallenen des Falklandkriegs gewidmet war, und die Seitenstraße weiter in Richtung Bahnhof ging. Der Mann wankte den Bürgersteig entlang, und Jennings stellte sich vor, daß er sang, wahrscheinlich ein heiteres Lied von Liebe und Tanz, während er wohl zum rund um die Uhr geöffneten Kebab-House wollte, um sich einen großen Döner mit Chilischoten und scharfer Soße zu holen. Das würde ihn schon ausnüchtern.

Jennings schaltete die verschiedenen Kameras nacheinander durch, und auf den Monitorreihen über seinem Schreibtisch blitzten die Bilder auf. Wie ein Politiker saß er, von der Außenwelt abgeschnitten, sicher und wohlbehalten in seinem Atombunker und konnte sich aus der Distanz das Treiben da draußen ansehen. Aber er konnte auch nichts weiter tun, als zum Telefon zu greifen und die Polizei anzurufen. Er war ein friedliebender Mensch. Gewalt machte ihm angst und obwohl die Gebäude, für deren Bewachung er die letzten drei Jahre verantwortlich gewesen war, recht eintönig waren, erfüllte ihn seine Arbeit mit Zufriedenheit. Er schätzte die Sicherheit seines Verstecks, die Gleichförmigkeit der Arbeit, die Möglichkeit, Zeitungen und Reisemagazine zu lesen, und er schätzte es, die Sandwiches, die Pat ihm zubereitete, in die Suppe zu tunken und dabei Zukunftspläne zu schmieden. Tomatensuppe aß er am liebsten und brachte sie sich dienstags, donnerstags und samstags mit. Mittwochs und freitags hatte er Hühnersuppe dabei.

Alles, was Jennings tat, machte er gründlich, und die Gewißheit, daß nichts und niemand an seinem Kommandostand vorbeikam, erfüllte ihn mit Stolz. Aber ihm blies kein kalter Wind ins Gesicht, und er mußte den umliegenden Dschungel nicht mit Scheinwerfern absuchen. Er versuchte sich vorzustellen, wie er mit einem Maschinengewehr im Anschlag aussehen würde, und lächelte glücklich, daß er kein leichtes Ziel für irakische Überfallkommandos oder südamerikanische Rebellen abgab. Er mochte die Lagerhäuser und die betonierten Wege, die vorbeifahrenden Autos und die Betrunkenen, die ihre Blase leerten, wenn sie sich vor neugierigen Augen und streunenden Katzen und Hunden in Sicherheit wähnten.

Als seine Schicht zu Ende war, wechselte Jennings noch ein paar unverbindlich-freundliche Worte mit Noel Bailey und machte sich auf den Heimweg. Den Vorschriften entsprechend, würde der Kollege die Kameras durchchecken und seinen Vorgänger beim Überqueren des Parkplatzes dabei ausgezeichnet im Blick haben. Es war sechs Uhr morgens und noch dunkel, aber Jennings wußte, daß die Kameraaugen ihn verfolgten. Er ließ sich nicht gerne beobachten. Er stieg in den Wagen und fuhr nach Hause. Er brauchte nur zehn Minuten, weil die Straßen leer waren. Er durchquerte den kleinen Vorgarten, schloß die Eingangstür auf und war sicher im Haus angekommen. Er legte den Riegel und die Kette vor. Ein erleichterter Seufzer ertönte im stillen Flur. Er war wieder der Herr im Haus, hatte alles unter Kontrolle.

Er ging in die Küche, nahm eine Packung Grapefruitsaft aus dem Kühlschrank und goß sich etwas in ein Glas. Er trank langsam, damit die Kalorien und die Vitamine in einem ausgewogenen Verhältnis vom Körper verwertet werden konnten. Er spülte das Glas aus und stellte es in das leere Abtropfgestell, überlegte es sich dann aber anders, trocknete das Glas mit einem Geschirrhandtuch ab und stellte es wieder in den Schrank. Dann ging er auf Zehenspitzen die Treppe zum ehelichen Schlafzimmer hinauf. Er sah den Umriß von Pats Körper unter dem Federbett, roch den angenehmen Duft von Schlaf und Parfum. Ohrringe und Kettchen lagen auf dem Nachttisch. Als er die Tür schloß, klickte es leise, und er lauschte auf Geräusche, die verrieten, daß er sie geweckt hätte, hörte aber nichts. Er ging direkt in die Kammer am Treppenabsatz, die sie zu einem kleinen Büro umgebaut hatten. Das war die Werkstatt und die Schaltzentrale ihres zukünftigen Erfolgs. Jennings schaltete seinen Macintosh an, ein Elektronenstrahl erhellte den Bildschirm, er nahm die Maus in die rechte Hand und legte den Zeigefinger auf die Taste.

Dann surfte der Mann vom Wachdienst im Internet, die Informationsflut brachte die Kabel zum Glühen, befreite ihn von dem Bedürfnis nach Gesprächen und alberner sozialer Kompetenz, die Lagerhäuser und der leere Parkplatz verschwanden in der Unendlichkeit optimierter Technologie. Alles war so einfach auf der Datenautobahn, die Welt war nur einen Mausklick entfernt und wartete nur darauf, von ihm entdeckt zu werden, und es kostete nicht mehr als ein Ortsgespräch. Der Monitor war die einzige Lichtquelle, und in seiner Allmacht lehnte er sich zurück in die Dunkelheit, ein weißer Ritter in der Metropole London, ein Wesen im Halbschatten, das nur darauf wartete, der Menschheit dienen zu können. Seine Finger flogen über die Tastatur. Die Augen huschten über den Bildschirm, nach oben und unten, nach rechts und links.

Das heruntergeladene Bild einer rothaarigen Frau weckte in Jennings große Erwartungen, das transparente Negligé und das einladende Lächeln wirkten äußerst anziehend, die langen roten Fingernägel hatten etwas Exotisches, und ein kurzer Text lief um die teilweise verhüllten Brüste herum. Er fühlte sich schuldig und sah zur Tür, fürchtete, daß Pat ihn beim Betrachten anderer Frauen erwischen könnte. Was er tat, war nicht richtig, aber er war neugierig, und bloßes Anschauen konnte nicht viel Schaden anrichten. Er wußte, daß noch ganz andere Sachen im Angebot waren, daß er nur ein winziges Staubkorn in der Welt der internationalen Pornographie war, ein unbedarfter Pfadfinder in einem Netz älterer Perverser.

Mit einem schnellen Entschluß stornierte er seinen letzten Befehl, zog das Bild in den Papierkorb und leerte den dann noch. Er schaltete den Computer aus, blieb im Dunkeln sitzen und dachte über die Zukunft nach. Er war ehrgeizig. Ein Siegertyp. Er war ein tugendhafter Mann mit untadeligem Lebenswandel und einer schönen Frau, die er von ganzem Herzen liebte, ehrte und respektierte. Er pinkelte nicht auf Privatgrundstücke und haßte den Gedanken, daß seine Seele in einer Überwachungskamera gefangen war. Er ließ seinen Gedanken freien Lauf, dachte an die Zukunft, döste ein, träumte, daß er aufsprang und ins Badezimmer ging, das Bild der Frau in kleine Stücke zerriß, die Schnipsel in die Toilette warf und wegspülte. Er sah auf die Uhr, und als er merkte, daß es Zeit fürs Frühstück war, lief ihm das Wasser im Mund zusammen.

Jennings wartete, bis der Speck in der Pfanne brutzelte, die Tomaten unter dem Grill zu zerlaufen begannen und der Duft von frischem kolumbianischem Kaffee die Küche erfüllte. Er wollte schon immer einmal nach Südamerika. Brasilien, Kolumbien, Peru, Bolivien. Die Namen hatten etwas Magisches, aber wegen der Angst vor Krankheiten, Dreck und Macho-Gewalt gab er sich mit Reiseberichten in Hochglanzmagazinen und Sonntagszeitungen zufrieden. Pat schlief noch, und so frühstückte er, sah sich zwanzig Minuten lang das Morgenprogramm im Fernsehen an, spülte das Geschirr und brachte seiner Frau einen Becher Kaffee ans Bett. Sie mußte heute nicht zur Arbeit, schlief aber nur selten lange und war morgens meistens in Hochform, wohingegen er eher die Abende genoß. Die Nachtarbeit kam ihm sehr gelegen, und so hatten sie beide den Platz, den jeder für sich benötigte, damit ihre Ehe nicht schal wurde. Er war ein Glückspilz.

Jennings hatte Pläne gemacht. Große Pläne. Er arbeitete für die Zukunft, klickte sich in die moderne Welt, der Computer war seine Lebensader, die Verbindung zu den anderen Menschen. Die Technik hatte Weltreisen überflüssig gemacht. Heutzutage wollte jeder Satellitenfernsehen haben. Die gesamte Weltbevölkerung sah dieselben Nachrichtensendungen, und PCs würden bald ebenso unentbehrlich sein wie Elektrizität. Die neue Realität war virtuell, und Jennings war clever genug, sein Denken darauf einzustellen und mit der Zeit zu gehen. Er war progressiv.

– Bist du wach, Liebling?

Er betrachtete Pats Rücken im halbdunklen Zimmer. Er schlüpfte zu ihr ins Bett, und sie drehte sich zu ihm um. Ihre festen Brüste drückten gegen seinen Sweater. Das Hochzeitsfoto an der Wand zeigte ihre Familien und die engsten Freunde mit fröhlichen Gesichtern, Blumen und Konfetti vor einer Kirche auf dem Land.

– Ich hab dich gar nicht kommen hören, sagte Pat.

– Ich hab schon gefrühstückt. Aber es ist erst halb acht.

Pat richtete sich auf, nahm den Kaffeebecher und rückte etwas zur Seite, damit ihr Mann es bequemer hatte. Der Kaffee entfaltete schnell seine Wirkung, und Jennings spürte, wie die Hand seiner Frau die Innenseite seiner Schenkel hinauffuhr und den Reißverschluß öffnete. Als Pat sich enger an ihn drückte, nahm er ihr vorsichtig den Becher aus der Hand und stellte ihn auf den Nachttisch, damit es keine Flecken auf dem Bettlaken gab, aber er ärgerte sich ein wenig, weil er vergessen hatte, einen der Windsor-Castle-Untersetzer mitzubringen, um das Kiefernholz vor Flecken zu schützen. Jennings sah die Bewegung der Decke und betrachtete die Sommersprossen auf Pats Schultern und in ihrem Gesicht. Er liebte seine Frau. Sie hatte alles, was ein Mann sich an einer Frau wünschen konnte.

– Komm her und küß mich, sagte er leise.

Mann und Frau küßten sich mit der bewährten Leidenschaft einer guten Kameradschaft, und zehn Minuten später schwebte er im reinen Sauerstoff über den Wolken und verschaffte ihr mit sanften, kontrollierten und präzisen Bewegungen einen Orgasmus. Als auch er fertig war, zog er sich im richtigen Augenblick zurück und legte gleichzeitig seinen Slip unter das Gesäß seiner Frau, so daß das Laken keine Flecken bekam. Sie lagen sich in den Armen und ruhten sich aus. Pat fing bald leise an zu schnarchen, und Jennings ließ seine Gedanken wandern, sinnierte über seine wundervolle Erfindung, die Smart Bomb Parade, und den Vertrag, den er bei einem großen Hersteller von Computerspielen unterschreiben würde. Die Kids würden Smart Bomb Parade lieben. Das Spiel sprach ihre natürlichen Instinkte an und würde ihn zu einem reichen Mann machen. Er würde aus London in die reine Luft von Gloucestershire umziehen. Vielleicht würden sie ein Kind haben, wenn finanziell erst einmal alles gesichert war. Er wußte, daß Pat stolz war auf seinen Erfindungsreichtum und sein technologisches Know-how. Sie würden eines Tages reich sein.

Er stellte sich Spielhallen voller Smart-Bomb-Fans vor, die ihr Geld für Fanartikel ausgaben. Ausgefallene Soundeffekte hallten durch die Wohnzimmer. PC-Monitore pulsierten im roten und gelben Licht der Brandbomben. Der kleine Dave von nebenan würde von Smart-Bomb-Parade fasziniert sein und darin ein Ventil für seinen irregeleiteten Tatendrang finden. Das Spiel würde ihn von Ecstasy abbringen und sein Leben in andere Bahnen lenken. Es war ein gutes, sauberes Spiel und machte Spaß. Außerdem würde der Junge gut aussehen mit dem Haarschnitt der Royal Air Force und einem Smart-Bomb-Shirt.

Jennings schlief langsam ein, spielte aber in Gedanken weiter

Smart Bomb Parade. Die Maschine gab ein tiefes Brummen von sich, und auf dem Bildschirm fand gerade eine Konfettiparade statt. Blonde Mädchen winkten mit weißen Taschentüchern, und ein streng wirkender Mann mittleren Alters wischte sich eine Träne aus den Augen. Die Grafik war hervorragend. Eine Marschkapelle spielte eine bekannte Melodie, machte dem Soldaten damit Mut und gab ihm die Hoffnung, mit Ruhm und Ehre überhäuft zurückzukommen. Die Soundeffekte waren perfekt. Jennings war Bomberpilot für die Neue Wirtschaftsordnung; die Mächte des Anstands gegen den bösen General Mahmet. Er war startklar. In roten Ziffern wurde der Countdown auf dem Monitor heruntergezählt. Die animierten Gesichter verschwanden aus dem Bild, als er sich für seine gefährliche Mission bereit machte.

Ein beleuchtetes Kruzifix trat aus den verblassenden Straßenschluchten hervor, als die Militärs sich an ihre Aufgabe machten. Er mußte eine hohe Punktzahl erreichen, wenn er die Karriereleiter hochklettern wollte. Es war alles eine Frage der Disziplin und des Siegeswillens. Die eigenen Gedanken mußten unterdrückt und das Leben in den Dienst des Gemeinwohls gestellt werden. Wenn er überlebte, war er ein Held und konnte sämtliche Vorteile genießen, die so ein aufopferndes Verhalten nach sich zog. Wenn er unterging, war er ein Märtyrer, und die Menschen würden ihn ewig in Erinnerung behalten. Seine Familie würde Shakespeare zitieren, den Satz, der kurz in einer Schrift, die er selbst entworfen hatte, durchs Bild lief: Der Feige stirbt schon vielmal, eh er stirbt, die Tapferen kosten nur einmal den Tod. Er war stolz auf den künstlerischen Touch. Er war ein kultivierter Mann.

Jennings nahm seinen Platz in den Reihen christlich-fundamentalistischer Kreuzzügler ein. Die modernen Waffen waren leise und effizient und trafen nur die Schuldigen. Das Spiel hatte ein exaktes Bewertungssystem. Punkte gab es für Entschlossenheit im Kampf und die Fähigkeit, die Infrastruktur eines Landes durch den geschickten Einsatz von Smart Bombs zurück in die Steinzeit zu bomben. Die Kampfeslust packte ihn. Er zog in den Krieg, war Teil einer Organisation, die auf Ritterlichkeit und höchsten moralischen Prinzipien beruhte. Zur Verteidigung seiner Lebensweise, seiner Gesellschaft und seines Landes war er berechtigt, jede erforderliche Maßnahme zu ergreifen. Ihm juckte der Finger auf der Maus, als er Entscheidungen über Leben und Tod traf. Obwohl Marschflugkörper und Smart Bombs mit Mehrfachsprengköpfen in ausreichendem Maße zur Verfügung standen, gab es einen Bonus für entscheidende Schläge. Sparsamkeit war das Motto der Neuen Wirtschaftsordnung.

Die Anzahl der Punkte richtete sich nach der militärischen Bedeutung des Ziels. Dazu kam ein geheimes Bonussystem, dessen Details nirgends einzusehen waren. So gab es auch für Schulen und Krankenhäuser Punkte, obwohl das offiziell aus Gründen der politischen Hygiene bestritten wurde, und auch andere komplexe Faktoren berücksichtigte das Programm. Die »kill ratio« wurde aufgeschlüsselt und in der Wertung berücksichtigt. Die Spieler würden die Ergebnisse der Maschine nicht in Zweifel ziehen. Tief in den Schaltkreisen der Neuen Wirtschaftsordnung belegte das Publicity-Netzwerk, das Jennings vor der Stimmung der Massen abschirmte, einigen Speicherplatz. Nichts wurde dem Zufall überlassen. Lichter flackerten, und die Augen des feindlichen Generals glühten in kommunistischem Rot. Blutrot und voller Gier nach den ungläubigen Babys der Abtrünnigen und homosexuellen Perversionen. Der General wurde von sadistischen Mullahs begleitet, und Blitze schlugen in die Minarette des Ostens. Es lohnte sich nicht, Gedanken an die seltsame Mischung aus islamischen und kommunistischen Ideen zu verschwenden. Was das Spiel betraf, waren sie einfach eins.

Die Triebwerke zündeten, und Jennings schwebte auf einem

Adrenalinstoß am Himmel entlang, während er in Gedanken bei der Festplatte war. Er überflog ausgedörrte Wüstengebiete und entdeckte die Kamele einer unbedeutenden, unbewaffneten Beduinenkarawane. Er überlegte, ob er sie angreifen sollte, aber das war bloß Zeit- und Munitionsverschwendung und brachte kaum Punkte. Er schaltete seinen Funk auf die Frequenz des Kontrollzentrums und wurde von einem Programmierer instruiert, der detaillierte Datenbanken anzapfte und das digitalisierte Mordpotential an den Revolverhelden im Pilotensitz weitergab. Selbstgerechtigkeit durchflutete sein Gehirn. Er war ein Prophet im Stahlmantel, ein sauber mordender europäischer Supermann. Er klinkte die Bomben so aus, daß sie eine exakt berechnete Parabel flogen, die Technologie bestätigte seine kreative Veranlagung. Raketen brannten sich ihren Weg durch die Hitze Arabiens. Eine Elendssiedlung ging in Flammen auf. Die öde Welt aus Hunger und Krankheit bekam Farbe. Die glänzende Kuppel einer Moschee dehnte sich kurz aus und fiel dann in sich zusammen. Er traf das Wasserwerk, und sein Punktekonto stieg, als schwarze Ameisen vor den herabfallenden Trümmern flohen. Als Belohnung für die gewonnenen Erfahrungspunkte bekam er chemische Waffen. Der Tod war besser als endlose Armut.

Der Smart-Bomb-Pilot drehte sich im Halbschlaf um, stieß gegen seine Frau und machte sich frohen Herzens auf den Rückflug, weil er wußte, daß er vom Boden aus keinen Angriff mehr zu befürchten hatte. Eine Rakete hatte er noch, und als er einen Siegeslooping drehte, entdeckte er einen Basar am Stadtrand, ein Knäuel bunter Stände, zwischen denen Insekten hin und her liefen. Er klickte auf die Maus und johlte in sein Funkgerät, als eine Schule explodierte. Das Punktekonto stieg, und der Computer brummte, als er die komplizierten Berechnungen durchführte. Der Rückflug zur Basis war einfach, aber er durfte nicht den Kopf verlieren. Der Erfolg hatte ihn in Euphorie versetzt. Sein profanes Leben hatte sich in etwas Großartiges verwandelt.

Der Punktestand war hoch, und Jennings machte Geld mit dem Erfolg seiner Software. Er würde Steaks essen, und seine Freunde würden ihm gratulieren. Er würde kaltes amerikanisches Bier trinken, ruhige, stimmungsvolle Musik hören, duschen und sich an den Lobeshymnen laben. Sein Land war stolz auf ihn. Er kam punktgenau herunter und spürte das Aufsetzen der Räder bei der Landung. Pat war aufgewacht und stand gerade auf, um sich im Badezimmer die Sauerei abzuwaschen. Er hoffte, daß nichts aufs Laken gelaufen war.

Villa Auswärts

Wir hängen im Stau auf der Autobahn und haben einen ausgezeichneten Blick auf Birmingham. Das ist ne verdammt häßliche Stadt. Liegt mit Liverpool ganz vorne unter den miesesten Käffern, die ich in den letzten Jahren gesehen hab. Und das will was heißen, weil im Norden alles voll mit Industrieruinen und Geisterstädten ist, wo die Kids arm dran und die Eltern verwahrlost sind. Wir stehen im Stau und sind genervt, weil es langsam spät wird. Halb zwei, und wir sind immer noch auf der Hochstraße. Autos, Busse und LKWs stehen still. In den Autos sitzen glückliche Familien und anständige Fußballfans. Schals von Aston Villa, Chelsea und Arsenal hängen aus den Fenstern und noch von ein paar anderen Clubs, die ich nicht erkenne. Sämtliche Regenbogenfarben. Rod sagt, daß Arsenal in Everton spielt. Diese Wichser mit ihren Vereinsfarben.

Birmingham erstreckt sich in alle Himmelsrichtungen, so weit man sehen kann. Bis zum Horizont. Farbe gibt's hier nicht, nur graue Lagerhäuser und leerstehende Gebäude, neben winzigen, immer gleichen Häusern, in denen Brummies wie Jasper Carrot leben. Nebel treibt durch die Straßen, aber das ist kein Naturschauspiel – es sind Giftschwaden von der verstopften Autobahn. In der Gegenrichtung läuft der Verkehr, während wir hier wie die Idioten festsitzen. Omas und Paki-Pilger fahren busladungsweise Richtung London. Kann man ihnen kaum verdenken, daß sie auch mal an den Vorzügen der Zivilisation teilhaben wollen. Ein noch so kurzer Ausbruch aus ihren Leben in einem Sanierungsgebiet wie Birmingham lohnt sich auf jeden Fall.

Wir sind nicht bis zur Spaghetti Junction gefahren, sondern vorher zum Villa-Park-Stadion abgebogen, bevor wir dann in diesem Monsterstau hängengeblieben sind. Aber wir waren oft genug bei Auswärtsspielen und sind die Verstopfungen und die Dunstwolken gewöhnt. Das Jahrhundert der Raumfahrt auf Abwegen. Zu Auswärtsspielen fahren wir mit dem Bus oder mit dem Zug, und beides hat Vor- und Nachteile. In letzter Zeit fahren wir viel mit dem Bus, weil man sich so den Streß und das viele Geld für British Rail spart. Außerdem stehen keine Bullen am Bahnsteig und lassen einen von der Abfahrt in Euston oder King's Cross bis zur Ankunft in Manchester oder Leeds keinen Moment aus den Augen. Andererseits, wenn man mit dem Bus fährt, ist man auf das Scheißding angewiesen. Wenigstens wenn man nach London zurückwill, ohne für die Bahnfahrt noch mal zu blechen. Es gibt nichts Vollkommenes auf dieser Welt.

Samstags haben die Bullen alles im Griff und halten die ganze Zeit nach Bussen Ausschau, also muß alles vorher geplant werden. Je mehr Kameras sie installieren und je weiträumiger das Stadion durch einen Polizeikordon abgeriegelt wird wie ein Kriegsgebiet, um so weiter verschieben sie das Problem und um so mehr ist Harris' Phantasie gefordert. Und darum geht's denen eigentlich auch nur, die Bullen wollen ihr Territorium sauberhalten. Wenn von da keine größeren Vorfälle gemeldet werden, stellen ihnen die, die was zu sagen haben, ein gutes Zeugnis aus. Aber damit lösen sie das Problem nicht, sondern verlagern es nur. Dann passiert's einfach woanders. Das ist nun mal die Natur des Menschen, und darum bringt es auch kaum was, die Leute einzulochen, denn auch wenn das drinnen kein Honigschlecken ist, verschwinden die Probleme nicht einfach von selbst.

– Mandy glaubt, daß sie n Braten in der Röhre hat. Rod ist

schon den ganzen Morgen beschissen drauf, und jetzt wissen wir auch wieso. Er kuckt uns mit einem jämmerlichen Blick wie n streunender Hund an.

– Was meinst du damit? Mark schaut ihn ratlos an.

– Was mein ich womit?

– Was meinst du mit, sie hat n Braten in der Röhre?

– Paß auf, mein Junge, das läuft so. Typen haben diesen Stengel zwischen den Beinen, der sich mit Blut füllt, wenn sie ne Ritze sehen. Der Braut läuft das Wasser in der Ritze zusammen, wenn sie den Typen sieht. Der Mann schiebt den steifen Stengel in das Loch zwischen ihren Beinen, bewegt sich ne Weile vor und zurück, bei dir dauert das nur ein paar Sekunden, und spritzt so ein weißes Spülmittel rein. Und wenn er den richtigen Zeitpunkt erwischt hat, fällt neun Monate später ein schreiendes Balg unten raus, und der Idiot, der das zu verantworten hat, darf die nächsten sechzehn Jahre dafür löhnen.

– Ist das dein Ernst?

– Klar, Mark, das funktioniert genau so. Ich bescheiß dich doch nicht. Nicht, wenn's um so wichtige Sachen geht. Das kannst du in allen Büchern über Medizin und Biologie nachlesen, und in der Glotze zeigen sie's auch alle naselang, wenn auch nicht in allen Einzelheiten. Das ist die Sache mit den Blumen und den Bienen. Mußt du dir nächsten Frühling mal ankucken, wenn sich so ein Vieh in eure Straße verirrt, aber so richtig hilft dir das vermutlich auch nicht auf die Sprünge. Überrascht mich schon, daß deine alte Dame dir nichts davon erzählt hat, als dir Eier gewachsen sind. In der Schule stand das auch auf dem Programm, als wir noch klein waren, aber da hast du ja immer geschwänzt, also warst du da wahrscheinlich grade in der Spielhalle und hast am Space Invaders rumgedaddelt.

– Sehr witzig. Bist du sicher, bei Mandy, mein ich?

– Sie ist zwei Tage überfällig. Heut morgen, als sie's mir erzählt hat, sah sie nicht weiter besorgt aus, aber ich hab mich gefühlt, als hätte sie mir in die Eier getreten. Ich zieh mich an, mach mich grad abflugbereit, und sie kommt vom Pinkeln und überbringt die frohe Botschaft.

Ich sag zu Rod, daß zwei Tage nicht viel sind. Bei manchen Bräuten dauert das viel länger. Und einige sind so dämlich, daß sie kaum bis zehn zählen können und nie wissen, wie spät es ist, geschweige denn, welchen Monat wir haben. Ich seh, daß ihm das echt auf n Magen geschlagen ist. Steht ihm in tiefen Falten ins Gesicht geschrieben, als hätte ein Bekloppter da mit ner zerschlagenen Flasche was reingeritzt. Sogar Mark hat was gemerkt, und der kriegt so was meist erst als letzter mit. Wie damals, als er gesessen hat. Er war schon immer so, sogar als Kind. Dickfellig wie ein besoffener Wasserbüffel. Sagt einfach das, was ihm durch den Kopf geht und interessiert sich kein Stück dafür, ob er die Leute nervt oder so.

Aber jetzt hält er sich zurück. Das ist auch besser so, denn auch wenn Mark manchmal ziemlich anstrengend und ab und zu sogar hinterhältig sein kann, so daß man auf die Idee kommt, daß er insgeheim ein bißchen durchgeknallt ist oder so was, muß man dazu sagen, daß Rod hin und wieder auch ganz schön finster drauf ist. Wenn man es zu weit treibt, rastet er aus. Dann brennt bei ihm was durch, und er ist noch mal so schlimm wie Mark. Früher, auf dem Spielplatz an der Schule, hat ihn mal einer dumm angemacht und zu ihm gesagt, daß seine Alte ne Nutte ist, und Rod geht wie von der Tarantel gestochen auf ihn los. Hat ihn blitzschnell auf dem Boden gehabt, seine Schultern mit den Knien runtergedrückt und den Kopf von dem Jungen auf den Betonboden geknallt, wollte gar nicht mehr aufhören. Ich hab ihn dann da weggezerrt, sonst hätte er das Arschloch umgebracht. Ist kein typischer Zug an ihm, aber es ist da. Irgendwann brennt bei jedem die Sicherung durch. Rod kann ich mir nicht als Vater vorstellen.

– Und was machst du, wenn's stimmt? Wenn Mandy wirklich

n Kind kriegt? Mark sieht ihn besorgt an. Kinder sind in jeder Hinsicht ne schlechte Nachricht.

– Keine Ahnung, was ich dann mach. Mandy würd's nicht wegmachen lassen, und schließlich ist sie nicht irgend ne Schlampe, der ich's nach ein paar Bieren zuviel in nem Hauseingang besorgt hab. Sie ist verdammt noch mal meine Frau. Wahrscheinlich werd ich dann Vater. Oder ich schubs sie die Treppe runter.

– Jetzt redest du aber echt Scheiße.

– Mach ich auch nicht. Keine Ahnung, was das jetzt sollte. Bin halt n Arschloch, okay?

– Du könntest ihm ein Chelsea-Trikot kaufen und ihn mitnehmen zu den Spielen. Aber für uns hättest du dann wohl nicht mehr viel Zeit, oder? Schwierig, mit nem Kind auf den Schultern auf Tottenham loszugehen.

Ich fang an zu lachen, und Rod wirft mir einen finsteren Blick zu. Er fragt, was denn daran so komisch ist. Ich sag, daß ich mir grad vorgestellt hab, wie er nem Spurs-Arschloch eins auf die Nuß gibt und dabei das Gör auf den Schultern hat, das den ganzen Einsatz leitet. Es könnte das Maskottchen von unserem Mob werden. Er blickt das nicht und schüttelt den Kopf. Mir gefällt der Gedanke immer besser, aber ich halt lieber das Maul. Am Ende wird aus ihm einer von diesen Typen, die samstags mit wirrer grauer Mähne den Fulham Broadway entlang zum Stadion latschen und beim Spiel dann zwischen den ganzen Bälgern im Familienblock sitzen müssen, während die Kumpels rundum einen draufmachen. Wenn's mit Rod soweit kommt, besorg ich mir ne Knarre und erlöse ihn von seinem Elend. Übernehm den Part vom Tierarzt und mach das einzig richtige für den dämlichen Ochsen. Sonst wird er auch so einer von diesen Zombies. Die Leute, die sich am Spiel dumm und dämlich verdienen, erzählen andauernd, daß Fußball ne Familienveranstaltung sein soll und diesen ganzen Mist. Daß mehr Bräute in die Stadien gehen sollen. Aber davon sind jetzt schon genug im Stadion, und nen Block kreischender Gören wie bei den Heimspielen der Nationalmannschaft brauchen wir nun echt nicht.

Unsere Laune bessert sich, als der Bus von der Autobahn Richtung Villa Park abbiegt. Wir haben einen anderen Fahrer, weil Ron Hawkins erkältet ist, und es dauert nicht lange, da verfährt er sich, übersieht Wegweiser, und die Bullerei ist am Pennen und läßt uns durch. Schließlich sind wir am Holte End auf der anderen Stadionseite. Der Fahrer ist ein dämlicher Wichser. Will auch die Eintrittskarte nicht, die Harris immer für Ron besorgt. Wir kriegen ihn dazu, daß er uns aussteigen läßt. Sagen ihm, daß wir den Rest laufen und er uns genau hier wieder einsammeln soll, wenn Chelsea Villa erledigt hat.

– Das wird schon, sagt Mark und versucht, Rod Mut zu machen. An deiner Stelle würd ich mir nicht allzuviel Sorgen machen. Wenigstens jetzt noch nicht. Die Mädels sind alle mal n bißchen spät dran. So spielt das Leben. Vielleicht hat sie einen Schock oder so was, oder ihr geht's einfach nicht so gut. Vielleicht hat sie Angst gekriegt, als dieses Ding, von dem du erzählt hast, sich mit Blut gefüllt und fünfzehn Zentimeter lang geworden ist. Hat ihr nen Schock fürs Leben verpaßt, weil sie sich an deine sechs Zentimeter gewöhnt hatte.

– Mandy paßt auf sich auf. Rod muß trotz seiner schlechten Laune lachen. Sie weiß, was in ihr passiert. Hat aber auch gesagt, sie glaubt nicht, daß sie schwanger ist. Meinte, daß sie das merken würde, aber woran hat sie nicht gesagt.

– Vergiß es. Vielleicht finden wir ja ein paar Villa-Fans. Das bringt dich auf andere Gedanken. Wenn du erst mal ein paar Brummies vertrimmt hast, lächelst du auch wieder.

– Kannste vergessen. Wißt ihr noch, wie sie damals auf dem Feld in alle Himmelsrichtungen verschwunden sind? Das letzte Saisonspiel, und die kneifen.

– Ein Haufen Arschlöcher.

– War fast, als wär man auf ner finsteren Droge abgestürzt. Grad stehn sie noch da, als wollten sie's wissen, im nächsten Augenblick haben sie sich in Luft aufgelöst, und man riecht nur noch, daß sie die Hosen voll hatten.

Wir gehen eine Straße mit Reihenhäusern entlang. Zwei ramponierte Autos stehen am Rand, und ein paar Kinder spielen auf dem Gehweg. Kleine magere Gören, die vor Kälte zittern. An der Ecke ist ein Paki-Laden mit leeren Metallregalen und ein paar Konserven im Schaufenster. Currybohnen und gehackte Pilze. Ein Regal voller Zeitungen mit ner Braut in Strapsen vorne drauf und einer Schlagzeile, in der ein wichtiger Politiker des Ehebruchs bezichtigt wird. Hinter der Ecke stehen ein paar Kids und beobachten uns. Acht oder neun Gestalten mit viel zu großen Jacken und Turnschuhen. Außerdem haben sie schicke Räder und Watch-Caps, sie müssen also wissen, wie der Hase läuft.

Sie warten auf Autofahrer, die hier während des Spiels parken wollen, verdienen sich ein bißchen was nebenher, indem sie Schutz vor anderen Jugendlichen anbieten, weil die sonst die Reifen aufschlitzen und so. Die haben die freie Marktwirtschaft echt verstanden. Das sind ökonomische Grundlagen. Fußball ist einfach ne Goldgrube, genau wie Krieg. Da wirft man so lange Bomben auf ne Gegend, bis kein Stein mehr auf dem anderen steht, und ein paar Jahre später macht man n Angebot für den Wiederaufbau. Mit Abwassersystemen und der Trinkwasserversorgung kann man ne Menge Geld verdienen. Das zeigt gesunden Geschäftssinn. Aufbauen und zerstören. Oder, wenn man nicht einfach so hingehen und es kaputtmachen kann, baut man halt ne Verzögerung ein, so daß das Scheißding nach ein paar Jahren zusammenbricht.

Wir gehen durch den Park. Eine Busgesellschaft beim Spaziergang, das muß ein komischer Anblick sein. Es ist ein milder Tag, Gras und Bäume sind schön grün, und ein Liebespaar mit

Hund sieht uns kommen und geht in die andere Richtung. Schon komisch, aber ich fühl mich unwohl. Wir haben unsere gewohnte Umgebung verlassen und müssen wie ein Haufen echter Ärsche aussehen. Genau wie damals bei der Pinkelpause bei Sunderland auf dem Weg zum Newcastle-Spiel, als Facelift sein Bestes gegeben hat, um die englische Landschaft mit einer Agent-Orange-Pißattacke zu verpesten. Wir haben da nicht hingehört, und hier ist das noch auffälliger. Die fette Sau ist heute nicht dabei, aber Harris läuft vorneweg und kuckt immer finsterer aus der Wäsche, schaut nach rechts und links wie einer von diesen Wackelhunden, die Pakis immer auf der Heckablage von ihren Datsuns spazierenfahren.

Rechts von uns ist n schickes Backsteingebäude, und wir kommen über einen Hügel und stapfen jetzt durch braunes Laub. Wie ein Apachenstamm vor ner Skyline. Ein paar Einheimische gehen in dieselbe Richtung, kleine Teenagergruppen, denen man auf den ersten Blick ansieht, daß sie nie bis zum Hals in der Scheiße gesessen haben. Wir erreichen die Straße, die zum Stadion führt, gehen rechts rum und mischen uns in den hektischen Samstagnachmittagstrubel. Der Haupteingang zum Villa Park ist ziemlich beeindruckend. Ein altes Backsteingemäuer aus einer anderen Ära, ein schönes Stück Geschichte. Nobel, aber antik. Es ist zwei Uhr, rappelvoll, und alle laufen wild durcheinander. Viele tragen Villa-Trikots. Wir drängeln uns mitten auf der Straße zum Holte End durch, warten auf Reaktionen, rechnen aber nicht mit viel. Die Menge löst sich auf. Sie wissen, daß wir Chelsea sind und daß wir ein Mob sind. Keine Vereinsfarben, keine Schlachtgesänge, aber es ist eindeutig. Jeder Arsch würde uns erkennen. Harris macht im Vorbeigehen ein paar Typen an, aber das ist reine Zeitverschwendung, die wollen einfach ihre Ruhe haben.

– Was ist bloß los mit diesen Ärschen? Mark lacht, weil das Ganze ziemlich komisch ist.

– Sie haben keinen Bock. Die wollen einfach nur Fußball kucken.

Ich seh mir die Typen an, die mit kleinen Kindern an der Hand rumlatschen und aufpassen, daß die nicht verlorengehen und zertrampelt werden. Die werfen uns böse, etwas ängstliche und angeekelte Blicke zu. Sie sind schon älter, keine abgedrehten Trainspotter oder so was, aber sie sind allein mit ihrem Kind, und für sie sind wir nur ein Problem mehr, genau wie die Schlangen vor den Tickethäuschen und beim Arbeitsamt. Sie wollen Fußball kucken, solange sie sich den Eintritt noch leisten können.

Wir sind am Holte End, und nichts ist passiert. Ein Villa-Mob ist nicht in Sicht, und selbst die Grüppchen aus drei oder vier jungen Burschen sehen aus, als hätten sie alles andere als ne Keilerei im Sinn. Wir gehen den gleichen Weg zurück, den wir gekommen sind, und die Villa-Fans bleiben auf Distanz. Das sind echte Brummies mit komischen Klamotten und Akzenten. Alle sehen, daß wir Streit suchen, aber für ne Schlägerei brauchst du halt nen Gegner. Wir sind den ganzen Weg von London hergekommen, stehen bereit, aber es ist nichts zu sehen, das man stürmen kann. Wir gehen vor dem Stadion die Straße auf und ab, und jetzt liegt's an ihnen, ob hier noch was passiert. Die müßten uns angreifen. Wir brauchen einen Villa-Mob, damit hier was abgeht. Die Ärsche, die ringsherum ihre Programmhefte und überteuerten Trikots verkaufen, zählen nicht.

– Ich weiß nicht, was die haben. Harris lacht, weil man nach so einem Auftritt nichts weiter machen kann. Man hat seinen Teil getan, und die andere Seite sieht blöd aus.

– Drüben hinter der Gästetribüne sind ein paar Pubs, sagt Billy Bright. Gehn wir doch da mal rüber, vielleicht können wir die Wichser hinterm Ofen vorlocken.

– Die Pubs sind bestimmt dicht, sagt Mark. Aber wir können's trotzdem mal versuchen.

Wir gehen in Richtung Gästetribüne. An einem Maschendrahtzaun steht eine Menschenmenge und versucht einen Blick auf ein paar Spieler zu erhaschen. Ich hasse so was. Diese Heldenverehrung. Ich mein, ich unterstütz das Team und alles, aber ich will doch nicht mit den Spielern reden. Zumindest nicht durch nen Zaun, während mir die Zunge aus m Hals hängt wie nem verstörten Eisbären im Zoo. Als ob die Spieler was Besseres wären als ich. So was hab ich in der Woche oft genug. So ein Blödsinn, und wir gehen weiter über einen kleinen Parkplatz zum Eingangstor für Gäste. Plötzlich ist alles voll Chelsea, und das ist klasse, wenn man um ein Stadion herumkommt, und plötzlich haben die Leute einen anderen Akzent und sind ganz anders angezogen.

– Hier lang. Da unten an der Straße sind ein paar Pubs. Billy Bright macht den Rattenfänger und geht vorneweg.

Ein Transit mit vergitterten Fenstern voller Bullen steht gegenüber. Sie lassen uns unbehelligt durch. Versuchen nicht, uns aufzuhalten. Wir gehen gegen den Chelsea-Strom, der zum Stadion zieht. Es ist sonnig, aber kalt, und die Gegend ums Stadion ist wie ausgestorben. Niemand zu sehen, bis wir an die Ecke an einen alten geschlossenen Pub kommen. An der nächsten Kreuzung haben wir das Elend der Midlands direkt vor Augen. Gegenüber ist ein baufälliger Pub, vor dem ein paar Polizeipferde und ein Ford Transit stehen. Im Fenster hängt ein Schild, auf dem steht: NUR FÜR VILLA-FANS. Ab und an klopft so ein Arsch im Anorak an die Tür, jemand macht auf, und er geht rein. 'n Villa-Mob ist da wohl kaum drin, also ziehen wir weiter. Tote Hose. Die Pubs sind dicht, und Villa läßt sich nicht blicken. Wir haben getan, was wir konnten, und gehen zurück zum Stadion, damit wir den Anstoß nicht verpassen. Ich muß zugeben, daß ich nicht viel mehr erwartet hatte. Wir stehen zehn Minuten in der Schlange, und dann erzählt uns ein Jungbulle, daß man nicht ins Stadion kommt, wenn man besoffen ist.

Im Stadion hol ich mir ne Tasse Tee, und wir sitzen auf kleinen Plastikschalen und warten auf den Anpfiff. Villa singen im Holte End, aber bei Auswärtsspielen ist Chelsea immer stimmkräftig vertreten. Das geht alles zügig hintereinander weg, bringt einen in Stimmung und lenkt Rod von Mandys ausbleibender Periode ab. Ich fang an, über diese Braut nachzudenken, mit der ich als Jugendlicher gegangen bin. Hat zwei Jahre gedauert, bis ich mitgekriegt habe, daß sie mit nem Typen aus Kilburn gebumst hat. Claire dachte mal, daß sie schwanger wäre, und hat den Fehler gemacht, das Mark zu erzählen, der die Nachricht dann weitergeleitet hat. Bald bin ich von vorn bis hinten verarscht worden. Sie war schwarz, und alle haben gestichelt und gefragt, wie das Kind wohl aussehen würde, so halb Mensch, halb Pavian.

Ich hatte die Hosen gestrichen voll, weil ich mit fünfzehn nicht Vater werden wollte, und sie haben versucht, meine Höllenqualen mit Witzen abzumildern. Am Ende ist es dann gut ausgegangen, sie hat geblutet, und wir sind losgezogen und haben uns mit Snakebites besoffen. Wir waren völlig weggetreten, ich hab sie auf dem Rücksitz von nem Wagen gevögelt, den wir aufgebrochen hatten, und am nächsten Morgen hatte ich ne rote Rübe. Claire war okay, stand auf scharfe Musik und alles. Später ist sie Tänzerin geworden. Ist vor Jahren aus dem Viertel in den Londoner Norden gezogen. Sie gehört zu den Bräuten, an denen man wahrscheinlich hängenbleibt, wenn man sie zwanzig Jahre später wiedertrifft. Ich erinner Rod an Claire, damit er die Sache positiv sieht.

– Die war n Knaller, sagt er. Echt scharf.

– Ich hätt sie gefickt, wenn ich ne Chance gehabt hätte, stimmt Mark ein.

– Und sie war echt fit. Ist doch auch ne Wahnsinnstänzerin geworden.

Chelsea geht durch die Villa-Abwehr, und wir springen auf. Der Ball geht ins Netz, und wir hüpfen rum, drehen völlig ab, und Claire und Mandy sind vergessen. Es ist ein gutes Spiel, und als der Schiedsrichter abpfeift, machen wir uns glücklich auf den Rückweg. Es wird langsam dunkel, und wir ziehen mit dem Besucherstrom durch den Park. Billy Bright pißt an einen Baum, und ne Frau, die uns entgegenkommt, sieht ihn an, als ob das ein Schwerverbrechen wäre. Er zeigt ihn ihr kurz, und sie rennt weg.

Der Bus wartet, wir sind fertig für die Rückfahrt und wollen in Northampton noch ne Pause einlegen. Die Kids, die die Autos bewachen, sind noch da, es sieht aber nicht so aus, als hätten sie viel zu tun gehabt. Die Zeiten sind hart, und die, die ganz unten stehen, merken's als erste, wenn alle knapp bei Kasse sind. Harris hat dem Fahrer zwanzig Pfund für die Pause in Northampton zugesteckt, also geht das klar. Wir rollen langsam durch den dichten Verkehr am Stadion. Als wir auf der Autobahn sind, geht's dann zügig voran. In ner Stunde oder so müßten wir in Northampton im Pub sitzen. Jetzt, wo das Spiel vorbei ist, sitzt Rod stocksteif da und sieht sich die vorbeiziehende Welt durchs Fenster an.

– Ruf Mandy an, wenn wir in Northampton sind. Mark sitzt neben Black Paul und beugt sich über die Lehne. Die hat inzwischen garantiert geblutet. Sie hat dich dazu gekriegt, daß du dir Sorgen machst, also kriegt sie ihre Periode.

– Ich ruf sie an, aber ich halt nicht die Luft an.

Kurz danach fahren wir von der Autobahn runter und parken vor einem Pub, an dem wir schon mehrmals Pause gemacht haben. Schon sind wir drin und lassen Bier auffahren. Rod verpißt sich zum Telefon. Ich behalte ihn im Auge, und es sieht aus, als ob er sprechen würde, aber als er zurückkommt, sagt er, daß keiner rangegangen ist. Er hat Selbstgespräche geführt. Mandy muß bei ihrer Mom sein, aber andererseits kann sie natürlich auch ne Claire abziehen. 'ner Braut kannste nie trauen, weil die immer nen Riesenaufstand machen von wegen Ehrlichkeit und dem ganzen Scheiß, aber sobald man ihnen den Rücken zuwendet, liegt der Slip auf dem Boden, und sie pressen ihre Fersen nem anderen Typen in den Arsch.

– Das brauch ist jetzt, sagt Rod, und hebt sein Glas zum Mund. Klasse.

– Das bringt dich auf andere Gedanken. Black Paul steht neben ihm und trinkt Orangensaft. Drauf zu warten, daß ne Frau in die Pötte kommt, macht einen echt durstig.

– Und wieso trinkst du nichts?

– Ich hab keine Probleme mit Frauen. Du behandelst sie wie Dreck, und sie lieben dich. Sobald du ihnen den geringsten Freiraum läßt, machen sie, was sie wollen. Wie im Krieg.

– Mandy ist okay. Die macht keinen Scheiß. Ist solide.

– Sie vielleicht. Aber was ist mit dir? Mark mischt sich ein. Ein paar Biere im Bauch, dann rennst du allem hinterher, was sich bewegt.

– Das ist was anderes. Das zählt nicht.

– Und wieso nicht?

– Weiß nicht, das ist einfach irgendwie anders. Ich glaube, ich will das eigentlich gar nicht. Das ist nur der Alkohol.

– Den du aber erst mal trinkst, sagt Paul wie eine dämliche Briefkastentante. Du willst das doch, sonst würdest du dich ja nicht erst besaufen. Wenn du zum Fußball gehst, läßt du die Finger vom Schnaps, weil du weißt, daß du außer Kontrolle gerätst. Aber wenn du abends mit Leuten losziehst, interessiert dich das nicht.

– Ich weiß nicht. Darüber darf man sich nicht allzu viele Gedanken machen.

– Das ist Krieg. Denk dran. Aber es geht um psychologische Kriegsführung. Wenn du die Hand gegen ne Frau erhebst, wird sie das niemals vergessen. Du kannst sie wie Dreck behandeln, mußt ihnen dabei aber ein bißchen Respekt erweisen. Wenn du die Beherrschung verlierst, bedeutet das, daß sie dich kleingekriegt haben.

– Irgendwie hat Paul recht, sagt Mark. Besaufen ist keine Entschuldigung. Die meisten sind zwar anderer Ansicht, aber das sind Flaschen. Aber wer braucht überhaupt ne Entschuldigung für so was?

Rod holt die Getränke, und wir kippen sie schnell runter. Nach fünf Bier geht Rod zum Telefon und versucht es noch mal. Ich beobachte ihn und weiß, daß er kein Selbstgespräch mehr führt. Er hat ein breites Grinsen im Gesicht. Bis über beide Ohren. Fast wie ein Joker im Kartenspiel. Er legt den Hörer auf und kommt zurück. Er hat ein Ergebnis bekommen, und Mandy hat einen Tampax drin, der was tut für sein Geld. Er ballt die Fäuste, als hätt er grad ein Tor gemacht.

– Eins null. Heut nachmittag ist's losgegangen.

– Hab doch gesagt, daß alles klar geht. Daß du dir keine Sorgen machen sollst.

– Weiß ich. Aber man macht's dann doch, oder? Du hast das Gefühl, als hättest du dein Leben mit den benutzten Präsern durchs Klo gespült. Eigentlich weißt du genau, daß du nie aus London abhaust oder irgendwas anderes im Leben anstellst, sondern bis zum Abnibbeln in deinem üblichen Trott weitermachst, aber du willst dir doch trotzdem alle Möglichkeiten offenhalten. Mit nem Kind ist das alles Asche.

– Kommt drauf an, wie man das sieht, sagt Harris. Ich hab zwei Kinder. Das ändert absolut nichts. Passiert nur im Kopf, wie bei allem anderen. Ich seh sie zweimal die Woche, und alles ist in Ordnung. Ich würd sie für nichts in der Welt tauschen, obwohl ich nicht mehr mit ihrer Mutter zusammen bin. Wir kommen gut miteinander klar, und Kinder sind das Wichtigste im Leben, wenn man erst mal welche hat.

Ich seh Harris mit etwas anderen Augen. Ich hätte das nie erwartet, aber so ungewöhnlich ist das gar nicht. Man trifft beim Fußball ein paar Typen, und von einigen von denen lernt man nur die eine Seite kennen. Dann verschwinden sie in ihrem Alltagsleben. Die laufen nicht mit nem Schild um den Hals durch die Straßen, auf dem steht, daß sie das kriminelle Hooligan-Element sind oder so was. Die haben ihre Jobs und ihre Liebsten, aber das heißt nicht, daß sie Heilige sind. Beim Fußball wird was auf den Punkt gebracht, da kristallisiert sich was raus. Wenn wir den Fußball nicht hätten, würden wir uns was anderes suchen. Das Ganze würde wahrscheinlich noch viel wahlloser ablaufen. Die Aggression muß ja irgendwie raus, und die Behörden wissen, wo's langgeht, und wollen dich zum Militär verpflichten und strammstehen lassen und daß du Araber abknallst oder Iren oder wonach ihnen in dem Monat grad der Sinn steht.

– Ich bin ein freier Mann, sagt Rod. Ich fühl mich, als wär ich grad aus dem Knast gekommen. Bin bereit, über Los zu gehen und mein Geld einzuziehen.

– Nein, das fühlt sich anders an. Mark macht sich bemerkbar. Das verstehst du erst, wenn du da mal drin warst. Im Knast sitzen ist ne ganz andere Sache. Das kannst du mir glauben.

– Du weißt schon, was ich meine.

Der Abend vergeht schnell, und um zehn Uhr sind wir bereit. Der Busfahrer sagt, daß er um elf abfährt. Wir versuchen den Arsch zum Bleiben zu überreden, er soll in den Club mitkommen, den wir hier kennen, aber er will nicht. Sagt, daß Frau und Kind auf ihn warten. Wir sind unentschlossen, haben keinen Bock auf den Streß, uns morgens um drei irgendwie nach London durchzuschlagen. Rod trifft die Entscheidung. Meint, er will noch kurz ins Rote Meer abtauchen, wenn er nach Hause kommt. Es ist sein Abend, also überlassen wir ihm die Entscheidung. Er sagt, daß wir austrinken sollen. Schließlich brauchen wir noch ne Stunde bis London.

Asche zu Asche

Ein freundlicher junger Mann sprach ein paar Worte, die Trauergäste sangen ohne Begleitung ein Lied des Abschieds, und die sterblichen Überreste wurden in die Tiefe hinabgelassen, um im Nichts zu vergehen. Als Mr. Farrell sich bei diesem Gedanken ertappte, unterbrach er ihn sofort. Es war kein Nichts, keine Leere, sondern ein Neuanfang. Albert Moss hatte daran geglaubt, und warum auch nicht? Er selbst war nicht im Glauben verwurzelt und hegte auch ernsthafte Zweifel, daß sein spiritistischer Freund Vertrauen in einen liebenden Schöpfer gehabt hätte, wenn er einmal in einem Konzentrationslager gewesen wäre, aber so war das eben in der Demokratie.

Mit Alberts Leiche verschwand auch das Trugbild Mrs. Farrells. Endlich hatte ihr Mann seinen Frieden gefunden; er würde eines Tages zum Grabstein gehen, die Inschrift lesen, die er nach sorgfältiger Überlegung und langem Zögern gewählt hatte, und ihre Lieblingsblumen, die roten und weißen Nelken, zurechtschneiden und arrangieren. In der Erde sah er langsam verrottendes Fleisch, eingefallene Haut und tief eingeschnittene Runzeln zwischen Abwasserleitungen und zerbrochenen Menschenknochen. Ein Schauer lief durch seinen Körper, von den Schultern bis in die Füße, so daß er sich in seiner Kirchenbank nach vorne lehnen mußte. Niemand beachtete ihn. Sie sahen nur einen vom Kummer überwältigten alten Mann.

Als die Gemeinde die Kirche verließ, blieb Mr. Farrell sitzen. Er hatte den Kopf auf die Hände gestützt, und Tränen rannen über seine kräftigen Finger, benetzten aber nicht seine Lippen. Seit seiner Kindheit hatte er nicht mehr richtig geweint, selbst daran konnte er sich kaum erinnern, und auch jetzt war es kein lautes Schluchzen. Er war traurig, aber gleichzeitig auch erleichtert. Er blieb lange sitzen, Erinnerungssalven schossen ihm durch den Kopf und verklangen langsam, die Leichenhaufen und die verrotteten Kadaver aus seiner Soldatenzeit wurden verdrängt von Bildern aus glücklicheren Tagen; Erinnerungen an die Familie, an Freunde und den Stolz, den er empfand, wenn er an seine Aufgabe im Krieg dachte.

Wenn sich Menschen, die nie einen Krieg erlebt hatten, über Leute seines Alters ereiferten, interessierte das Mr. Farrell nicht. Vielleicht hatte Bomber Harris mit Dresden einen Fehler gemacht. Mit Feuerwalzen und verbrannten Menschen war keine Ehre zu gewinnen, wie denn auch, aber er verstand nicht, was man gewann, wenn man Pensionäre angriff, die nur getan hatten, was sie für das beste hielten. Sie waren noch Kinder gewesen, Teenager in Uniform. Aber er wunderte sich über den aberwitzigen Verlauf der Geschichte, die neu geschrieben, verändert und dann völlig von innen nach außen gekehrt worden war. Er war ein wandelndes Zeugnis dieser historischen Periode, zumindest solange sein Gedächtnis noch mitspielte, und in ein paar Jahren würde er tot sein. Dann gab es nur noch Bücher, die die Geschichte aus zweiter Hand erzählten.

Schließlich kämpfte Mr. Farrell seine Schwäche nieder, denn als solche sah er seine Tränen, und stand auf. Als Mann seiner Klasse durfte er nicht weich werden, keine Tränen vergießen oder in der Öffentlichkeit Trauer zeigen. Das ging nur in den privilegierten Schichten, die genug Zeit und ein übersteigertes Bedürfnis nach psychologischer Betreuung hatten. Er beklagte sich nicht. Man brauchte innere Stärke, um das Leben zu meistern, man mußte allem und jedem entgegentreten und erfolgreich aus dieser Begegnung hervorgehen können. Die Schwachen versanken in ihren Depressionen, verschwanden im Heer der Namenlosen. Vielleicht hatte er selbst einmal kurz davor gestanden, als er unter Halluzinationen gelitten und seine Frau an Orten gesehen hatte, an denen sie nicht gewesen sein konnte, als er in seinem Kopf ihre Stimme gehört und zugelassen hatte, daß er sich Alberts Denkweise immer mehr zu eigen gemacht hatte. Aber das war jetzt vorbei. Sie war tot.

Religiöse Zeremonien und Vorstellungen ließen ihn kalt, er wußte, daß das Körperfett in der Hitze schmolz, zu sieden anfing und aus dem Ofen tropfte und zu Stein wurde. Tief im Innersten beneidete er Albert und seine Spiritualität, aber es war ihm nie vergönnt gewesen, sich ihr ganz hinzugeben. Der Glaube ging in Fleisch und Blut über. Wenn jemand sich ein Leben nach dem Tod erschuf, gab es niemand, der zu ihm hingehen und sagen durfte, daß es nicht die Wahrheit war; es war wie ein Wunsch beim Anblick einer Sternschnuppe. Der springende Punkt war die Zeit, und obwohl die Vergangenheit Tag für Tag aufs neue erfunden wurde, konnte er ihr mit zunehmendem Alter immer weniger folgen, er erlebte nur noch Gezänk von allen Seiten, und so sah er in der Zukunft die einfachere und positivere Variante.

– Wie war's? fragte Vince, als sein Großvater die Beifahrertür öffnete und in den Wagen stieg.

– Beerdigungen sind immer dasselbe, die war jetzt allerdings etwas besser als üblich, weil kein Organist da war, der die Choräle lustlos und falsch heruntergenudelt hat. Außerdem war die Rede kurz. Wenigstens haben sie nicht so ein Theater gemacht wie beim Begräbnis deiner Oma. Ich erinnere mich noch daran, als wäre es erst gestern gewesen. Die falschen Orgeltöne, die mir so laut im Kopf gedröhnt haben, daß ich davon bald verrückt geworden wäre. Dann der Pfarrer, der seinen Sermon über eine Person abgelassen hat, der er nie begegnet war und von der er nicht einmal wußte, daß sie als Jüdin in Budapest geboren und als Atheistin in London gestorben war, daß die Vergebung, die er predigte, gewiß nicht ihre Sache war und sie trotzdem ein Grab auf seinem Friedhof für sich beanspruchte. Ich schwöre dir, wenn er noch länger geredet hätte, dann hätte ich ihm eine gelangt.

Vince Matthews nickte, weil er nicht wußte, was er sagen sollte. Er startete den Motor, fuhr an den Fahrbahnrand und wartete darauf, daß er sich in den Verkehr einordnen konnte. Der alte Knabe hatte ne schwere Zeit durchgemacht, seit seine Frau gestorben war, aber jetzt sah es so aus, als würde er's packen. Er sah eine Lücke zwischen den Autos, trat aufs Gas und ließ das Krematorium hinter sich, so schnell es ging. Er hatte Glück mit den Ampeln, und schon bald preschten sie unter dem Chiswick-Flyover hindurch in Richtung Kew.

– Du mußt mal nach Australien kommen, wenn ich meine Zelte da aufgeschlagen hab, sagte Vince. Ich brauch bestimmt ein paar Monate, bis ich da soweit bin, aber dann kannst du rüberkommen und so lange bleiben, wie du willst. Arbeit find ich auf jeden Fall, ich kenn da genug Leute, und wir können ins Outback fahren und uns die Landschaft ankucken. Das ist da ziemlich locker, und man braucht sich nicht um Politik zu kümmern oder Angst haben, daß man überfallen wird oder wieviel Steuern einem der Staat im nächsten Monat abknöpft.

– Ach weißt du, ich hätte schon vor Jahren rübergehen können. Ein Freund von mir ist nach dem Krieg ausgewandert und hat vorgeschlagen, daß ich da einmal versuche, mir etwas aufzubauen, aber das hat mir nicht zugesagt. Trotzdem ist es möglich, daß ich dein Angebot annehme, auch wenn der Flug ganz schön teuer ist. Nach dem Krieg wußte ich nicht, wie es weitergehen sollte. Es war eine aufregende Zeit, und man war froh, daß man das alles mit gesunden Gliedmaßen und halbwegs gesundem Verstand überlebt hatte, aber mit der Zeit wurde Trauer aus der ursprünglichen Erleichterung. Damals war man ganz auf sich allein gestellt. Es gab niemanden, zu dem man hingehen und dem man erzählen konnte, was man gesehen und getan hatte, und deine Oma hatte so furchtbare Dinge erlebt und war völlig verstört. Aber irgendwie haben die meisten es doch geschafft. Wir hatten ja keine Wahl. Sonst wäre man im Irrenhaus gelandet. Ich weiß nicht, vielleicht waren wir damals belastbarer. Nicht wie ihr Muttersöhnchen heute mit euren Beratungsstellen und Sozialarbeitern.

Sie lachten gemeinsam. Vince fragte sich, ob sein Großvater im Krieg jemanden umgebracht hatte, wußte aber, daß er diese Frage niemals stellen würde. Das war ihm schon als Kind klar gewesen. Er hätte kaum damit umgehen können, auch wenn damals Krieg gewesen und es ums eigene Überleben gegangen war. Er dachte an die Schlägereien, an denen er sich beteiligt hatte, als er noch jünger gewesen war. Er fand keinerlei Verbindung zwischen seinem jetzigen und dem früheren Ich, obwohl er doch der gleiche Mensch war. Wenn er in eine solche Situation kam, würde er um sein Leben kämpfen, aber er fuhr lieber ins Ausland als nach Liverpool oder Manchester. Es war besser, über einem Bang-Lassi um den Verstand zu kommen, als sich um zwei Uhr mittags mit alkoholgetrübtem Blick zu prügeln, nur weil ein Durchgeknallter, der es ernst meinte, einem den Schädel zermatschen wollte.

– Den Flug zahl ich schon, mach dir darüber keine Gedanken. Du hast schon genug für mich getan, als ich noch klein war und so. Du fährst einfach nach Heathrow und genießt die Reise. Aber mach das wirklich. Mom und Dad haben auch gesagt, daß sie kommen, aber komm lieber alleine, das wird lustiger. Da drüben fährt man einfach raus in die Wüste, und es gibt nichts außer Sand und die rotglühenden Bergketten am Horizont, von denen die Aborigines sagen, daß es schlafende Tiere sind und daß diese Tiere die Welt erschaffen haben. Da passiert was mit deinem Kopf. In der Wüste gibt es diese Herdenmentalität nicht, nur

Kängurus und vielleicht ein paar Aborigines, die da draußen in der Hitze ihre Traumzeit leben.

– Das wäre meine zweite Jugend, von der Kindheit wollen wir nicht reden, und ich wäre seit 1945 das erste Mal wieder im Ausland. Ich bin noch nie geflogen, weißt du. Ich habe gehört, daß es ein großartiges Erlebnis sein soll, auf jeden Fall wird es besser sein, als in der Normandie aus einem Landungsboot zu springen, wo deutsche Infanteristen mit Maschinengewehren nur darauf gewartet haben, diejenigen niederzumähen, die bis zum Strand kommen, und der Mistkerl von Sergeant hinter dir gedroht hat, dich abzuknallen, wenn du nicht endlich machst, daß du rauskommst. Das war damals wirklich so, denn wenn du nicht schnell genug warst, hast du nicht nur dein eigenes Leben, sondern auch das der anderen in Gefahr gebracht.

– Auf dem Flug nach Australien wird man mit ziemlich viel Respekt behandelt, weil man ja ne ganz schöne Summe für seinen Platz hingeblättert hat. Das ist nicht wie bei diesen zweistündigen U-Bahnfahrten von Heathrow nach Spanien oder Griechenland. Bei einem Langstreckenflug kümmern die sich um dich. Es gibt Gratisgetränke, Essen auf Rädern und Filme. Und ein paar von den Stewardessen sehen verdammt gut aus.

– Vielleicht find ich ja auch noch eine flotte Biene, die sich um mich kümmert. Man kann nie wissen. Bei mir ist noch nicht alles vorbei. Selbst wenn man alt ist, bekommt man manchmal Frühlingsgefühle.

Vince war peinlich berührt. Er versuchte die Vorstellung zu verdrängen, wie sein Großvater es am Bondi Beach mit einer British-Airway-Stewardeß trieb, wie er erst ein paar nette Worte mit ihr wechselte, den Gummi überzog, ihr die Beine spreizte und seinen Pimmel in eine hartgesottene BA-Angestellte steckte, wie sich sein hagerer Arsch im Takt der Blaskapelle auf und ab bewegte, zwischen den leisen Stimmen aus der Ferne, die blauäugige Blonde gefesselt vom Charme des alten Rentners mit den vielen Orden, die er fast nie trägt, weil er sie für Plunder hält, und sie bohrt ihre purpurroten, zwanzig Zentimeter langen Fingernägel in seine faltige Haut und kommt in ekstatischer Ehrbezeugung vor Alter und Erfahrung. Scharen von Blondinen in Bikinis drängen sich beim Frühstück um das sexhungrige Gerippe aus dem Londoner Westen auf Australientournee, den feschen Sexlehrmeister aus Vorkriegstagen. Vince schüttelte den Kopf. Das mußten Nachwirkungen vom Lassi sein. Es war ekelhaft. Umgekehrter Kindesmißbrauch. Er nahm die Techno-Kassette, die sein Bruder zusammengestellt hatte, schob sie ins Kassettendeck, Spiral Tribe, und drehte die Lautstärke runter, so daß er die Musik gerade noch hören konnte.

– Das Flugzeug steigt sofort über die Wolken, und im nächsten Augenblick fliegst du über die ganzen Orte weg, die immer in den Nachrichten sind, Kuwait, Neu-Delhi, Singapur und alles, du bist fast im Weltraum und kuckst darauf hinunter, und dann die Wolken, und bei Sonnenaufgang sieht man beinahe die Krümmung der Erde. Du kommst dir vor wie ein Astronaut beim Spaziergang mit den Göttern. Du bist etwas Besonderes. Nichts kann dir zu nahe kommen und dich verletzen.

– Das klingt gut. Laß uns da später noch mal drüber reden. Vielleicht gehst du ja gar nicht wieder rüber.

– Doch, auf jeden Fall. In einem halben Jahr oder so. Ich liebe England und alles, aber eigentlich ist das hier n ziemlicher Dreck. Man schleppt hier immer so viel mit sich rum. Natürlich weiß ich, daß das überall dasselbe ist, aber ich kuck mir das lieber von außen an und halt mich bedeckt, als mittendrin zu stehen und dauernd einen übergezogen zu kriegen.

Vince fuhr über die Kew Bridge, blinkte rechts, blieb stehen und wartete darauf, daß er auf den South Circular kam. Er bog in die Straße vor den Kew Gardens ab und entdeckte sofort eine Parklücke. In dieser Jahreszeit war am Common immer viel Platz. Hier gab es vorwiegend Villen, und er fragte sich, wie es wohl war, da zu leben. Wahrscheinlich gar nicht übel. Es war schon fast nicht mehr London, wenigstens nicht das London, das er kannte. Im Sommer war hier ein Kricketfeld, und in der alten Kirche gegenüber gab es Kuchen und Tee. Es war wie in einem Dorf. Sie stiegen aus und gingen zum Haupttor. Vince hatte seinen Großvater zu einem Besuch in Kew Gardens eingeladen, der Eintritt war schließlich ganz schön teuer.

Es war fünf Jahre her, daß Mr. Farrell zum letzten Mal hier gewesen war. Ein Sommerspaziergang mit seiner Frau, wobei der Reiz des botanischen Gartens durch seinen früheren Beruf noch gesteigert wurde. Vince war als Kind sowohl mit seinen Eltern als auch mit seinen Großeltern hergekommen. Er erinnerte sich besonders an den Besuch, als sein Bruder zwischen den Bäumen in Richtung Themse verschwunden war. Als sie ihn gefunden hatten, hatte Vater ihm eine Tracht Prügel verpaßt. Sie gingen den Weg geradeaus in den Park und bogen vor dem Palmenhaus links ab. Als Kind hatte Vince das Gebäude mit der elegant geschwungenen Glasfassade für ein Raumschiff gehalten. Es kam ihm immer noch ebenso groß vor wie damals. Am See blieben sie einen Augenblick stehen. Auf der anderen Seite sah man ein älteres Ehepaar und drei japanische Touristen, aber es war kein Vergleich mit dem Hochbetrieb, der hier im Sommer herrschte. Die wolkenverhangene Sonne, die schwarze, fruchtbare Muttererde und die relative Einsamkeit verhießen ein unterirdisches Leben, das nur darauf wartete, sich zu erheben und die Macht an sich zu reißen.

Sie gingen ins Palmenhaus, die schweren Türen fielen hinter ihnen ins Schloß. Es war feucht und warm, das Glasdach war durch das dichte Laub kaum zu sehen, und man hörte das gleichmäßige Rieseln der Bewässerungsanlage. Sie waren am Amazonas, in den Regenwäldern Asiens, in wenigen Minuten um die Welt. Überall wucherte üppiges exotisches Leben. Sie stiegen die Wendeltreppe zum Laufsteg zwischen den Baumwipfeln hinauf, blieben zwischendurch stehen, um sich die riesigen Blätter und die verschlungenen Rindenstrukturen anzusehen, die versteckt im viktorianischen Dschungel lagen.

– Die haben damals aber schon ein paar tolle Sachen gemacht, findest du nicht? sagte Vince in die nur durch Schritte auf dem Metallsteg unterbrochene Stille. War nicht alles nur Mord und Totschlag. Weißt du, ich hab gelesen, daß sie früher Aborigines kastriert und gewettet haben, wie lange die das überleben, aber wenn man dann hierherkommt und sieht, was andere Menschen zur gleichen Zeit geschaffen haben, sieht das schon wieder ganz anders aus. Man muß sich nur mal das hier, die anderen Parks in London und die ganzen Museen ankucken, so was macht heute doch keiner mehr. Überall wird gespart und geschlossen, und wenn irgendwelche Immobilienhaie Kew Gardens in die Finger kriegen würden, hatten die doch nichts Besseres zu tun, als die Bäume zu fällen und daraus Bauland zu machen.

– In manchen Bereichen wird es besser, in anderen schlechter, antwortete Mr. Farrell. Das verschiebt sich einfach nur. Du mußt bloß mal dran denken, wie das zu meiner Zeit war. Der Weltkrieg und die Millionen, die ermordet, vergewaltigt und gefoltert worden sind. Das war mitten in Europa, und wir bauen immer noch die Waffen für andere, die sich damit umbringen, aber das ist kein Vergleich. Es kommt immer auf die Perspektive an.

Mr. Farrell war froh, als sie wieder aus dem Palmenhaus herauskamen. Die heiße, feuchte Luft hatte ihm das Atmen schwergemacht. Auch Vince war froh, wieder an der frischen Luft zu sein. Es freute ihn, daß der alte Knabe gut drauf war. Bisher hatte er von seiner Frau immer in der Gegenwartsform gesprochen, als ob sie noch am Leben wäre und zu Hause am Küchentisch sitzen, im Bett liegen und sich ausruhen oder aus dem Fenster blicken und auf die Rückkehr ihres Mannes warten würde. Das war irgendwie ein bißchen krank gewesen, und Vince dachte an seine Oma und ihr tiefes, kehliges Lachen. Aber jetzt sprach sein

Großvater in der Vergangenheitsform über sie. Damit kam er erheblich besser klar.

Sie gingen Richtung Fluß am zweiten See entlang. Auf dem Wasser schwammen Enten, und das Ufer war voll von ihrem Kot. Am Evolution House blieben sie stehen. Vince las die Tafeln über die geschlechtliche und ungeschlechtliche Fortpflanzung, die Funktion von Fledermäusen, Bienen und Schmetterlingen bei der Bestäubung von Blütenpflanzen, den Vorteil der geschlechtlichen Fortpflanzung, der darin lag, daß immer neue Gene dazukamen und sich so die Chance vergrößerte, daß die Art überlebte. Das fand man alles im Bang-Lassi, dem großen britischen Mega-Mix.

– Ich bin froh, daß wir hergekommen sind, sagte Mr. Farrell, als sie eine halbe Stunde später im nahe gelegenen Restaurant saßen und ein Eichhörnchen vorsichtig auf sie zukam, um sich ein Stück Käsesandwich zu holen. Solche Orte geben einem Auftrieb. Man sieht das Leben, die richtige Welt, darum dreht es sich, um die Bäume, Sträucher und Blumen und um Wissenschaftler, die die Heilmittel erforschen, die die Natur uns schenkt. Davon hört man nie etwas. Es wird immer nur über die negativen Dinge geredet.

Vince nickte. Er hatte recht. Was ihn betraf, verband er mit Kew Gardens nur glückliche Erinnerungen, aber jetzt gefiel es ihm sogar noch besser hier. Der Park war anspruchsvoller gestaltet, als wollte man die Besucher einbeziehen und sie nebenbei weiterbilden. Vielleicht war ihm das früher aber auch nur nicht aufgefallen. Aber wie sollte man die Wahrheit über die Vergangenheit verstehen, wenn einerseits Aborigines wegen einer Wette kastriert worden waren und gleichzeitig Naturforscher und Gärtner von den Pflanzen und dem Nutzen, die sie der Menschheit bringen konnten, so fasziniert waren, daß sie die ganze Erde bereist hatten, um diese Natur zu bewahren…

– Warum soll man nach Australien fahren, wenn man das hier

vor der Haustür hat? fragte Mr. Farrell lachend. Möglicherweise ist es schön da drüben, aber es wird niemals deine Heimat werden, nicht wahr? Wahrscheinlich bin ich deshalb nie rübergefahren, um mein Glück zu versuchen. Jetzt fällt es mir wieder ein. Ich hätte mein Scheitern eingestehen müssen, es hätte gezeigt, daß ein Teil von mir nichts taugt, daß das Land, in dem ich geboren wurde, nichts wert ist. Es muß sich lohnen, die Zukunft zu erleben und herauszufinden, was als nächstes geschieht, und genauso, was in zehn oder zwanzig Jahren geschehen wird. Das hält einen auf Trab. Du hockst in deiner Vergangenheit und rührst dich keinen Zentimeter. Aber es muß halbe-halbe sein. Man behält das Gute und nimmt Neues hinzu. Wenn man alles über Bord wirft und wieder ganz von vorne anfängt, ist das genauso schlecht, wie wenn man gar nichts ändert.

– Du hörst dich an wie ein Politiker, sagte Vince.

– Ich habe noch keinen Politiker erlebt, bei dem sich das Zuhören gelohnt hat. Und ich habe schon einige erlebt.

Vince war in Australien, nördlich von Sydney am Great Barrier Reef, makellose Schönheit im klaren blauen Ozean, tauchte hinab in ein anderes Universum aus Korallen, hin- und herschnellenden Schwärmen aus Abertausenden winzigen Lichtreflexen, größeren, bunten Fischen, die ihn mit riesigen Augen anstarrten, und einem harmlosen Hai in der Ferne. In dieser Welt unter der Wasseroberfläche pulsierte das Leben, hatte seine eigenen Überlebensstrategien entwickelt, wo alle Farben des Regenbogens sich vermischten, und Vince dachte über geschlechtliche und ungeschlechtliche Fortpflanzung nach, versuchte seine Position zu rechtfertigen, damals im tiefen Sand, als er beim Tauchen die Italienerin kennengelernt hatte, an jenem Abend, als sie am Strand gesessen und in die Dunkelheit gestarrt hatten, die Silhouette ihrer langen schwarzen Haare vor dem sternenklaren Himmel, von dem Sternschnuppen auf die Erde herabregneten, und die Wellen waren ans Ufer geschwappt und hatten ihn viele Jahre zurückversetzt, nach San Sebastian, als er versucht hatte, unter der Promenade zu schlafen, und die Besoffenen über ihm Flaschen kaputtgeworfen hatten, und er hatte seinen Plan verwirklicht, war aus dem Alltagstrott ausgebrochen, hatte seine gewohnte Umgebung verlassen, und daher erkannte er jetzt, was unter der Oberfläche geschah, weit unten, die vielen Farben und die Bewegung, und Menschen wie er, die viel zu fest in ihrer eigenen Welt verankert waren und nicht erkannten, daß es ein Außen gab, etwas Größeres, und das Faszinierende daran war, daß weder das eine noch das andere wirklich wichtig war, das einzig Wichtige war die Italienerin, eine makellose Schönheit, was für eine sentimentale Beschreibung für einen Menschen, aber es war nun einmal so gewesen, die reinste Magie, und es hatte ihm die Erkenntnis gebracht, daß er, Vince Matthews, es bis auf die andere Seite des Planeten geschafft und auf dem Weg dorthin mehr als sieben Weltwunder gesehen hatte, und er war fast in lautes Gelächter ausgebrochen, als er an die Jungs in San Sebastian gedacht hatte, die Stiere, mit denen sie laufen wollten, und an seinen Sonnenbrand, wo waren die armen Ärsche jetzt, die Stiere waren tot, aber was war mit John und Gary und den anderen, und dann war alles wieder vorbei gewesen, als Vince sich auf die rotglühenden Steinbrocken, die Millionen von Kilometern über ihm durch den Weltraum schwebten, konzentriert hatte.

– Der eine oder andere Politiker hat es versucht, aber die wurden zur Schnecke gemacht und kümmern sich seitdem nur noch um ihren winzigen Machtbereich. Sie passen sich an, richten sich nach der Mehrheit und lassen es sich gutgehen. Wahrscheinlich machen wir das fast alle so. Du und ich aber nicht. Wir sind raus gewesen aus unserer kleinen Welt und haben andere Möglichkeiten gesehen. Ich hatte keine Wahl, und mir hat das nicht gefallen, was ich dort vorgefunden habe, aber du hast Mut gehabt und bist deinen eigenen Weg gegangen, und wahrscheinlich machst du es sogar noch einmal, weil du noch mehr sehen willst. Warum lächelst du, Vince?

– Ich hab nur eben an die Forscher und Entdecker von früher gedacht und wie die damals gereist sind. Es gab noch keine Round-the-World-Tickets und keine Hostels für Rucksackreisende.

Als sie ihren Kaffee ausgetrunken und Mr. Farrell noch ein paar Eichhörnchen mit Sandwichresten herbeigelockt hatte, gingen sie weiter. Die Wolken hatten sich verzogen, und es war sonnig geworden. Sie gingen durch einen eingefallenen Torbogen aus Backstein und waren gerade auf der Höhe der Marianne-North-Galerie, als Mr. Farrell Vinces Arm ergriff. Sie konnten sich beide nicht erinnern, ob sie je in dem Gebäude gewesen waren, und so gingen sie hinein. Sie lasen die Erläuterungen über die viktorianische Malerin, die ohne künstlerische Ausbildung die Welt bereist und überall Bilder von Pflanzen und Landschaften gemalt hatte.

Hunderte bunter Gemälde in schwarzen Holzrahmen hingen an den Wänden. Zwischen den einzelnen Bildern waren keine Zwischenräume, so daß die Wände im wahrsten Sinne des Wortes bedeckt waren. Es gab sowohl Studien von einzelnen Pflanzen, auf denen die verschlungenen Formen gewissenhaft wiedergegeben waren, als auch Landschaftsbilder, auf denen größere Ausschnitte dargestellt wurden. Menschen waren kaum zu sehen, nur Pflanzen und unglaubliche Landschaften. Die Frau, die sie gemalt hatte, wirkte düster in ihrem langen Kleid, mit runder Brille und einem Kopftuch, aber das war nur ihre äußere Erscheinung. Sie war in der ganzen Welt herumgekommen: Borneo, Java, Japan, Jamaika, Brasilien, Indien, Chile, Kalifornien, Neuseeland – sie konnten sich gar nicht alle Orte merken. Wenn man von Bild zu Bild ging, sah man Sträucher, Blumen und Bäume, Meerespanoramen und Vulkane, schneebedeckte Berge, Känguruhs im Outback, einen Affen, der Obst aß, es war ein Meer von Farben, ein Kaleidoskop von Sinneseindrücken.

Vince war noch nie in einer Kunstgalerie gewesen. Kunst war etwas für Leute, die in Kensington oder Hampstead wohnten. Sie hatten allerdings damals mit der Klasse einen Ausflug zur Tate Gallery gemacht, aber es hatte Streit mit ein paar Jungs aus Lewisham gegeben, schon in dem Alter hatte es Kämpfe zwischen dem Londoner Westen und dem Londoner Süden gegeben, und Vince hatte einen von denen geschlagen. Ein Lehrer hatte das gesehen, worauf er den Rohrstock bekommen und nicht mit auf den nächsten Ausflug gedurft hatte, der ans Meer gegangen war und wo er gerne dabeigewesen wäre, weil er mit seinen Eltern nicht gerade oft aus London herausgekommen war. Aber als Erwachsener hatte er es geschafft, und inzwischen hatte er mehr von der Welt gesehen, als die meisten Menschen in ihrem ganzen Leben zu sehen bekamen, das war fast ein bißchen wie bei der Frau auf dem Foto am Eingang des Museums oder der Galerie oder wie immer das Ding auch hieß. Er hätte gewettet, daß sie sich auf Reisen nicht um den ganzen viktorianischen Unsinn gekümmert hatte, sondern gegen die Rolle gekämpft hatte, die ihr von der Gesellschaft aufgezwungen worden war, und sich nicht unterdrücken lassen und mehr Mumm bewiesen hatte, als es ihm je gelingen würde, und er hatte gewaltigen Respekt vor Marianne North, obwohl er nicht mehr über sie wußte als das, was er an den Wänden sah. An ihr konnte man sehen, was alles möglich war.

– Sie hat viel gesehen, findest du nicht, Opa?

– Hat sich nur auf das Schöne konzentriert. So muß man das machen.

Mr. Farrell ging zügig von einem Gemälde zum nächsten und studierte die Erläuterungen darunter. Die Bilder waren schön, hingen aber etwas zu dicht. Als Mensch war sie ein Vorbild, sie war mit Leidenschaft bei der Sache gewesen und hatte wirklich gelebt. Mehr konnte man nicht tun. Dann hatte er alle Bilder gesehen, ging hinaus und wartete auf seinen Enkel. Er war bereit, nach Hause zu gehen, die Kleidung seiner Frau auszuräumen und zum Trödler zu bringen, klar Schiff zu machen und von vorne anzufangen. Er würde die Böden wischen und die letzten noch vorhandenen Spuren wegschrubben, der kühle Wind, der ihm ins Gesicht blies, erfrischte und belebte ihn, als wäre er gerade aus einem langen, tiefen Schlaf erwacht, und sein Enkel war immer noch in der Galerie, betrachtete Vulkane auf Java und Bilder von Pflanzen, deren Namen er nicht aussprechen konnte, dachte an die Italienerin am Strand, an einen alten spanischen Landstreicher, der versucht hatte, dem Engländer seine Sprache beizubringen, war froh darüber, daß sie nicht mit den Stieren gelaufen waren, das war soweit in Ordnung, obwohl er wußte, daß es Leute gab, die einen Schritt weiter gingen und gegen die Tierquälerei protestierten, und dieser Protest ging quer durch alle gesellschaftlichen Klassen, genau wie Marianne North, die die Tochter eines Abgeordneten gewesen war, einfach nur Menschen, die sich das Innenleben der Pflanze ansahen, das äußere Erscheinungsbild vergaßen und die Einzelheiten erkannten, und Vince fragte sich, ob ihr genetisches Überleben von Fledermäusen, Bienen oder Schmetterlingen abhing.

Millwall auswärts

Topfit machen wir uns auf den Weg ins Lions' Den, das Millwall-Stadion, die Höhle des Löwen, wärmen uns mit ein paar Bierchen auf, trinken gerade genug in diesem nichtssagenden Pub, damit der Mut ein wenig in die Gänge kommt und die Wucht der Schläge etwas abgedämpft wird, falls nachher doch was schiefgeht. Die Jugendlichen singen und protzen, aber die Älteren lassen es ruhig angehen, weil sie wissen, daß Hunde, die bellen, nicht beißen. Wir haben alle unsere Erfahrungen gemacht. Wir haben die Lehrzeit hinter uns und unsere Lektionen gelernt. Hasadeure sind hier heute fehl am Platz. Jetzt muß jeder, der dabei ist, Farbe bekennen. Unser Ruf steht auf dem Spiel, und wir brauchen unseren Stolz und unsere Selbstachtung. Wer kneift, braucht sich nicht wieder blicken zu lassen.

Um mich herum seh ich viele bekannte Gesichter. Mark und Rod stehen neben mir. Harris ist mit Martin Howe und Billy Bright da. Black Paul füttert den Daddelautomaten mit Münzen. Er wirkt ganz locker und zieht die Sache durch. Er ist froh, nach der Geschichte mit West Ham mal wieder in Victoria zu sein. Facelift und Don Wright. Alle wollen so richtig ranklotzen. Ihre Pflicht tun, wenn's drauf ankommt. Ihren Ruf innerhalb des Mobs und den guten Namen des Clubs verteidigen. Unseres Clubs. Wir werden heut abend ne Show abziehen, und wenn die keiner außer uns sieht, ist uns das scheißegal. So was machst du nicht für andere. Du tust es für dich und die Deinen, und wir kucken durch die Fenster und sehen nach, was am Bahnhof los ist.

Wir trinken nicht viel, weil bei zwei Bier Schluß ist, wenn man die Vorteile mitnehmen will, ohne zu schwächeln. Viele von den Jungs trinken alkoholfreies Zeug. Alkohol trübt den Verstand, und außerdem geht die Disziplin flöten. Wenn man ne richtige Schlägerei haben will und nicht nur n Geplänkel, muß man aufpassen, was man trinkt. In Millwall kannst du dir keine Unachtsamkeiten erlauben. Wer da einen Fehler macht, ist erledigt. Die geben dir keine zweite Chance. Wir müssen auf der Hut sein und uns ordentlich benehmen, bis die Action abgeht, und dann keine Gefangenen machen.

Die Neuankömmlinge nicken Harris zu, der mit seinem Trupp an der Thekenecke steht, die Gesichter abcheckt, weiß, wer wer ist, und so aufmerksam wie das letzte Mal beim Spiel in Newcastle verfolgt, daß sich kein Außenstehender einschleicht. Wir sind heut abend ein geschlossener Mob. Nur die Vollzeitkräfte fahren mit nach Millwall, weil wir da im Londoner Südosten eine größere Schlägerei geplant haben. Ein paar Kids sind zwar auch da, alle so knapp unter zwanzig, aber die wissen, wo's langgeht, und haben schon erstaunlich viel Erfahrung für ihr Alter. Sie wollen zeigen, was sie drauf haben, und sich langsam in der Rangfolge hocharbeiten. Kids können es bei so einem Spiel weit bringen, sie können sich mit den Besten messen und die Basis für einen steilen Aufstieg legen, wenn sie denn voll bei der Sache bleiben. Wenn sich ein Typ in einer Situation bewährt, wo's richtig ans Eingemachte geht, ist es völlig egal, was er sonst so treibt.

Wir sammeln die Kräfte für das Spiel in Millwall, und das wird echt ein heißer Tanz, aber trotzdem haben wir irgendwie Respekt vor Millwall, tief in uns drin, auch wenn das keiner zugeben würde, weil wir wissen, daß New Cross und Peckham der Arsch von London sind. Die Hinterwäldler haben sich schon vor Jahrzehnten ins Blickfeld der Öffentlichkeit vorgearbeitet. Millwall sind durchgeknallt, seit wir denken können. Wahnsinnig, irre und brutal. Sie haben diesen Ruf, und sie haben ihn sich verdient. Die kriegen die Geschichte der Hafenarbeiter da unten mit der Muttermilch eingeflößt, das geht schon seit hundert Jahren so, daß da jeder zusammengeschlagen wird, der sich zu weit in die Old Kent Road verirrt.

Als wir noch mit Spielzeugsoldaten gespielt haben, haben ihre alten Herren schon Besucher durch die Cold Blow Lane gejagt, bevor sie dann ein Stück die Straße rauf nach Senegal Fields gezogen sind, und davor haben ihre Großväter West Ham verdroschen, wenn die sich zu weit auf die Isle of Dogs vorgewagt und schlechte Angewohnheiten aus Poplar und Stepney eingeschleppt haben. Messer, Flaschen und Hetzjagden vor, während und nach dem Spiel. Und das alles, als mein Alter noch nicht mal auf der Welt war. Damals, in der guten alten Zeit, als Britannia noch die Weltmeere beherrscht hat und die Bullen an einigen Feiertagen keinen Fuß in bestimmte Londoner Viertel gesetzt haben, wenn die Einheimischen sich in großem Stil besoffen haben.

Die Natur des Menschen zeigt sich in der Natur des Menschen, und wenn die Bullen einen festnehmen und auch sonst alles schiefläuft und man für ein paar Jahre einfährt, wegen ner Schlägerei in den Knast kommt, dann kommen einen die Kumpel besuchen, egal wo man ist, und wenn man rauskommt, ist man jemand. So entstehen Legenden. Historische Namen, die mehr Bedeutung haben als sämtliche Nelsons und Wellingtons zusammen. Millwall, West Ham, Chelsea, F-Troop, die ICF, die Headhunters. Waterloo ist bloß so ein Bahnhof, und das ist auch schon alles, was die Typen, die damals für ihr Land gestorben sind, davon gehabt haben. Man hat einen Bahnhof nach dem Ort benannt, an dem sie gefallen sind. Ein Trip nach Millwall, das zählt heutzutage, und das ist auch viel sinnvoller, als sich in Frankreich den Kopf wegballern zu lassen.

Wir schlagen im Pub die Zeit tot, werden von Minute zu

Minute stärker, weil immer mehr Leute auftauchen, aber wir bleiben unter uns und halten uns bedeckt. Wir brauchen keinen auf uns aufmerksam zu machen, noch weniger als sonst, die Bullen wissen, daß es Ärger geben wird, sie haben die Kampfanzüge angelegt, und ihre halbverhungerten Schäferhunde stehen in dunklen Seitenstraßen bereit. Die Wellen der Erwartung schlagen hoch, und es ist gar nicht so einfach, den Tatendrang in die richtige Richtung zu lenken. Es brodelt in uns, und wir brauchen ein Ventil. Harris sagt zu den Kids, daß sie etwas ruhiger sein sollen, und die reagieren sofort, ihre Schlachtgesänge werden noch leiser, obwohl sie vorher schon im Flüsterton gesungen haben, aber sie wissen, daß das Millwall-Auswärtsspiel eines der Großereignisse der Saison ist und man sich da zusammenreißen muß, aber die Mehrheit des Mobs ist älter, und es sind viele bekannte Gestalten da, die sich nur bei größeren Angelegenheiten blicken lassen.

Wir warten bis halb fünf, dann setzt sich Harris in Bewegung, und wir folgen ihm aus dem Pub, zwischen den Bussen mit der schweigenden Mehrheit hindurch in den Bahnhof. Wir erinnern uns kurz an die Begegnung mit West Ham hier in Victoria Station, aber das ist jetzt abgehakt, Geschichte, wir leben für den Augenblick, checken die Abfahrtszeiten, Harris weiß, wo wir hinfahren, wir suchen einen Zug nach Peckham Rye. New Cross und South Bermondsey, wo die meisten Chelsea-Fans ankommen, wollen wir umgehen. Wenn alles nach Plan läuft, ziehen wir ohne Eskorte durch Millwall, und die Bullen konzentrieren sich auf andere Gegenden. Die stehen woanders und tun ihre Pflicht, und wir wandern auf der Suche nach unserem Samstagabendvergnügen ganz und gar unbeobachtet durch die Straßen.

Der Mob ist inzwischen komplett, und wir sind gut dreihundert Mann stark. ’ne Menge harte Burschen, besonders die älteren, da sind ein paar ziemlich fiese Gestalten bei, die Mühe haben, sich noch eine Weile zurückzuhalten. Bei wichtigen Spielen wie diesem muß man mit einem großen Mob auflaufen. Mit zwanzig oder dreißig Durchgeknallten ist da nichts zu machen, da können die noch so heiß drauf sein, und wir lachen, als uns Pete Watts einfällt, den sie vor fünfzehn Jahren in Millwall durch ein Pubfenster geworfen haben, ein kleines Mosaiksteinchen im Mythos Chelsea, er hat noch einen Messerstich ins Bein gekriegt, bevor die Polizei ihn festgenommen hat. Die ganze Aktion hat ihn damals fünfzig Pfund gekostet.

Als wir in den Zug steigen, wird es eng in den Waggons, und wir wissen, daß die anderen Fahrgäste Angst vor uns haben, aber wir sind nicht interessiert, sparen uns unsere Zuneigung für Millwall auf, wollen keinen Ärger, sind keine kindischen Rowdys, die Glühbirnen auf den Bahnsteig werfen und Sekretärinnen angrabbeln. In Millwall ist die Zeit stehengeblieben, auch wenn die jetzt ein feudales neues Stadion haben. Die Straßen und die Menschen sind noch genau wie früher, und die Cold Blow Lane ist schon immer eine finstere Ecke voller durchgeknallter Typen gewesen, und auch wenn sie jetzt ihr schickes New Den haben, stehen dieselben Gestalten auf den Tribünen und warten auf ihre Chance.

Die Zeiten sind vorbei, als es tagtäglich an den bekannten Kriegsschauplätzen in Millwall zu Gewaltausbrüchen gekommen ist, als unsere Straßenspektakel damals jahraus, jahrein ohne Reporter und Fotografen stattfanden. Was sollen die Bullen auch machen? Jedes Haus in jeder Straße in jeder Stadt mit Kameras bestücken und hoffen, daß sie den letzten Anschlag auf Band haben? Da besteht kein Interesse. Es ist zu teuer, und sie müssen nur handeln, wenn so was ins Blickfeld der Öffentlichkeit gerät. Und wenn das mal passiert, wird man mit einer ordentlichen Tracht Prügel und ein paar scharfen Worten in der Boulevardpresse wie eine Fliege wieder rausgespült.

Die Türen schließen sich, und wir verlassen Victoria und das

Plastik-Disneyland des West End. Wir fahren durch London mit seinen Granitblöcken voller Firmengeheimnisse, mit ihren Vermögensverwaltern, Waffenhändlern und den autorisierten Drogendealern von der Pharmaindustrie. Lichter und andere Gebäude spiegeln sich in gläsernen Bürotürmen, diesen leblosen Palästen rivalisierender Werbekampagnen, die Themse ist in diesen frühen Abendstunden ein großartiger Anblick im rauhen London, das nur durch das Licht davor geschützt ist, daß hier alles hochgeht. Wir beschleunigen langsam, der Zug schaukelt sanft nach rechts und links, der Stromabnehmer neben den Schienen wirft Funken, und alles könnte von einer Sekunde auf die andere zum Stillstand kommen. In den Fenstern spiegeln sich die Gesichter, und kurz darauf rollen wir leise durch Brixton und Denmark Hill. Wenn man in London die Lichter abdreht, gibt's hier Mord und Totschlag. Egal, was es kostet, sie müssen die Turbinen am Laufen halten. Wenn man länger als ein paar Minuten den Stecker rauszieht, steht hinterher kein Stein mehr auf dem anderen.

Harris sagt allen in seiner präzisen Art noch mal, wie es weitergeht, gibt Anweisungen und spricht Warnungen aus, sein Ansehen ist unangetastet, hat nicht unter Newcastle gelitten, das war nicht sein Fehler, war höhere Gewalt, aber trotzdem muß er jetzt voll bei der Sache sein, weil wir alle aufgedreht sind und es so richtig krachen lassen wollen. Die letzten Wochen waren ziemlich frustrierend, die Bullen haben überall ihre Nase reingesteckt, haben ihre Arbeit getan und uns das Leben schwergemacht. Heute muß was passieren. Das ist ganz wichtig fürs Selbstbewußtsein. Wahrscheinlich sind wir da ähnlich wie Junkies. Junkies mit ordentlichen Haarschnitten, die sich ihren Kick bei Schlägereien holen. Bloß daß wir es uns nicht leichtmachen, im stillen Kämmerlein in unserer eigenen Scheiße hocken, unsern Stoff drücken und dabei versuchen, bei den Nachbarn einen anständigen Eindruck zu machen. Wir ziehen los und stellen uns in die Schußlinie. Das gibt nen natürlichen Rausch. Wir sind Adrenalinjunkies.

Der Zug hält in Peckham, und wir schieben uns auf den Bahnsteig. Queen's Road ist zwar näher am Stadion, aber dann müßten wir hier auf den Anschlußzug warten, und es braucht nur einer anzurufen, schon haben wir ne Eskorte am Hals. Soweit sieht's aber gut aus, es ist kein Bulle in Sicht. Scheint alles im grünen Bereich zu sein, bis so ein Wichser plötzlich dem Schaffner das Kleingeld klaut. Ist n Paki oder so was und direkt am Zittern, hat offenbar die Hosen gestrichen voll. Mir ist das Ganze eigentlich ziemlich egal, aber Harris brüllt den Typen an, er soll das Geld zurückgeben, und der Bahnangestellte freut sich, er will bloß keinen Ärger haben, tut sein Bestes, verdient hier nur seinen Lebensunterhalt, und Harris benimmt sich wie so ne Art Robin Hood, und innerlich lachen wir uns schief, weil wir wissen, daß ihm das voll am Arsch vorbeigeht.

Für den Augenblick bleiben wir sauber. Kleinkriminalität und Vandalismus sind was für Arschlöcher, und Harris will vermeiden, daß der Schaffner jemanden anruft. Das können wir jetzt gar nicht brauchen. Wir verlassen den Bahnhof und sind allein auf der Straße, legen einen Gang zu, weil wir unter Dampf stehen, überqueren die Straße, warten nicht erst, daß die Ampel grün wird, Energie durchflutet unsere Gehirne, und jetzt sind wir in ihrem Territorium, stolzieren herum, und wir wissen, daß die Drecksäcke irgendwo in der Nähe sind und ihre Späher überall haben, Handys in den kleinen Pfoten, damit sie mal schnell die Schaltzentrale der Hinterwäldler anrufen können.

Wir werfen allein herumstreunenden Männern mißtrauische Blicke zu und machen uns auf den Weg zum Stadion, die ganze Zeit unter Strom. Jetzt rechnen wir nicht mehr in Stunden, wahrscheinlich dauert es nur noch ein paar Minuten, bis es losgeht. Das ist ein verdammt komisches Gefühl, wenn man an so einem Ort ankommt und weiß, daß ein anderer Mob in der Nähe ist, der das gleiche Ziel hat, und wenn's dann auch noch Millwall ist, wird das zu ner ganz großen Sache. Ein echtes Gipfeltreffen. Millwall und West Ham. Aber wir halten zusammen, gehen da gemeinsam rein und sagen uns, daß Millwall zwar irre sind, aber wir sind schließlich auch durchgeknallt, wie damals gegen West Ham in Victoria, und alles dreht sich um Stolz und Selbstachtung. Der Verkehr staut sich, weil wir uns breit machen, die ganze Straße in Anspruch nehmen, alles unter Kontrolle halten und von einem Gefühl der Macht erfaßt werden. Wir sind im Millwall-Territorium, und jetzt müssen sie uns aufhalten, uns den Zahn ziehen, sonst können sie nicht mehr mit erhobenem Kopf herumlaufen, bis wir uns das nächste Mal begegnen und sie ne Chance auf ne Revanche kriegen.

Wir nehmen uns ziemlich was raus, aber Millwall sind clevere Arschlöcher, das muß man ihnen lassen, wie damals, als sie sich zusammengerottet, einen Baum gefällt und damit die Leeds-Busse auf der Rückfahrt nach Yorkshire gestoppt haben oder als damals gegen West Ham zweitausend Mann auf jeder Seite gestanden haben. Das muß verdammt gut organisiert sein. Die Spannung steigt. Wir sind gleichzeitig nervös und aufgedreht. Irgendwie müssen wir unsere Nerven in den Griff kriegen und die Erregung zu unserem Vorteil nutzen. Man wird davon gewaltbereiter. Entschlossener. Wir müssen brutal sein, wenn's losgeht, sonst überstehen wir das nicht. Wir stehen am Rand des Abgrunds, und grade im Londoner Süden ist es verdammt weit bis nach unten, wenn einen da einer runterschubst. Wir kommen uns vor, als würden wir mit Christoph Columbus am Rand der Welt gegen den Strom segeln, und wenn du da an Fahrt verlierst, bist du im Arsch.

Es ist kein Bulle in Sicht, nur Eingeborene aus Peckham und blinkende Spielhallen. In jedem Pub, an dem wir vorbeikommen, lauert Gefahr, Millwall warten irgendwo, suchen uns, spielen Katz und Maus, Verstecken, Schnitzeljagd, genau wie wir, aber sie kennen die Straßen hier wie ihre Westentasche. Das ist ein echter Vorteil, weil man tagelang zwischen den Wohnblocks, Häusern und leeren Hinterhöfen herumirren kann. Die Gebäude haben überhaupt keine Farbe, alles ist aus den gleichen Backsteinen, Reihenhäuser mit rissigen Wänden, kaputten Fensterscheiben und rostigen Stahlträgern, nichtssagende Neubauten, die an Bethnal Green erinnern, und dazwischen sind überwucherte Baulücken. Ein schlechter Witz, wenn man bedenkt, daß sie das schicke neue Stadion mitten in diesen Schrotthaufen gesetzt haben. Man fängt an zu überlegen, ob man in solchen Slums nicht doch Prioritäten setzen müßte. An einer Ampel biegen wir rechts ab, werden immer großspuriger, platzen schon fast vor Selbstvertrauen, und Harris pfeift ein paar Typen an, daß sie sich zurückhalten sollen. Immer schön cool bleiben und es ruhig angehen lassen. Wir müssen uns eben noch ein bißchen länger zusammenreißen.

Aus der Ferne hören wir die Gesänge der Menschenmassen am Stadion, den Bahnhof haben wir weit hinter uns gelassen, Nebelschwaden wehen vom Fluß über die Trümmer, die schmutzigweiße Kälte erfaßt die leerstehenden Häuser. Das ist ne verdammt unheimliche Gegend. Unter uns liegen jede Menge verrottete Hafenarbeiter mit Schirmmützen, die sie unter den Trümmern liegengelassen haben, als die Häuser zerbombt worden sind. Die Leute reden von Betonwüsten, und genau das ist das hier, eine perfekte Beschreibung, eine alptraumhafte leblose Scheißgegend, aber uns ist klar, daß sich das schlagartig ändert, sobald wir Millwall gefunden haben, die kriechen aus den Ritzen der Backsteinmauern und verschwinden hinterher wieder in ihren Tunneln, als wären sie nie dagewesen. Nebelwolken treiben durch Wohnblocks, Treppenhäuser und über Balkone, ein Paradies für Straßenräuber, dieser menschliche Abschaum kann sich hier ein paar Pfund verdienen, indem er bankrotte Omas aufschlitzt. Es ist kalt und unheimlich, und nur die Vorfreude hält uns warm. London ist ne kaputte Stadt, voll sprachloser Rentner und mürrischer Rapper, Gegenwart und Vergangenheit verschmelzen miteinander und werden dann in die Gosse gekotzt.

Wir kommen an eine Kreuzung, und da sind sie. Millwall voraus. Das müssen gut fünfhundert von den Ärschen sein, sie sind in der Überzahl, und es kann gut sein, daß wir jetzt mächtig Prügel beziehen. Aber die haben ne ganze Menge Kids dabei, allerdings auch ziemlich viele Nigger, und die sind immer bewaffnet. Sie haben sich auf einem Stück Ödland versammelt, das die Gemeindeverwaltung als öffentliche Grünfläche bezeichnet, es ist eine Insel zwischen den Betonklötzen, und sie kommen langsam auf uns zu, waren wohl am New Den, oder sie haben sich einfach abseits gehalten und den richtigen Augenblick abgewartet. Die Zeit spielt keine Rolle mehr, als wir Chelsea brüllen und Backsteine und Flaschen auf uns herabregnen, die Kids von den höherliegenden Wohnungen herunterwerfen.

Millwall kommen jetzt in Bewegung, legen richtig los, und wir spüren den Haß, der uns entgegenschlägt, als müßten sie Luft schnappen oder so was, so aggressiv sind die, und man hat Verständnis für die Gefühle dieser Typen, die in einem Slum wie diesem festsitzen, aber gemeinsam sind wir stark, und wir sind Chelsea, und genau das haben wir gesucht, wir haben ein paar alte Rechnungen zu begleichen, wollen zeigen, daß wir Mumm haben, das schon allein dadurch beweisen, daß wir hier auflaufen, und wir spüren Millwalls Haß nicht mehr, weil wir selbst genug davon haben.

Wir werfen die Backsteine zurück und stürzen uns auf sie. Ein unbändiges Brüllen ertönt, und wir geraten in einen Rausch, fühlen den Kick, als wir Schulter an Schulter kämpfen, für unseren guten Ruf und unsere Kumpel, die ersten Schläge und Tritte finden ihr Ziel, beide Seiten gehen direkt aufeinander los.

Wir haben die Frontlinie hierhergelegt, in dieses Elendsviertel namens Peckham, New Cross, Deptford oder wo wir grad sind, wer zum Teufel weiß denn schon, wo wir hingeraten sind, wir treten und schlagen wie die Irren aufeinander ein, auf beiden Seiten tun sich die ersten Lücken auf, Glas splittert, ein paar Männer gehen zu Boden, und als sie auf dem Beton liegen, werden sie sofort von Kopf bis Fuß grün und blau getreten, so daß die armen Schweine morgen früh böse Kopfschmerzen haben werden.

Als wir richtig loslegen, bleibt für Angst keine Zeit mehr, und sechs oder sieben alte Typen, bestimmt über vierzig, kommen aus der Menge auf uns zu, echte Straßenkämpfer aus der guten alten Zeit, in Militärparkas mit vernarbten Gesichtern und verranzter Haut, schief geschnittenen Haaren und leeren Blicken, das sieht man sogar im Dämmerlicht der Straßenlaternen, aber sie werden mit Fäusten und Backsteinen niedergeprügelt. Einer wird von den anderen getrennt, und alle drängeln sich um ihn rum, weil jeder ihm eins verpassen und ein bißchen überschüssige Energie abbauen will, der Typ wird fast kaputtgetreten, ist nah dran, in einer Holzkiste zurück zu Freunden und Familie geschickt zu werden, aber Millwall reagieren schnell, und er wird ohnmächtig von ein paar seiner Kumpel über den Beton weggeschleift. Millwall kommen jetzt in Fahrt, eine Sprungfeder mit rasiermesserscharfer Kante, sie drehen durch, und Chelsea drehen auch durch.

Wir halten unsere Position, aber es sind einfach zu viele von den Drecksäcken, und wir können sie nicht einfach verjagen, und überall um uns herum wird gekämpft, auch auf dem Kinderspielplatz, und Flaschen zersplittern am Klettergerüst. Irgendwann, wenn wir wieder klar denken können, werden wir auf diesen Tag zurückblicken und es komisch finden, weil Schaukeln hin und her schwingen und ein Junge, der eine Rutsche hochklettern will, von ein paar älteren Typen wieder runtergezogen wird, reihum knallen sie seinen Kopf gegen den Metallrahmen, und Chelsea-Jungs prügeln auf den Kopf von dem Millwall-Kid ein und versuchen, das verdammte Ding zu verbeulen. Das ist irre, die Schlacht vom Spielplatz, echt witzig, wenn wir später darüber nachdenken, uns die Millwall-Tour wieder ins Gedächtnis rufen. Die Jugend wird von erwachsenen Männern versaut, die es eigentlich besser wissen müßten.

Mehr Millwall kommen zwischen den Betonklötzen hervor wie Ameisensoldaten, kriechen aus den Ritzen und zwischen den Abfallhaufen hervor. In Richtung Stadion entstehen Nebenschauplätze, Häuser und Wohnungen erwachen zum Leben, als alte Männer sich aus den Hochhausfenstern beugen und Millwall anfeuern. Die verbitterten Stimmen hallen durch die Betonschluchten, wo man sie allein mit der Glotze in Zellen gesperrt hat. Sie lassen ihren Haß am Londoner Westen aus. Auf dem Spielplatz dreht das Karussell mit einem bewußtlosen jungen Typen drauf seine Runden, sieht aus wie ein altes Kriegsfoto. Er kann Millwall oder Chelsea sein. Keiner weiß, auf welcher Seite er ist oder wie er heißt. Eigentlich ist das auch scheißegal. Und mehr kann man nicht verlangen, der Generationskonflikt ist futsch, als Männer in den besten Jahren zwischen den Rutschen und Schaukeln kämpfen und von alten Knackern, die bald in die Kiste hüpfen, angefeuert werden.

Die Kampfsituation wird jetzt ziemlich unübersichtlich, Chelsea und Millwall vermischen sich. Der Lärm lockt immer mehr Leute vom Stadion hierher, aber die Bullen lassen sich immer noch nicht blicken. Himmlisch, das Ganze, auch wenn's eher nach Hölle aussieht, in dem spärlichen Licht der Straßenlaternen und dem dreckigen Nebel, der einem das Innerste nach außen kehrt. Wir spüren die Wut und den Haß, der uns umgibt, die Einheimischen erfaßt und sie aus ihren Höhlen lockt, ihr Königreich wird angegriffen, alle Altersgruppen beteiligen sich, und jetzt stimmen auch Frauenstimmen in das Gezeter von den

Balkonen ein, es klingt wie ein nächtliches Katzenduell, sie kreischen wie Babys, das klingt richtig krank, sie fluchen wie die Kesselflicker.

Langsam wird's brenzlig, und ein Stück die Straße runter werden ein paar von unseren Jungs zu Klump gehauen. Die sind zu weit weg, und wir können ihnen nicht helfen. Gnade steht nicht auf dem Plan, und wir schreien uns an, daß wir unbedingt zusammenbleiben müssen, jede Sekunde, die wir hier erleben, ist ein Genuß, und Harris fängt an Amok zu laufen, hat ein Jagdmesser mit fünfzehn Zentimeter langer Klinge und einem dunklen Holzgriff in der Hand, das gräbt sich tief in mein Gedächtnis ein, einen Augenblick lang bleibt die Zeit stehen, dann läuft sie wieder normal, hab nicht gewußt, daß er bewaffnet ist, seine Hand schnellt vorwärts, die Schneide fährt einem Millwall-Arschloch übers Gesicht, der Typ ist geschockt, das Gesicht erstarrt, ne breite Kerbe läuft quer durch, vom Kinn bis zur Augenhöhle, er gerät ins Straucheln, und die anderen Millwall halten ihn fest.

Jetzt ist alles voller Millwall. Da müssen noch Hilfsmobs bereitgestanden haben. Wir haben's nicht mehr im Griff, die wollen Blut sehen, brauchen Menschenopfer, weitere Backsteine und Flaschen prasseln auf uns herab, und kein Arsch weiß, wo die herkommen, es sei denn, die Rentner auf den Treppenabsätzen nehmen ihre Wohnungen auseinander. Wir wissen nicht, was über uns passiert, weil wir uns ganz auf die Schlägerei vor unseren Füßen konzentrieren müssen, die Ohren schmerzen vom Krach, von der Bewegung, von den dumpfen Schlägen der Fäuste und Tritte, dann trifft mich ein Eisenträger oder so was seitlich am Kopf.

Plötzlich bin ich allein. Isoliert. Lieg mit dem Gesicht auf dem Pflaster und freß Hundescheiße. Die Stirn in ner Pfütze. Scharfkantiger Split bohrt sich in meine Hände. Ich zieh mich an der Wand hoch. Es riecht nach altem Backstein und nassem Beton.

Durch die Übermacht hat sich die Kampfzone weiter die Straße entlang geschoben. Richtung Fußball. Zum Millwall-Chelsea-Spiel. Ein Fußballspiel. Bloß Sport. Könnte ein schönes Spiel zwischen zwei offensiven Mannschaften werden. Aber ich glaub nicht, daß ich hinkomm, die Schläge trommeln gegen Kopf und Körper, ein kleiner Trupp umringt mich, sie treten auf mich ein, versuchen, mir ernsthafte Verletzungen zuzufügen, ich merk kaum noch was, sie hängen sich voll rein, Blutgefäße platzen. Die Tritte treffen meinen Kopf und die Schultern, die Wirbelsäule, mein einziger Schutz ist die Enge, weil die sich gegenseitig im Weg stehen, sie wollen mir in die Eier treten, und ich roll mich zu einer Kugel zusammen, versuch mich so gut es geht zu schützen.

Mir klingelt's in den Ohren; als die meisten weiter die Straße entlangziehen, nehmen sie das dumpfe Grollen mit, ich kann jetzt einzelne Wörter ausmachen, nur Schwachsinn und Haß, Scheiß-Chelsea-Arsch, blöde Sau, Scheiß-Chelsea-Wichser, blöde Sau, Arschloch, blöder Wichser, es kommen weniger Schläge, die sind aber besser gezielt, echte Drecksäcke, suchen sich ne Stelle aus, es werden immer weniger, aber die echt kranken Typen bleiben da, um mich endgültig fertigzumachen, wahrscheinlich schmächtige Kids, die sich sonst nichts trauen. Sekunden werden zu Minuten, und ich komm gar nicht auf den Gedanken, aufzustehen und wegzulaufen, das würd ich sowieso nicht schaffen, und ich müßte meine Schutzhaltung aufgeben, die Eier und das Gesicht bloßlegen, Flucht ist unmöglich, gar nicht dran denken, ich muß die Strafe wie ein Mann über mich ergehen lassen, wie sie es mir in der Schule beigebracht haben, muß die anderen härter treffen als sie mich, nicht weinen, erzähl keine Geschichten, das mußt du schon selbst machen, sei ein Mann, wo bleibt dein Stolz, deine Selbstachtung, Gewalt ohne Happy-End.

Es gibt keinen Ausweg, ich will schreien, krieg aber keinen

Ton raus. Meine Kehle ist verletzt, und die Stimmbänder sind steif. Ich hab noch nie solche Angst gehabt wie jetzt, als mir bewußt wird, daß ich ganz allein bin und den ganzen Londoner Südosten gegen mich habe, das sind höchstens noch zehn von den Wichsern, glaub ich, und die versuchen mich in den Beton zu rammen. Wollen mich durch den Gully in den Abwasserkanal quetschen. Sie hören nicht auf zu treten. Mir wird übel. Als ob ich sterbe. Ich hab eine Scheißangst, und die wird immer schlimmer. Als ich mich in blinder Panik zur Seite rolle und aufstehen will, treffen mich die Tritte am Kopf, an der Wirbelsäule und sogar in die Eier. Ich hab Kotze im Mund, versuch mich wieder einzurollen. Will meine Eier schützen. Und den Kopf. Aber die Tritte krachen mir an den Hinterkopf und den Rücken. Ich seh mich schon im Rollstuhl, in nem Sarg die Rutsche runterfahren, und wie ich im Krematorium verbrannt werde und im Feuer für meine Sünden büße, die Leiche schmilzt wie eine Wachsmarionette, der zum allerletzten Mal die Fäden abgeschnitten werden.

Wo zum Teufel sind die anderen? Wo ist der Rest der Jungs? Warum helfen die Arschlöcher mir nicht? Die können mich doch nicht einfach allein liegenlassen. So heftig ist das nicht geplant. Beim Fußball geht's um ein paar Prügeleien im Vorbeigehen, wo man sich ein paar Schrammen einfangen kann. Nichts Ernstes. 'ne kurze Keilerei mit ein paar Beleidigungen. Ich muß sehen, wie ich allein durchkomm. Ich verlier die Kontrolle, versink in einer Art Drogentraum, Gedanken blitzen auf und schwirren wild herum, treiben im Strom, und ich krieg die Schläge noch mit, spür aber keinen Schmerz mehr, mein Körper ist völlig taub, als wenn ich besoffen wäre oder so was. Aber ansonsten hab ich trotzdem noch meinen Stolz, eine dumpfe Stimme im Kopf sagt mir, daß wir es ihnen besorgt haben. Wir haben unseren Ruf verteidigt, den Beweis erbracht, daß wir den Mumm haben, es mit Millwall aufzunehmen und gegen eine gewaltige Übermacht anzutreten. Ich kann erhobenen Hauptes rumlaufen, wenn ich hier rauskomm, aber ich kann die Beine nicht mehr bewegen, und mein Schädel tut weh. Mir reicht's. Gott sei Dank, Sirenen.

Liquidator

Das Redaktionsteam war komplett und wollte sich gerade an die Arbeit machen. Die Planung der nächsten Ausgabe stand an, und dann war auch gar nicht mehr viel Zeit zum Schreiben, Redigieren, Layouten und Drucken. Wenn sie ihren Termin verpaßten, mußten sie zwei Wochen warten, und in der Zeit konnte viel passieren. Das machte den Unterschied aus zwischen einem wohlkoordinierten Einsatz mit dem Finger am Puls der Zeit und einem lahmarschigen Schnarchnasenblatt, das wochenlang hinterherhinkt.

Der Redakteur kam mit einem Holztablett voll dampfender Kaffeebecher ins Zimmer. Maxwell war ein großer, pausbäckiger Mann mit schlechtem Haarschnitt, buschigen Augenbrauen und breitem Mund. Er stellte das Tablett auf den Tisch, und jedes Mitglied des Redaktionsteams nahm sich eine Tasse. Maxwell ließ seine massige Gestalt in den Chefsessel fallen und schnappte sich Klemmbrett, Papier und den Kugelschreiber, die er beiseite geworfen hatte, weil er schnell noch Kaffee kochen wollte. Er war einer von ihnen und wollte nicht, daß seine Kollegen ihn für arrogant hielten. Es gab Schokoladenkuchen und ein paar Cracker, falls jemand etwas essen wollte. Maxwell schnitt sich ein Stück Kuchen ab, nahm einen großen Bissen, beugte sich dann über den Tisch und tat drei Teelöffel Zucker in seinen Kaffee. Er rührte um und bewunderte den Strudel, den er damit erzeugte.

– Die zweite Ausgabe ist gut gegangen, sagte Vince, der neu im

Team war. Zweitausend Exemplare sind ne Menge für zwei Monate. Ihr müßt ganz schön zu tun gehabt haben, die alle zu verscheuern. Wundert mich, daß ihr noch dazu kommt, euch die Spiele anzukucken.

Sein jüngerer Bruder Chris hatte ihn den anderen vorgestellt, und die fanden ihn interessant. Er war zwei Jahre in Asien gewesen, dann weiter nach Australien gefahren und hatte dort bei der Eisenbahn gearbeitet. Er war älter als die anderen im Team und kannte sich gut in der Geschichte Chelseas aus. Längerfristig eingeplant war er nicht, weil er irgendwann nach Australien zurückwollte, aber es konnte nicht schaden, wenn sie dadurch ihr Spektrum erweiterten. Kurz vor der Sitzung war der Redakteur noch schnell die Post durchgegangen.

– Wir kommen immer besser in Fahrt, sagte Maxwell, der seinen Spitznamen seinem bekannteren Namensvetter Robert verdankte. Die Auflage der zweiten Ausgabe ist doppelt so hoch wie die der ersten, und sie ist ausverkauft. Wenn wir so weitermachen, sind wir bald ne echte Konkurrenz für die anderen Chelsea-Fanzines. Wir haben jetzt schon doppelt so viele Briefe bekommen wie zur ersten Ausgabe, und bis zum Einsendeschluß sind es noch ein paar Tage. Außerdem wurden drei recht ordentliche Artikel eingesandt: einer über die Verbindungen zwischen den Rangers und Chelsea, einer über die mangelhafte Balltechnik bei den modernen Fußballprofis, und beim letzten geht's um den Verein im allgemeinen.

No Exceptions war im Fahrwasser der etablierteren Fanmagazine *The Chelsea Independent* und *Red Card* entstanden. Trotz der Bemerkung des Herausgebers sahen sie sich nicht als Konkurrenz zu den anderen Magazinen, es ging mehr um die Einstellung »was die können, können wir auch«. Maxwell kämpfte in vorderster Front für die Forderung des *Independent*, den Zuschauern ein Mitspracherecht in der Vereinsführung zu geben. Er hatte sogar alle Ausgaben neben seinen Stadionmagazinen stehen. Wie viele andere war er der festen Überzeugung, daß der Verein den Fans gehörte, weil Spieler, Präsidenten und Angestellte im Lauf der Jahre kamen und gingen, der harte Kern der Fans aber von der Kindheit bis zur Rente dabeiblieb. Der Name des Magazins war seine Idee gewesen, und er war stolz darauf, daß ihm ein so cleverer Titel eingefallen war. Er entstammte der vereinseigenen Terminologie. Wenn man ein Ticket für ein wichtiges Spiel kaufte, bekam man ein Informationsblatt mit einer langen Liste mit Vorschriften und Verhaltensregeln dazu, und am Fuß der Seite wurde die Diskussion über mögliche Ausnahmegenehmigungen durch den Aufdruck No Exceptions unterbunden. Die Jungs meinten, daß das die Haltung des Vereins treffend widerspiegelte.

Wie die Matthews-Brüder holten auch Tony Williamson und Jeff Miller durch den Einsatz von Kuchen und Crackern das Bestmögliche aus ihrem Kaffee. Die drei waren alte Kumpel. Diese Kernmannschaft war natürlich stark von Magazinen wie *When Saturday Comes* beeinflußt, und aufgrund ihres sozialistisch/anarchistisch geprägten Lebensstils schätzten die drei den Wert von Fanzines wie dem *Independent*, wo die prinzipielle Akzeptanz schwarzer Spieler in der Basis der Fans aufgezeigt wurde. In den frühen Achtzigern waren sie dabeigewesen, als Chelsea gegen Crystal Palace spielte und Paul Canoville bei seiner Einwechslung von einem großen Teil der Chelsea-Fans ausgebuht worden war. Das Erscheinen eines Schwarzen in der ersten Mannschaft von Chelsea hatte damals viele Leute auf die Barrikaden gebracht, einige waren aus Protest gegangen, und die drei hatten sich abends im Pub darüber unterhalten.

Maxwell war der Auffassung, daß damit wenigstens mal ein Anfang gemacht worden war, und Canoville hatte bald die Mehrheit der Fans auf seiner Seite; seine Leistungen auf dem Platz und ein paar spielentscheidende Tore hatten den Beleidigungen ein Ende gesetzt. In der Zwischenzeit waren viele schwarze Spieler zu Publikumslieblingen aufgestiegen. Das Redaktionsteam glaubte, daß der Fußball stärker als jeder andere Bereich der Gesellschaft, mit Ausnahme vielleicht der Popmusik, das Umdenken in der arbeitenden Bevölkerung Englands vorangetrieben hatte. Und das war ohne Hilfe jener Kreise geschafft worden, die jetzt, seit die Mittelschicht das Spiel akzeptiert hatte und es durch die veränderte Präsentation in den Medien nicht mehr ausschließlich für eine Domäne von Neandertalern hielt, auf den fahrenden Zug aufgesprungen waren, weil sie sich davon sichere Profite versprachen. Maxwell, Tony und Jeff waren sich einig, daß denjenigen die Ehre gebührte, die damals Fanzines wie den *Chelsea Independent* gegründet hatten, und nicht den Leuten in den Medienkonzernen, die darin ihre Chance zum beruflichen Aufstieg sahen.

– Wie wär's mit einem Cartoon? lenkte Vince das Gespräch in eine andere Richtung. Könnt ich machen. Es ginge um diese Gestalt, den Liquidator, ihr wißt schon, wie in dem Song. Ein Typ mit einer fiesen Ader und einem Robin-Hood-mäßigen Sinn für Gerechtigkeit. Der macht sich daran, Ungerechtigkeiten bei Chelsea und im Fußball allgemein wieder zurechtzubiegen.

– Ein paar Bilder wären nicht schlecht, sagte Chris. Im Augenblick haben wir nur Text und ein paar aus der Zeitung abgekupferte Fotos, die im Druck nicht mal besonders gut zu erkennen sind. Außerdem sind die dauernden Diskussionen über die Mannschaftsaufstellung oder die Vereinspolitik ein bißchen zäh. Wir müssen unterhaltsamer werden, ohne dabei unsere Schärfe zu verlieren. Schließlich können zweitausend glückliche Leser nicht komplett danebenliegen.

Maxwell nickte, erhob sich von seinem Stuhl und ging zum Pissen ins Badezimmer. Er lehnte die Tür nur an, damit er hören konnte, was die anderen über die Idee dachten. Wenn Vince zeichnen konnte, war das nicht schlecht. Er achtete darauf, nicht direkt ins Wasser, sondern an die Seite der Toilettenschüssel zu pinkeln. Der Rest des Redaktionsteams schien von Liquidator begeistert zu sein, sie erörterten mehrere Pläne und lachten, als sie sich ihn in Aktion vorstellten. Vielleicht konnte man etwas über Dean Saunders machen. Paul Elliott könnte Liquidator auf eine Mission begleiten. Maxwell schüttelte den letzten Tropfen ab und wusch sich die Hände. Er betrachtete sein Gesicht im Spiegel. Er war ein häßlicher Sack und seit fünf Monaten keiner Frau mehr zu nahe getreten.

Hier fühlte er sich wie ein Profi-Verleger oder vielleicht wie ein Journalist, der für die Boulevardpresse oder eine der miesen Fußballzeitschriften schrieb. Die waren das letzte, die meisten jedenfalls, und er fühlte sich gut als Auslieferungsfahrer, wenn er von Zeit zu Zeit die Fahnen für *No Exceptions* zu der billigen Druckerei brachte, die sie in Crystal Palace entdeckt hatten. Sie benutzten Zeitungsdruckplatten, dadurch wurde es nicht zu teuer, und der Chef sah sogar ein bißchen wie Dave Webb aus, ein echter Pluspunkt. Als Hobby war das in Ordnung, aber als Job wäre es nichts für ihn gewesen. Wenn er auch sonst nicht viel zu bieten hatte, war Maxwell wenigstens ehrlich. Angewidert wandte er sich vom Spiegel ab.

Unterdessen versuchte Vince, seiner Schöpfung Leben einzuhauchen. Liquidator würde etwas von einem Kid haben, er wollte keine dieser Fernsehberühmtheiten aus ihm machen, die immer gelehrt über Fußball daherredeten, aber kaum Details wußten und drumherum redeten, sobald man mal genauer nachfragte. Liquidator hätte ein mittelmäßig aggressives Äußeres und würde den Dingen auf den Grund gehen. Vielleicht könnte er halb Mensch, halb Maschine sein. Gerichtsverhandlungen und Jurys würde es nicht geben, sein Wort wäre Gesetz und würde unverzüglich ausgeführt werden. Vince versuchte sich eine Story auszudenken, schwankte bei der Auswahl des Themas aber noch zwischen der Scheinheiligkeit von Politikern und denen, die den Fußball in die Geldgier getrieben hatten, die das Spiel kaputtmachte. Er suchte dabei nach einem umfassenderen Ansatz, wo er den Fußball als Mikrokosmos der Gesellschaft darstellen konnte.

– Ich denke, etwas über die Preisgestaltung beim Fußball würde breiten Anklang finden, sagte Tony. Alle, mit denen ich rede, meinen, daß sie übers Ohr gehauen werden, ganz egal um welchen Verein es geht. Irgendwann ist die Grenze der Belastbarkeit erreicht, und die Leute bleiben einfach weg.

Jeff hatte Vorbehalte gegen diesen Ansatz, denn obwohl er die Preiserhöhungen nicht unterstützte, mußte man doch sehen, daß die englischen Teams mit den anderen großen Mannschaften vom Kontinent mithalten können sollten, mit den Spaniern und Italienern, die alle von Großkonzernen unterstützt wurden und in den Stadien, in die locker hunderttausend Leute reinpaßten, ihr eigenes Geld zu drucken schienen. Dafür brauchten sie Geld, weil die echten Könner sonst doch bloß nach Mailand oder Barcelona abwandern würden, und was wäre dann mit dem englischen Fußball? Die Topspieler gingen dahin, wo das Geld war, und sie müßten doch zugeben, daß jeder von ihnen auf der Stelle nach Italien ziehen würde, um dort zwanzigtausend Pfund pro Woche zu verdienen, wenn er die Möglichkeit hätte. Die anderen nickten, wiesen aber schnell darauf hin, daß diese Spielerwanderung für Chelsea kein Problem wäre, weil die Italiener und Spanier aus dem Haufen sowieso keinen nehmen würden.

Maxwell sagte, daß er kotzen könnte, wenn er sah, wieviel Geld die Fußballer bekamen. Wie konnte irgend jemand rechtfertigen, daß er zehntausend Pfund oder mehr die Woche bekam? Vince stimmte ihm zu, sagte aber auch, daß er ein solches Angebot kaum ausschlagen würde. Auf jeden Fall war es ein wichtiges Problem, und Liquidator würde ein paar hochbezahlte Tottenham-Stars und ihre Manager aufs Korn nehmen, aber zuerst mußten ein paar alte Rechnungen beglichen werden, und dazu würde er Thatcher und Moynihan einen Besuch abstatten. In Vince' Kopf nahm die Story schon Gestalt an, er hatte die Bilder vor Augen, wobei Rache die treibende Kraft war, wenn er an die Stadionpässe, die Abschaffung der Stehplätze und die teuren Sitzplätze dachte.

Liquidator saß im Zug Richtung Süden nach Dulwich. Er fuhr schwarz und malte mit einem Edding Graffiti an die Wände. Maggie war von ihrer letzten Welttournee zurück und schlief jetzt wahrscheinlich ihren Jet-lag aus. Er kannte die Adresse, fand das Haus sofort und kletterte über den Gartenzaun. Er zerschlug ein Fenster und stieg ein. Denis schlummerte auf dem Sofa, auf dem Boden neben ihm lag eine leere Champagnerflasche. Liquidator ging weiter. Thatcher war oben und schlief tief und fest. Das Haus war nobel eingerichtet, an strategisch wichtigen Stellen standen Kunstwerke und Sammlerstücke aus aller Welt. Vince war beeindruckt von der Stilsicherheit, mit der die Eiserne Lady die Artefakte ausgewählt hatte, aber Liquidator sagte zu ihm, er solle sich nicht zum Trottel machen lassen, schließlich hätten sie eine Mission zu erfüllen. Liquidator erklärte dem ehrfürchtig lauschenden Vince, daß das wahrscheinlich alles Fälschungen waren und die Originale sich im Tresor der Bank befanden. Maggie würde sich die Schätze für schlechte Zeiten aufsparen.

Liquidator sah gut aus. Vince hatte die Kopfform und das Killergesicht in Gedanken schon fertig. Er überlegte nur noch, was er mit den Augen machen könnte, ob sie riesengroß sein sollten, so daß Gegenstände sich darin spiegelten. Er kam aber zu dem Schluß, daß der Chelsea-Superheld damit wie ein Idiot aussehen würde und das außerdem viel zu kompliziert wäre. Über die Qualität seiner Zeichenkünste war er sich auch nicht ganz im klaren. Liquidator war lässig gekleidet, er trug Jeans, Turnschuhe und eine schwarze Jacke. Er hatte kurze Haare, aber keine Glatze. Vince brauchte seinen geistigen Prototyp nur noch aufs Papier zu bringen, dann war das gegessen. Aber genau das war ja auch der schwierige Teil.

Sie stiegen die Treppe hinauf. Liquidator ging vor und blieb vor der ehemaligen Premierministerin stehen, vor der Frau, die, wie Vince flüsterte, Königin geworden wäre, wenn die Königin in ein solches verfassungsmäßiges Kuriosum eingewilligt hätte. Sie hatte eine Glatze. Auf dem Nachttisch neben dem Bett lag eine Perücke. Die Eiserne Lady war alt geworden. Jetzt, wo der Liquidator in einer Position der Macht war, wußte Vince nicht, was er machen sollte. Mord oder Folter könnten die Leser auf die Barrikaden bringen, deren angeborene Achtung vor dem schöneren Geschlecht noch nicht verkümmert war, vom Respekt vor dem Alter gar nicht zu reden Also entschied er sich für eine Tätowierung. Der Liquidator betäubte die Eiserne Lady mit Chloroform und stichelte das Vereinsemblem in ihren rechten Unterarm. Wenn sie das nächste Mal einem der ausländischen Honoratioren die Hand schüttelte, würde der Union Jack mit dem Chelsea-Löwen ins Blickfeld der Kameras geraten. Bei näherer Betrachtung war die Flagge wahrscheinlich nicht die beste Idee, sie unterstützte nur den nationalistischen Nimbus. Auf dem Rückweg plünderte Liquidator Denis' Hausbar.

Vince wußte, daß die Story zu wünschen übrigließ. Wenn der Chelsea-Held seinem Namen gerecht werden sollte, würde das Publikum ein entschlosseneres Vorgehen verlangen. So lief das nun einmal. Die Leute wollten klare Fronten, gute und schlechte Seiten mußten streng getrennt sein, und Widersprüche waren unerwünscht. Moynihan war als nächster dran. Vielleicht hatte er da eine bessere Idee. Moynihan arbeitete als Zeitungsjunge in Surbiton, und Vince entschied sich dafür, ihn als Marionette darzustellen. Nachdem Liquidator sich vom mit freundlicher Unterstützung der Thatchers erarbeiteten Kater erholt hatte, machte er sich auf die Suche nach Moynihan, betäubte ihn mit Chloroform und packte ihn in einen Koffer. Er würde den ehemaligen Parlamentarier kühl lagern, bis Chelsea das nächste Mal in Millwall spielte. Das war allerdings noch eine Weile hin, weil das Hinspiel gerade erst stattgefunden hatte. Am fraglichen Tag würde er den Koffer mit Moynihan in den Londoner Südosten bringen, um ihn genau in dem Augenblick rauszulassen, wenn die beiden Mobs aufeinander losstürzten, und in einem Anfall von Solidarität würde die Arbeiterklasse den gemeinsamen Feind erkennen, sich zusammentun und ihn in Stücke reißen.

Maxwell kam zurück und setzte sich. Er kam sich fast vor wie ein großer Verleger, und es war doch wohl so, daß die großen Tiere machen konnten, was sie wollten? Das mußte man sich mal vorstellen, man hatte die Macht, demokratische Wahlen zu entscheiden, indem man seinen Einfluß auf Millionen von Menschen auf der ganzen Welt ausnutzte. Was würde Rupert Murdoch in seiner Situation tun? Er hatte den Job nur für ein Jahr, dann ging er an Jeff oder Tony. Sie hatten *No Exceptions* eine demokratische Führung gegeben. Maxwell räusperte sich, um etwas zu sagen. Er hatte einen schwerwiegenden Entschluß gefaßt und war drauf und dran, seine Kameraden mit Know-how und verlegerischem Scharfsinn zu überraschen, aber auf den ganzen Kram war auch geschissen, schließlich war es nur ein verdammtes Fußballmagazin, es ging schließlich nicht darum, die Regierung zu stürzen oder so was. Er hatte Durst, obwohl sie grade Kaffee getrunken hatten.

– Hat jemand etwas dagegen, wenn wir uns im Pub ein wenig Inspiration holen? Wir können das Redaktionstreffen da weiterführen. Im Harp zapfen sie ausgezeichnetes Bier, und sie haben sogar Liquidator in der Jukebox. Hat jemand Durst?

Das Team kramte seine Jacken zusammen, und Maxwell machte das Licht aus. Alles lief bestens. Er würde ein schönes großes Guinness erledigen.

Was Besonderes

Die Schwester, die meine Kissen zurechtlegt, riecht nach Rosen. Oder nach was Ähnlichem. Eine Blume, die sie eingeschmolzen, in eine Flasche gesteckt und für ein kleines Vermögen verkauft haben. Sie sieht gut aus. Die Uniform macht sich auch gut. Es ist aber nicht so, daß ich auf Bräute in Uniform steh, daß ich die also nur vögeln will, weil sie n offizielles Abzeichen haben, aber irgendwie gibt ihr das was. Sie hat was Besonderes. Krankenschwestern helfen Menschen wie mir, und damit ist sie mehr Frau als die üblichen großmäuligen Schlampen, die man irgendwo aufreißt, fickt und nie wiedersieht.

Es gab natürlich die Geschichte in Chesterfield, als wir von nem Spiel oben im Norden zurückgekommen sind. Ich weiß nicht mehr genau von wo, könnte Oldham gewesen sein. Da sind wir in diesen Freizeitclub für Bullen geraten. War ziemlich voll, aber alle außer Dienst. Ich war besoffen, hatte Kurze getrunken, der Absturz war nicht mehr aufzuhalten, und ich sitz am Tisch und unterhalt mich mit dieser Tussi in nem knallengen schwarzen Mini mit Netzstrümpfen und Gary-Glitter-Stiefeln. Sah nicht übel aus, und wir kommen uns langsam näher. Dann beugt sie sich zu mir rüber und erzählt, daß sie bei der Bullerei ist. Sagt, sie findet es klasse, weil sie jeden jederzeit und überall festnehmen kann.

Ich bin voll abgekackt. Sie war verdammt scharf, und ich hatte mich schon auf ne heiße Nummer eingestellt, als ich plötzlich feststell, daß sie die Pest hat. Aber ich hab mich wieder gefangen und gedacht, ne Bullette ficken, wär doch n Ding. Das wär der Hammer, wenn ich das den Jungs erzähl. Ich hab versucht mir vorzustellen, wie sie in Uniform aussieht, aber das hat nicht geklappt. Sie sah aus wie ne Motorradbraut am Samstag abend. Und dann hat sie losgelegt, daß sie die Handschellen dabei hat, und wenn jemand Streß macht, wär sie sofort zur Stelle, würde ihm in die Eier treten und den Drecksack einbuchten. Sie meinte, heute abend würde sie sich vor niemandem fürchten. Es wären genug Kollegen da, die ihr sofort zu Hilfe kommen würden.

Bei mir hat sich alles im Kopf gedreht, und ich hab irgendwas gesagt, von wegen, daß ich Bullen nicht ausstehen kann und daß ich gern mal Kleinholz aus einem machen würde. Zum Glück war die Musik so laut, und sie hat nur gelächelt und mit den Augen gerollt wie jede andere schwanzgeile Braut. Sie war auch besoffen, wir haben also beide ziemliche Scheiße gequatscht. Aber dann hab ich gerafft, was ich grad gesagt hatte, und das alles n bißchen abgeschwächt. Ich hab immer noch gedacht, daß ich an ihr dran bin, aber sie hat mich dann ziemlich blöd sitzenlassen. Das wär echt ne gute Story geworden, aber als sie sich verpißt hatte, hab ich Mark und Rod ein paar deutliche Worte gesagt, und wir sind Knall auf Fall raus. Das fehlt grad noch, daß wir uns am Samstag abend mit der Bullerei verbrüdern. Ich trink mit fast jedem, aber irgendwo gibt's Grenzen. Man hat schließlich seine Prinzipien.

Die Schwester fragt, wie's mir geht. Nicht allzu gut, fürchte ich, aber so ist das nun mal, wenn man Millwall in die Finger gerät. Ich antworte, daß ich wohl ziemlich übel aussehen muß, beide Augen sind blau, und der ganze Körper ist zerschlagen und voller Schrammen. Mir tut von oben bis unten alles weh. Sie sagt, daß es mir bessergeht, als man glauben sollte, wenn man mich ankuckt. Drei Rippen sind angeknackst, das linke Jochbein ist gebrochen, und außerdem habe ich mehrere Schürfwunden, aber sie meint, ich habe Glück gehabt, daß nichts Schlimmeres passiert ist. Sie sagt, daß es auf der Welt so viele kranke Menschen gibt. Daß sie nicht versteht, wie eine Bande junger Männer jemanden nur deshalb angreift, weil er Anhänger einer anderen Fußballmannschaft ist. Ich zucke mit den Achseln. Jede noch so geringe Bewegung tut weh. Ich sage, daß ich das auch nicht verstehe. Daß es keinen Sinn macht. Sie sagt, daß ich den Polizisten wohl mein Leben verdanke, weil die gerade noch rechtzeitig gekommen sind.

– Hier werden so viele Menschen eingeliefert, die leiden, sie leiden richtig, und darum werde ich furchtbar wütend, wenn die Betrunkenen hier ankommen, die sich auf ihre Kleidung erbrochen und von einer Prügelei ein Loch im Kopf haben. Sie sind ansonsten gesund, haben genug Geld in der Tasche und anscheinend nichts Besseres zu tun, als loszuziehen und sich zu schlagen.

Sie heißt Heather. Kommt aus dem West Country. Ich denk an Bristol City und die Rovers. Immer Fußball. Sie hat was von Florence Nightingale. Haben aber wohl alle Krankenschwestern. Das ist aber etwas beschönigt, weil das Leeren von Bettpfannen und das Waschen der Bepißten weder Ruhm noch Ehre bringt, aber vielleicht sollte es das, weil die Wichser, die immer in den Schlagzeilen sind und sich feiern lassen, absolut nichts tun, aber in einer Woche mehr Geld verdienen als ne Schwester im ganzen Jahr. So läuft das im öffentlichen Dienst.

– Hier kommen Kinder rein, bei denen ist der ganze Körper voller Brandmale, weil ihre Eltern Zigaretten auf ihrer Haut ausgedrückt haben. Diese Kinder wurden ihr Leben lang gequält. Die kleinen Körper mit Wunden und Prellungen übersät und die Haare büschelweise ausgerissen. Und dann werden nachts, wenn die Pubs zumachen, die Männer hergebracht, und die sind betrunken und die ganze Zeit am Fluchen und Schimpfen. Man fängt an, sie zu hassen, weil sie immer nur sich selbst und sonst überhaupt nichts sehen. Sie sind gereizt, wissen aber nicht, warum. Sie versuchen nicht, irgend etwas zu verstehen. Sie geben ein Vermögen für Alkohol und für andere Drogen aus, und wohin bringt sie das? Sie vergnügen sich am Samstag abend, indem sie andere Menschen verletzen.

Obwohl sie so empört ist, spricht Heather mit fröhlicher Stimme. Sie ist optimistisch. Sie macht mein Bett, räumt einen Teller und eine Tasse weg und ist die ganze Zeit am Machen und Tun, dreht und wendet sich und huscht fast atemlos hin und her. Sie kommt keinen Moment zur Ruhe. Schwestern haben keine Zeit, rumzuhängen und Schwachsinn zu labern. Jede Sekunde zählt. Sie müssen gutgelaunt sein, weil sie sonst zusammenklappen, wenn sie jeden Tag in der Arbeit das Elend und den Mist sehen. Ich würde das nie durchstehen.

– Versuchen Sie etwas zu schlafen. Der Arzt kommt später und sieht nach Ihnen. Das wird schon wieder, aber Sie dürfen ein paar Wochen nichts tun. Sie müssen sich Zeit nehmen, damit das richtig ausheilt. Aber dann ist alles wieder in Ordnung, und wir sind Sie ein für allemal los.

Heather geht durch den Krankensaal. Sie hat eine hübsche Figur. Ich überleg, wie das wäre, wenn wir zusammen im Bett liegen würden. Sie bleibt am Bett eines mittelalten Mannes mit traurigem Hundegesicht stehen. Keine Ahnung, weshalb er hier liegt, aber es ist bestimmt nichts Angenehmes. Ich hör nicht, was sie sagt, und er nickt nur. Was er gesagt hat, interessiert mich auch nicht, aber Heather laß ich nicht aus den Augen. Sie dreht sich die ganze Zeit nicht um, als sie bei ihm am Bett steht, dann geht sie weiter und verschwindet aus meinem Blickfeld. Heather ist eine freundliche Lady, echt spitze, die Frau, aber ich weiß genau, daß ich nie an sie rankomme.

Wir bewegen uns auf unterschiedlichen Bahnen durchs Leben, und wenn ich ehrlich bin, muß ich zugeben, daß sie's geblickt hat. Aber es gibt eben solche und solche, und ich setz mich nicht in ne Ecke und denk die ganze Zeit darüber nach, was für'n Arschloch ich bin, weil zuviel Denken die Gesundheit gefährdet. So von wegen Der Gesundheitsminister warnt. Ich hab genug Scheiße am Hals. Sie haben mir den rechten Arm zusammen mit den Rippen einbandagiert. Ich bin ein Wrack. Heather hat gesagt, ich hätte so viele Prellungen, daß ich nen Großhandel aufmachen könnte. Sie hat Humor. Sie haben mich geröntgt und einen Gehirnscan gemacht. Ich werd wieder. Muß Geduld haben. Ich bin besser dran als die meisten anderen armen Ärsche hier. Ich versuch, die Ruhe zu bewahren. Komm mir vor wie ein Greis, der die nächsten zwanzig Jahre ans Bett gefesselt ist. Was für ein Leben. Ich fühl mich saumäßig, wenn ich an die armen Schweine denk, die von der Geburt bis zum Tod im Haus festsitzen. Das Körperliche ist dabei gar nicht das Schlimmste, aber das muß einen ja auch geistig völlig kirre machen. Ich würd sterben vor Langeweile. Ich will sogar jetzt aufstehn und mich bewegen, aber ich weiß wenigstens, daß ich bald wieder auf den Beinen bin und hier rauskomm, wenn ich ein bis zwei Wochen vorsichtig bin. In vierzehn Tagen bin ich wieder so gut wie neu.

– Die Schwester ist einfach klasse. Die kann mich jederzeit in die Decke legen und waschen. Ich werd sie nicht enttäuschen. Ich bin zwar nicht mehr der Jüngste, aber ich weiß schon noch, wozu er gut ist.

Ich sag nichts und tu so, als ob ich schlafe. Auf der Station läuft alles nach Plan, und ich hab keinen Bock auf ne Unterhaltung mit dem Typen neben mir. Er ist so n Arsch, der alles haarklein wissen will. Ist die ganze Zeit am Quatschen, hat aber nichts zu sagen. Liest alle möglichen Zeitungen und kennt zigtausend Daten und Fakten. Er denkt, daß er voll den Durchblick hat, wenn's um Politik geht, und seine Intelligenzblätter liegen gleich neben dem Comicstapel. Mir sind die Komitees und die Streitereien zwischen den Parteibonzen scheißegal. Das ist n Haufen Wichser, und ihre Werbegags bringen mich nicht weiter.

Den Mist kann er für sich behalten. Ich laß die Augen geschlossen. Fang an einzudösen.

– Aufwachen, du häßliche Kröte. Rods Stimme läßt mich hochschrecken. Schmerz schießt mir durch die Wirbelsäule. Der Fuß voll auf dem Gaspedal. Seine Worte treffen mich wie ein Tritt in die Eier.

– Das kannst du noch so lange probieren, dich verwechselt keiner mit Dornröschen. Keine Schwester wird sich an dich ranschleichen und wachküssen, weil sie hofft, daß du aufwachst und sie aus dem Elend hier rausholst. So wie du aussiehst, kannste das voll vergessen.

Mark und Rod stehen am Bett und haben mir eine Tüte mit Keksen und Limonade mitgebracht. Sie sehen gesund und munter aus, das blühende Leben, nur daß Mark rechts ein kleines Veilchen hat. Aber ansonsten ist nichts zu entdecken. Beweist, daß es zu schaffen ist. Man kann nach Millwall fahren und heil wieder rauskommen. Und sogar noch Erfahrungen sammeln. Man lernt was und zahlt nicht mal für die Lektion. Ist halt Glückssache. Die beiden haben sich als hübsche Jungs verkleidet, und das steht ihnen prima. Haben sich richtig Mühe gegeben, weil sie ins Krankenhaus sind. Wie bei ner letzten Ölung.

– Komm schon, Tom. Mark ißt Kekse aus einer der Packungen, die sie mir mitgebracht haben. Spricht mit vollem Mund. Drecksau.

– Reiß dich zusammen. Ist Besuchszeit. Die Schwester hat gesagt, wenn wir wollen, können wir ne Stunde bleiben. Meinte, du wirst es überstehen und daß du Glück gehabt hast, daß dein Kopf noch an der richtigen Stelle sitzt. Dumme Kuh. Was versteht die schon davon? Der muß mal einer fünfzehn Zentimeter in den Arsch schieben. Ihr die Flausen austreiben.

Sie holen sich Stühle und setzen sich rechts und links neben das Bett. Ich richte mich auf, fühl mich ziemlich hilflos und denke, daß sie die Schwester in Ruhe lassen sollen. Ich komm mir vor wie ne schwangere Hausfrau, die darauf wartet, daß das Kind endlich rausplumpst. Oder ein Krüppel, dem ne Krankheit die inneren Organe zersetzt und sich langsam zum Kopf hocharbeitet, so daß ich irgendwann als griesgrämiger alter Opa ende, der in U-Bahn-Stationen mit den Süßigkeitenautomaten spricht. Es ist wie bei ner Erkältung, aber hundertmal schlimmer. Du wirst aus dem Verkehr gezogen, und deine ganze Widerstandskraft ist weg. Du bist einer Sache ausgeliefert, die du nicht unter Kontrolle hast. Und das hab ich mir selbst eingebrockt.

– Wir hatten dich verloren. Rod schüttelt den Kopf und vergißt mir die Tüte zu geben, die er mitgebracht hat. Er legt sie einfach ans Fußende des Bettes. Zwei ungeöffnete Kekspackungen fallen raus. Sie merken es nicht. Rod fährt fort.

– Das war Wahnsinn, Tom, ein Riesenchaos, und man kümmert sich nur darum, was vor einem abgeht, und kriegt sonst nichts mit. Man weiß, mit wem man da ist und so, aber das geht alles drunter und drüber, man kommt völlig durcheinander, weil man ja auch nicht alle paar Sekunden über die Schulter kucken kann.

– Wir wußten nicht, daß du ne Abreibung gekriegt hast, bis wir gesehen haben, wie Millwall dieses Kleiderbündel zu Klump getreten haben, und selbst da waren wir noch nicht sicher, daß du das bist. Mark blickt auf den Boden. Starrt die Spitze seines rechten Schuhs an.

– Wir hatten keine Chance, zu dir rüberzukommen. Rod sieht schuldbewußt aus, und ich weiß, daß sie meinen, sie hätten mich im Stich gelassen.

– Da waren mindestens hundert Leute zwischen dir und uns, und das wär so gewesen, als würd man sich in ne Flutwelle stürzen. Das waren einfach zu viele. Millwall waren überall, aber wir haben's ihnen besorgt.

– Grad warst du noch da, und im nächsten Augenblick warst

du verschwunden. Mark blickt auf. Das ging alles so schnell, daß man gar keine Zeit zum Überlegen hatte.

Sie benehmen sich wie n paar alte Omas, weil ich weiß, was Sache ist. Sie haben getan, was sie konnten. Erklärungen sind überflüssig. Die meisten Typen hätten es versucht, aber in so einer Situation gibt's keine Taktik mehr, und man hat keine Chance, gegen den Strom anzugehen. Das ist n Glücksspiel, und wenn man das Pech hat, zu Boden zu gehen, ist man am Arsch. Ich sag ihnen, daß sie's gut sein lassen sollen. Es war nicht ihr Fehler. Sie konnten nichts machen. Spitzentypen. Bin ziemlich ergriffen. Echt peinlich. Wir sehen uns nicht in die Augen. Wenn man bei nem Mob wie Millwall in so eine Lage gerät, muß man nehmen, was kommt. Und es mit Fassung tragen.

Die Wichser von der Regierung sagen, daß wir die freie Wahl haben, aber eigentlich hat man keine Wahl. Man kann sich nichts aussuchen. Wenn man Glück hat, ist man der Held des Tages. Wenn du's verbockst, landest du in der Notaufnahme. Mark und Rod sehen erleichtert aus. Als wäre es ihnen wirklich aufs Gemüt geschlagen. Hab ich vollstes Verständnis für, weil's eigentlich nicht um Sieg oder Niederlage geht, sondern darum, den Mumm zu haben, da überhaupt aufzulaufen. Es geht um Zusammenhalt. Daß man ins Millwall-Territorium geht und sich einen Namen macht. Du überschreitest deine Grenzen und zeigst, was in dir steckt. Aber große Gewinner oder Verlierer gibt's sowieso nicht, nur ne ordentliche Keilerei, obwohl, wenn ich mir ankuck, wie die Zahlenverhältnisse verteilt waren, dann sah Chelsea doch wohl ziemlich gut aus.

– Das ging noch ewig, nachdem wir dich verloren hatten, sagt Mark, deutlich besser gelaunt, und versucht das Millwall-Spiel zu einem geschichtlichen Ereignis zu machen, zu etwas, das mit der Zeit wächst.

– Millwall sind verdammt mies, aber dafür haben wir gar keine schlechte Show abgezogen. Facelift mußte mit vier Stichen an der Stirn genäht werden, weil ihn so'n Arschloch mit m Backstein erwischt hat. Das Blut ist ihm vorne runtergelaufen, als ob er gekotzt hätte. Außer, daß es rot war. Dachte, der Arsch hätte blaues Blut oder so was. Der Schweinkram hinterher hat ihm echt gestunken. Meinte, er würde die Rechnung an Millwall schicken.

– Die Stimmung im Stadion war ein bißchen gereizt, aber außer ein paar Raufereien am Rande ist nicht viel passiert, sagt Rod. Aber nach dem Spiel sind Millwall durchgedreht und auf die Bullen losgegangen.

– Wir kommen aus dem Stadion und werden von Mannschaftswagen und Hunden zurückgehalten, sagt Mark. Sie haben die Waffenkammer geplündert, die Schilde in der Hand und die Schlagstöcke frisch poliert. Die Hälfte der Hunde aus dem Tierheim in Battersea hat Überstunden gemacht, um sich ne Extraportion Chappi zu verdienen. Alles voller Schäferhunde und Mannschaftswagen mit aufgedrehten Bullen. Sahen aus, als hätten sie eine Heidenangst gehabt. Millwall waren weit weg am anderen Ende der Straße, und die sind fast durchgedreht, weil sie Chelsea in die Finger kriegen wollten.

– Dann hat man nur noch Glas splittern hören, und die Bereitschaftspolizei rennt die Straße entlang auf uns los. Wir waren eingeschlossen, und die Bullen haben uns erst nach South Bermondsey und von da zurück zur London Bridge geleitet. Die waren überall, in den Waggons und wer weiß, wo. Oben an der London Bridge haben wir dann kehrtgemacht, für den Fall, daß Millwall uns gefolgt waren und es noch mal versuchen wollten. Wir haben da ewig rumgehangen, aber es ist nichts passiert. Viele Chelsea haben die U-Bahn von New Cross genommen, und in Whitechapel ist es dann zur Sache gegangen.

Plötzlich sagt keiner mehr was, weil sie meinen, daß sie nicht immer weiter über Millwall und besonders den Kick reden sollten, den sie dabei gehabt haben, weil ich schließlich derjenige bin, der die Abreibung gekriegt hat, jetzt mit Schmerzen im Krankenhaus hockt und von dem Heather meint, daß er sein Leben der Londoner Polizei verdankt. Aber mich stört das nicht. Das gibt dem Ganzen ein bißchen Sinn, und wenn ich wieder fit bin, ist das ne ganz andere Geschichte. Aber letzte Nacht hab ich im Bett gelegen, die Decke angestarrt, dem Atmen der bedauernswerten, kranken Männer um mich herum gelauscht, dem vom Desinfektionsmittel halberstickten Husten und Keuchen, und mir ein paar Gedanken gemacht. Das war wie ein Alptraum, aber echt.

Ich hatte eine Scheißangst, als ich zu Boden gegangen bin, auch wenn ich mir ein bißchen wie ein Wichser vorkam und das keinem verraten würde. Das Gefühl kannte ich vorher überhaupt nicht. Dagegen war das in Norwich eine Spielplatzrauferei. Erst hab ich gedacht, daß ich ne feige Sau bin, aber das war's nicht, nicht so ganz. Du merkst, daß du dabei draufgehen kannst oder daß du zum Krüppel wirst oder blind oder einen Hirnschaden abkriegst, irgendwas, das du dein ganzes Leben nicht wieder loswirst. Plötzlich willst du da nicht mehr sein. Du willst die Glotze ausstellen und allen erzählen, daß es nur ein Witz war. Und breit grinsen. War nicht so gemeint. Man soll das Leben nicht so ernst nehmen. Den Soundtrack kennen wir ja schon, außerdem ist Fußball ja auch nur ein Spiel.

– Und wie lange behalten die dich noch hier? Rod wechselt das Thema. Du siehst echt scheiße aus. Die dämliche Schwester hat gesagt, sie glaubt, daß du dich schnell erholen wirst. Sie meinte, daß du jung und kräftig gebaut bist und das einfach ein Vorteil gegenüber den alten Knackern ist. Hübsche Mieze. Ich hab gedacht, die steht auf dich, als ich sie gehört hab. Du solltest sie auf n Drink einladen. Wenn du wieder fit bist. Krankenschwestern sollen rattenscharf sein. Die sehen so viele Körper, daß sie keine Angst haben und richtig zupacken.

Ich denk darüber nach, was Heather mir erzählt hat. Daß

Männer sich Stücke aus dem Körper treten und sie die Einzelteile wieder zusammensetzen muß. Ich weiß, daß sie recht hat. Ich versteh ihre Argumente. Aber das ändert nichts. Sie wird nie verstehen, was das alles soll, weil sie anders denkt. Wahrscheinlich gibt's im Land mindestens ne Million verschiedene Wellenlängen. Daß ich in Millwall zusammengeschlagen worden bin, war scheiße, aber ich weiß, wieso das passiert ist, und es kam auch nicht sonderlich überraschend. Andere Menschen würden das abscheulich finden. Ich hab einfach nur Schmerzen. Tritte von Kopf bis Fuß. Jetzt macht es mir Sorgen, weil es weh tut. Aber wer weiß, wie's in ein paar Wochen aussieht.

– Ich hab mit diesem Schotten im Lagerhaus gesprochen, unterbricht Mark meine Gedanken. Hab ihm erzählt, was passiert ist, und er meinte, daß er den anderen Bescheid gibt. Der Vorarbeiter hat mich dann angerufen und gesagt, ich soll's ihn wissen lassen, wenn er was helfen kann. Er meinte, daß ein paar von den Jungs versuchen würden, hier mal vorbeizukommen. Scheint n ganz netter Kerl zu sein.

– Deine alte Dame hat auch angerufen. Wollte wissen, was passiert ist. Dann ist dein Alter ans Telefon gegangen. Sie waren gestern hier, aber du warst weggetreten. Haben gesagt, daß sie heute wiederkommen. Machen sich Sorgen.

Ich frag mich, woher sie es wissen. Solche Sachen muß die alte Dame nicht unbedingt aus zweiter Hand erfahren. Als ich noch klein war, hat mein Dad mir ne Tracht Prügel verpaßt, als die Bullen vor der Tür standen, aber Mom hat bloß geweint und ne halbe Flasche von irgendwas getrunken, das sie grad zur Hand hatte. Und rumgejammert, wie sie bei der Erziehung ihrer Kinder versagt hat. War das einzige Mal, daß ich mich schuldig gefühlt hab. Wenn sie mich als Jugendlichen festgenommen haben, weil ich n Wagen geklaut hatte oder so was, ist sie völlig fertig gewesen, als wäre das ihr Fehler. Das ist ne blöde Art zu denken, und man kommt sich wie n richtiges Arschloch vor. Ich hab das nie vergessen, aber man wird älter und will nicht, daß die Eltern da mit reingezogen werden.

Mark und Rod bleiben bis zum Ende der Besuchszeit. Die Stunde ist schnell um. Als sie grad gehen wollen, fallen ihnen die Kekse und die Limonade wieder ein. Sie sind ein bißchen verlegen, als sie mir die Tüte geben, und meinen, sie hätten lieber ein paar Pornohefte und Bier zur Linderung der Schmerzen mitbringen sollen. Ich sag, daß die Kekse und die Limonade schon okay sind. Sie lachen. Ich seh ihnen nach, als sie den Krankensaal verlassen. Sie drehen sich um und zeigen mir den Stinkefinger. Lachen noch mal, als sie um die Ecke verschwinden.

Ich döse schnell wieder ein. Bin wieder im Londoner Südosten. Sechs Uhr morgens, Sonntag, und die Straßen sind leer. So wie die Sonne vom Himmel brennt, muß Sommer sein. An der gerade wieder aufgebauten Mauer ist eine goldene Gedenktafel angebracht. Die einzigen sauberen Backsteine in der Gegend. Das Sonnenlicht spiegelt sich auf dem Metall. Ich muß die Hand über die Augen halten, damit ich die Inschrift lesen kann. Ich bin alt. Ich hab graue Haare und hinke. Ich leide an Arthritis. Auf dem Griff von meinem Stock ist das Chelsea-Abzeichen. Auf der Tafel steht mein Name. Die Inschrift besagt, daß ich für mein Vaterland gestorben bin und am Ort meines Todes begraben wurde. Ich seh mich um, aber es ist alles voll Beton, und auf der Straße steht ein Kreuz.

Ich schrecke hoch. Erinner mich an den Traum. Was für ein Scheißdreck. Ich döse wieder ein und bin mit Heather im Schwesternwohnheim. Sie hat ein Zimmer im zehnten Stock mit einem Ausblick über London. Ich kuck mir die Züge an, die wie mechanische Schlangen das Häusermeer durchschneiden. Ich höre kein Geräusch. Es ist mitten in der Nacht, und die Lichter der Züge sind deutlich zu sehen. Kilometerweit überblicke ich die düsteren Häuserreihen. Details sind nicht zu erkennen. In der Ferne blinkt das Licht vom Post Office Tower. Ich steh im Rampenlicht, aber keiner kann mich sehen. Ich mag Heather. Sie ist anders. Ich dreh mich um, und sie ist nackt, wendet mir den Rücken zu, öffnet eine Kommode voller Peitschen und Vibratoren. Sie erinnert mich an die vornehme Braut nach dem Bezirksgericht. Sie legt sich aufs Bett und sagt zu mir, daß ich in ein paar Wochen wieder gesund bin. Mark und Rod lachen im Fernsehen. Sie erzählen, daß sie auch nur so'n Raffzahn ist. Es nur wegen der Kohle macht. Daß man mit Bettpfannen und Scheißeschippen viel Geld machen kann. Richtig viel Kies.

– Tom. Alles okay, Tom? Ich schrecke wieder hoch. Das tut weh. Mein Alter steht am Bett. Ich kuck an ihm vorbei zum Fenster, und es ist dunkel draußen. Ich muß stundenlang geschlafen haben.

Unter der Decke hab ich n etwas traurigen Ständer, weil Heather doch anders ist, als ich gehofft hatte, ich jetzt aber trotzdem Leistung bringen muß. Er verschwindet auf der Stelle. Als ich mich an die Helligkeit gewöhnt hab, denk ich nicht mehr an Heather. Der Alte hat n Stapel Zeitungen unterm Arm. Was zu lesen, sagt er. Gutes Los in der nächsten Pokalrunde. Heimspiel gegen Derby. Er lächelt unsicher und setzt sich hin. Steht wieder auf, um seinen Mantel auszuziehen. Legt ihn am Fußende übers Bett. Am Anfang ist er etwas nervös und wirft prüfende Blicke auf die Wunden und Verbände. Nach ner Weile hat er sich dran gewöhnt, und ich fühl mich nicht mehr so unbehaglich.

– Deine Mom wollte auch mitkommen, aber wir wußten nicht, wie es dir geht, und sie mußte heut abend noch ein paar Überstunden machen, aber in den nächsten Tagen kommt sie auch vorbei. Wir waren gestern schon hier, aber da hast du geschlafen, dann haben wir heut vormittag angerufen, und sie haben gesagt, daß sie dich wieder hinkriegen.

Der Alte sieht gut aus. Hat rote Augen, als ob er auf Sauftour gewesen ist. Der dußlige alte Knabe hat wohl gedacht, daß ich ins Gras beiße oder so was. Wahrscheinlich macht man sich einfach Sorgen, wenn's um die eigenen Kinder geht. Wenigstens hat er gerafft, daß ich jetzt keine Vorträge hören will oder so was. Wenn man sich nicht bewegen kann, kommt man ja auch nicht weg.

– Ich hab mit ein paar Schwestern gesprochen, und die sagen, daß du in zwei Wochen wieder so gut wie neu bist. Wir haben's von Gary Robsons altem Herrn gehört. Und Gary hatte es von Rod erfahren. Anfangs waren wir sehr besorgt. Wir dachten, du könntest sterben oder so. Das war ein ganz schöner Schock. Aber jetzt scheint's dir ja gar nicht so schlechtzugehen. Ich meine, ich weiß, daß es dir nicht richtig gutgeht, aber wenigstens bist du nicht verkrüppelt oder so.

Aus irgendeinem Grund denke ich, daß er aufgeregter sein müßte. Das ist eigentlich ziemlich bescheuert. Ich meine, ich will nicht, daß er hier Theater macht oder so was, am liebsten wär mir sogar, wenn er ganz wegbleiben würde, aber wenn er schon hier ist, kann er ja wenigstens mitkriegen, daß ich zwar überlebt hab, daß sie mich aber echt in die Mangel genommen haben und es noch ziemlich lange dauert, bis ich die Schmerzen los bin. Ich weiß, daß das verrückt ist, aber solche Gedanken kommen plötzlich weiß der Teufel woher, und bevor man kapiert, was da vorgeht, denkt man schon so'n Schwachsinn. Muß an den Medikamenten liegen. Dad streckt die Beine aus. Jetzt erzählt er gleich ne Geschichte. Läßt ein paar Weisheiten ab. So ne richtige Vater-und-Sohn-Geschichte.

– Ich erinner mich noch an damals, als wir noch klein waren. Dein Onkel Barry und ich. Wir sind mit ner ganzen Gruppe Leute aus der Umgebung nach Acton zu diesem Irish Pub gefahren. Ein paar von denen hatten da ein bißchen Zoff gehabt, und die Paddies haben einem von den Jungs mit einem Hammer die Zähne ausgeschlagen. Wir haben den Zug genommen und sind in einem Pub um die Ecke etwas trinken gegangen. Wir haben gewußt, was wir tun. Drei Stunden haben wir in diesem Pub gesessen, und als wir rauskamen, konnten wir's kaum noch erwarten.

– Ungefähr zur Sperrstunde sind wir am Paddie-Pub gewesen. Die sind sturzbesoffen rausgewankt. Das waren echte Schweine. Lauter Straßenarbeiter. Sie haben uns nach Strich und Faden verprügelt. Ich hab einen Stich in den Bauch abgekriegt und einen Liter Blut verloren. Fast wär ich verreckt, aber ich hab's überlebt. Irgend jemand hat einen Krankenwagen gerufen, und im Krankenhaus haben sie mich wieder zusammengeflickt. Ich erinnere mich noch an den Doktor. Der war Inder. Er hat gesagt, daß er aus Westbengalen kommt. Damals gab's hier noch nicht so viele Inder, also war er etwas Besonderes. Sah ein bißchen wie Gandhi aus. Komisch, was man so behält. Das sind gute Menschen.

Ich kuck den Mann etwas schief an. Ich bin überrascht. Hätt nicht gedacht, daß er so im Geschäft war. Wundert mich nicht, daß solche Sachen damals passiert sind, und man weiß sowieso, daß die Eltern nicht so unschuldig waren, wie sie einen glauben machen wollten, als man noch klein war, aber trotzdem. Ich frag mich, wieso er mir das jetzt erzählt. Wahrscheinlich ist das seine Art, mir zu sagen, daß er versteht, was los ist. Das ist mir eigentlich scheißegal, aber er redet weiter. Lauter gute Stories, find ich interessant, aber eigentlich braucht er nichts zu sagen. Manche Dinge müssen nicht ausgesprochen werden. Unter Familienmitgliedern und Kumpeln braucht man keine großen Reden.

– Dann war ich in der Armee. Wir waren in der Grundausbildung. Es war in der Nähe von Salisbury und ein anstrengender Job, aber es hat uns abgehärtet. Da war dieser Kerl aus dem Londoner Norden, ich glaub, er kam aus Edmonton. Er hielt sich für den Größten. Er war ein ziemlich schmieriger Typ, hat sich aber gerne mit den Jungs angelegt, von denen er dachte, daß sie leichte Beute sind. Bei mir hat er's auch mal versucht. Er hat den ganzen Tag nicht aufgehört, hat mich von morgens bis abends verarscht. Hat gesagt, daß ich keinen Mumm hab. Ich hatte Angst vor ihm. Das geb ich gern zu, aber am Abend hat es mir gereicht. Etwas in meinem Kopf ist ausgerastet. Das war fast, als ob ich von irgendwo plötzlich viel Kraft bekommen hätte. Das ist wie die Geschichten, die man in der Zeitung liest, wenn es um Crack geht.

– Er ist aus der Kaserne gekommen, nach hinten gegangen und hat da seine Stiefel geputzt. Ich hab mich direkt hinter ihn gestellt und mein Messer an seine Kehle gehalten. Ich hatte ihn in diesem Griff, den sie uns in der Ausbildung beigebracht hatten. Ich hab ihm mit dem Messer ne kleine Schramme verpaßt, und die Klinge saß exakt über der Schlagader. Genau wie sie es uns beigebracht hatten. Ich wollte ihn umbringen, hab aber gezögert. Wenn ich damit davongekommen wäre, hätt ich's gemacht und wäre zufrieden gewesen, aber ich hab mich zurückgehalten. Er hat zu weinen angefangen. Ich hab gesagt, wenn er mich noch einmal schikaniert, ist er ein toter Mann. Er hat geschluchzt und gesagt, daß er nicht sterben will. Er hat gesagt, daß es ihm leid tut. Ich bin weggegangen, und er hat nie wieder mit mir geredet.

Ich versuch zu kapieren, wieso er mir das erzählt. Ob da irgendeine tiefere Bedeutung drinsteckt oder ob er mir einfach zeigen will, daß er in seiner Jugend auf seine Art ein starker Typ war. Als Heather vorbeikommt, lächelt er und sagt hallo; er macht zwar keine Bemerkung, aber ich seh, daß er beobachtet, wie sie sich bewegt. Er fragt mich, ob ich nen Drink will. Er hat ne kleine Flasche Gin dabei. Ich schüttel lachend den Kopf, erzähl ihm aber, daß er ruhig n Schluck nehmen kann. Er tut so geheimnisvoll mit seinem Gin, daß jeder, den's interessiert, das sofort gemerkt hätte.

Er sagt, daß er sich besser fühlt. Ein Schlückchen Gin und ein paar alte Geschichten. Sagt, daß er Millwall nie ausstehen konnte. Das waren schon immer ein Haufen Hooligans. Er dachte, die Prügeleien beim Fußball wären Vergangenheit. Man sieht nicht mehr viel davon im Fernsehen. Er wirkt glücklich. Er lächelt sogar, was ungewöhnlich ist für den alten Herrn. Das ist ne komische Situation. Man sollte denken, daß er fertig ist, aber aus irgendeinem Grund macht es ihm Spaß, mich hier zu besuchen.

Derby zu Hause

Ich komm mir vor wie ein Kind. Voller Leben, und ich kann's kaum erwarten, daß es losgeht. Nichts kann mir was anhaben. Millwall ist ne andere Geschichte, die kann ich in der Zukunft erzählen, so oft ich will, immer wieder von vorne, und der kleine Junge auf meinem Knie schaut den alten Knacker mit Bierfahne an, dem das Gebiß klappert und der kaum noch Luft kriegt, aber jetzt muß ich mich damit zufriedengeben, daß wir dreißig Mann hoch auf den Straßen zwischen Earl's Court und Fulham Broadway patrouillieren. Ein Derby-Mob ist gesichtet worden, und jemand hat per Handy Bescheid gesagt. Wenn wir sie finden, kann ich was von der vertanen Zeit wieder reinholen. Ich bin in Stimmung. Fühl mich gut. Was Fußball angeht, ist Derby zwar fürn Arsch, aber die haben ein paar Leute, die richtig zur Sache gehen. Diese Pokalspiele mitten in der Woche sind ideal. Das gibt n besonderen Kick, wegen der direkten Konkurrenz und weil die Dunkelheit einem Schutz bietet. Solange es nicht so kalt wird, daß einem die Eier abfrieren, sind das prima Abende.

Wir kommen vom Jolly Maltster. Ein paar Jungs checken den ersten Pub nach Derby. Sie sind gleich wieder draußen und schütteln die Köpfe. Der Pub ist voll mit Chelsea. Wir gehen weiter. Gegen den Strom anständiger Bürger, die aus den toten Nebenstraßen nach Stamford Bridge ziehen. Beim Vorbeigehen starren sie geradeaus, suchen den Beton ab. Aber sie finden keine goldgepflasterten Straßen, sondern nur Zigarettenkippen und Papierabfälle. Selbst Dick Whittington hat aufgegeben, als er nach London kam. Hat sich damit zufriedengegeben, seine Katze zu ficken. Die Leute wollen früh am Stadion sein, eher als diejenigen, die erst kurz vor dem Anstoß kommen, sie wollen die Stimmung in sich aufsaugen, genau wie wir früher als Kinder, als wir mit großen Augen dagestanden und gedacht haben, daß wir irgendwann auf dem Platz stehen werden. Null Chance. Wir checken einen anderen Pub um die Ecke. Ich bin dran, und ich geh mit Mark zusammen rein. Nichts los. Nur ein paar Männer mit Zeitungen und Stadionmagazinen, die sich über Fußball unterhalten. Wir gehen wieder raus.

– Wir trinken was und warten hier erst mal ab. Als wir wieder draußen sind, übernimmt Harris das Kommando. Ich hab Lust auf ein Bier. Das hält warm und bringt das Blut in Wallung. Wenn Derby von Earl's Court anmarschieren, müssen sie hier vorbeikommen. Es sei denn, sie gehen die North End Road entlang, aber das ist ein Riesenumweg. Wahrscheinlich kommen sie zu uns, ob nun mit Absicht oder nicht. Wenn wir uns nicht von der Stelle rühren, klappt das schon. Man muß nur warten können.

Die eine Hälfte von uns geht durch den Haupteingang. Die anderen nehmen die Hintertür. Ein paar jüngere Typen ziehen los, um Ausschau zu halten. Es hat keinen Zweck, wie ein Haufen Waisenkinder an der Straßenecke zu stehen. Man macht sich nur zum Arsch. Als wir in den Pub kommen, sieht uns zwar keiner direkt an, die Unterhaltungen werden aber deutlich leiser geführt, während die Männer uns verstohlene Blicke zuwerfen und rauszukriegen versuchen, wer wir sind. Robotermünder bewegen sich im Takt. Das übliche Gequatsche. Als klar ist, daß wir Chelsea sind, steigt die Lautstärke wieder auf normales Niveau. Ein paar Männer kriegen sich über die Nationalmannschaft und den Fußball im allgemeinen in die Haare. Das sind Jahr für Jahr dieselben Ausdrücke und Argumente. Die dämlichen Hornochsen sollten es bleiben lassen. Man hat keine Chance gegen die

Herren an der Macht. Das gilt für alles in diesem Land. England stöhnt unter dieser Last.

– Und was hältst du von Derby? Mark reibt sich die Hände. Wie ein aufgeregter Schuljunge, der grad am Kiosk an der Ecke ein Sexheft geklaut hat und es nicht erwarten kann, die Mösen anzukucken, die ihm ein Loch in die Jackentasche brennen.

Mark ist heut abend gut gelaunt. Ich hab ihn seit Jahren nicht mehr so glücklich gesehen. Er wird in den nächsten Monaten arbeitslos und kriegt ne ordentliche Abfindung. Er hat seinen Dienst abgeleistet und freut sich auf den Scheck. Denkt, er hätte es geschafft, spielt den großen Macker, macht sich aber immer noch Gedanken über seine Zukunft. Er hat noch keinen Plan, was er macht, wenn das Geld alle ist. Sagt, das wird schon. Hat sich noch nichts überlegt. Er findet schon was. Kein Problem. Oder sieht er etwa wie ein Loser aus? Denkt wieder nur bis morgen, wie üblich.

– Die werden heut abend ein paar Verluste einstecken.

Beim Reden schenkt Rod sich seine Flasche Light Ale ein. Will cool sein, wie ein Klugscheißer auf Bewährung. Dann versaut er die Nummer, und ich muß lachen. Er flucht, weil er zuviel Schaum auf dem Ale hat und es überläuft. Er stellt es auf einen Bierdeckel, und den Rest muß die Werbung erledigen.

– Wir haben damals diese Busladung Derby aufgemischt, muß so fünf Jahre her sein, sagt Harris und kommt mit seinem Glas Tonic zu uns rüber. Wir waren auf dem Rückweg zur U-Bahn. Haben noch ne Stunde nach dem Spiel gewartet, aber es ist nichts passiert, also haben wir uns vom Acker gemacht. Wir waren ziemlich besoffen und sind über die Wichser hergezogen, da hält plötzlich dieser Kleinbus vor ner roten Ampel. Echte Rostbeule. Müssen irgend jemand beim TÜV bestochen haben, aber es waren Derby drin, also haben wir versucht ihn umzuschmeißen, und plötzlich geht die Hecktür auf, und es kommt eine Horde durchgeknallter Gestalten aus den Midlands raus.

Weiß der Teufel, wie die da alle reingepaßt haben. Das war unglaublich. Die waren echt zirkusreif, obwohl es nicht unbedingt Clowns oder Schönheitsköniginnen gewesen sind, die ihren Hochseilakt geprobt haben.

– Ja, daran kann ich mich noch erinnern, mischt Martin Howe sich ein. Keine Ahnung, wo ihr da gewesen seid. Die waren geisteskrank. Große Typen in Militärparkas. Denen hat keiner gesagt, daß der Krieg zu Ende ist. Die haben zwanzig Jahre lang in Klamotten, die seit der Steinzeit keiner mehr trägt, im Dschungel gehockt und sich von Wurzeln ernährt.

– Ungefähr zwanzig von denen sind auf uns losgegangen, sagt Harris, der den Geschichtenerzähler macht. Müssen sich unter den Sitzen versteckt haben oder irgendwo mit der Elektrik verdrahtet gewesen sein. Hatten ne Stinklaune. Und waren mit Eisenstangen und Baseball-Schlägern bewaffnet. Wir waren so perplex, daß die Ärsche uns die halbe Straße zurückgetrieben haben. Das kam aber nur vom Schock. Sie haben uns nicht gejagt, wir haben uns eher zurückgezogen, weil wir die Lage peilen wollten. Die haben ausgesehen, als würden sie sich von Müllburgern und zwanzig großen Guinness am Tag ernähren. Dadurch haben wir Zeit gewonnen und Ordnung in die Sache gebracht. Haben ein paar Backsteine geworfen und uns aufgerüstet, dann haben wir die Derby-Säcke wieder zu ihrem Bus gejagt.

– Billy hat ne Flasche durch die Windschutzscheibe geworfen, da ist der Fahrer in Panik geraten und wollte das Arschloch übern Haufen fahren. Auf den Gehsteig rauf wie beim Autoskooter. Das gab n bißchen Unruhe, und alle sind in Deckung gegangen, Derby sind dann wieder in ihren Kleinbus und haben sich einfach verpißt. Die Ärsche haben gelacht, als sie abgehauen sind. Haben noch die Hosen runtergezogen und uns ihre nackten Ärsche gezeigt. Verdammte Schwuchteln. Sind in ner Rauchwolke verschwunden.

– Ohne Windschutzscheibe muß das ne ziemlich kalte Fahrt gewesen sein, sagt Rod. Die blöden Säcke haben's wahrscheinlich erst gemerkt, als sie schon die halbe Strecke auf der M1 hinter sich hatten und die ersten mit Frostbeulen tot umgefallen sind.

Den einen durchgeknallten Derby kenn ich seit Jahren. Hab ihn in Polen beim Länderspiel getroffen. Irre wie nur was, aber trotzdem ein anständiger Kerl. Ist als Kind in der Army gewesen, aber die haben ihn rausgeworfen. Er war in Deutschland stationiert, und die letzte Prügelei hat das Faß zum Überlaufen gebracht. Cleverer Bursche. Hat ne Menge Bücher gelesen und konnte die Premierminister und Kriege der letzten hundert Jahre aufzählen. In Geschichte und Geographie wußte er richtig Bescheid. Kannte jede Hauptstadt der Welt. Hat nicht getrunken und so leise gesprochen, daß man ruhig sein und zuhören mußte. Hat sich fit gehalten und dann beim Fußball richtig rangeklotzt. Ich hab seit drei Jahren nichts mehr von ihm gehört. Ich weiß nur, daß er gesessen hat. Ich glaub, das war für ein Jahr. Ich weiß nicht mehr genau, aber für ihn hat natürlich jeder Monat hin oder her gezählt. Die haben ihn wegen ner Mischung aus Fußball, Diebstahl und öffentlichem Ärgernis eingebuchtet. Aber der Hauptgrund, warum sie ihn eingelocht haben, war Körperverletzung.

Er war in Ordnung. So'n Typ, von dem man weiß, daß er was aus seinem Leben macht. Aus'm Knast hat er mir mal geschrieben. Meinte, da ist alles so verspannt wie n Schwulenarsch bei nem Faschoaufmarsch, weil Sommer war und alle möglichen Gerüchte im Umlauf waren. Meinte, daß alle nur darauf gewartet haben, daß der ganze Laden hochgeht. Der Brief war absolut geradeaus. Sehr sachlich. Ganz nüchtern und überlegt, und ich seh, wie er sich hocharbeitet im System, sich einen Namen macht, Fußball als Hobby, sogar fast so was wie ne Ausbildung, obwohl er da wahrscheinlich einer der letzten ist, weil's so was wie Ausbildungen heutzutage kaum noch gibt. Die ganzen Arschlöcher in den Firmenleitungen interessieren sich doch nur noch für den schnellen Profit. Ich find trotzdem, daß Derby sich gut gehalten hat, ob nun legal oder nicht.

– Bist wieder gesund, Tom? Facelift sieht mir in die Augen. Ich schau mir die Narbe an, wo Millwall sein Aussehen versaut haben. Er ist sowieso häßlich, und es ist nicht so, daß sich Horden kreischender Mädel auf ihn gestürzt hätten und jetzt von der Narbe abgeschreckt werden. Millwall sind Arschlöcher, aber wir waren da, und das kann uns keiner nehmen.

Es läßt sich nicht bestreiten. Wir waren im großen Stil im Millwall-Territorium, haben sie verarscht, sind mit nem großen Mob rumgewandert, aber wer ist zurückgeblieben? Ich und ein paar andere. Echte Chance auf n Dachschaden. Ich kann mich nicht erinnern, daß ich viel von ihm gesehen hab, als es abging, aber der Gedanke ist ziemlich daneben, weil Facelift keine feige Sau ist. Er ist durchgeknallt. Ein Arsch. Ein verrückter Drecksack. Ein Schwein. Aber kein Hosenscheißer. Und im Endeffekt zählt nur das.

– Wenn wir das nächste Mal gegen Millwall spielen, verpassen wir ein paar von den Jungs in deinem Namen ne Packung, sagt Facelift lächelnd und großspurig wie immer. Das machen wir auf jeden Fall, selbst wenn wir fünf Stunden früher hinfahren und ne Knarre mitnehmen müssen. Beim nächsten Mal. Es gibt immer ein nächstes Mal. Da nimmt man ne Flinte mit und bläst einem von den Hinterwäldlern die Rübe weg. Aber das war n irrer Abend, da kann man sagen, was man will. So was vergißt man nicht.

Ich überleg, ob ich was dagegen sagen soll, laß es dann aber? Jetzt, wo ich wieder auf den Beinen bin, kann man über Millwall reden und darauf zurückblicken. Ich mach mir keine tiefergehenden Gedanken darüber, besonders nicht im Stadion, wo der halbe Londoner Südosten mir zur Belohnung auf die Schulter klopfen will, aber andererseits war der ganze Abend wahnsinnig. So schlimm wird das nur ganz selten. Man kommt auf ne Handvoll anständiger Raufereien pro Saison, aber mit Millwall ist das was anderes, und obwohl ich Prügel bezogen hab, hat es mir doch Respekt von den Jungs eingebracht.

Wenn ich mich versteckt hätte oder zurückgewichen wäre, dann hätten die mich wahrscheinlich nie platt gemacht. Ich hab gelitten, aber es bringt mir auch was. Anerkennung. Einen guten Ruf. Das ist wichtig. Man muß sich Respekt verschaffen, wenn man nicht zu diesen schwulen Politikern aus den Privatschulen gehört. Und das ist auch nur ihre Art von Respekt, weil jeder normale Mensch sie für Gesindel hält. Man kann sich nicht durchs Leben schummeln. Irgendwann muß man Farbe bekennen. Man kann sich verstecken, aber dann lebt man nicht. Jedenfalls nicht beim Fußball. Irgendwann kriegt das einer spitz, wenn du ein Wichser bist, und dann kannst du dich verpissen.

– Ich hoffe, sie bombardieren diese Araber-Ärsche in Schutt und Asche. Billy Bright starrt die Glotze oben über der Theke an. Tiere sind das. Da sollten sie ne Atombombe draufschmeißen. Dann ist endlich Schluß mit den Kopftuchkanaken. Da ist sowieso überall Wüste, das Land ist nix wert, da können sie doch was Großes nehmen, und wir sind die Drecksäcke ein für allemal los. Man muß nur drauf achten, daß der Wind nicht grad Richtung England weht, dann ist doch alles in Butter.

Die Frau in der Kiste redet über mögliche Luftangriffe auf einen Diktator im Mittleren Osten. Es ist leise gestellt, aber ich versteh ein paar Wortfetzen. Immer dieselben Phrasen und Entschuldigungen. Der übliche Scheiß. Wie ein Werbespot. Wir haben keinen Bock mehr drauf. Die ganze letzte Woche gab's eine Bombendrohung nach der anderen, und die Regierung will offensichtlich die Leute weichkochen, so daß es keine Proteste gibt, wenn sie loslegen. Öffentlichkeitsarbeit. Zusammenhalt.

Wie ne Folge von *Coronation Street* oder *Eastenders*. Hohle Floskeln. Leere Versprechungen. Wir werden es nicht sehen, wenn die Ärsche verglühen, also macht uns das nichts. Wir müssen unser eigenes Leben leben. Für Leute wie uns gibt's kein Zinnsoldatenoutfit und keine Gewehre.

– Was war mit der Schwester aus dem Krankenhaus? Mark wartet auf ne Story, aber es gibt nichts zu erzählen. Hat sie's ausgespuckt oder runtergeschluckt?

Ich hab Heather gefragt, ob sie mit mir einen trinken geht. Ein paar Biere und ein Essen. Hab gesagt, daß ich ihr meine Dankbarkeit zeigen will, daß sie mich wieder zusammengeflickt hat. Ich würd sie einladen. Sie hat verlegen gelacht und gesagt, daß sie in nächster Zeit ein paar Nachtschichten hat, aber ich sollte ihr meine Nummer geben, und sie würd mich anrufen. War ne nette Art, mir n Korb zu geben, und ich bin mir blöd vorgekommen, daß ich überhaupt gefragt hab. Innerlich hab ich gewußt, daß ich keine Chance hab, aber wenn man's nicht versucht, kann man nie sicher sein. Hat gesagt, daß sie diese Woche anruft, aber ich weiß, daß sie's nicht tut, weil sie mich am Ende durchschaut hat. Sie war halbwegs interessiert, wußte aber, daß ich ein Arschloch bin. So läuft das nun mal. Man kriegt die Braut, die man verdient. Eine von den Miezen, die versuchen, so einen Wichser aus dir zu machen, der am Samstag nachmittag mit ihr zum Schaufensterbummel geht. Das Leben ist ne Hure, dann heiratet man eine, dann stirbt man. Das hab ich auf nem Aufkleber an nem Jaguar gesehen. Aber nur, wenn du vorher schon ein Arschloch warst. Keiner kann dich zu was machen, was du nicht vorher schon warst.

– Derby kommen aus einem Pub an der North End Road. Harris hat sein Handy am Ohr und leitet die Nachricht weiter. Sieht nicht nach nem großartigen Mob aus, aber es sind vierzig Mann oder so. Sehen aus, als könnte was draus werden, wenn man sie ein wenig ermuntert. 'ne Menge Suffköppe, aber auch ein paar

Kids. Überraschungstrupp. Müssen in ein paar Minuten hier sein. Beeilen sich nicht gerade. Kucken sich die Sehenswürdigkeiten an. Reihenhäuser, Londoner Mülleimer und solches Zeug. Man sollte ihnen Geld abnehmen für die Tour.

– In ein paar Minuten kriegen sie einen Reiseführerkommentar über die Wunder des Londoner Westens, sagt Rod.

Wir gehen raus, und plötzlich ist es ein perfekter Abend. Windig, aber klar und nicht zu kalt. Bläst einem das Gehirn frei. Man fühlt sich gut beim Ein- und Ausatmen ohne den Geruch des Todes und die Desinfektionsmittel im Krankenhaus. Der Regen hat das Gift weggespült. Wir gehen los, bleiben auf dem Gehweg, mit gesenkten Köpfen wie anständige Bürger, fast schweigend. Wir kommen um die Ecke, und da sind sie. Die Idioten lachen und scherzen, als wären sie im Urlaub und hätten nen Teller spanische Baked Beans im Bauch. Wir stellen uns an die Straßenkreuzung und warten. Sie sind ein bißchen lahm und erkennen uns nicht sofort. Dann sehen sie Chelsea, warten und halten an. Das ist ne ziemlich komische Situation. Stehen da wie streunende Hunde mit gesträubten Nackenhaaren, kratzen sich am Kopf und fragen sich, wie's weitergehen soll. Das sind zwei Welten. Chelsea sind elegant und nicht in Vereinsfarben. Derby sind alte Säufer in Trikots. Offenbar kein ernsthafter Mob. Nur ein paar alte Knacker, die das Spiel sehen wollen. Nicht die, die wir erwartet hatten, aber manchmal muß man sich mit dem, was man hat, zufriedengeben.

– Na kommt schon, ihr Derby-Ärsche. Harris heißt die Besucher willkommen. Macht einen Schritt auf sie zu. Tut sein Bestes.

– Verpiß dich, Cockney, ruft ein großer Typ im Vereinstrikot, der zwischen ein paar feineren Gestalten und vor den Suffköppen mit schlechten Reflexen steht.

Wir lachen und laufen los. Das ist zwar nicht die ganz große Sache, aber es reicht erst mal, weil's bei den großen Spielen der

Londoner Mannschaften untereinander wie gegen Millwall, West Ham, Tottenham immer um Inzest geht und böses Blut gibt. Nordlichter sind Außerirdische, und man rechnet nicht mit größeren Raufereien, wenigstens nicht bei Spielen mitten in der Woche und so nah am Stadion. Nicht bei der ganzen modernen Technik und allem. Schlachtfelder zwischen den Spielhallen mit Kameras auf den Dächern. Jetzt läuft alles wieder in Zeitlupe ab, und Harris zeigt seine Führungsqualitäten, und der großmäulige Derby-Arsch will ihm einen Kopfstoß verpassen, trifft nicht, köpft ein Luftloch, verliert das Gleichgewicht, torkelt wie ein Schwachkopf herum, was er ja auch ist, und fängt sich dafür eins am Kinn ein. Es kommt zu einem kurzen Schlagabtausch, mit jeder Menge Show und Tritten, und Derby machen die Fliege, als wäre es einstudiert. Alle drehen sich gleichzeitig um und hauen ab. Wie in nem Scheiß-Eisstadion. Wir laufen langsam hinterher, wissen, daß sie nicht mit dem Herzen dabei sind, folgen noch ein bißchen dem Geruch der vollen Hosen und geben dann auf. Wir gehen den Weg zurück, den wir gekommen sind. Harris schüttelt den Kopf. Wir sind ein bißchen traurig und ein bißchen sauer, weil wir nur einen Haufen Säufer erwischt haben und keinen ernstzunehmenden Gegner.

– Hosenscheißer. Facelift lacht wie ein Irrer. Was wollen die hier, wenn sie abhauen, bevor's richtig zur Sache geht? Da staunt man, was für Arschlöcher es gibt. Bei den alten Männern und den Kids versteh ich das, aber nicht bei Typen, die sich im fremden Territorium rumtreiben. Das ist doch Energieverschwendung. Hätten in Derby bei ihren Tauben und Windhunden bleiben sollen.

Wir verschwinden in den Nebenstraßen und aus dem hellen Licht der North End Road. Überlassen die Schaufensterfronten den Leuten, die nichts zu verbergen haben. Mit gesenkten Köpfen und in Eile, weil wir sehen wollen, wie der Ball auf einem Stück Rasen hin und her gekickt wird und vielleicht sogar zwischen zwei Pfosten gerät. Verdammt dämlich, wenn man sich das richtig überlegt, aber für mich, Mark, Rod und die anderen Jungs hier steckt mehr dahinter, alles was am Fußball dranhängt, der Lebensstil, von dem du dir nicht vorstellen kannst, daß er sich je ändert, obwohl du weißt, daß das irgendwann passiert, wenn man alt und müde wird und ein jüngerer Mob hochkommt und sich nen Namen macht, die Tradition mit neuem Regelwerk weiterführt, sich auf andere Bereiche verlegt, damit sie nicht entdeckt werden, den Bullen immer ein bis zwei und den Medien und der Öffentlichkeit fünf Jahre voraus. Entweder das, oder ich werd wie einer von diesen Trainspottern, die sich nie ändern, weil keiner auf sie achtet, und die deswegen einfach ungestört Tag für Tag weitermachen.

Ich seh Kinder, die mit ihren alten Herrn die North End Road entlanggehen. Von allen Seiten von den Straßenlaternen, leuchtenden Comicfiguren und sonstiger Elektrizität in der Luft erleuchtet. Alles ist voller Kälte, Regen und leuchtender Glühbirnen, und das ist die einzige Wärme, die es im Winter gibt, und wenn sie am Maltster vorbeigehen und auf den Fulham Broadway kommen, sind sie fast schon sicher zu Hause. Dann sehen sie das Flutlicht wie ein strahlendes Raumschiff. Werden religiös, und Bill Shankly hat gesagt, daß Fußball wichtiger ist als Religion. Ein berühmtes Zitat. Sie hören die Menschenmassen, und als Kind kommt dir das absolut unwirklich vor. Wie damals, als ich zum ersten Mal zu Chelsea gegangen bin und gesehen hab, wie die Zuschauer auf der Shed-Tribüne sich die Kehle aus dem Hals gesungen haben und dabei hin und her gewogt sind, im Stehen, und in ganz Stamford Bridge brodelte die Leidenschaft, die jederzeit überkochen konnte, und dann gab es Schlägereien, oder der Platz wurde gestürmt.

Angeblich war es gefährlich, aber irgendwie fühlte man sich gleichzeitig sicher, weil es, abgesehen von ein paar Durchgeknallten, die es überall gibt, Regeln gab. Selbst die großen Prügeleien sahen schlimmer aus, als sie waren. Man hat schnell mitgekriegt, was wichtig war und was nicht, weil die Leute, die was zu sagen hatten, außer sich waren, wenn Schaufenster eingeschmissen wurden und ein paar hundert Leute auf ein Stück Rasen rannten. Aber wenn das abseits der Kameras und Reporter passiert ist, war das ganz was anderes. Das ist wie mit diesen Affen. Nichts sehen, nichts hören. Das ist alles nur Kosmetik, aber eigentlich ist das gar nicht so übel, denn solange das keiner mitkriegt, können wir unseren Spaß haben, wie wir wollen. Es darf halt nur keiner auf den Rasen scheißen.

Ich fühl mich wie damals als Kind, als ich jetzt Jahre später darüber nachdenke. Es muß mehr als zwanzig Jahre her sein, seit ich zum ersten Mal zu Chelsea gegangen bin. In dieser Zeit bin ich zu meinem jetzigen Ich herangewachsen, und seit meinem ersten Heimspiel gegen Arsenal hab ich mich an die Blauen drangehängt. So läuft das nun mal. Es wird ein Teil von dir, und wer du beim Fußball bist, hängt davon ab, wer du sonst bist. Wenn du Stadionmagazine sammelst, bist du außerhalb des Fußballs genauso. Wenn du durchgeknallt bist, verwandelst du dich nicht in einen Samariter, sobald du das Stadion verläßt. Über die Arschlöcher kann ich nur lachen, die dauernd was von Fußballgewalt faseln, obwohl die nichts mit Fußball zu tun hat. Absolut gar nichts. Das sieht doch jeder, wenn er sich die Zeit nimmt und mal genau hinkuckt. Aber das machen sie nicht, weil es ihnen eigentlich scheißegal ist. Die brauchen nur ne Schublade und n Namen dafür.

Ich nehme an, daß man mit dem Alter immer zynischer und abgefuckter wird. England hat sich verändert, seit ich ein Kind war. Ich red schon wie so'n alter Knacker, der auf seine Rente zugeht, hab also keinen Schimmer, wie das für Leute ist, die sich erinnern können, wie's vor sechzig oder siebzig Jahren gewesen ist. Die Veränderungen kommen ganz allmählich, kriechen einem unter die Haut, reizen einen, und im Schlaf will man sich da kratzen, als ob man nen Tripper hätte, und wenn man aufwacht, hat man sich alles zwischen den Beinen blutig gekratzt. Aber heutzutage ist das anders, weil damals, als ich noch klein war, gab's ab und zu ein paar Schlägereien und was so dazugehört, das ist sogar ziemlich regelmäßig passiert, aber jetzt, wo sie alles kaputtgemacht haben und immer mehr Leute nur noch vor der Glotze oder ihren Videospielen hängen, geht's nur noch ums Geld und darum, das Richtige zu tun. Man muß aussehen, als würde man sich anständig benehmen. Das erzählen sie einem jedenfalls.

– Wenn ich arbeitslos bin, besorg ich zum ersten Auswärtsspiel n Bus. Mark will andere an seinem Glück teilhaben lassen. Keiner zahlt auch nur einen Penny. Das zahl ich alles von meiner Abfindung. Kleine Vermögensumverteilung.

– Kuckt euch die Ärsche an, die da aus dem Wagen steigen, mischt Facelift sich ein und bringt uns wieder ins Hier und Jetzt.

– Was meinst du?

– Die vier Typen auf der anderen Straßenseite. Haben grad eingeparkt. Sind auf jeden Fall Derby. Ziemlich schick, als ob sie Geld in der Tasche hätten.

Ick kuck rüber und seh die vier Männer, die Facelift entdeckt hat. Typen in teurem Outfit. So gekleidet, daß sie stilvoll in der Masse untertauchen können. Verhalten sich ruhig, aber nicht, weil sie Angst haben.

– Ey, ihr da, Derby, ruft Facelift über die Straße.

Einer der Männer dreht sich um. Ich erkenn sein Gesicht. Ein Typ, der für sein Vaterland gekämpft hat. In Polen, als die Polen durchgedreht und auf die berühmten englischen Hooligans losgegangen sind, Steine, Flaschen und alles, was einem noch so einfällt, geworfen haben. Hat sich voll reingehängt für England. Jeder Haß war für einen Augenblick vergessen. Wir haben eine andere Fahne hochgehalten. Die kleinen regionalen Rivalitäten waren zurückgestellt worden.

– Verpiß dich, Cockney-Arsch.

In Derbys Gesicht liegt keine Angst. Er sieht älter aus als damals. Aber das gleiche, kurzgeschnittene rotblonde Haar. Trägt ne teure Jacke und sieht aus wie jemand, der ganz gut verdient hat. Und ich bin nur ein Arsch, der im Lager arbeitet und ganz gut zurechtkommt, weil er ein bißchen was davon nebenher verscheuert. Aber er hat mehr als ich, und ich bin wieder der Bimbo, der draußen vor dem Laden steht, durchs Schaufenster kuckt und nicht rein darf.

Facelift geht über die Straße, Derby wendet sich ihm zu. Seine Kumpel stehen neben ihm. Breite, vernarbte Gesichter. Ich bleib zurück und seh zu, will etwas sagen, denke aber, daß ich nichts machen kann. Sie haben schlechte Karten, und unterm Strich ist das eine Situation, bei der du schwören könntest, daß du dafür nicht zu haben bist, aber wenn Facelift und Billy Bright da sind und Black John auch noch, dann passiert das, weil die Grenzen bei den Ärschen ein bißchen verschoben sind. Dem Rest vom Mob ist das egal, weil die zahlenmäßige Überlegenheit zu groß ist, ungefähr dreißig zu vier, wenn alle mitmachen würden, auch wenn ich glaube, daß ein oder zwei nicht mitmachen. Ich fühl mich zum Kotzen. Wegen der Überzahl und dem Mann.

Derby ist ein prima Typ. Ich will was sagen, tu's aber nicht. Drück mich einfach. Er weiß, was Sache ist. Ist nicht blöd. Also bleib ich, wo ich bin, und kümmer mich nicht drum. Ich werd mir nicht die Hände vor die Augen halten wie ein Kind, weil ich im Fernsehen genug Blut und Innereien gesehen hab, darauf kommt's also nicht an, außer daß das richtige Leben immer rauh und öde ist. Ganz unromantisch. Wenigstens jetzt, wo Derby ne Abreibung kriegt und ich das Maul halte. Ich weiß, daß ich was sagen sollte, aber ich weiß auch, daß Facelift das nicht gut aufnehmen würde.

Im Endeffekt will ich wahrscheinlich einfach nicht blöd dastehen, wo Derby schon seinen Spruch aufgesagt hat und Facelift sich sowieso nicht zurückzieht. Ich will nicht, daß die Jungs mich für nen Wichser halten. Ich muß irgendwo dazugehören, und wenn man zusammengehört, reißt man sich nicht gegenseitig rein. Du frißt Scheiße und hältst dich an die Regeln, obwohl du dir immer gesagt hast, daß du das nicht machst. Aber ich versuch mir einzureden, daß Derby gewissermaßen selbst dran schuld ist. Hart, aber gerecht. Er hat genug Ärger gehabt und weiß, wie das läuft. Aber das klappt irgendwie nicht richtig, also fühl ich mich noch beschissener. Wie die Arschlöcher, die sich das Leben im Video, Fernsehen oder Pornofilm anglotzen. Die Bullerei mit ihren Überwachungsanlagen und Marshall mit seiner Soldaten-Massenvergewaltigung. Oder Rod auf der Bühne, dem's von ner Schlampe besorgt wird. Das ganze Scheiß-Spiel wird aufgezeichnet und analysiert.

Facelift kommt nah genug ran, Derbys Arm schießt hoch aus der Hüfte, ein Messer steckt in Facelifts Bauch. Ich warte auf ein Ploppen. Als würde man die Luft aus einem Ballon lassen oder so was. Aber ich hör nur, wie jemand ein Stück die Straße runter schreit und ein paar Männer auf uns zukommen. Ich seh wieder zu Facelift rüber, und der sinkt auf ne Motorhaube. Derby schlitzt ihm mit dem Messer den Arsch auf, und ich muß fast lachen, weil er in den nächsten Monaten ziemlichen Kummer haben wird, wenn er sich setzen will. Mir tut der arme Bursche leid, der ihn wieder zusammennähen muß.

Ich kuck nach hinten, und da werden ein paar Derby-Fans von den Bullen eskortiert, und Harris meint, wir sollten abhauen. Das ist jetzt weder der richtige Ort noch die richtige Zeit. Wir verschwinden in der Menschenmasse, und ein paar Typen beugen sich über Facelift, dessen Blut in eine Pfütze fließt. Blut und Wasser bilden ein Muster. Ein Bulle kommt von dem Mob rüber, den wir ursprünglich gesucht hatten. Wir ziehen uns weiter zurück, weil die Straßen schmal sind und wir nicht von den Bullen eingekesselt werden wollen. Wir lassen Facelift alleine zurück, und ich komm weg, ohne daß Derby zusammengeschlagen worden ist. So fühl ich mich besser. Ich bin mir wie ein Arschloch vorgekommen, daß ich ihn so hängenlassen hab. Er hat das selbst geregelt und mir die Schuldgefühle erspart.